MW01250742

„Unravelling“

CANADIANA

Literaturen/Kulturen – Literatures/Cultures – Littératures/Cultures

Herausgegeben von Klaus-Dieter Ertler und Wolfgang Klooß

Band 13

Linda Weiland

„Unravelling“

C.G. Jungs Individuations- und Archetypenlehre im Werk Gwendolyn MacEwens

Bibliografische Information der Deutschen Nationalbibliothek
Die Deutsche Nationalbibliothek verzeichnet diese Publikation in der Deutschen Nationalbibliografie; detaillierte bibliografische Daten sind im Internet über http://dnb.d-nb.de abrufbar.

Zugl.: Trier, Univ., Diss., 2012

Gedruckt auf alterungsbeständigem,
säurefreiem Papier.

D 385
ISSN 1613-804X
ISBN 978-3-631-64122-4

Peter Lang Edition ist ein Imprint der Peter Lang GmbH.

Peter Lang – Frankfurt am Main · Bern · Bruxelles · New York · Oxford · Warszawa · Wien

www.peterlang.de

Inhaltsverzeichnis

I. Einleitung: Gwendolyn MacEwen und C.G. Jung – Vorüberlegungen und Verortungen

„[D]ark lady of Canadian letters“[1], „Queen of Canadian Poetry”[2], „Poetess with a capital P”[3], „Kultfigur”[4] – Dies alles sind Assoziationen, die mit der kanadischen Autorin und Poetin Gwendolyn MacEwen in Verbindung gebracht werden. Ihren Kultstatus verdankt MacEwen in erster Linie Rosemary Sullivan und Brenda Longfellow, durch deren biographische Betrachtungen sie als tragische Figur in die kanadische Literaturgeschichte eingegangen ist: MacEwen wird 1941 in Toronto geboren, verlässt als Teenager die Schule ohne Abschluss um Poetin zu werden und widmet ihr Leben dem Schreiben. Sie ist Autodidaktin und veröffentlicht ohne formelle Ausbildung bzw. akademischen Hintergrund elf Gedichtbände, vier Prosawerke, ein Drama sowie einige Hörspiele, Übersetzungen und Reiseberichte. Zwei Mal erhält sie den renommierten Governor General's Award – zusätzlich zu vielen anderen Auszeichnungen – und gilt als gefragte, einflussreiche Vertreterin der Literaturszene Torontos der 1960er/70er Jahre.[5] MacEwens persönliches Leben und Lebensende stehen in krassem Gegensatz zu diesem Erfolg: Sie durchleidet zwei gescheiterte Ehen und stirbt 1987 verarmt und einsam an den Folgen ihrer Alkoholabhängigkeit.[6]

„Exotic“ ist eine weitere Assoziation, die mit MacEwen und ihrem Werk verbunden wird.[7] Das antike Griechenland und das alte Ägypten, keltische Mythologie und Tarot, die Alchemie und die Analytische Psychologie haben

---

1 Tom Marshall, *Harsh and Lovely Land. The Major Canadian Poets and the Making of a Canadian Tradition* (Vancouver: University of British Columbia Press, 1979) 154.

2 Michael Brian Oliver, „The Fire Eaters” [Rezension], *Fiddlehead* 111 (1976): 124-126, siehe 125.

3 Linda Griffiths, Persönliches Interview, 12.08.09.

4 Markus M. Müller, „Die Lyrik von Mitte der 1960er bis Mitte der 1970er Jahre“, *Kanadische Literaturgeschichte*, Hg. Konrad Groß, Wolfgang Klooß und Reingard M. Nischik (Stuttgart: Metzler, 2005) 295-310, siehe 295.

5 Davey bezeichnet sie als „[o]ne of the leaders in the movement of Canadian poetry in the sixties”, vgl. Frank Davey, *From There to Here. A Guide to English-Canadian Literature Since 1960* (Erin, ON: Press Porcepic, 1974) 177.

6 Sullivan, *Shadow Maker. The Life of Gwendolyn MacEwen* (Toronto: HarperCollins, 1995). Vgl. auch Shadow Maker. Gwendolyn MacEwen, Poet. Reg. Brenda Longfellow (Toronto: Brenda Longfellow, 1998).

7 Vgl. Leon Slonim, „Exoticism in Modern Canadian Poetry”, *Essay on Canadian Writing* 1 (1974): 21-26.

MacEwen beeinflusst.[8] Gerade ihr „exotisches“ Element bewertet MacEwens Verleger Barry Callaghan als fatal für ihr literarisches Nachleben: „People read Gwendolyn's poems and sometimes they weren't sure what they were about. […] So they called her exotic. And in a way that was a manner of dismissing her.”[9]

„Obscure”, „extravagant and shadowy” sind daher Begriffe, die ebenso mit MacEwens Werk assoziiert sind.[10] „She casts such a thick and strangely woven cloth over her work that it is, at the best of times, translucent”[11], schreibt Joseph Sherman in diesem Zusammenhang. Hinzu kommt, dass MacEwen keiner Schule oder Strömung angehört, obwohl sich viele solcher Gruppierungen in den 1960er Jahren formieren.[12] Sie wird vielmehr wahrgenommen als „outside, or […] on the periphery of, the mainstream Canadian poetic imagination“[13], als „lone wolf marching to her own drum.”[14] Ihrer „Exotik” ist somit vermutlich zuzuschreiben, dass MacEwens Werk heute nahezu in Vergessenheit geraten ist.[15]

---

8 Vgl. Liza Potvin, „Gwendolyn MacEwen and Female Spiritual Desire”, *Canadian Poetry* 28 (1991): 18-39, siehe 19.

9 Vgl. Longfellow.

10 Jan Bartley, *Invocations. The Poetry and Prose of Gwendolyn MacEwen* (Vancouver: University of British Columbia Press, 1983) 5.

11 Joseph Sherman, „The Armies of the Moon” [Rezension], *Fiddlehead* 94 (Sommer 1972): 118-120, siehe 119.

12 Vgl. Bartley, *Invocations* 2 sowie Margaret Atwood, „Introduction: The Early Years”, *The Poetry of Gwendolyn MacEwen. The Early Years (Volume One)*, Hg. Margaret Atwood und Barry Callaghan (Toronto: Exile Editions, 1993) vii-xii, siehe ix.

13 Bartley 4. Vgl. Rosalind Conway, „Gwendolyn MacEwen“, *Profiles in Canadian Literature* 6. Hg. Jeffrey M. Heath (Toronto & Reading: Dundurn Press, 1986) 57-64: „It is neither necessary nor possible to place MacEwen's work within contemporary Canadian writing; it defies categorization. […] Because her work has not been shaped by a particular writer or movement, MacEwen's writing stands successfully by itself” (61).

14 Vgl. Dennis Lee in Longfellow.

15 „[N]o one, beyond that eccentric circle who still reads poetry in this non-poetic age, knows Gwendolyn's work”, nennt Sullivan als Grund für die Veröffentlichung ihrer Biographie *Shadow Maker*, vgl. Rosemary Sullivan, *Memory-Making. Selected Essays* (Windsor: Black Moss Press, 2001) 9. Bis heute hat sich daran nicht viel geändert: In den Bücherregalen der meisten kanadischen Buchhandlungen finden sich die Werke MacEwens, die als Neuauflage erhältlich sind, nicht. Der Großteil ihrer Werke ist nur noch antiquarisch zu erwerben.

1. „[L]ack of criticism" – Gwendolyn MacEwen: Ein Forschungsabriss

Die Unstimmigkeit im Hinblick auf MacEwen als Ikone der 1960er einerseits und vergessene Poetin andererseits findet sich in der literaturwissenschaftlichen Fachliteratur wieder. In einigen gängigen Überblickswerken zu kanadischer Literaturgeschichte findet MacEwen keine Erwähnung oder wird lediglich im Zusammenhang mit Rosemary Sullivans Biographie *Shadow Maker* genannt.[16] In anderen Überblickswerken wird ihr Gesamtwerk in nur wenigen Sätzen abgehandelt.[17] Lediglich in Einzelfällen ist die Charakterisierung MacEwens ausführlich und verdeutlicht ihre Rolle in der Lyrikszene Torontos sowie ihren Stellenwert für die kanadische Literatur.[18] Auffällig ist allerdings, dass trotz teilweise sehr kurzer Beschreibung ihre Verbindung zu C.G. Jung und der Analytischen Psychologie in mehreren Fällen erwähnt wird.[19]

Betrachtet man die kritische Literatur zu MacEwen, so ist als Meilenstein Jan Bartleys *Invocations: The Poetry and Prose of Gwendolyn MacEwen* zu nennen. Bartley erklärt zur Entstehung ihres Buches:

> [I]t should be noted that the lack of criticism concerning Gwendolyn MacEwen has prompted the large scope of this book. Of the material that is available most articles are little more than superficial reviews [...]. Since it is my basic assumption that Gwendolyn MacEwen is a unique and established artist, my intention is to remedy this lack and to initiate further discussion of her talents.[20]

Was MacEwens Lebzeit angeht, kann Bartley hier durchaus zugestimmt werden: Die kritische Bibliographie zu MacEwen setzt sich zu einem sehr großen Teil

---

16 Vgl. Faye Hammill, *Canadian Literature* (Edinburgh: Edinburgh University Press, 2007) sowie Eva-Marie Kröller, Hg. *The Cambridge Companion to Canadian Literature* (Cambridge: Cambridge University Press, 2004).

17 Vgl. Maria Löschnigg und Martin Löschnigg, *Kurze Geschichte der kanadischen Literatur* (Stuttgart: Klett, 2001) 121; W.H. New, *A History of Canadian Literature*, Second Edition (Montreal & Kingston: McGill-Queen's University Press, 2003) 217; Coral Ann Howells and Eva-Marie Kröller, *The Cambridge History of Canadian Literature* (Cambridge: Cambridge University Press, 2009) 435 sowie Reingard M. Nischik, *History of Literature in Canada* (Rochester, N.Y.: Camden House, 2008) 357.

18 Vgl. Markus M. Müllers Kapitel „Die Lyrik von Mitte der 1960er bis Mitte der 1970er Jahre" in Konrad Groß, Wolfang Klooß und Reingard M. Nischik (Hg.), *Kanadische Literaturgeschichte* (Stuttgart: Metzler, 2005) 295-310 sowie William Toye (Hg.), *The Concise Oxford Companion to Canadian Literature* (Oxford: Oxford University Press, 2001) 297.

19 Siehe Howells und Kröller 435 sowie New 217.

20 Bartley, *Invocations* viii.

aus Rezensionen ihrer Veröffentlichungen zusammen. Wenige Publikationen beschäftigen sich mit einer tiefergehenden, kritischen Analyse – nahezu ausschließlich mit Fokus auf die Verbindung von MacEwens Lyrik zu Mythos, Alchemie sowie Magie.[21]

Nach MacEwens Tod 1987 tritt Margaret Atwood 1993/1994 als Herausgeberin (sowie Kommentatorin) zweier Sammelbände zu MacEwens Werk in Erscheinung.[22] Abgesehen von Nachrufen beschäftigt sich die Forschung nicht mehr mit MacEwen – Robyn Gillam stellt ähnlich wie Bartley im Bezug auf die frühen 1990er Jahre „lack of attention" sowie „neglect" fest.[23] Die einzige nennenswerte Ausnahme bildet Liza Potvin mit einer feministischen Interpretation von MacEwens Werk.[24]

Erst mit Rosemary Sullivans *Shadow Maker. The Life of Gwendolyn MacEwen* (1995) erfährt MacEwen wieder Beachtung. Die Biographie erhält nicht nur viele renommierte Preise und sorgt dafür, dass MacEwens Werk und Leben einer breiteren Öffentlichkeit bekannt werden, sondern entfacht auch ein – bescheidenes – *revival* der Autorin: Basierend auf Sullivans *Shadow Maker* kreiert Brenda Longfellow 1998 mit der Dokumentation *Shadow Maker: Gwendolyn MacEwen. Poet* einen visuellen Abriss von MacEwens Leben – ebenso preisgekrönt.[25] Weiterhin erscheinen Ende der 1990er Jahre neue Publikationen in der MacEwen-Forschung, die – dank Sullivan – teilweise stärker Werk und Leben der Autorin miteinander verbinden.[26] Als nennenswerte Ver-

---

21 Vgl. Fußnote 40 und 43.

22 *The Early Years (Volume One)* sowie *The Later Years (Volume Two)* (Toronto: Exile Editions, 1993). Beide Werke sind in Kooperation mit Barry Callaghan entstanden. Der zweite Band ist von Rosemary Sullivan kommentiert.

23 Robyn Gillam, „The Gaze of a Stranger: Gwendolyn MacEwen's Hieratic Eye", *Paragraph* 13.2 (1991): 10-13, siehe 10. Die Autorin drückt an dieser Stelle auch ihre Überraschung über die Vernachlässigung von MacEwens Werk aus: „Following her death in 1987, it seemed logical that a resurgence of interest in Gwendolyn MacEwen's writing would be imminent. This has not happened."

24 Vgl. Liza Potvin, „Gwendolyn MacEwen and Female Spiritual Desire", *Canadian Poetry* 28 (1991): 18-39.

25 Sullivan erhält unter anderem den Governor General's Award for Non-Fiction 1995, Longfellow den Genie Award 1998 in der Kategorie Best Short Documentary.

26 Siehe z.B. Dorothy Shostak, „Gwendolyn MacEwen", *Canadian Fantasy and Science Fiction Writers* (DLB 251), Hg. Douglas Ivison (Detroit: Gale Research Company, 2001) 175-179; Mary Reid, „'This is the World as We Have Made It': Gwendolyn MacEwen's Poetics of History", *Canadian Poetry* 58 (2006): 36-54; Giuliana Gardellini, „Riddle and Hermeneutical Quest in Noman's Land by Gwendolyn MacEwen", *Open Letter* 13.2 (2007): 87-93. Vor allem Brent Wood nutzt Erkenntnisse aus *Shadow Maker*, vgl. Brent Wood, „From The Rising Fire to Afterworlds: the

öffentlichungen der vergangenen Jahre erscheinen 2007 *The Selected Gwendolyn MacEwen*[27] sowie Joe Rosenblatts *The Lunatic Muse*, worin der Lyriker u.a. MacEwens Mentoren-Rolle in seiner literarischen Karriere rekapituliert.[28] Amy Lavender Harris bespricht in ihrem 2010 veröffentlichten *Imagining Toronto* Teilaspekte von MacEwens Werk (siehe „Noman als Stadtbewohner", S. 280ff).

Bartleys *Invocations* bleibt jedoch die einzige veröffentlichte Monographie, die sich ausschließlich mit MacEwens Werk beschäftigt.[29] Der „lack of criticism", den Bartley zu Beginn der 1980er Jahre bemängelt, hat sich in den vergangenen Jahren zwar durch vereinzelte Veröffentlichungen vermindert, lässt jedoch nach wie vor große Leerstellen übrig – insbesondere im Bezug auf die Prosa MacEwens.[30] Der Zusammenhang zwischen MacEwen und Jung ist eine solche Leerstelle: Obwohl in Überblickswerken zu kanadischer Literaturgeschichte etabliert, spiegelt er sich in der vorhandenen Sekundärliteratur nicht

---

Visionary Circle in the Poetry of Gwendolyn MacEwen", *Canadian Poetry* 47 (2000): 40-69. Insofern kann man Linda Griffiths zustimmen, wenn sie über die Wirkung von Sullivans *Shadow Maker* sagt: „If Rosemary Sullivan hadn't written that book, nobody would be studying Gwendolyn MacEwen" (Persönliches Interview, 12.08.2009).

27 Gwendolyn MacEwen, *The Selected Gwendolyn MacEwen*, Hg. Meaghan Strimas (Holstein, ON: Exile Editions, 2007).

28 Joe Rosenblatt, *The Lunatic Muse* (Toronto: Exile Editions, 2007).

29 Vgl. Gillam 10. 1985 veröffentlich Bartley eine zusammengefasste Fassung von *Invocations* unter dem Titel *Gwendolyn MacEwen and Her Works* (Toronto: ECW Press, 1985); der Artikel ist ebenso veröffentlich unter „Gwendolyn MacEwen", *Canadian Writers and Their Works*, Hg. Robert Lecker, Jack David und Ellen Quigley (Toronto: ECW Press, 1985) 231-272. Um genau zu sein, gibt es also zwei Monographien zu MacEwens Werk bis 1985, der Inhalt von beiden ist allerdings nahezu identisch. Aus dem Jahre 1972 gibt es die kritische Analyse *The Conscious Gods. A Critical Study of the Novels of Gwen MacEwen* von Jane Kilpatrick, aus dem Jahre 2001 die Studie *Open Secrets: Fetishicity in the Poetry of Gwendolyn MacEwen* von Dorothy Shostak. Bei erstem handelt es sich um eine Magisterarbeit, bei zweitem um eine Dissertation. Beide sind als Microfilm einzusehen (National Library and Archives/Ottawa bzw. Dalhousie University/Halifax). Als weitere Dissertationen, die MacEwen komparatistisch analysieren, sind Liza Potvins *Aspects of the Spiritual in three Canadian Women Poets: Anne Wilkinson, Gwendolyn MacEwen, and Phyllis Webb* sowie Brent Woods *Approaching Spirits: Myth, Metaphor and Technique in the Poetry of Avison, Nichol and MacEwen* zu nennen. In beiden Fällen sind die Forschungsergebnisse zu MacEwens Werk als Artikel veröffentlicht (vgl. Fußnote 8 und 26).

30 Zu einem Gesamteindruck der Veröffentlichungen siehe „MacEwen, Gwendolyn", WorldCat Identities, 14.11.2011 <http://www.worldcat.org/identities/lccn-n50-53367>.

wider.[31] Die Analytische Psychologie C.G. Jungs ist jedoch einer der Einflüsse, den MacEwen explizit benennt (siehe „Zeitliche und thematische Fragen", S. 14ff). Eine tiefenpsychologische Interpretation von MacEwens Werk ist somit ein Desiderat der Forschung, und diesem soll in der vorliegenden Arbeit Rechung getragen werden.

Untersuchungen zu den Einflüssen MacEwens sind nicht neu. Als Ziel ihrer Studie gibt Bartley an,

> to heed the author's signposts, to examine the numerous sources and influences which are indicated by the epigrams and symbols included in her writing. An investigation of such references will provide a key to the imagery of MacEwen's prose and poetry and enable the reader to participate more fully in her perceptual and spiritual explorations.[32]

Eine solche Vorgehensweise ist sinnvoll, um die vermeintliche Unverständlichkeit in MacEwens Werk aufzulösen, die einige Kritiker festgestellt haben. Die vorliegende Arbeit kann als Weiterführung von Bartleys Ansatz verstanden werden. Die Studie soll sich hierbei auf C.G. Jungs Individuations- und Archetypenlehre beschränken, die als wichtiger Einflussfaktor MacEwens gelten darf.

2. „[G]oing through Carl Jung and everybody" – Zeitliche und thematische Fragen

Wann genau MacEwen in Kontakt mit der Archetypen- und der Individuationslehre Jungs kommt, ist in der Forschung umstritten. Auch die Gwendolyn MacEwen Collection der University of Toronto gibt keinen klaren Aufschluss über einen möglichen Besitz bzw. eine mögliche Lektüre Jung'scher Werke durch die Autorin. Der einzige Hinweis, der sich in MacEwens literarischem Nachlass findet, ist ein Notizbuch, in dem MacEwen das Inhaltsverzeichnis der *Gesammelten Werke* C.G. Jungs sowie einige Zitate und Anmerkungen zu seiner Lehre festhält. Wann genau MacEwen diese Notizen anfertigt, ist allerdings unklar; der Archiv-Titel des Notizbuchs lautet dementsprechend vage „Dreams/Visions/Musings; the sixties, seventies, and eighties"[33].

---

31 Bartley benutzt zwar Jungs Lehre in ihrer Studie, allerdings nur als einen von vielen Einflüssen. Ebenso konzentriert Bartley sich auf Jungs Psychologie and Alchemie als einzige Grundlage. Ihre Interpretation MacEwens mit Hilfe von Jungs Theorien bleibt daher rudimentär.

32 Bartley, *Invocations* vii.

33 Gwendolyn MacEwen, *Papers, 1955-1988* (Manuscript Collection 121), Thomas Fisher Rare Book Library/University of Toronto, Box 1.

Rosemary Sullivan erwähnt MacEwens Wissen um Jungs Theorien in ihrer Biographie zum ersten und einzigen Mal in Verbindung mit dem Jahr 1968: In einem Brief an Margaret Atwood teilt MacEwen mit, dass sie nun „at last" Jungs *Symbole der Wandlung* lese.[34] Laut Sullivan beeinflusst die Lektüre dieses Werkes MacEwen erheblich: Sie benutzt fortan Ideen Jungs um ihre eigene Gedankenwelt zu verstehen und beginnt, Gedichte über ihre Träume zu schreiben. Zunehmend verwendet sie Sullivan zufolge Jungs Lehren in ihrem Werk, was beispielsweise durch die immer häufiger auftretende Reise ins Innere in ihren Gedichten ersichtlich wird.[35] „She was paraphrasing Jung", sagt Sullivan über diese Phase in MacEwens Schaffensprozess, in der das offensichtlichste von Jung beeinflusste Werk *The Shadow-Maker* entsteht. [36] Die Bewertung des Leseerlebnisses von *Symbole der Wandlung* durch MacEwen selbst macht deutlich, dass Jungs Werk einen starken Effekt auf die Poetin hat: „Am reading [...] Jung's *Symbols of Transformation* and ask myself [...] how have I survived so long *without*."[37]

Sullivans Behauptung, dass die Werke nach der Lektüre von *Symbole der Wandlung* sehr stark von Jung geprägt sind, ist sicherlich zuzustimmen. *The Shadow-Maker* ist hierfür das beste Beispiel (vgl. Kapitel III., „*The Shadow-Maker*"). Allerdings finden sich auch in den Werken, die vor 1968 entstanden sind, Elemente, die sich an die Jung'sche Lehre anlehnen.[38] Die Lektüre von *Symbole der Wandlung* hat MacEwens Affinität zu und Verwendung von Jung sicherlich verstärkt, vermutlich aber nicht begründet. Dies wird auch dadurch ersichtlich, dass MacEwen schon 1966 in einen Interview auf Jung als eine mögliche Quelle angesprochen wird, und rückblickend ein Jahrzehnt später angibt: „In the poems from the early 60s I was working through the complexities of the [...] psychological with respect to reality. I was going through Carl Jung and everybody."[39] Ein klar abgegrenzter Zeitpunkt der Erstbegegnung von Jung und

---

34 Sullivan, *Shadow Maker* 208.

35 Sullivan, *Shadow Maker* 222ff.

36 Laut Sullivan entsteht *The Shadow-Maker* in der Zeit zwischen 1965 und 1969 (*Shadow Maker* 219).

37 Zitiert in Sullivan, *Shadow Maker* 208.

38 Vgl. z.B. Gwendolyn MacEwen, *A Breakfast for Barbarians* (Toronto: Ryerson Press, 1966).

39 *Speaking of Books*, CBC, Toronto, 04.10.1966 (English Radio Archives) sowie Jane Thomson, „An interview with Gwendolyn MacEwen", *The Varsity* 21.11.1975: 12-13 (siehe MacEwen, Papers, 1955-1988, Box 32, Folder: „Newspaper Clippings"). Eine weitere Passage, in der sich MacEwen über Jung äußert, findet sich in Jon Pearce, *Twelve Voices. Interviews with Canadian Poets* (Ottawa: Borealis Press, 1980). Auf Pearces Frage, ob Jung sie beeinflusst habe, antwortet MacEwen: „As a poet I reached a stage where I simply had to read Jung. I think it's very important for a poet to under-

MacEwen lässt sich demnach kaum anführen. Dennoch kann von einem verstärkten Einfluss in den späten 1960er Jahren ausgegangen werden.

Geringere Schwierigkeiten bereitet hingegen die Festlegung von thematischen und diskursiven Parallelen von Jungs und MacEwens Werk. Eine der offensichtlichen Parallelen liegt in der Bedeutung der Alchemie: Sehr früh in ihrer Karriere wird MacEwen bereits mit dem Begriff der Alchemie in Verbindung gebracht. Sie nennt Jacob Böhme als eine ihrer Einflussquellen und ihr Werk wurde häufig auf die Verwendung alchemistischer Symbole und Elemente hin untersucht.[40] Jung seinerseits benutzt die alchemistische Lehre und Symbolik zur Darstellung tiefenpsychologischer Prozesse, sieht die Alchemie als Ursprung der Psychologie und widmet mehrere Bände seines Werkes der Verbindung zwischen beiden.[41]

Eine weitere Schnittmenge liegt in der Bedeutung des Mythos für beide Autoren. MacEwen gilt – ebenso seit Beginn ihrer Karriere – als mythopoetische Dichterin. Ihre Aussage „I want to construct a myth“[42] wird zu ihrem meistzitierten Satz und ihre Verwendung mythischer bzw. mythosschaffender Elemente wiederholt zum Analysegegenstand.[43] Der Begriff des Mythos ist in Jungs Fall eng mit der Individuations- und Archetypenlehre verbunden, stellt er doch Jung zufolge eine der Hauptreferenzen für die Deutung der Vorgänge des Unbewussten dar (siehe „Archetyp und Mythos“, S. 53ff).

---

stand to a certain extent the relationship between poetic symbols and the Jungian symbols of the psyche, so I read Jung after I had already written many, many things with ‘Jungian’ ideas. Like a lot of poets, I was enlightened and astonished when I first read Jung because his work opened up whole new areas of understanding” (66).

40 Vgl. z.B. E.B. Gose, „They Shall Have Arcana”, *Canadian Literature* 21 (1964): 36-45; Frank Davey, „Gwendolyn MacEwen: The Secret of Alchemy” in *Surviving the Paraphrase. Eleven Essays on Canadian Literature* (Winnipeg: Turnstone Press, 1983): 47-71; Gillian Harding-Russell, „Chinese Boxes of Reality – Structures and Amalgams” [Review of Afterworlds], *Event* 17.1 (1988): 95-99, vgl. auch Gillam 10.

41 Vgl. *Psychologie und Alchemie* in C.G. Jung, *Gesammelte Werke* 12, Hg. Marianne Niehus-Jung, Lena Hurwitz-Eisner und Franz Riklin, 2. Auflage (Olten und Freiburg im Breisgau: Walter-Verlag, 1974). Vgl. auch *Studien über alchemistische Vorstellungen* (*Gesammelte Werke* 13) und *Mysterium Conjunctionis* (*Gesammelte Werke* 14). Einen konzisen Überblick über die Rolle der Alchemie in Jungs Lehre gibt *Nachtmeerfahrten. Eine Reise in die Psychologie von C.G. Jung*, Reg. Rüdiger Sünner, DVD, Atalante Film, 2011.

42 Vgl. Bartley, „Gwendolyn MacEwen“ 233.

43 Vgl. Tom Marshall, „The Mythmakers”, *Canadian Literature* 73 (1977): 100-103; Gillian Harding-Russell, „Iconic Mythopoeia in MacEwen’s ‘The T.E. Lawrence Poems’”, *Studies in Canadian Literature* 9.1 (1984) [S. 95-107], 07.05.2008 <www.lib.unb.ca/Texts/SCL/bin/get.cgi?directory=vol9_1/&filename=Harding.htm>.

Als letzte Gemeinsamkeit lässt sich die Konzentration auf dem Bewusstsein verborgene Seiten nennen. „[T]o speak the unspeakable“ wird wiederholt als MacEwens Hauptanliegen genannt.[44] Das Erkennen und Akzeptieren eben dieser unbewussten Seiten ist Ziel des Individuationsprozesses nach Jung.

3. „[O]n the margins“ – Jung'sche Literaturkritik: Ein Überblick

Jungs Psychologie ist nicht nur eine therapeutische Methode, sondern hat auch Auswirkungen auf die Literaturwissenschaft gezeigt, die jedoch in der aktuellen Diskussion weitestgehend vernachlässigt sind. So erfährt die Analytische Psychologie in der Mehrzahl der neueren Überblickswerke zur Literaturtheorie keine nennenswerte Erwähnung.[45] Lediglich Freuds Psychoanalyse und ihre Bedeutung für die Literaturwissenschaft werden in fast allen Werken behandelt. Lois Tyson führt in *Critical Theory Today* als Begründung für die Vernachlässigung der Analytischen Psychologie nach Jung an:

> The psychological theories of Carl Jung (1875-1961) have generated a school of psychological literary criticism distinct from both the Freudian, or classical [...] psychoanalytic criticism discussed in this chapter. Indeed, adequate coverage of Jungian criticism [...] would require a chapter of its own. Jungian criticism is not covered in this textbook because its practice is not widespread enough at this time to warrant its inclusion.[46]

Jung'sche Literaturkritiker bestätigen die Verortung Jungs „on the margins of contemporary debate“ und monieren seine Vernachlässigung sowie die Verkennung des Potentials seiner Lehre für die Literaturtheorie.[47]

---

44 Bartley, *Invocations* 2 und 46.

45 Vgl. Jonathan Culler, *Literary Theory. A Very Short Introduction* (Oxford: Oxford University Press, 1997); Peter Barry, *Beginning Theory. An Introduction to Literary and Cultural Theory*, Second Edition (Manchester: Manchester University Press, 2002); Mary Klages, *Literary Theory. A Guide for the Perplexed* (London: Continuum International Publishing Group, 2006); Julian Wolfreys, *Key Concepts in Literary Theory*, Second Edition (Edinburgh: Edinburgh Universtiy Press, 2006); Terry Eagleton, *Literary Theory. An Introduction* (Malden: Blackwell Publishing, 2008).

46 Lois Tyson, *Critical Theory Today* (New York: Routledge, 2006) 51.

47 Terence Dawson, „Jung, literature, and literary criticism“, *The Cambridge Companion to Jung*, Hg. Polly Eisendrath-Young und Terence Dawson (Cambridge: Cambridge University Press, 1997) 255-280, siehe 255. Vgl. Susan Rowland, *C.G. Jung and Literary Theory. The Challenge from Fiction* (London: Macmillan, 1999) 2 und 9.

Einen kurzen Abriss der Entwicklung der Jung'schen Literaturkritik liefert Jos van Meurs.[48] Dem Autor zufolge entwickelt sich die Jung'sche Literaturkritik langsam. Zwar werden 1934 sowie 1949 zwei Pionierwerke veröffentlicht, beide haben allerdings keine nennenswerten Auswirkungen auf die literaturwissenschaftliche Praxis.[49] Lange Zeit ist die Forschung nicht an Jung, sondern eher an Freud interessiert; erst nach dem Zweiten Weltkrieg steigt das Interesse an der Analytischen Psychologie. Als Meilenstein in der Geschichte der Jung'schen Literaturkritik nennt van Meurs die 1960er Jahre:

> The great stimulus for the more widespread study of Jung and for the literary application of his ideas came in the 1960s with the counterculture of the younger generation that, for a variety of reasons, started a radical questioning of the effects and the foundations of our rational, scientific thinking and our technological society. [...] Jung's psychology became a popular subject for study.[50]

Die Analytische Psychologie ist zu dieser Zeit zwar immer noch nicht Teil des universitären Curriculums, doch – so der Autor – „Jung must have been widely read by the students of the arts and humanities“[51], denn in den 1960er Jahren erscheinen die ersten literaturwissenschaftlichen Artikel in Zeitschriften, und mit Beginn der 1970er Jahre die ersten Dissertationen, die sich auf Jungs Werk stützen.[52]

Als ein wichtiges Datum im historischen Abriss der Jung'schen Literaturkritik nennt van Meurs die Veröffentlichung von Northrop Fryes *Anatomy of Criticism* im Jahre 1957. Van Meurs sieht Frye als einen der ersten Literaturwissenschaftler, der Jung in seinem Werk verwendet. Wenn Frye auch betont, dass sich sein Verständis bestimmter Begriffe von Jungs Definition unterscheidet und er sich in vielen Gebieten von Jung abgrenzt, so wird doch an anderen Stellen Jungs Einfluss auf seine Theorien deutlich.[53] Die literaturwissenschaftliche Verbindung zwischen beiden findet sich dadurch bestätigt, dass die wenigen Nen-

---

48 Jos van Meurs, „A Survey of Jungian Literary Criticism in English”, *C.G. Jung and the Humanities*, Hg. Karin Barnaby und Pellegrino D'Acierno (Princeton, N.J.: Princeton University Press, 1990) 238-250.

49 Siehe Maud Bodkin, *Archetpyal Patterns in Poetry. Psychological Studies of Imagination* (Oxford: Oxford University Press, 1934) und Elizabeth Drew, *T.S. Eliot: The Design of his Poetry* (New York: C. Scribner's Sons, 1949).

50 van Meurs 242.

51 van Meurs 242.

52 Vgl. hierzu auch Clifton Snider, *The Stuff that Dreams Are Made on. A Jungian Interpretation of Literature* (Wilmette, IL: Chiron Publications, 1991) xi.

53 Vgl. hierzu beispielsweise die Parallelen zwischen Fryes „quest-romance“ und Jungs Heldenfahrt, siehe Northrop Frye, *Anatomy of Criticism* (Princeton, N.J.: Princeton University Press, 1957) 193ff.

nungen Jungs in literaturtheoretischen Überblickswerken meist im Zusammenhang mit Frye erfolgen.[54]

Die zunehmende Publikation von Dissertationen wird in den späten 1970er und frühen 1980er Jahren gefolgt von der Veröffentlichung zahlreicher Monographien, die das Werk eines Autors bzw. eine Selektion verschiedener Werke aus Jung'scher Perspektive betrachten.[55] Van Meurs zufolge hört diese Publikationswelle Mitte der 1980er Jahre wieder auf, so dass die Hochzeit Jung'scher Literaturkritik auf eine Zeitspanne zwischen Anfang der 1960er und Mitte der 1980er Jahre zu datieren ist.

Auf diese Periode folgt eine Phase zunehmender Kritik an der Theorie der Analytischen Psychologie. Federführend ist hierbei u.a. Andrew Samuels, der den Inhalt von Jungs Theorie als Grund für seine Verbannung aus der akademischen Welt beschreibt: „Jung's attitudes to women, blacks, so-called 'primitive' cultures, and so forth are now outmoded and unacceptable."[56] Er sieht sich als Begründer der „Post-Jungians" und beschreibt es als seine Aufgabe, Jungs Theorien zu revidieren. Susan Rowland erklärt das Ziel der Post-Jung'schen Studien wie folgt:

> The aim [...] is twofold: to employ techniques such as post-structuralism, postmodernism, feminism [...] to critique the humanist Jung, while at the same time exploring the potential for Jungian ideas to contribute to these modern literary discourses in a productive and non-hierarchical manner.[57]

Eine der prominenten Richtungen, die sich im Rahmen der Post-Jung'schen Studien entwickelt hat, ist die feministische archetypische Literaturkritik. Führende Vertreter sind Carol Schreier Rupprecht, Annis Pratt und Estella Lauter. Die Kritik dieser Richtung ist, dass die Analytische Psychologie „tends to assume that archetypal patterns derived from male experience are applicable to women's as well."[58] Ziel ist daher eine Revision Jung'scher Theorie auf der Ba-

---

54 Vgl. z. B. David Ayers, *Literary Theory. A Reintroduction* (Malden: Blackwell Publishing, 2008) 49 sowie Wolfrey 11 und New 217.

55 Als Beispiele hierfür können Clifton Sniders *The Stuff that Dreams Are Made on. A Jungian Interpretation of Literature* sowie Bettina L. Knapps *A Jungian Approach to Literature* (Carbondale und Edwardsville: Southern Illinois University Press, 1984) angeführt werden.

56 Andrew Samuels, „New developments in the post-Jungian field", *The Cambridge Companion to Jung*, Hg. Polly Eisendrath-Young und Terence Dawson (Cambridge: Cambridge University Press, 1997) 1-18, siehe 2.

57 Rowland, *Jung and Literary Theory* 9.

58 Annis V. Pratt, „Spinning Among Fields: Jung, Frye, Lévi-Strauss and Feminist Archetypal Theory", *Feminist Archetypal Theory. Interdisciplinary Re-Visions of*

sis weiblicher Erfahrung und Psychologie.[59] Erwähnenswerte Werke sind in diesem Zusammenhang Annis Pratts *Archetypal Patterns in Women's Fiction* sowie *Dancing With Goddesses. Archetypes, Poetry, and Empowerment*, in denen die Autorin auf der Basis ausgewählter fiktiver und poetischer Werke von Autorinnen einen Katalog von „Frauenarchetypen" zusammenstellt. Publikationen im Bereich Post-Jung'scher Literaturkritik erscheinen heute regelmäßig. Führende Autoren sind hierbei Susan Rowland, Terence Dawson und John Beebe.[60]

4. „Text und Individuation" – Zur Methode: Strukturale Tiefenpsychologie

Durch sein gesamtes Werk hindurch benutzt Jung literarische Werke, um seine Theorie zu stützen. Als wiederkehrende Referenzen fallen Goethes *Faust* sowie H. Rider Haggards *She* auf, die er zur Illustration der Archetypen Schatten und Anima benutzt. Neben diesen literarischen Bezügen zur Untermauerung seiner Theorie veröffentlicht Jung mit „Ulysses. Ein Monolog"[61] einen Beitrag, der sich gezielt mit der Interpretation eines literarischen Werkes beschäftigt. Als Ergänzung dieser Ausführungen, die entweder seine Lehre durch Literatur belegen oder literarisches Werk mithilfe seiner Theorien interpretieren, verfasst Jung zwei theoretische Aufsätze zum Thema Literatur: „Über die Beziehungen der analytischen Psychologie zum dichterischen Kunstwerk"[62] sowie „Psychologie und Dichtung"[63]. Jungs Lehre und ihre Verbindung zur Literatur, Jungs eigene Interpretation von Literatur sowie Jungs theoretische Ausführungen zum Thema Literatur sind so die Komponenten, auf die sich die Jung'sche Literaturkritik stützt. Seine literaturtheoretischen Überlegungen sollen im Folgenden kurz erläutert werden.

Jungian Thought, Hg. Estella Lauter und Carol Schreier Rupprecht (Knoxville: University of Tennessee Press, 1985) 93-136, siehe 97.

59 Estella Lauter und Carol Schreier Rupprecht (Hg.), *Feminist Archetypal Theory. Interdisciplinary Re-Visions of Jungian Thought* (Knoxville: University of Tennessee Press, 1985) 3ff; vgl. Annis V. Pratt, „Archetypal Patterns in Women's Fiction", *Jungian Literary Criticism*, Hg. Richard P. Sugg (Evanston, Illinois: Northwestern University Press, 1992) 367-375. Einen detaillierten Überblick über feministische Weiterverarbeitung Jung'scher Theorie gibt Susan Rowland in *Jung. A Feminist Revision* (Cambridge: Polity Press, 2002).

60 Vgl. Susan Rowland, *Jung in the Humanities* (New Orleans: Spring Journal Books, 2010) 47ff.

61 Vgl. Jung, *Gesammelte Werke* 15 121ff.

62 Jung, *Gesammelte Werke* 15 75ff [verfasst 1922].

63 Jung, *Gesammelte Werke* 15 97ff [verfasst 1930].

4.1. „Psychologische Tätigkeit" – Das Kunstwerk nach Jung

Jung beschreibt die Seele als „die Mutter und das Gefäß [...] jeglichen Kunstwerks"[64] und damit Kunst generell als „psychologische Tätigkeit"[65]. Demzufolge sollte „[d]ie Wissenschaft von der Seele [...] imstande sein, die psychologische Struktur des Kunstwerkes einerseits und die psychologischen Bedingungen des künstlerisch schöpferischen Menschen andererseits aufzuzeigen und zu erklären."[66] Er unterscheidet zwischen psychologischen bzw. introvertierten und visionären bzw. extravertierten Kunstwerken.[67]

Das psychologische bzw. introvertierte Kunstwerk

> hat als Stoff einen Inhalt, der sich innerhalb der Reichweite des menschlichen Bewußtseins bewegt, also zum Beispiel eine Lebenserfahrung, eine Erschütterung, ein Erlebnis der Leidenschaft, menschliches Schicksal überhaupt, dem allgemeinen Bewußtsein bekannt oder wenigstens erfühlbar. Dieser Stoff ist aufgenommen in die Seele des Dichters, aus dem Alltäglichen zur Höhe seines Erlebens emporgehoben und so gestaltet, daß sein Ausdruck mit überzeugender Kraft das an sich Gewöhnliche, nur dumpf oder peinlich Gefühlte und darum auch Gescheute oder Übersehene, in das hellste Bewußtsein des Lesers rückt und ihn damit zu höherer Klarheit und weiterer Menschlichkeit rückt.[68]

Als psychologisch bezeichnet Jung ein solches Kunstwerk, da es sich „innerhalb der Grenzen des psychologisch Versteh- und Erfassbaren bewegt."[69] Als introvertiertes Kunstwerk richtet es sich auf die Erfahrungswelt des Autors. Der erzählte Stoff erfährt durch den Dichter eine „gerichtete[...] Behandlung", d.h. das Kunstwerk entsteht „ganz aus der Absicht und dem Entschluß des Autors, diese oder jene Wirkung zu erzielen."[70] Als typische literarische Produkte, die sich auf der Linie des psychologischen Kunstwerks bewegen, nennt Jung „de[n] Liebes-,

---

64 Jung, „Psychologie und Dichtung" 99.

65 Jung, „Über die Beziehungen der analytischen Psychologie zum dichterischen Kunstwerk" 75.

66 Jung, „Psychologie und Dichtung" 99.

67 In „Über die Beziehungen der analytischen Psychologie zum dichterischen Kunstwerk" verwendet Jung die Begriffe introvertiert und extravertiert, in „Psychologie und Dichtung" die Begriffe psychologisch und visionär. Vgl. im Folgenden auch Rowland, *Jung in the Humanities* 53ff.

68 Jung, „Psychologie und Dichtung" 102.

69 Jung, „Psychologie und Dichtung" 103.

70 Jung, „Über die Beziehungen der analytischen Psychologie zum dichterischen Kunstwerk" 83.

de[n] Milieu-, de[n] Familien-, de[n] Kriminal- und de[n] sozialen Roman, das Lehrgedicht, die meisten lyrischen Gedichte, die Tragödie und das Lustspiel“[71].

Der Stoff des visionären bzw. extravertierten Kunstwerkes hingegen

> ist nichts Bekanntes; es ist von fremdartiger Wesenheit, von hintergründiger Natur, wie aus Abgründen vormenschlicher Zeitläufe oder wie aus Licht- und Dunkelwelten übermenschlicher Natur stammend, ein Urerlebnis, dem menschliche Natur in Schwäche und Unbegreifen zu erliegen droht. Der Wert und die Wucht liegen auf der Ungeheuerlichkeit des Erlebnisses, das fremd und kalt oder bedeutend und erhaben aus zeitlosen Tiefen auftaucht, einerseits von schillernder, dämonisch-grotesker Art, menschliche Werte und schöne Formen zersprengend [...], andererseits eine Offenbarung, deren Höhen und Tiefen zu ergründen menschliche Ahnung kaum genügt, oder eine Schönheit, welche zu erfassen Worte sich vergeblich mühen.[72]

Das Verhältnis zwischen Dichter und Werk ist im visionären bzw. extravertierten Kunstwerk gekennzeichnet durch „eine Unterordnung des Subjekts unter die Ansprüche des Objektes“. Es handelt sich nicht mehr um einen bewussten, gerichteten Schaffensprozess, der Absichten und Entschlüsse des Dichters widerspiegelt, sondern das visionäre Werk „dräng[t] sich dem Autor förmlich auf“. Der Dichter steht hierbei unterhalb seines Werkes oder „zum mindesten daneben, gleichsam wie eine zweite Person, die in den Bannkreis eines fremden Willens geraten ist.“[73] Als visionär bezeichnet Jung diese Art von Kunstwerk, da die dargestellte „Vision“ im Gegensatz zur „Leidenschaft“ des psychologischen Kunstwerks jenseits der Grenzen des Bewusstseins steht.[74] Jung bezeichnet das visionäre Kunstwerk daher auch als das „echte Kunstwerk“[75], denn „die Vision [bedeutet] ein tieferes und stärkeres Erlebnis [...] als menschliche Leidenschaft.“ Sie ist „ein echtes Urerlebnis“, „nichts Abgeleitetes“, „sondern ein *wirkliches Symbol, nämlich ein Ausdruck für unbekannte Wesenheit*.“[76]

Der Begriff „extravertiert“ bezieht sich darauf, dass dieses Kunstwerk sich nicht auf die Erlebniswelt des Autors bezieht, sondern auf die Außenwelt: Das extravertierte Kunstwerk hat „seinen besonderen Sinn darin, daß es ihm gelingt, sich aus den Beengungen und Sackgassen des Persönlichen zu befreien und all die Vergänglichkeit und Kurzatmigkeit des Nur-Persönlichen weit unter sich zu

71 Jung, „Psychologie und Dichtung“ 103.
72 Jung, „Psychologie und Dichtung“ 103.
73 Jung, „Über die Beziehungen der analytischen Psychologie zum dichterischen Kunstwerk“ 84.
74 Jung, „Psychologie und Dichtung“ 108.
75 Jung, „Über die Beziehungen der analytischen Psychologie zum dichterischen Kunstwerk“ 82.
76 Jung, „Psychologie und Dichtung“ 108.

lassen."[77] Es will betrachtet sein „als eine alle Vorbedingungen frei ergreifende, schöpferische Gestaltung. Sein Sinn und seine ihm eigentümliche Art ruhen in ihm selber und nicht in seinen äußeren Vorbedingungen."[78] Auch diese Charaktereigenschaft des extravertierten Kunstwerkes ist für Jung ein Kennzeichen echter Kunst, denn

> [d]as Wesen des Kunstwerkes besteht […] nicht darin, daß es mit persönlichen Besonderheiten behaftet ist – je mehr es dies ist, desto weniger handelt es sich um Kunst –, sondern daß es sich weit über das Persönliche erhebt und aus dem Geist und dem Herzen und für den Geist und das Herz der Menschheit spricht. Das Persönliche ist eine Beschränkung, ja sogar ein Laster der Kunst.[79]

Bezogen auf den Rezipienten geht Jung davon aus, dass „einem Werke […] anzufühlen sei", ob es visionär bzw. extravertiert ist.[80] Die Reaktion auf ein visionäres bzw. extravertiertes Kunstwerk ist nach Jung, dass wir „entweder eine ganz besondere Befreiung verspüren, uns wie getragen fühlen, oder daß es uns ergreift wie eine übermächtige Gewalt."[81] Das visionäre bzw. extravertierte Kunstwerk „löst eine stärkere Stimme in uns aus als die unsrige" und „[w]ir sind in solchen Momenten nicht mehr Einzelwesen, sondern Gattung, die Stimme der ganzen Menschheit erhebt sich in uns."[82]

Als Erklärung dieser Reaktion des Rezipienten beruft sich Jung auf Gerhard Hauptmanns Aussage: „Dichten heißt, hinter Worten das Urwort erklingen lassen."[83] In psychologische Sprache übersetzt ist Hauptmanns „Urwort" als Synonym für das von Jung entwickelte Konzept des Archetypen zu sehen. Wie weiter unten gezeigt werden soll, bewirkt die Verwendung von archetypischen Bildern das Gefühl von Ergriffenheit im Rezipienten: „Das was in der Vision erscheint, ist ein Bild des kollektiven Unbewußten"[84], und „[w]er mit Urbildern spricht, spricht wie mit tausend Stimmen, er ergreift und überwältigt, zugleich erhebt er das, was er bezeichnet, aus dem Einmaligen und Vergänglichen in die

---

77 Jung, „Über die Beziehungen der analytischen Psychologie zum dichterischen Kunstwerk" 82.

78 Jung, „Über die Beziehungen der analytischen Psychologie zum dichterischen Kunstwerk" 83.

79 Jung, „Psychologie und Dichtung" 115.

80 Jung, „Über die Beziehungen der analytischen Psychologie zum dichterischen Kunstwerk" 87.

81 Jung, „Über die Beziehungen der analytischen Psychologie zum dichterischen Kunstwerk" 94.

82 Jung, „Über die Beziehungen der analytischen Psychologie zum dichterischen Kunstwerk" 94.

83 Jung, „Über die Beziehungen der analytischen Psychologie zum dichterischen Kunstwerk" 92.

84 Jung, „Psychologie und Dichtung" 111.

Sphäre des immer Seienden."[85] Die Rolle des Künstlers nach Jung, die in diesem Zitat angesprochen wird, soll im Folgenden behandelt werden.

4.2. „Kollektivmensch" – Die Rolle des Künstlers

Zunächst kann der Künstler als Diener des visionären Werks angesehen werden, denn er ist – wie erwähnt – dessen Medium. Ob der Gewalt der Vision bedeutet die Schaffung des extravertierten Werkes für den Künstler Jung zufolge kein leichtes Los:

> Das ungeborene Werk in der Seele des Künstlers ist eine Naturkraft, die entweder mit tyrannischer Gewalt oder mit jener subtilen List des Naturzwecks sich durchsetzt, unbekümmert um das persönliche Wohl und Wehe des Menschen, welcher Träger des Schöpferischen ist.[86]

Neben dieser fast märtyrerartigen Rolle kommt dem Künstler allerdings auch eine Mittlertätigkeit zu. Dadurch, dass er archetypische Bilder verwendet, leistet er „gewissermaßen eine Übersetzung in die Sprache der Gegenwart, wodurch es sozusagen jedem ermöglicht wird, wieder den Zugang zu den tiefsten Quellen des Lebens zu finden, die ihm sonst verschüttet wären."[87] Jung beschreibt den Künstler in diesem Zusammenhang als „Erzieher seines Zeitalters" und Kunst als eine „soziale" Einrichtung:

> [Die Kunst] arbeitet stets an der Erziehung des Zeitgeistes, denn sie führt jene Gestalten herauf, die dem Zeitgeist am meisten mangelten. Aus der Unbefriedigung der Gegenwart zieht sich die Sehnsucht des Künstlers zurück, bis sie jenes Urbild im Unbewußten erreicht hat, welches geeignet ist, die Mangelhaftigkeit und Einseitigkeit des Zeitgeistes am wirksamsten zu kompensieren. Dieses Bild ergreift sie, und indem sie es aus tiefster Unbewußtheit emporzieht und dem Bewußtsein annähert, verändert es auch seine Gestalt, bis es vom Menschen der Gegenwart nach seinem Fassungsvermögen aufgenommen werden kann.[88]

---

85 Jung, „Über die Beziehungen der analytischen Psychologie zum dichterischen Kunstwerk" 94.

86 Jung, „Über die Beziehungen der analytischen Psychologie zum dichterischen Kunstwerk" 86.

87 Jung, „Über die Beziehungen der analytischen Psychologie zum dichterischen Kunstwerk" 95.

88 Jung, „Über die Beziehungen der analytischen Psychologie zum dichterischen Kunstwerk" 95. Dies macht Jung am Beispiel von Goethes Faust deutlich: „‚Faust' ist […] der Ausdruck eines urlebendig Wirkenden in der deutschen Seele, dem Goethe zur Geburt verhelfen mußte" („Psychologie und Dichtung" 118).

So entsteht „ein Schöpferakt [...], der die ganze Epoche angeht, denn das Werk ist dann in tiefstem Sinne eine Botschaft an die Zeitgenossen.“[89] Der Dichter wird somit zum „*Kollektivmensch*[en]“, er ist „Träger und Gestalter der unbewußt tätigen Seele der Menschheit“[90]. Kunst insgesamt stellt nach Jung somit „einen Prozeß der geistigen Selbstregulierung im Leben der Nationen und Zeiten“[91] dar.

Die Praxis der Anwendung Jung'scher Kategorien auf Literatur ist umstritten. So moniert Samuels: „Literary and art criticism influenced by analytical psychology [is] still often based on somewhat mechanistic [...] applications of Jungian theory.”[92] Ähnliches wird von Wolfram Frietsch formuliert: „Für die Literaturwissenschaft gibt es bislang keine gültige Theorie einer tiefenpsychologischen Textinterpretation.“[93] Frietsch entwickelt daher die Methode der strukturalen Tiefenpsychologie, die in der vorliegenden Arbeit aufgegriffen und im Folgenden vorgestellt wird.

4.3. „Sinnmomente und Zusammenhänge“ – Frietschs strukturale Tiefenpsychologie

Frietschs strukturale Tiefenpsychologie sieht „de[n] Rückbezug und die Beschäftigung mit den Entdeckungen, Ideen und Forschungen C.G. Jungs“[94] vor. Das Resultat ist eine Textinterpretation, die auf dem Werk C.G. Jungs selbst beruht: „Die Literaturwissenschaft kann sich [...] der Tiefenpsychologie bedienen, um auf einer psychologischen Basis symbolische Zusammenhänge archetypischer Art transparent zu machen.“[95] Sie leistet damit auf der Grundlage „der Tiefenpsychologie respektive de[s] Individuationsprozesses [...] eine text- und genreübergreifende Erweiterung, die uns in die Lage versetzt, Sinnmomente und Zusammenhänge offenzulegen, die mit herkömmlichen Mitteln der Literaturwissenschaft verborgen bleiben müssten“, denn durch die strukturale Tiefenpsychologie ist es möglich, „einen Traum, einen Text, ein Gedicht und ein Drama unter

---

89 Jung, „Psychologie und Dichtung“ 112. Jung fügt an: „Deshalb berührt der ‚Faust' etwas in der Seele jedes Deutschen.“

90 Jung, „Psychologie und Dichtung“ 116.

91 Jung, „Über die Beziehungen der analytischen Psychologie zum dichterischen Kunstwerk“ 96.

92 Samuels 12.

93 Wolfram Frietsch, *Peter Handke – C.G. Jung. Selbstsuche – Selbstfindung – Selbstwerdung. Der Individuationsprozess in der modernen Literatur am Beispiel von Peter Handkes Texten* (Gaggenau: Verlag Neue Wissenschaft, 2002) 13.

94 Frietsch 13.

95 Frietsch 14.

dem Gesichtspunkt der Individuation miteinander vergleichend zu verbinden, und eindeutig in deren strukturaler Qualität zu bestimmen.“[96] Auf Jungs Unterscheidung zwischen psychologischen und visionären Kunstwerken beruhend ist das Ziel der strukturalen Tiefenpsychologie das Sichtbarmachen „ein[es] kollektive[n] und transpersonale[n] Moment[s] in den Texten […], das für eine umfassende Ein- und Rückbindung von Texten in die Menschheitsgeschichte steht.“[97] Frietsch zufolge ist „die Rück- und Einbindung des Kunstwerkes in den Bereich des Kollektiven, des Unpersönlichen wesentlich für eine tiefenpsychologisch-literaturwissenschaftliche Textinterpretation.“[98]

Die Vorgehensweise der strukturalen Tiefenpsychologie sieht vor, dass zunächst tiefenpsychologisch bedeutsames Material erkannt, isoliert und analysiert wird. Hierbei handelt es sich etwa um Bilder, Ereignisse und Konstellationen, die sich auf Archetypen zurückführen lassen. Dies ermöglicht nicht nur die Feststellung des kollektiven Wertes eines Kunstwerks als bereits erwähntes Ziel, sondern auch Erkenntnisse über den Status der Bewusstwerdung, der in dem Kunstwerk repräsentiert wird: „Ziel der strukturalen Tiefenpsychologie ist es, die strukturale Beziehung zwischen Text und Individuation aufzuzeigen. Struktural bedeutet hier die Struktur betreffend, aber nicht eine beliebige Struktur, sondern die des Individuations-*prozesses*.“[99]

Frietsch führt diese Vorgehensweise zurück auf die Eigenschaft des visionären Kunstwerks, im Rahmen des schöpferischen Prozesses die Gestaltung eines Archetypen in eine Form zu erreichen, die den Rezipienten der Gesellschaft des Künstlers zugängig ist. Ziel der strukturalen Tiefenpsychologie nach Frietsch ist das Herausstellen dieser „Verbindung von Neuem und Uraltem“[100]. Wichtig ist, dass der Text selbst als (unbewusstes) Produkt des Autors die Grundlage der Interpretation bildet. Biographische Momente können als Ergänzung unterstützend und gewinnbringend herangezogen werden, sollen aber keinesfalls das Zentrum der Interpretation darstellen.[101]

---

96 Frietsch 14. Der Begriff Individuation kann zunächst als Bewusstwerdung bzw. Selbstfindung verstanden werden und soll unter „Der Individuationsprozess“ (S. 30ff) näher erläutert werden.

97 Frietsch 14.

98 Frietsch 23.

99 Frietsch 25.

100 Frietsch 14.

101 Frietsch 26. Dies betonen ebenso Dawson 256, Stephen A. Martin, „Meaning in Art”, *C.G. Jung and the Humanities*, Hg. Karin Barnaby und Pellegrino D'Acierno (Princeton, New Jersey: Princeton University Press, 1990) 174-184, siehe 177 sowie Mario Jacoby, „The Analytical Psychology of C.G. Jung and the Problem of Literary Evaluation”, *Jungian Literary Criticism*, Hg. Richard P. Sugg (Evanston, Illinois: North-western University Press, 1992) 59-74, siehe 59f.

Die Notwendigkeit einer solchen Vorgehensweise verbalisiert Mario Jacoby, der über das visionäre Kunstwerk sagt: „[S]uch works are not accessible to the spontaneous understanding of the general reader; they call for interpretations and commentary."[102] Morris Philipson schreibt dem Literaturkritiker in diesem Zusammenhang eine noch größere Rolle zu: *„[C]ritical interpretations of works of art are to a culture what the analyst's interpretation of private symbolic contents are to the individual patient in therapy."*[103] Die Rolle des Literaturkritikers ist daher „to make explicit, as well as he can, what is implicit in the art-work."[104] Clifton Snider schlägt als Forschungsfragen vor: „What purpose does the symbolic work of art fulfil in the psychic life of a society? What is its psychic significance?"[105] In der vorliegenden Arbeit sollen für die ausgewählten Werke MacEwens die Antworten auf diese Fragen gefunden werden. Die Wege der Individuation sollen verfolgt und die Symbole und archetypischen Bilder entschlüsselt werden. Der Anteil der Vision und die Bedeutung für Gesellschaft und Zeitgeist der ausgewählten Werke sollen analysiert werden. Die Biographie der Autorin soll nach erfolgter Analyse jeweils als Zusatzquelle verwendet werden.

Hierbei ist eine Feststellung Bartleys relevant, die über die Verbindungen innerhalb der Werke MacEwens schreibt: „[There are] many similarities of theme and imagery between selected samples of her writing. Throughout her work, certain motifs and characters are presentend in both prosaic and poetic form. There is a definite complementary effect when such pieces are considered together."[106] Diese Wechselwirkung von Bildern, Themen und Motiven in den ausgewählten Werken im Bezug auf die Individuations- und Archetypenlehre soll auch im Zentrum dieser Arbeit stehen.

5. „Unravelling" – Erkenntnisinteresse und Textkorpus

Ziel der vorliegenden Arbeit ist, C.G. Jungs Individuations- und Archetypenlehre als Inspiration und Bezugspunkt im Werk MacEwens zu verstehen und in seiner Bedeutung zu würdigen. Dabei wird davon ausgegangen, dass die Analytische Psychologie nicht nur neue Interpretationsansätze liefern und den Vorwurf

102 Jacoby 71.

103 Morris Philipson, *Outline of a Jungian Aesthetics* (Northwestern University Press [o.O.], 1963) 176.

104 Philipson 178.

105 Snider 2.

106 Bartley, *Invocations* viii.

der Unverständlichkeit und „Exotik“ entkräften kann; es soll ebenso gezeigt werden, dass der Horizont von Jungs Theorie unerlässlich für ein Verständnis von MacEwen als Individuum, Frau und Autorin sowie für die Bedeutung ihres Werkes im Kontext aktueller Debatten um kanadische Identitätskonstruktion ist. Die Beschäftigung mit Jung kann somit helfen zu erklären, was MacEwens verdichtete Sprache in ihrer vermeintlichen Unverständlichkeit bedeutet, macht MacEwen aber auch anschlussfähig an zeitgenössische Diskussionen um kanadische Kultur und kanadisches Selbstverständnis im 21. Jahrhundert.[107]

---

107 MacEwens Werk im 21. Jahrhundert zum Thema einer literaturwissenschaftlichen Arbeit zu machen, erscheint auch aus anderen Gründen sinnvoll. Zum einen ist in den vergangenen Jahren ein zunehmendes Interesse an Torontos Kultur der 1960er/70er Jahre zu bemerken. Besonders zur Literaturszene der damaligen Zeit, die sich in Don Cullens Coffee House „Bohemian Embassy“ konzentriert, sind mehrere Veröffentlichungen erschienen, vgl. z.B. Don Cullen, *The Bohemain Embassy. Memories and Poems* (Hamliton, ON: Wolsak and Wynn, 2007); Douglas Fetherling, *Travels by Night* (Toronto: MacArthur & Company, 1994); Rosemary Sullivan, *Red Shoes. Margaret Atwood Starting Out* (Toronto: HarperCollins, 1998). Vor allem Christopher Valley Bans Dokumentation *Behind the Bohemian Embassy* (Moose Creek Productions, 2010) betont die Rolle Gwendolyn MacEwens in diesem Zusammenhang. Vor diesem Hintergrund scheint es angebracht, auch Gwendolyn MacEwens Werk erneut zu betrachten. Zum anderen gelten die 1960er/70er Jahre generell als wichtige Epoche in der kanadischen Literaturgeschichte: Sie werden als „Elisabethanisches Zeitalter“ bezeichnet, zunehmende finanzielle Unterstützung der Künste durch die kanadische Regierung lässt die Zahl der Veröffentlichungen steigen, und die kanadische Identität wird zum Thema der Literatur (Groß, Klooß und Nischik 224f). Besonders vor diesem Hintergrund kann eine erneute Betrachtung des Werks MacEwens lohnend sein. Schließlich ist neben einer Wiederbelebung der Kultur der 1960er/70er Jahre als weitere aktuelle Tendenz ein Interesse an der literarischen Darstellung der Stadt Toronto zu vermerken. Auch in diesem Forschungsfeld sind in den vergangenen Jahren mehrere Studien veröffentlicht worden (siehe Fußnote 1420), unter denen Amy Lavender Harris’ *Imagining Toronto* in seinem Versuch, die Identität der Stadt über Literatur bewusst zu machen, Gwendolyn MacEwen einen wichtigen Stellenwert zukommen lässt. Eine Ergänzung von Harris’ Ergebnissen durch eine detaillierte Analyse der Rolle Torontos im Werk MacEwens scheint erforderlich und soll in der vorliegenden Studie erfolgen (siehe „Toronto in Nomans Quest“, S. 256ff). Im deutschsprachigen Raum kann als weiterer Anlass für eine detaillierte Beschäftigung mit MacEwens Werk die Tatsache gesehen werden, dass 2010 mit *Die T.E. Lawrence Gedichte* die erste deutsche Übersetzung eines Gedichtbandes von MacEwen veröffentlich wird (Übersetzung Christine Koschel, Hörnby: Edition Rugerup, 2010; vgl. Tobias Döring, „Die Geister deiner Vorfahren“, *Frankfurter Allgemeine Zeitung* 26.08.2010: 28). Auch C.G. Jung erfreut sich in jüngster Zeit neuem Interesse. So erscheint 2011 Rüdiger Sünners Dokumentation *Nachtmeerfahrten.* Ebenso David Cronenbergs *A*

Dies soll an einem vergleichsweise schmalen Ausschnitt aus MacEwens Werk exemplarisch gezeigt werden. Das vorliegender Studie zugrunde liegende Textkorpus beschränkt sich auf lediglich drei Werke aus MacEwens Oeuvre. Der Gedichtband *The Shadow-Maker* (1969) ist eines der bekanntesten Werke MacEwens und ein geeignetes Untersuchungsobjekt für eine tiefenpsychologische Analyse, bezieht er sich doch, wie zu zeigen sein wird, explizit auf Jungs Werk *Symbole der Wandlung*. Die bislang in der Forschung zu Unrecht vernachlässigten Kurzgeschichtensammlungen *Noman* (1972) und *Noman's Land* (1986) sind bedeutsam, da sie die Motive Amnesie und Identitäts- bzw. Selbstfindung explizit thematisieren.

Harris bezeichnet MacEwen als „undeservedly neglected [...] poet“[108] und Rosenblatt betont: „[A] lot more detective work will have to be done to take us into the interior world of [MacEwen's] magic.”[109] „Background material and other influences upon the author act as catalysts to creativity; thus, in the process of unravelling MacEwen's poetic adventures, they can best be considered as catalysts to discovery“[110], schreibt Bartley in Anlehnung an Shermans Darstellung von MacEwens Werk als „thick and strangely woven cloth” (siehe S. 6). Die vorliegende Arbeit unternimmt dieses „Unravelling“ und kann als Versuch gelten, MacEwen im Lichte zeitgenössischer Forschung zu verstehen und nachdrücklich als wichtige Stimme in der kanadischen Literatur zu würdigen.

Dangerous Method aus dem Jahre 2011 beschäftigt sich mit der Theorie und Biographie Jungs.

108 Amy Lavender Harris, *Imagining Toronto* (Toronto: Mansfield Press, 2010) 21.

109 Rosenblatt, *The Lunatic Muse* 113

110 Bartley, *Invocations* viii.

II. Individuation und Archetypen: Eine integrative Einführung in die Theorie C.G. Jungs

The Shadow-Maker kann als Konzeptband bezeichnet werden, der auf Jungs Theorien basiert. Allein die Struktur des Werkes suggeriert dies: *The Shadow-Maker* gliedert sich in vier Kapitel, denen jeweils ein Epigraph vorangestellt ist; drei der ausgewählten Zitate stammen aus C.G. Jungs *Symbole der Wandlung*. Die Epigraphe spielen auf die wichtigsten Konzepte der Lehre C.G. Jungs an. Sie sollen im Folgenden daher als Aufhänger für einen Überblick zu Jungs Lehre verwendet werden und eine kurze Einführung in die Theorien Jungs integrativ, bereits in Verbindung mit *The Shadow-Maker*, ermöglichen. Ein Anspruch auf Vollständigkeit besteht hierbei nicht. Es sollen vielmehr vor allem die Konzepte Jungs besprochen werden, die für die Analyse und Interpretation von *The Shadow-Maker*, *Noman* und *Noman's Land* bedeutsam sind.

1. Das Unbewusste

Kapitel 1: „Holy Terrors"

„The onslaught of instinct then becomes an experience of divinity, provided that the man ... defends himself against the animal nature of the divine power. It is 'a fearful thing to fall into the hands of the living God'..."[111]

„Der Anfall der Triebgewalt ist dann ein Gotteserlebnis, wenn der Mensch der Übermacht nicht erliegt, das heißt nicht blindlings ihr folgt, sondern sein Menschsein gegen den animalischen Charakter der göttlichen Kraft mit Erfolg verteidigt. Es ist ‚furchtbar, in die Hände des lebendigen Gottes zu fallen.'"[112]

1.1. „[Z]um eigenen Selbst werden" – Der Individuationsprozess

Der Titel des Kapitels sowie das ausgewählte Einführungszitat verweisen auf die Individuationslehre Jungs. Der Begriff der Individuation nimmt eine zentrale

111 MacEwen, *The Shadow-Maker* (Toronto: Macmillan, 1969) 1.

112 C.G. Jung, *Symbole der Wandlung*, Hg. Lilly Jung-Merker und Elisabeth Rüf, 2. Auflage (Olten und Freiburg im Breisgau: Walter-Verlag, 1977) 431f. Das Zitat in diesem Epitaph stammt aus dem Hebräerbrief 10, 31.

Stellung in Jungs Lehre ein. Ziel des Individuationsprozesses ist, die Elemente des Unbewussten zu erkennen und sie in einem zweiten Schritt in das Bewusstsein zu integrieren – ein Weg von der „Unbestimmtheit zur Bestimmtheit“ der unbewussten Inhalte.[113] Nur über diesen Weg kann die „Gesamtpersönlichkeit“ eines Menschen, die „bewußt-unbewußte Ganzheit“, erreicht werden, die „heilende Kraft“ hat und „Lebensfrage“ ist.[114] Die Individuation kann als Ziel der psychischen Entwicklung des Menschen angesehen werden. Als „Endprodukt“ des Individuationsprozesses bezeichnet Jung die Entwicklung von Persönlichkeit. Das Zentrum der Persönlichkeit ist nach Jung „ein Punkt in der Mitte zwischen Bewußtsein und Unbewußtem“[115]. Individuation kann in diesem Sinne übersetzt werden mit „Verselbstung“ oder „Selbstverwirklichung“; Ziel ist „zum Einzelwesen [zu] werden, und, insofern wir unter Individualität unsere innerste, letzte und unvergleichbare Einzigartigkeit verstehen, zum *eigenen Selbst werden.*“[116] Anders ausgedrückt:

> Der Sinn und das Ziel des [Individuations-] Prozesses sind die Verwirklichung der ursprünglich im embryonalen Kern angelegten Persönlichkeit mit allen ihren Aspekten. Es ist die Herstellung und Entfaltung der ursprünglichen, potentiellen Ganzheit.[117]

Im Umkehrschluss kann eine nicht erfolgte Vereinigung mit den Elementen des Unbewussten zum „Stillstand des Lebens“, zur „Stagnation, Versandung oder Verholzung“ führen.[118] Die Vereinigung mit den dunklen, unbekannten Seiten des Selbst ist also nicht nur günstig für das Individuum, sondern notwendig, denn „[j]e ablehnender die Einstellung des Bewußtseins zum Unbewußten ist, desto gefährlicher wird letzteres“[119], „[j]e weiter […] der Spalt zwischen Bewußtsein und Unbewußtem […], desto näher rückt die Spaltung der Persönlichkeit.“[120]

---

113 Micha Brumlik, *C.G. Jung zur Einführung* (Hamburg: Junius Verlag, 1993) 56.

114 Jung, *Symbole der Wandlung* 464; Brumlik 56.

115 Jung, *Gesammelte Werke* 7 243. Vgl. Gerhard Schmitt, *Text als Psyche. Eine Einführung in die analytische Psychologie C.G. Jungs für Literaturwissenschaftler* (Aachen: Shaker Verlag, 1999) 253 sowie Daryl Sharp, *Digesting Jung. Food for the Journey* (Toronto: Inner City Books, 2001) 65ff: „Developing a Personality”.

116 Jung, *Gesammelte Werke* 7 192.

117 Jung, *Gesammelte Werke* 7 120.

118 Jung, *Gesammelte Werke* 7 58 und 101.

119 Jung, *Symbole der Wandlung* 380.

120 Jung, *Symbole der Wandlung* 559. Unbewusstes und Bewusstes bilden so eine Symbiose. Den Charakter des Zusammenspiels drückt Jung dadurch aus, dass er die Beziehung zwischen beiden als kompensatorisch, nicht jedoch als komplementär bezeichnet: „Ich gebrauche ausdrücklich das Wort ‚kompensatorisch‘ […] weil Bewußt und Un-

1.2. „[I]nstinktive Kräfte" – Archetypen

An diese Ausgangsidee knüpft das Einführungszitat des ersten Kapitels an: Mit „Triebgewalt" wird hier in erster Linie auf die Archetypen als Inhalte des Unbewussten angespielt, die Jung mit Trieben und Instinkten vergleicht.[121] Hiermit will er verdeutlichen, dass der Mensch in Bereich der Psyche nicht als „tabula rasa" geboren ist, sondern dass es gewisse Grundstrukturen gibt, die dem Menschen von Geburt an als „Grundzeichnung seines Wesens"[122] innewohnen und die es ihm ermöglichen, den Inhalt seines Unbewussten zu erkennen. Der Mensch wird teilweise unbewusst geboren, doch „der Drang und Zwang zur Selbstverwirklichung [im Individuationsprozess] ist Naturgesetzlichkeit."[123] So enthält das Unbewusste in Form der Archetypen Mechanismen bzw. „instinktive Kräfte"[124], deren inhärentes Ziel die Bewusstwerdung des Individuums ist und die nicht bewusst aktiviert werden müssen, sondern – wie Instinkte – per se aktiv sind. Diese Selbstfindung ist für das individuelle Bewusstsein eine neue Erfahrung. Die Mechanismen, die hierbei aktiv sind, sind für das Unbewusste allerdings nur „die Betätigung altgewohnter Instinkte, die alle schon längstens präformiert sind."[125] Die Eigenschaften dieser angeborenen Mechanismen des Unbewussten können daher mit Trieben und Instinkten verglichen werden: Ganzheit wird instinktiv erreicht.[126]

1.3. „[W]illenlose[…] Ergebenheit" – Die numinose Kraft der Archetypen

Mit dem Begriff „Gotterlebnis" wird im Epigraph zu „Holy Terrors" ebenso auf das Unbewusste angespielt. Die Archetypen als Mechanismen sind laut Jung mit Gott, Göttern bzw. religiösen Phänomenen insgesamt vergleichbar: Beiden ist

---

bewußt nicht notwendigerweise in einem Gegensatz zueinander stehen, sondern sie ergänzen sich gegenseitig zu einem Ganzen, zum Selbst" (zitiert in Schmitt 64). Vgl. dazu Schmitt 64ff: „Kompensation als Strukturbeziehung".

121 Jung, *Symbole der Wandlung* 201. Der Begriff der Archetypen soll unter Kapitel II., 4. („Archetypen") definiert werden.

122 Jung, *Gesammelte Werke* 4 364.

123 C.G. Jung, *Archetypen*, Hg. Lorenz Jung (München: Deutscher Taschenbuch Verlag, 2001) 126.

124 Vgl. Jung, *Symbole der Wandlung* 392.

125 Jung, *Gesammelte Werke* 4 364.

126 Jung sagt über den Zusammenhang zwischen Trieben und Archetypen an anderer Stelle: Triebe „bilden […] ganz genaue Analogien zu den Archetypen, ja so genau, dass Grund zur Annahme besteht, dass die Archetypen die unbewußten Abbilder der Instinkte selbst sind" (Jung, *Archetypen* 45).

gemein, dass sie numinose Kraft auf das Individuum ausüben.[127] Diese numinose Kraft definiert Jung als Energie, die „das Subjekt in den Zustand der Ergriffenheit, das heißt der willenlosen Ergebenheit“[128] versetzen kann. Angewandt auf den Bereich der Psyche bedeutet dies, dass die Inhalte des Unbewussten auf das Bewusstsein Faszination auslösen. Diese Faszination ist „ein zwangartiges Phänomen, zu dem bewußte Motivierung fehlt; d.h. sie ist kein Willensvorgang, sondern eine Erscheinung, die aus dem Unbewußten auftaucht und sich dem Bewußtsein zwangsmäßig aufdrängt.“[129] Durch diese numinose Kraft werden die Inhalte des Unbewussten zunächst wahrgenommen und können schließlich in das Bewusste integriert werden, denn die Numinosität wirkt ebenso als „zum Handeln antreibend“[130]. Die Archetypen sind so als „numinose Strukturelemente der Psyche“[131] insgesamt die „schicksalsbestimmende Kraft [...], welche die Individuation erzwingt.“[132] Jolande Jacobi schreibt den Inhalten des Unbewussten in diesem Zusammenhang „Ausdrucks- und Eindruckscharakter zugleich“ zu.[133] Ergänzend kann Jung zufolge das Unbewusste „mit dem Attribut ‚göttlich’“ versehen werden, um damit die „relative Übermacht“ der Inhalte des Unbewussten im Vergleich zum Bewussten auszudrücken.[134] Diese Ansicht belegt einmal mehr, dass das Unbewusste zumindest zeitweise das „hinter dem Bewusstsein wirkende Subjekt“ ist.[135]

Insgesamt spielt das Epigraph so auf die Notwendigkeit des Individuationsprozesses an: Es ist unerlässlich, die Inhalte des Unbewussten zu erkennen und zu verarbeiten. Wichtig ist allerdings, sich nicht von ihrer Kraft überwältigen zu lassen oder sich in der Ergriffenheit zu verlieren, denn riskant wird es, „wenn [das Bewusstsein] nicht imstande ist, die eingebrochenen Inhalte mit

---

127 Jung, *Erinnerungen Träume Gedanken*, Hg. Aniela Jaffé (New York: Random House, 1961) 339. Siehe auch Heinrich H. Balmer, *Die Archetypentheorie von C.G. Jung* (Berlin: Springer-Verlag, 1972) 24: „[E]s ist wohl keine Unterschiebung, wenn man die beiden Begriffe [Götter und Archetypen] bei Jung als Synonyma betrachtet“. Vgl. Brumlik 51 und 123ff; Schmitt 119; Sharp, *Digesting Jung* 55 sowie 95f.

128 Jung zitiert in Brumlik 50. Generell sind die gesamte Psyche, die Individuation sowie die Archetypen energetische Phänomene nach Jungs Verständnis. Für eine detaillierte Analyse des Energiephänomens siehe Schmitt 57ff.

129 Jung, *Gesammelte Werke* 7 95.

130 Jung, *Gesammelte Werke* 7 75.

131 Jung, *Symbole der Wandlung* 295.

132 Jung, *Gesammelte Werke* 13 353.

133 Jolande Jacobi, *Die Psychologie von C.G. Jung* (Frankfurt: Fischer Taschenbuch Verlag, 2006) 97.

134 Jung, *Gesammelte Werke* 7 262.

135 Brumlik 51.

Verständnis aufzufangen und zu integrieren“[136]: „[D]ie Hauptgefahr besteht in einem Unterliegen unter dem faszinierenden Einfluß der Archetypen.“[137] Übermannt nämlich das Unbewusste das Bewusste, so entstehen psychische Anomalitäten wie Neurose, Psychose oder Schizophrenie.[138]

Dass so der archetypischen Numinosität als „animalische[m] Charakter der göttlichen Kraft“ eine Gefahr inneliegt, zeigt zusammenfassend folgendes Zitat: „Dem Archetypus eignet […] numinose Wirkung, das heißt das Subjekt ist davon in ähnlicher Weise ergriffen wie vom Instinkt, ja letzterer kann von dieser Kraft beschränkt und sogar überwältigt werden.“[139] Die Kraft der Inhalte des Unbewussten übertreffen also sogar die biologischen Instinkte.

1.4. „Holy Terrors“ – Das Paradoxon als Metapher für das Unbewusste

„Holy Terrors“ als Titel des ersten Kapitels spielt auf mehrere zusätzliche Aspekte der Jung’schen Lehre an: Mit den Begriffen „Holy“ und „Terror“ kann zunächst die Bipolarität des Unbewussten an sich beschrieben werden. „Heilig“ als religiöser Begriff deutet auf die numinose Kraft des Unbewussten hin. Das Unbewusste beinhaltet die Chance der Ganzheit und der vollen Ausschöpfung der im Individuum angelegten Fähigkeiten; dort liegt die „schwer erreichbare Kostbarkeit“[140] verborgen, „geistiges Sein oder Nichtsein“[141] hängt von ihm ab,

---

136 Jung, *Symbole der Wandlung* 504.

137 Jung, *Archetypen* 41. Vgl. dazu Gerhard Wehr, *C.G. Jung*, 21. Auflage (Reinbek: Rowohlt, 2006) 40: „Obschon zunächst alles im Bilde, das heißt symbolisch erlebt wird, handelt es sich keineswegs um Pappdeckelgefahren, sondern um sehr wirkliche Risiken, an denen unter Umständen ein Schicksal hängen kann. Die Hauptgefahr besteht in einem Unterliegen unter den faszinierenden Einfluss der Archetypen, was dann am ehesten eintritt, wenn man sich die archetypischen Bilder nur nicht bewusst macht.“ Für eine ausführliche Darstellung potentieller Gefahren vgl. auch Schmitt 259ff.

138 Jung erklärt diese Konditionen mit Hilfe des Archetypenbegriffs. So definiert er die Psychose als Störung, bei der die Archetypen Autonomie erlangen, sich der Bewusstseinskontrolle entziehen und Besessenheit hervorrufen und die Schizophrenie als kompletten Realitätsverlust, bei dem die Autonomie der Archetypen zu einer Spaltung der Persönlichkeit führt. Jung, *Archetypen* 41, *Gesammelte Werke* 13 372 und *Symbole der Wandlung* 179 sowie 559.

139 Jung, *Symbole der Wandlung* 201; vgl. auch *Gesammelte Werke* 13 372.

140 Jung, *Symbole der Wandlung* 464.

141 Jung, *Archetypen* 26.

sein Anblick bedeutet „*Erleuchtung*"[142]. Kurz: Das Unbewusste ist „die Mutter aller Möglichkeiten"[143].

Der Begriff „Terror" spielt auf die „dunkeln Aspekte der Persönlichkeit"[144] an, die ebenso im Unbewussten verborgen liegen und die aus gutem Grund dorthin verbannt wurden: Neben den Inhalten, die dem Individuum noch nie bewusst waren, da es in bestimmten Bereichen unbewusst geboren wird, enthält das Unbewusste u.a. auch absichtlich vergessene unangenehme und peinliche Komponenten sowie die Erinnerungen an Unstimmigkeiten mit sich selbst, die man, anstatt sie aufzuarbeiten, ins Unbewusste verdrängt – nach Jung ein „illegitimes Loswerden eines Konfliktes"[145]. Das Unbewusste beinhaltet somit „abgelegte Seiten der eigenen Persönlichkeit"[146], auf die das Bewusstsein nicht gerne aufmerksam gemacht wird. Nicht umsonst ist der Schatten nach Jungs Lehre der Archetypus, der für das persönliche Unbewusste steht: Er geht zwar aus der Sonne (als Symbol des Bewusstseins) hervor, stellt sich aber als ein Bereich dar, der unheimlich, dunkel und unbekannt ist, und von dem man sich instinktiv fernhält.[147]

1.5. „[W]as ist ein Hoch, dem das Tief fehlt[?]" – Die Vereinigung der Gegensätze

Weiterhin spielt die Verwendung eines Paradoxons im Titel auf eine Hürde des Individuationsprozesses an: Aus den bisher erfolgten Aussagen bezüglich der Beziehung zwischen dem Bewussten und dem Unbewussten kann geschlossen werden, dass beide widersprüchlicher Natur sind. Durch das Vorhandensein dieses Gegensatzes zwischen bewussten und unbewussten Inhalten ist das Individuum in seinem Seelenleben mit einem Konflikt konfrontiert, dessen Bereinigung von „vitaler Bedeutung"[148] ist und vom Bewusstsein eigentlich ersehnt wird. So ist es ein Ziel des Individuationsprozesses, Gegensätze miteinander zu vereinen: Bewusstes und Unbewusstes, Licht und Schatten, „Holy" und „Terror". Bewusste und unbewusste Anteile stehen zwar in kompensatorischer Beziehung zueinander und „ergänzen sich gegenseitig zu einem Ganzen"[149]. Der

142 Jung, *Gesammelte Werke* 14,1 279
143 Jung, *Gesammelte Werke* 14,1 215.
144 Jung, *Gesammelte Werke* 9,2 17.
145 Jung, *Symbole der Wandlung* 84.
146 Brumlik 67. Vgl. Jung, *Gesammelte Werke* 7 71 sowie 208.
147 vgl. Jung, *Gesammelte Werke* 14,1 106 und 116.
148 Jung, *Archetypen* 123.
149 Jung, *Gesammelte Werke* 7 195; vgl. Fußnote 121.

Gegensatzcharakter zwischen beiden ist aber kennzeichnend und nach Jung auch notwendig, um letztendlich Ganzheit zu erreichen. Einerseits wird durch die Gegensatzspannung – vereinfacht ausgedrückt – die nötige Energie zur Vereinigung der beiden Komponenten erzeugt: „Nur am Gegensatz entzündet sich das Leben."[150] Andererseits kann etwas nur gut sein, wenn man es in seiner Relation zum Gegensatz betrachtet: „[W]as ist ein Hoch, dem das Tief fehlt, was ein Licht, das keinen Schatten wirft? Kein Gutes kann wachsen, dem nicht ein Böses entgegensteht."[151] Jung geht sogar noch einen Schritt weiter: Die Gegensätze sind voneinander abhängig, Licht und Dunkel bedingen sich gegenseitig, Unbewusstes und Bewusstes brauchen einander. So sagt Jung über den Konflikt zwischen Gut und Böse: „[D]ie beiden haben einander nötig; auch im Besten, ja geradezu im Besten ist der Keim des Bösen, und nichts ist so schlecht, daß nicht ein Gutes daraus erfolgen könnte."[152] Dementsprechend erläutert er die Beziehung zwischen Schatten und Licht der menschlichen Psyche: „Es gibt keine Bewußtheit ohne Unterscheidung von Gegensätzen. […] Denn keines kann sein ohne das andere, weil beide am Anfang Eines waren und am Ende wiederum Eines sein werden."[153] Zusammenfassend schließt Jung, dass *„[d]as Gegensatzproblem als ein der menschlichen Natur inhärentes Prinzip eine weitere Etappe* unseres fortschreitenden Erkenntnisprozesses [bildet]."[154]

Erwähnt werden muss an dieser Stelle, dass Jung selbst die Phrase „holy terrors of the unconscious"[155] verwendet, um die Macht des Unbewussten zu verdeutlichen. Ob die Übereinstimmung der Begriffe in MacEwens Titel und Jungs Zitat rein zufällig erfolgt, kann auf Grund der Quellenlage nicht eindeutig geklärt werden. Die Vermutung ist jedoch nahe liegend, dass hier ein Bezug besteht.

---

150 Jung, *Gesammelte Werke* 7 58; vgl. auch *Gesammelte Werke* 14,1 140: „Kein psychischer Inhalt kann bewußt werden, ohne eine bestimmte energetische Spannung zu besitzen."

151 Jung, *Gesammelte Werke* 10 154.

152 Jung, *Gesammelte Werke* 7 202.

153 Jung, *Archetypen* 93. In anderen Worten: „Es gibt überhaupt keine andere Möglichkeit, als daß man das Irrationale als eine notwendige, weil immer vorhandene psychische Funktion anerkennt und ihre Inhalte nicht als konkrete […], sondern als psychische Realitäten nimmt – Realitäten, weil es wirksame Dinge, d.h. Wirklichkeiten sind" (*Gesammelte Werke* 7 78).

154 Jung, *Gesammelte Werke* 7 64.

155 Zitiert in Schmitt 280.

1.6. „[K]eine Bewußtwerdung ohne Schmerzen“ – Die „Aristokratie der Natur“

Dass die Vereinigung von Gegensätzen eine Herausforderung ist, ist allgemeiner Erfahrungswert. Dies trifft auch auf die Beziehung zwischen Bewusstem und Unbewusstem zu: Die Anpassung des einen an das andere ist ein schwerer, schmerzhafter Prozess, der mit harter Arbeit verbunden ist. Warum das der Fall ist, erklärt Jung anschaulich:

> [S]obald das Licht der Dunkelheit ansichtig wird und die Möglichkeit einer *Verbindung* erscheint, meldet sich der im Lichte sowohl wie im Dunkel wohnende *Machttrieb* und will nichts von seiner Position abgeben. Die helle Welt will ihr Licht nicht dämpfen, und die dunkle möchte ihre genußreichen Emotionen nicht aufgeben. Weder die eine noch die andere merkt, daß ihr Leiden eines und dasselbe ist und mit dem Bewußtwerdungsprozess zusammenhängt.[156]

Bei der Anerkennung des Unbewussten und der Integration muss man so gegen die „Abscheu“ und die „Abwehrreaktion“[157] des Bewusstseins gegenüber dem eigenen Unbewussten vorgehen. So geht es nicht nur um die Vereinigung der Gegensätze, sondern um „die *Anerkennung eines fremden anderen in mir*“[158]. Zusätzlich bedeutet die Gegensatzvereinigung für Jung „[n]icht […] eine Konversion ins Gegenteil, sondern […] eine *Erhaltung der früheren Werte zusammen mit einer Anerkennung ihres Gegenteils*“[159], was auf eine permanente Akzeptanz dieses *„fremden anderen in mir“* hinausläuft. Die Folge davon ist, dass es „keine Bewußtwerdung ohne Schmerzen“[160] gibt, „daß man nichts schwerer erträgt als sich selbst“[161], dass Identität Tortur ist.[162]

Wenn Jung an mehreren Stellen innerhalb seines Werks schreibt, die Natur sei „aristokratisch“, so will er damit verdeutlichen, dass es nicht jedem Individuum möglich ist, persönliche Ganzheit zu erlangen.[163] Die Anlage und die Bestimmung zu einer höheren Bewusstwerdung müssen vorhanden sein. Da es keinen Königsweg zur Individuation gibt, ist die Bereitschaft, den persönlichen Weg zu finden, erforderlich, und die Kraft, demselbem zu folgen, muss aufgebracht werden. Letztendlich ist „[d]ie Entwicklung eine Frage der Fähigkeit des

---

156 Jung, *Gesammelte Werke* 13 361f.
157 Jung, *Gesammelte Werke* 10 140.
158 Jung, *Gesammelte Werke* 13 376.
159 Jung, *Gesammelte Werke* 13 376.
160 Jung, *Gesammelte Werke* 17 219.
161 Jung, *Gesammelte Werke* 7 248.
162 Zitiert in Schmitt 270.
163 Jung, *Gesammelte Werke* 17 227; vgl auch *Gesammelte Werke* 7 163.

Einzelnen“[164]. Jung erwähnt in diesem Zusammenhang auch, dass Menschen, die den Weg der Individuation gehen, dafür „den anfänglichen, unbewußten Zustand […] opfer[n]“[165], der im Vergleich zum bewussten Erleben einfach und schmerzfrei ist: „Das menschliche Leben [ist] genug für gewöhnliche Leute […], sie kommen nicht einmal damit zurecht. Doch gewisse Menschen müssen auch die andere Seite der Welt, […] die innere Welt erleben.“[166]

2. Der Individuationsprozess

Kapitel 2: „The Unspeakable”

„Have no fear that the succession of little cries, extinct or enfeebled, that composes a book of philosophy will teach us so much about the universe that we can no longer go on living in it.“[167]

„Man befürchte nicht, daß diese Folge kleiner Schreie, die ein philosophisches Werk ausmachen, uns zuviel Wissen über das Universum vermittle, so daß wir nicht mehr darin leben könnten.“[168]

Dieses Einführungszitat stammt aus der Feder des französischen Literaturnobelpreis-Trägers Anatole France und ist ein Auszug aus einer größeren Sequenz Frances, die Jung in *Symbole der Wandlung* in seinen Überlegungen zur Sprache verwendet. Losgelöst von Jungs Verwendung des Zitats kann die Erklärung seiner Lehren hieran weiter vertieft werden.

---

164 Jung, *Gesammelte Werke* 17 227.

165 Jung, *Symbole der Wandlung* 529.

166 C.G. Jung, *Traumanalyse*, Hg. William McGuire (Olten und Freiburg im Breisgau: Walter-Verlag, 1991) 220ff. Vgl. hierzu auch Brumlik 67: „Den Schatten als die dunkle Seite der Seele annehmen und damit auf einfache moralische Lösungen und Verurteilungen verzichten zu können, setzt die Einsicht in die begrenzten Fähigkeiten der eigenen Person voraus, die Erkenntnis, dass die Menschen nicht die Herren ihres eigenen Schicksals sind. Die schmerzliche Einsicht, dass die eigenen abgelehnten Seiten, also jene Faktoren, die außerhalb des autonomen moralischen Bewusstseins stehen, geradezu eine eigene Autonomie besitzen, erfordert besondere Tapferkeit und große moralische Entschlossenheit. Der Mut, der Erkenntnis standzuhalten, dass man als Mensch stets im Griff eines nicht letztlich beherrschbaren, partiell dämonischen Seelenanteils lebt, ist für Jung die unabdingbare Voraussetzung für beinahe alle in der Moderne existierenden Weltprobleme.“

167 MacEwen, *The Shadow-Maker* 17.

168 Jung, *Symbole der Wandlung* 565.

2.1. „[D]iese Folge kleiner Schreie" – Die Individuation als unendlicher Prozess

Die Phrase „kleine Schreie" ist eine bildliche Darstellung der erwähnten Annahme, dass die Bewusstwerdung ein schmerzhafter, mühsamer, langwieriger Lernprozess ist, in dem viele kleine, unangenehme Schritte sich letztendlich zum großen Ganzen in Form der Persönlichkeit zusammenfügen. Die Erkenntnisse aus dem Bereich des Unbewussten sind zwar erschreckend und teilweise schwerlich akzeptabel, decken sie doch Wissen auf, das aus guten Gründen versteckt ist und zu unangenehmen Entdeckungen führen kann. Ist aber die Arbeit vollbracht und sind die unbewussten Elemente integriert, so ist die zunehmende Ganzheit der Persönlichkeit als Ergebnis ein positives, von dem das Individuum profitiert.

Dass es sich um eine „Folge kleiner Schreie" handelt, spricht einige weitere Tatsachen der Bewusstwerdung nach Jung an. Durch die Integration der unbewussten Inhalte findet das Individuum zwar zunehmend sein wahres, ursprüngliches Selbst, der Individuationsprozess ist aber bildlich gesprochen insgesamt „ein Fass ohne Boden":

> Es besteht [...] keine Hoffnung, daß wir je auch nur eine annähernde Bewußtheit des Selbst erreichen, denn, soviel wir auch bewußt machen mögen, immer wird noch eine unbestimmte und unbestimmbare Menge von Unbewußtem vorhanden sein, welches mit zur Totalität des Selbst gehört. Daher wird das Selbst stets eine uns übergeordnete Größe sein.[169]

Micha Brumlik drückt diese Annahme dramatisch-konkret aus, wenn er sagt: „[D]ie Suche nach der Identität [ist] erst mit dem Tod beendet."[170]

2.2. „[E]in Führer sondergleichen" – Die Individuation als (zukunfts-) gerichteter Prozess

Neben der unaufhörlichen Abfolge drückt die Phrase „Folge kleiner Schreie" auch Gerichtetheit und Orientierung zu einem bestimmten Ziel hin aus. Dieser Aspekt ist in zweierlei Hinsicht ein zusätzliches Charakteristikum der Psyche nach Jung.

Zunächst wird an mehreren Stellen erwähnt, dass der Individuationsprozess ein „final orientierter, zweckmäßiger Vorgang"[171], ein „in planvollen Stufen ver-

---

169 Jung, *Gesammelte Werke* 7 196.

170 Brumlik 63.

171 Jung, *Gesammelte Werke* 7 144.

laufender Entwicklungs- und Ordnungsprozeß“[172] ist. Das Unbewusste beinhaltet hierbei das „potentielle[…] Gerichtetsein“ und ist die treibende Kraft. Die Anforderung an das Bewusstsein ist, das Unbewusste zu integrieren, denn „[w]enn […] das Bewußtsein aktiv Anteil nimmt und jede Stufe des Prozesses erlebt und wenigstens ahnungsweise versteht, so setzt das nächste Bild jeweils auf der dadurch gewonnenen höheren Stufe an, und so entsteht Zielrichtung.“[173] In diesem Sinne kann das Unbewusste dem Bewussten im Individuationsprozess „ein Führer sondergleichen“[174] sein. Auch wenn gelegentlich stockend ist der Individuationsprozess insgesamt „vorwärtsgerichtet“[175], einer „vorgezeichneten, sinnhaften Bahn“ folgend und von einem „Entwicklungsgesetz“[176] gesteuert.

Neben dieser generellen Gerichtetheit steckt in der Phrase „Folge kleiner Schreie“ ebenso eine Orientierung nach vorne, zum nächsten Element der „Folge“ hin. Diese Tatsache deutet auf die Ansicht Jungs hin, dass die Inhalte des Unbewussten nicht nur aus der Vergangenheit stammen und auf Ereignissen, Erinnerungen sowie Konflikten basieren, die einst bewusst waren und verdrängt wurden. Das Unbewusste enthält als „Keime späterer bewußter Inhalte“ auch Material, „das den Schwellenwert des Bewußtseins noch nicht erreicht hat“[177], und ist somit zukunftsorientiert. Dem Individuum ist somit ein „apriorisches Vorhandensein der Ganzheitspotentialität“ zuzuschreiben: Im Individuationsprozess wird „ein schon Vorhandenes paradoxerweise noch zusammengesetzt.“[178]

So beschreibt auch Brumlik das Unbewusste als „zweite[…], noch nicht bekannte[…] Persönlichkeitsstruktur“[179] und den Individuationsprozess als „Verwirklichung von noch nicht oder nicht mehr anerkannten Wunschtendenzen in der Seele“[180]. Als Resultat bezeichnet er die Theorien Jungs als „Entwicklungs- und Antizipationsmodell der Psyche“ bzw. als „Lehre von der gerichteten und die Zukunft erspürenden unbewussten seelischen Entwicklung“[181].

---

172 Zitiert in Brumlik 55.
173 Jung, *Gesammelte Werke* 7 254.
174 Jung, *Gesammelte Werke* 7 126.
175 Brumlik 46f.
176 Brumlik 17.
177 Jung, *Gesammelte Werke* 7 140.
178 Jung, *Archetypen* 120.
179 Brumlik 50.
180 Brumlik 42.
181 Brumlik 43.

2.3. „[B]ewußtes Allgemeingut" – Der Drang zur Mitteilung

Die Tatsache, dass die „Folge kleiner Schreie" ein „philosophisches Werk" füllt, korrespondiert mit der Definition des Philosophen nach Jung: Ein Philosoph ist jemand, „dem es gelungen ist, die primitive und bloß natürliche Vision zur abstrakten Idee und zum bewußten Allgemeingut zu erheben"[182], jemand, der erkennt, dass es sich bei seiner persönlichen Erfahrung um eine kollektive, allgemeingültige Erfahrung handelt und dieses Wissen (mit-) teilt. Diese Allgemeingültigkeit taucht in Frances Zitat in dem Begriff „Universum" auf: Das „philosophische Werk" beschreibt das Universum, das allen Menschen gleich ist. Die „kleinen Schreie", die das philosophische Werk erschaffen, sind (zumindest in der englischen Übersetzung) „extinct or enfeebled", da es sich letztendlich doch „nur" um die Erfahrungen eines einzelnen Individuums handelt. Die Definition des Philosophen spiegelt sich in Jungs Konzept der visionären Kunst wider.

Die Archetypenlehre soll erst im folgenden Abschnitt im Detail behandelt werden, jedoch kann als ein Charakteristikum bereits vorweggenommen werden, dass gerade die Archetypen die „kollektive, allgemeingültige Erfahrung" der Philosophendefinition sind. Sie sind Strukturen des kollektiven Unbewussten, die allen Menschen gleich sind. Das Wahrnehmen der Archetypen erzeugt nach Jung den Drang zur Mitteilung. Der Philosoph hat das Bedürfnis, seine Erfahrungen in einem „philosophischen Werk" zusammenzustellen und dem Universum zugänglich zu machen. Die Erkenntnis, dass die persönliche Erfahrung „bewußtes Allgemeingut" ist, „drängt nicht nur zu privater Mitteilung, sondern zur Offenbarung, zum Bekenntnis, ja sie zwingt sogar zu einer darstellenden Rolle."[183]

2.4. „Unspeakable" – Die Grenzen der Worte

Paradoxerweise liegt gerade im Drang zur Mitteilung die Schwierigkeit. Die Erfahrung des Individuationsprozesses ist in zweierlei Hinsicht als „The Unspeakable" zu beschreiben: „Was man [...] über sich selber sowohl wie über Menschen und Welt erfahren hat, ist so beschaffen, daß man nicht gerne davon spricht, und übrigens ist es dermaßen schwer zu beschreiben, daß einem schon beim bloßen Versuch dazu der Mut entfällt."[184]

---

182 Jung, *Gesammelte Werke* 7 158.
183 Jung, *Gesammelte Werke* 7 197.
184 Jung, *Gesammelte Werke* 14,1 255.

In diesem Zusammenhang ist auch Jungs Verwendung von Anatole Frances Zitat zu betrachten: Das gerichtete, bewusste Denken geschieht durch Sprache. Sprache ist „ursprünglich und wesentlich nichts als ein System von Zeichen oder ‚Symbolen', welche reale Vorgänge […] bezeichnen."[185] Richtet sich der Fokus allerdings auf das „ungerichtete Denken" des Unbewussten, so „hört das Denken in Sprachform auf"[186] und innere Bilder und Gefühle bestimmen den Prozess. Mit den Werkzeugen des gerichteten Denkens sind die Inhalte des ungerichteten Denkens nur schwer auszudrücken.[187]

„The Unspeakable" als Überschrift des Kapitels weist auf einen weiteren Aspekt hin: „Unspeakable" bedeutet, dass man das Gesehene bzw. Erfahrene nicht benennen kann. Die Funktion des Namens beschreibt Jung wie folgt: „Der Akt der Namensgebung ist […] etwas […] ungemein Wichtiges, indem dem Namen seit alters eine magische Gewalt zugetraut wird. Den geheimen Namen jemandes wissen, bedeutet, Macht über ihn zu haben."[188] Der Fakt, dass in „The Unspeakable" per definitionem der Name des zu Beschreibenden nicht gegeben werden kann, deutet auf die Vormachtstellung des Unbewussten über das Bewusstsein hin.[189]

3. Der Traum

Kapitel 3: „The Sleeper"

„The devil, like the nightmare, rides the sleeper."[190]

„Wie der Mar den Schlafenden reitet, so tut's auch der Teufel."[191]

3.1. „[W]ie aus geöffneten Seitentüren" – Schläfer und Traum

Durch die Überschrift wird klar, dass der Fokus dieses Kapitels auf dem Zustand des Schlafes liegt. Es wurde erwähnt, dass sich das Bewusste gegen Übergriffe des Unbewussten wehrt und den Einfluss des „Dunkeln" in seiner erleuchteten

185 Jung, *Symbole der Wandlung* 31.

186 Jung, *Symbole der Wandlung* 37.

187 Vgl. Jung, *Symbole der Wandlung* 30ff.

188 Jung, *Symbole der Wandlung* 234.

189 An anderer Stelle setzt Jung den „Besitz[…] des geheimen Namens" direkt mit „individuelle[r] Distinktion", also Unterscheidung und Bewusstmachung des Unbewussten, gleich (*Gesammelte Werke* 7 257).

190 MacEwen, *The Shadow-Maker* 49.

191 Jung, *Symbole der Wandlung* 356.

Atmosphäre nicht ohne weiteres akzeptiert. Die Folge davon ist, dass sich die Inhalte des Unbewussten in Situationen mitteilen, in denen das Bewusstsein außer Kraft gesetzt ist: „In solchen Zuständen hört die von der Bewußtseinskonzentration auf die unbewußten Inhalte ausgehende Hemmung auf, und damit strömt, wie aus geöffneten Seitentüren, das vorher unbewußte Material in den Raum des Bewußtseins."[192] Neben Visionen, Phantasien und Wahnideen ist eine dieser Situationen der Traum, der in Jung'scher Lehre definiert wird als eine „spontane Selbstdarstellung der aktuellen Lage des Unbewußten"[193], ein „reine[s], von jeder bewußten Absicht unbeeinflußte[s] Naturprodukt"[194], ein „natürliche[r] Urzustand", in den das Bewusstsein „allnächtlich" wieder versinkt.[195] Jung bezeichnet diese geistige Situation auch als „ungerichtetes Denken": Das automatische Spiel der Vorstellungen überwiegt, der Fokus verlagert sich von der bewussten Realität weg hin zur Welt der Phantasien, und das Denken ist nach innen gerichtet. Dieses ungerichtete Denken ist dem gerichteten Denken gegenübergestellt, das nach außen bzw. auf ein Ergebnis gerichtet ist und daher auch als „Wirklichkeitsdenken" bezeichnet werden kann. Der Stoff des gerichteten Denkens ist der sprachliche Ausdruck. Beim ungerichteten Denken hingegen „hört das Denken in Sprachform auf, Bild drängt sich an Bild, Gefühl an Gefühl."[196]

---

192 Jung, *Archetypen* 111.

193 Zitiert in Brumlik 50.

194 Jung, *Archetypen* 51.

195 Jung, *Gesammelte Werke* 14,1 105. Durch diese Zitate wird ein weiteres Charakteristikum der Jung'schen Traumtheorie angedeutet. Nach Jung erfüllen Träume einen Artikulationsauftrag: Als „Naturprodukt der Psyche" sind sie das Sprachrohr des Unbewussten und liefern Informationen über dessen Zustand. Freuds Traumanalyse folgt im Gegensatz dazu dem sog. Zensurmodell: Träume sind Wunscherfüllungen, die der Existenz des Individuums unter der Herrschaft triebeinschränkender gesellschaftlicher Normen entspringen. Sie sind „das verderbte Ergebnis einer erzwungenen Verschlüsselung von Wünschen" und haben vornehmlich kompensatorischen Charakter (Brumlik 49).

196 Jung, *Symbole der Wandlung* 37; vgl auch 29ff. Siehe hierzu auch die Anmerkungen zum Begriff „Unspeakable". Neben den Äußerungsformen des ungerichteten Denkens (Traum, Vision, Meditation, aktive Imagination) ist auch die Projektion ein Weg, auf dem sich die Inhalte des Unbewussten bemerkbar machen. Unter Projektion versteht Jung die Übertragung unbewusster Inhalte auf eine Person. Die Projektion geschieht nicht bewusst und wird vom Individuum auch nicht bemerkt. Das Individuum schafft sich durch eine Projektion sozusagen selbst ein Bild seiner unbewussten Inhalte, „[d]ie Projektionen verwandeln die Umwelt in das eigene, aber unbekannte Gesicht" (*Gesammelte Werke* 9,2 18). Aufgabe des Individuums im Individuationsprozess ist, die Projektionen seiner unbewussten Inhalte zu erkennen und anschließend in das Bewusstsein zu integrieren. Die Übertragung bewirkt, dass der projizierte Inhalt aus dem

Das Einführungszitat zu „The Sleeper“ spielt unter Anknüpfung an die „Holy Terrors“ auf den Schlafzustand an. Der Teufel steht als Personifikation des Dunkeln und der Schattenwelt für das Unbewusste, das den Schlafenden bestimmt und in der Traumsituation dominant ist. Das Bewusstsein, das im Traum passiv ist, wird von der Aktivität des Unbewussten beeinflusst. Durch die Personifikation des Unbewussten mit dem Teufel wird eine Verbindung zu den „Holy Terrors“ des ersten Kapitels geschaffen, wo der Platzhalter für den Gegenspieler Bewusstsein ebenso aus dem religiösen Wortfeld stammt.

3.2. „[D]er Traum will selber nichts“ – Unbewusste Inhalte im Traum

Im Zustand des Traumes treten die Inhalte des Unbewussten verschlüsselt in Form von Bildern und Symbolen auf. Die Gründe hierfür sind die Komplexität und die Effektivität der Mitteilung:

> Was wir hier mit mühseligen und weitschweifigen Überlegungen auseinandersetzen müssen, um es völlig begreifen zu können, hat der Traum in wenige ausdrucksvolle Metaphern zusammengedrängt und damit ein Bild geschaffen, das ungleich mehr auf Phantasie, Gefühl und Verstand des Träumers einwirkt als eine lehrhafte Abhandlung.[197]

Um den Individuationsprozess zu vollziehen, müssen diese Symbole und Bilder erkannt und interpretiert werden. Hierdurch erfolgt die Bewusstmachung der unbewussten Inhalte, was schließlich die Verarbeitung ihrer „Aussage“ erst möglich macht. Diese Bewusstmachung nennt Jung auch Unterscheidung: Das Individuum stellt die unbewussten Inhalte *„sichtbar vor sich [...] als etwas von ihm Unterschiedenes“*[198] und betrachtet sie aus einem „dem Unbewußten gegenübergesetzten bewußten Standpunkt“[199]. Einerseits bewirkt die Unterscheidung, dass die unbewussten Inhalte „personifiziert“ werden und ihnen „die Macht [entzogen wird], die sie sonst auf das Bewußtsein ausüben.“[200] Andererseits

---

unbewussten Inventar der Person verschwindet und nicht mehr in Produkten des ungerichteten Denkens auftreten kann. Projektion und Traumdarstellung unbewusster Inhalte schließen sich also aus. Eine Vorgehensweise der tiefenpsychologischen Behandlung ist, Projektionen der Inhalte des Unbewussten auf den Therapeuten absichtlich herbeizuführen, damit diese anschließend analysiert werden können. Vgl. Jung, *Symbole der Wandlung* 84, *Gesammelte Werke* 7 69 sowie 99f. Siehe auch Schmitt 256.

197 Jung, *Gesammelte Werke* 7 116.

198 Jung, *Gesammelte Werke* 7 79.

199 Jung, *Gesammelte Werke* 7 235.

200 Jung, *Erinnerungen Träume Gedanken* 190.

kann das Bewusstsein durch die Personifikation Kontakt mit ihnen herstellen. Diese Unterscheidung ist „das Wesen und die conditio sine qua non“[201] des Bewusstseins. Alles Unbewusste ist daher zunächst ununterschieden.

Der ursprüngliche Zustand des Individuums ist die Unbewusstheit bzw. die Ununterschiedenheit. Nur derjenige, der sich von seinem Unbewussten unterscheidet, kann „eine wesentliche Erweitung des Horizonts, eine vertiefte Selbsterkenntnis“[202] erreichen. Nichtunterschiedenheit hingegen bewirkt „unbewußte Identität“[203]. Diese bewusste Auseinandersetzung mit dem Unbewussten nennt Jung „transzendente Funktion“: Man versteht die Psyche nur dann richtig, wenn man sie „als ein autonomes Gegenüber erlebt.“[204]

So sagt Jung schlussfolgernd: „[D]er Traum selber will nichts; er ist nur ein sich selbst darstellender Inhalt, eine bloße Naturtatsache, etwa wie der Zucker im Blute des Diabetikers oder das Fieber des Typhuskranken.“[205] Wie es für den gesamten Individuationsprozess keinen Königsweg gibt, so gibt es auch keine verbindliche Anleitung, die Bilder und Symbole des Unbewussten zu dekodieren. Es ist ein individueller, unter Umständen langwieriger Prozess, der eng mit der Persönlichkeit, Erfahrung und Geschichte des Träumers zusammenhängt. Was die Symbole und Bilder bedeuten, muss für den Einzelfall herausgefunden werden. Die Traumanalyse muss demnach ein Element der Selbstreflexivität enthalten und „[d]er Weg der transzendenten Funktion ist ein individuelles Schicksal“[206].

---

201 Jung, *Gesammelte Werke* 7 226.

202 Jung, *Gesammelte Werke* 7 149.

203 Jung, *Gesammelte Werke* 7 218.

204 Jung, *Gesammelte Werke* 7 87 sowie 119. Schmitt definiert die transzendente Funktion als „die dialoghafte Kooperation von Bewusstem und Unbewusstem“ (49); Jung selbst betont: „Sie heißt transzendent, weil sie den Übergang von einer Einstellung in eine andere organisch ermöglicht“ (zitiert in Schmitt 49). Aus diesem Gedanken der Unterscheidung und der Betrachtung der unbewussten Inhalte als autonome Größen ergibt sich, dass Jung den Begriff „Unterbewusstsein“ als „anmaßende Präjudizierung“ betrachtet und auf der Verwendung des Begriffes „Unbewusstes“ beharrt. Das Unbewusste kann für ihn nicht verallgemeinernd dadurch definiert werden, dass es vom Bewussten abhängt und sich „unter“ ihm befindet: „[J]eder Versuch, das Unbewußte vom Bewußtsein her abzuleiten [wird] zur leeren Künstelei“ (Jung, *Symbole der Wandlung* 544).

205 Jung, *Gesammelte Werke* 7 110.

206 Jung, *Gesammelte Werke* 7 246. Anders als Freud lehnt Jung daher die Aufstellung von „Standardsymbolen“ der Traumdeutung ab. Traumsymbole sind für ihn immer vieldeutig und subjektiv. Eine mechanische Technik der Traumdeutung würde diese Tatsache missachten, vgl. Jacobi, *Die Psychologie von C.G. Jung* 75 sowie Marie-Louise von Franz, *C.G. Jung. Sein Mythos in unserer Zeit* (Küsnacht: Verlag Stiftung

3.3. „[E]in fortlaufendes Gespräch" – Traumdeutung

Träume sind so einer der Wege, den das Unbewusste sich sucht, um Aufmerksamkeit zu erhalten, denn „[i]rgendwo muß ein verdrängter Konflikt [...] wieder auftauchen."[207]

Werden die Inhalte des Unbewussten nicht integriert, so wird – nach Jung – das Unbewusste dem Bewussten „keine Ruhe lass[en] und so lange störend wirk[en], bis es angenommen ist."[208] Bildlicher ausgedrückt: „Wir haben [...] den gefährlichsten Revolutionär in uns selber."[209] In diesem Sinne ist die Psyche „ein System mit Selbstregulierung"[210]: Über den Traum (und die anderen erwähnten Mitteilungsmöglichkeiten des Unbewussten) wird das Bewusstsein auf Problemstellen aufmerksam gemacht und zum Handeln angeregt. Ob die Symbole des Traumes richtig interpretiert und die Inhalte des Unbewussten entsprechend verarbeitet werden, zeigt sich in den darauf folgenden Träumen. Wird ein Symbol wiederholt oder die erfolgte Deutung ironisch paraphrasiert bzw. entwertet, ist die Interpretation nicht korrekt. So ist die Traumanalyse „etwas wie ein fortlaufendes Gespräch mit dem Unbewußten"[211] mit dem Endziel, dass „scheinbar unzusammenhängende Momente [sich] zu einem sinnvollen Ganzen zusammenschließen, in dem aus einer eher diffusen Ansammlung von Symbolen ein geschlossener, als solcher identifizierbarer Sinnzusammenhang wird."[212] Charakteristisch für die Abfolge von Symbolen im Traum ist daher die Kreisbewegung:

> Der Weg zum Ziel ist zunächst chaotisch und unabsehbar, und nur ganz allmählich mehren sich die Zeichen einer Zielgerichtetheit. Der Weg ist nicht geradlinig, son-

---

für Jung'sche Psychologie, 2007) 67. Gleiches gilt für die Therapie, in der ebenso das Primat der individuellen Ausgestaltung herrscht. Jung hat „ausdrücklich nie eine therapeutische Methode oder Technik [angewandt]", vielmehr ist „jede Behandlung für Jung Dialog und Begegnung" (von Franz, C.G. Jung 56 und 66).

207 Jung, *Symbole der Wandlung* 84.

208 Jung, *Gesammelte Werke* 7 65; vgl auch *Gesammelte Werke* 13 353.

209 Jung, *Gesammelte Werke* 7 82f.

210 Jung, *Gesammelte Werke* 7 67.

211 Jung, *Gesammelte Werke* 7 121; vgl auch *Symbole der Wandlung* 28.

212 Brumlik 55. „Wie der Körper der Nahrung bedarf, und zwar nicht irgendwelcher, sondern nur der ihm zusagenden, so benötigt die Psyche den Sinn ihres Seins, und zwar ebenso nicht irgendwelchen Sinn, sondern jener Bilder und Ideen, die ihr natürlicherweise entsprechen, nämlich jener, die vom Unbewußten angeregt werden", führt Jung aus (*Gesammelte Werke* 13 373). Diesen Ansatz des fortlaufendes Gespräches zur Klärung des Trauminhaltes verfolgt die Therapie nach Jung: Der Therapeut unterstützt helfend das Zwiegespräch zwischen Analysand und unbewusstem Inhalt (vgl. auch Fußnote 286).

> dern anscheinend zyklisch. Genauere Kenntnis hat ihn als Spirale erwiesen: die Traummotive kehren nach gewissen Intervallen immer wieder zu bestimmten Formen zurück, die ihrer Art nach ein Zentrum bezeichnen.[213]

Für Brumlik stellt dieses „fortlaufende Gespräch“ zwischen Subjekt und Unbewusstem einen Pfeiler der Jung’schen Tiefenpsychologie dar. Er bezeichnet Jungs Lehre daher auch als „tiefenhermeneutische Theorie“[214]: Das Analyseverfahren besteht einerseits darin, „hermeneutisch“ durch Vergleich und Interpretation den Kern eines Traumes oder eines mentalen Bildes genauer zu bestimmen. Andererseits geht das Analyseverfahren davon aus, dass die zugrunde liegenden Inhalte nicht frei abrufbar und verfügbar sind, dass eine systematische Verdecktheit der Strukturen gegenüber dem alltäglichen tiefenpsychologisch nicht belehrten Bewusstsein vorliegt und dass in der „Tiefe“ gesucht werden muss.[215] Ein potentieller Konflikt liegt hierbei in dem Gegensatz zwischen Phantasie und Realität: Es ist schwer, für das aufgeklärte, rationale Individuum zu akzeptieren, dass ausgerechnet Produkte der Phantasie, wie eben Träume und Visionen, Aufschluss darüber geben sollen, wie das Bewusstsein verändert werden muss.[216] Dies kommt als erschwerende Hürde der Traumanalyse hinzu und unterstützt einmal mehr Jungs Annahme, dass die Natur „aristokratisch“ ist.[217]

---

213 Zitiert in Brumlik 57; vgl. ebenso Jacobi, die in diesem Zusammenhang von einer „radialen Anordnung“ der Träume um einen Bedeutungsmittelpunkt spricht (*Die Psychologie von C.G. Jung* 80). Jung beschreibt den gesamten Individuationsprozess als Kreisbewegung: „Es gibt keine lineare Entwicklung, es gibt nur eine Circumambulation des Selbst. Eine einsinnige Entwicklung gibt es höchstens am Anfang; später is alles Hinweis auf die Mitte“ (*Erinnerungen Träume Gedanken* 200).

214 Brumlik 51 sowie 123ff.

215 Brumlik 123ff.

216 Jung, *Gesammelte Werke* 7 238. An vielen Stellen erwähnt Jung, dass der moderne Mensch durch eine zu starke rationale Denkrichtung geprägt sei und unter Symbolarmut leide – beides u.a. bedingt durch die Aufklärung. Hierauf führt er auch das Aufkommen der Psychologie zurück: „Seit [...] unsere höchsten Symbole verblaßt sind, herrscht geheimes Leben im Unbewußten. Deshalb haben wir heute eine Psychologie, und deshalb reden wir vom Unbewußten“ (*Archetypen* 26).

217 Viele Menschen sind in der Lage, diesen Prozess der Deutung und der Integration der unbewussten Inhalte selbstständig zu vollziehen: „[Die transzendente Funktion] ist zunächst ein bloßer Naturvorgang, der gegebenenfalls ohne Wissen und Zutun abläuft“ (Jung, *Gesammelte Werke* 7 120). Anderen Menschen hingegen fehlen die Mittel und Wege, um den Individuationsprozess durchzuführen. Da dieser allerdings „Lebenfrage“ ist und erfolgen muss, um Stillstand bzw. psychische Störungen zu vermeiden, bedürfen diese Individuen ggf. psychologischer Hilfe in Form der tiefenpsychologischen Analyse (Jung, *Gesammelte Werke* 7 67, 87 und 141).

4. Archetypen

Kapitel 4: „The Shadow-Maker“

'Look! Look!' I cried, 'God's shadow! It's everywhere! It's all around them! Why, why don't they see it?' ... 'Because it has no edges,' said the Angel.[218]

Das Epigraph zu dem letzten Kapitel des Gedichtbandes stammt zwar nicht aus Jungs Feder, kann aber trotzdem gewinnbringend als Erläuterunganlass relevanter Jung'scher Konzepte eingesetzt werden.

4.1. „[N]o edges“ – Der Schatten

Das Einleitungszitat greift – ähnlich der Kreisbewegung des Traumes – vieles wieder auf, was bereits in Verbindung mit den vorherigen Einleitungszitaten erläutert wurde. Analog zu der Kombination „Holy Terrors“ werden auch hier durch die Phrase „God's Shadow“ die Bedeutungen „göttlich“ und „dunkel“ als die zwei Seiten des Unbewussten integriert.

Der Schatten als der Archetyp, der das persönliche Unbewusste symbolisiert, spielt die tragende Rolle in diesem Zitat. Die Ausrufe „It's everywhere! It's all around them!“ deuten darauf hin, dass das Unbewusste in jedem Individuum permanent präsent, mitteilungsbedürftig und Teil der Gesamtpersönlichkeit ist. Die verzweifelte Frage des Sprechers „Why, why don't they see it?“ beinhaltet die Voraussetzung des Erkennens der unbewussten Inhalte, die vor der Integration stattfinden muss. Die Frage suggeriert gleichzeitig die „Aristokratie der Natur“: Das Erkennen und das Integrieren des Unbewussten ist nicht allen Menschen möglich, denn „it has no edges“ und kann nur schwer gefasst werden. Zwar ist es omnipräsent und beeinflusst das Individuum „everywhere! [...] all around!“, es bewusst zu fassen, zu be- bzw. ergreifen ist allerdings schwierig, denn es ist laut Jung ein „buntschillerndes, schmetterlingartiges Hauchwesen“[219]. Brumlik vermittelt ein ähnliches Bild, wenn er erwähnt, zwischen Bewusstem und Unbewusstem herrsche keine „scharfe Zäsur“, sondern „allmähliche Übergänge“[220].

Das eigene Unbewusste bewusst wahrzunehmen, sich von ihm zu unterscheiden, seine Mitteilungen zu analysieren und zu akzeptieren ist ein langwie-

218 Das Zitat stammt aus dem Werk *Intrusions?* des Ingenieurs und Autors John William Dunne, der im Feld der Parapsychologie durch seine Arbeit mit Traumtheorien und Zeitphänomenen bekannt ist. In *The Shadow-Maker* ist als Verfasser des Zitats fehlerhaft „James Dunn“ angegeben (67).

219 Jung, *Gesammelte Werke* 9 227.

220 Brumlik 17.

riger Prozess. Diejenigen, denen das Sehen gelingt, profitieren, was durch die begeisterten Ausrufe „Look! Look!“ angedeutet wird. Gerade dieser überraschte Ausdruck des Sprechers beim ersten Erblicken von „God’s Shadow“ weist auch auf die numinose Kraft des Unbewussten hin. Der Sprecher begegnet „God’s Shadow“ insgesamt aufgeschlossen und positiv, er scheint zu wissen, dass er sich nicht fürchten muss.[221]

4.2. „[U]nbewußtes Individualgedächtnis“ versus „seelische[...] Grundschicht“ – Das persönliche und das kollektive Unbewusste

Der Schatten als Archetyp wurde bereits in den Erläuterungen zu den anderen Einführungszitaten erwähnt. Archetypen wurden bisher als angeborene, unbewusst aktive Mechanismen beschrieben, die Instinkten vergleichbar sind. Sie wurden charakterisiert als Instrumente, die dem Menschen dabei helfen, die Mitteilungen seines Unbewussten zu verstehen, und die durch ihre numinose Kraft letztendlich handlungsanregend wirken. Es wurde erwähnt, dass Archetypen kein persönliches, sondern ein universelles Phänomen sind, und dass sie in Träumen, Wahnideen und Visionen auftreten – kurz: in Zuständen, in denen das Bewusstsein ausgeschaltet ist. Die Charaktereigenschaften der Archetypen sollen im Folgenden erläutert werden. Jung unterscheidet zwei Kategorien von Phantasien bzw. ungerichtetem Denken.

> Erstens: Phantasien (inklusive Träume) persönlichen Charakters, welche unzweifelhaft auf persönlich Erlebtes, Vergessenes oder Verdrängtes zurückgehen und demgemäß restlos aus der individuellen Anamnese erklärt werden können. Zweitens: Phantasien (inklusive Träume) unpersönlichen Charakters, welche aber nicht auf Erlebnisse der individuellen Vorgeschichte zurückgeführt und dementsprechend nicht aus individuellen Akquisitionen erklärt werden können.[222]

Hieraus ergeben sich zwei verschiedene Arten des Unbewussten:

> Eine gewissermaßen oberflächliche Schicht des Unbewußten ist zweifellos persönlich. Wir nennen sie das *persönliche Unbewußte*. Dieses ruht aber auf einer tieferen Schicht, welche nicht mehr persönlicher Erfahrung oder Erwerbung entstammt, sondern angeboren ist. Diese tiefere Schicht ist das sogenannte *kollektive Unbewußte*.[223]

Als „kollektiv“ bezeichnet Jung es, weil „dieses Unbewußte nicht individueller, sondern allgemeiner Natur ist, das heißt es hat im Gegensatz zur persönlichen

---

221 Vgl. das Epigraph zu „The Unspeakable“.
222 Jung, *Archetypen* 110.
223 Jung, *Archetypen* 110.

Psyche Inhalte und Verhaltensweisen, welche überall und in allen Individuen cum grano salis die gleichen sind."[224] Jedes Individuum verfügt somit über eine „allgemeine seelische Grundlage überpersönlicher Natur"[225] bzw. eine „kollektive[...] seelische[...] Grundschicht"[226].

Aus dieser Annahme ergeben sich Informationen über die Inhalte: Die Erinnerungsbilder des persönlichen Unbewussten sind ausgefüllte, erlebte Bilder. Hierhin sind die verloren gegangenen Erinnerungen und die verdrängten Inhalte abgesunken, die „die persönliche Intimität des seelischen Lebens"[227] ausmachen. Die Inhalte des persönlichen Unbewussten sind somit Inhalte, „die zu einer Zeit bewußt waren, aus dem Bewußtsein jedoch entschwunden sind."[228] Gerhard Schmitt bezeichnet das persönliche Unbewusste daher als „unbewusstes Individualgedächtnis"[229].

Die Inhalte des kollektiven Unbewussten hingegen sind die Archetypen, die vom Individuum nicht persönlich erlebt wurden, „nie im Bewußtsein [waren] und [...] somit nie individuell erworben [wurden], sondern [...] ihr Dasein ausschließlich der Vererbung [verdanken]."[230] Gerade das kollektive Unbewusste hat demnach die erwähnte antizipierende Zukunftsorientierung, indem es Inhalte enthält, die „essentiell [u]nbewußt[...]"[231] und damit „unmittelbare seelische Gegebenheit"[232] sind, aber zum Bewusstsein drängen. So kann insgesamt das kollektive Unbewusste als „zweites psychisches System, von kollektivem, nichtpersönlichem Charakter"[233] beschrieben werden:

> Das kollektive Unbewußte ist alles weniger als ein abgekapseltes, persönliches System, es ist weltweite und weltoffene Objektivität. Ich bin das Objekt aller Subjekte in völliger Umkehrung meines gewöhnlichen Bewußtseins, wo ich stets Subjekt bin, welches Objekte *hat.* [...] ,In sich selbst verloren' ist ein gutes Wort, um diesen Zustand zu kennzeichnen.[234]

---

224 Jung, *Archetypen* 7.
225 Jung, *Archetypen* 7.
226 Jung, *Archetypen* 111.
227 Jung, *Archetypen* 8; siehe auch *Gesammelte Werke* 7 71 sowie 83.
228 Jung, *Archetypen* 45.
229 Schmitt 99.
230 Jung, *Archetypen* 45; vgl auch *Gesammelte Werke* 7 83.
231 Jung, *Archetypen* 111.
232 Jung, *Archetypen* 9.
233 Jung, *Archetypen* 45.
234 Jung, *Archetypen* 24.

4.3. „[U]npersönlicher Besitz" – Archetypen

Archetypen sind in jedem Individuum per Geburt zu finden; sie gehören „zum unveräußerlichen Bestand jeder Psyche"[235]. Anders als die Inhalte des persönlichen Unbewussten „gehören" die Archetypen als „kollektiv-unbewußte Inhalte" allerdings nicht dem Individuum, sondern der gesamten Menschheit: Sie sind weltweit „gültige" Bildstrukturen, die sich in der frühen Geschichte der Menschheit gebildet haben; sie sind „urtümliche Typen, das heißt seit alters her vorhandene allgemeine Bilder"[236], die „jederzeit und überall spontan wiederentstehen können."[237] Insgesamt können sie so als „unpersönlicher Besitz" des Individuums gesehen werden.[238]

Allerdings sind diese Bilder nicht inhaltlich bestimmt, sondern lediglich formal. Sie stellen nicht die Vorstellung selbst, sondern nur die Möglichkeit des Vorstellens dar; sie sind psychische Strukturen, die es einem Menschen erlauben, bestimmte Erfahrungen zu machen.[239] Bewusst werden sie nur, wenn sie von Seiten des Individuums mit „dem Material bewußter Erfahrung"[240] gefüllt bzw. individuell ausgestaltet werden. Schmitt betont daher als Unterschied zwischen Archetypen und archetypischen Bildern: „[A]rchetypische Bilder sind keine Archetypen, sondern Bilder, die auf der Grundlage archetypischer Strukturen gebildet werden"; sie sind „keine kollektiv-identischen Bilder", sondern „kollektiv-identische, strukturelle Voraussetzungen zu subjektiv-variablen Bildern"[241]. Jung bezeichnet Archetypen auch als „Erlebniskomplexe, die schicksalsmäßig eintreten"[242] und betont, dass das Erleben der Archetypen im Vordergrund steht – nicht nur die Analyse: Die Auseinandersetzung mit dem Unbe-

---

235 Jung, *Archetypen* 82.

236 Jung, *Archetypen* 8; vgl. auch *Archetypen* 117.

237 Jung, *Archetypen* 78.

238 Jung, *Archetypen* 141. Jung merkt an, dass er das Konzept des Archetypen nicht erfunden, sondern aus der Religionswissenschaft, der mythologischen Forschung und der Philosophie übernommen und weiterentwickelt hat. Als eine der Ursprungsquellen des Konzepts nennt er Platon: „‚Archetypus' ist nun nichts anderes als ein schon in der Antike vorkommender Ausdruck, welcher mit ‚Idee' im Platonischen Sinne synonym ist" (*Archetypen* 75; vgl auch 45). Sich selbst schreibt Jung die Erkenntnis zu, dass die Archetypen nicht durch Tradition sowie Sprache übermittelt und durch Migration verbreitet werden, sondern als vererbte Strukturen der gesamten Menschheit gemein sind (vgl. *Archetypen* 78).

239 Vgl. Jung, *Gesammelte Werke* 7 209; siehe auch *Archetypen* 69.

240 Jung, *Archetypen* 79.

241 Schmitt 112f.

242 Jung, *Archetypen* 32.

wussten ist „einerseits ein irrationaler Erlebnisprozess, andererseits ein Erkenntnisvorgang“[243].

Die subjektiven Formen, in denen Archetypen auftreten, sind so „örtlich, zeitlich und individuell“[244] bedingt. Archetypen „erreichen erst Inhalt, Einfluß und schließlich Bewußtheit dadurch, daß sie auf empirische Tatsachen treffen, welche die unbewußte Bereitschaft (Struktur) berühren und zum Leben erwecken.“[245] Passenderweise vergleicht Jung diese Erfahrung mit der Liebe auf den ersten Blick: Man hat die Vorstellung einer Person in sich, ohne dass man sich dessen bewusst ist. Trifft man einen Menschen, der diesem Bild entspricht, so wird die unbewusste Bereitschaft bzw. Struktur aktiviert und man ist „angetan“. Der Vergleich mit der Liebe auf den ersten Blick verdeutlicht auch die Numinosität und die suggestive Wirkung der Archetypen. Sie verursachen Ergriffenheit, sie faszinieren und hypnotisieren das Bewusstsein und wirken letztendlich handlungsantreibend: „Als ein numinoser Faktor bestimmt der Archetypus die Art und den Ablauf der Gestaltung, mit einem anscheinenden Vorwissen oder im apriorischen Besitz des Zieles.“[246]

Der Vergleich mit der Liebe auf den ersten Blick macht ebenso deutlich, dass Archetypen vererbt werden und das Individuum zum „Objekt aller Subjekte“ machen: Es handelt sich nicht um neue Erfahrungen der Menschheit, die das Individuum entdeckt, sondern um „altertümliche […] urtümliche […] seit alters her vorhandene allgemeine“[247] Erlebnisse. Archetypen sind somit „Kräfte oder Tendenzen zur Wiederholung derselben Erfahrungen“[248]. Das Individuum selbst ist nur das „Objekt“, das diese Erfahrungen angeregt durch die Archetypen als numinose, treibende Kraft – als „Subjekte“ – auslebt. Diese Vererbung von Erfahrungsstrukturen bedeutet auch, dass das Individuum als „Objekt“ unter den Einflüssen steht, die seine Vorfahren vor ihm bereits bestimmt haben. So beschreibt Jung die Archetypen auch als „die Niederschläge aller Erfahrungen der Ahnenreihe, aber nicht diese[…] Erfahrungen selbst“[249], und vergleicht sie mit der Macht, die den Vogel zum Wandern nötigt: Der Wanderdrang wurde nicht von ihm erzeugt, sondern stammt aus seiner Ahnenreihe. Das kollektive

243 Jung, *Gesammelte Werke* 12 376; vgl auch *Gesammelte Werke* 7 234.

244 Jung, *Gesammelte Werke* 13 373; vgl. auch *Gesammelte Werke* 7 192.

245 Jung, *Gesammelte Werke* 7 209.

246 Jung zitiert in Brumlik 53; vgl Jung, *Gesammelte Werke* 9,2 25 sowie *Gesammelte Werke* 13 323. Brumlik fügt an, dass Archetypen in diesem Sinne als „unbewusste Motiva-tionsstrukturen menschlichen Handelns“ bezeichnet werden können, „die auf die gezielte Verwirklichung eines Zustandes drängen“ (Brumlik 53).

247 Jung, *Archetypen* 8.

248 Jung, *Gesammelte Werke* 7 75.

249 Jung, *Gesammelte Werke* 7 209.

Unbewusste kann somit auch als „historische Kollektivpsyche“[250] bezeichnet werden.

4.4. „‚Massentraum’ des Volkes“ – Archetyp und Mythos

Der Begriff „Ahnenreihe“ deutet bereits die Verbindung zwischen Archetypen und Mythos an. Genau wie in Träumen treten Archetypen auch in Märchen und Mythen auf; beide Formen traditionellen Volksglaubens spiegeln nach Jung Vorgänge im Seelenleben wieder.[251] Die Annahme, dass Archetypen zeitlos, weltweit und weltoffen sind, dass sie als kollektive Inhalte der gesamten Menschheit gehören, in jedem Individuum gleich sind und vererbt werden, führt Jung auf Ergebnisse in der Therapie mit psychiatrischen Patienten zurück. In ihren Halluzinationen oder Träumen sahen diese Patienten Bilder, die mythischen Symbolen glichen. Hierbei war ausgeschlossen, dass die Patienten sich mit Ethnologie oder ähnlichen Wissenschaften auseinandergesetzt hatten oder dass sie auf irgendeine andere Art mit diesen Symbolen in Kontakt gekommen waren. Diese Tatsache nimmt Jung als Grundlage für die Annahme einer frei verfügbaren, nicht erworbenen Symbolwelt, auf die das Unbewusste zurückgreift, um Nachrichten an das Bewusstsein zu übermitteln.[252]

Den Zusammenhang zwischen Mythos, Archetypen und Bewusstsein erklärt Jung wie folgt: In Träumen ist – wie erwähnt – die Bewusstseinskonzentration herabgesetzt. Diese herabgesetzte Bewusstseinsintensität entspricht bei Jung dem „primitiven“ Bewusstseinszustand der frühen Menschheit. Der Geisteszustand des „primitiven“ Menschen unterscheidet sich vom zivilisierten dadurch, dass das Bewussstsein in puncto Ausdehnung und Intensität viel weniger entwickelt, Bewusstes und Unbewusstes folglich viel stärker vereint sind. Das Bewusstsein des „Primitiven“ befindet sich so in einem „chronischen Dämmerzustand“ und ist bedroht von „einem übermächtigen Unbewußten“, das „überall in das Bewußtsein über[greift].“[253] Der „primitive“ Mensch ist zudem geprägt von einer „ungeheure[n] Scheu [...] vor allem Eindruckvollen, das er sofort als Zau-

250 Jung, *Gesammelte Werke* 7 102; vgl. *Gesammelte Werke* 4 364.

251 Jung, *Gesammelte Werke* 9,1 233.

252 Vgl. Brumlik 52. Das bekannteste Beispiel bzw. auch der erste Fall, in dem Jung dieses Phänomen wahrnimmt, ist der sog. Sonnenphallusmann, siehe Deirdre Bair, *C.G. Jung. Eine Biographie* (München: btb-Verlag, 2007) 245ff.

253 Brumlik 109f; vgl. Jung, *Archetypen* 111. Anzumerken ist an dieser Stelle, dass die Überlegungen Jungs zur Entstehung des Mythos und zum Bewusstseinszustand „primitiver“ Gesellschaften ein Bereich ist, der – wie erwähnt – von den Post-Jungianern kritisiert bzw. revidiert wird.

ber, als mit magischer Kraft geladen [betrachtet].“[254] Dieses Eindruckvolle, Magische trifft beispielsweise auf Naturvorgänge zu und zieht als Folge des Einflusses des „übermächtigen Unbewußten“ die Bildung eines Mythos nach sich:

> Es genügt dem Primitiven nicht, die Sonne auf- und untergehen zu sehen, sondern diese äußere Beobachtung muß zugleich auch ein seelisches Geschehen sein, das heißt die Sonne muß in ihrer Wandlung das Schicksal eines Gottes oder Helden darstellen, der, im Grunde genommen, nirgends anders wohnt als in der Seele des Menschen. Alle mythisierten Naturvorgänge, wie Sommer und Winter, Mondwechsel, Regenzeiten und so weiter, sind nicht nur Allegorien eben dieser objektiven Erfahrungen bzw. physischen Vorgänge, sondern vielmehr symbolische Ausdrücke für das innere und unbewußte Drama der Seele, welches auf dem Wege der Projektion, das heißt gespiegelt in den Naturereignissen, dem menschlichen Bewußtsein faßbar wird.[255]

Intuitiv verbindet der „primitive“ Mensch demnach die unbewussten Vorgänge seines Seelenlebens mit Naturereignissen: „Die primitive Geistesverfassung *erfindet* keine Mythen, sondern sie *erlebt* sie.“[256] So ist es nach Jung Fakt, dass „alle mythischen Gestalten inneren Erlebnissen entsprechen und ursprünglich aus solchen hervorgegangen sind“[257], „daß die Seele alle jene Bilder enthält, aus denen Mythen je entstanden sind, und daß unser Unbewußtes ein handelndes und erleidendes Subjekt ist, dessen Drama der primitive Mensch in allen großen und kleinen Naturvorgängen analogisch wieder findet.“[258] Mythen sind demnach nichts anderes als ein Spiegel allgemeiner, unpersönlicher seelischer Vorgänge sowie Projektionen seelischer Inhalte auf Naturvorgänge und können als „‚Massentraum‘ des Volkes“ bezeichnet werden.[259] Diese Annahme kann nach Jung durch ihr „universale[s] Vorkommen“[260] belegt werden: In den diversen, vielfältigen Mythen aus den verschiedensten Kulturen der Erde tauchen in Form der Archetypen immer wieder die gleichen Strukturen auf.

Aus der Entstehungsgeschichte der Mythen ergibt sich auch die Annahme der Numinosität: Ein Konstrukt, das als Inhalt eines Mythos über Generationen ganze Völker überzeugen konnte, wirkt auch heute noch ergreifend.[261]

---

254 Jung, *Gesammelte Werke* 6 242.

255 Jung, *Archetypen* 9.

256 Jung, *Archetypen* 110.

257 Jung, *Archetypen* 159.

258 Jung, *Archetpyen* 10.

259 Jung, *Symbole der Wandlung* 45. Vgl. hierzu auch: „[D]ie lebendige Bedeutung des Mythus [war], daß er dem ratlosen Menschen erklärte, was in seinem Unbewußten, das ihn nicht losließ, vorging“ (*Symbole der Wandlung* 395).

260 Jung, *Archetypen* 69; vgl. auch Brumlik 58.

261 Vgl. Jung, *Symbole der Wandlung* 48.

Im „primitiven“ Menschen sind die seelischen Vorgänge demnach projiziert auf die Gestalten des Mythos und somit präsent im Alltagsleben, das gemeinhin durch den Mythos bestimmt wird. Je stärker sich das Bewusstsein jedoch differenziert und zivilisiert wird – in anderen Worten: sich durch Aufklärung und Intellektualisierung der Rationalität und dem Verstand als leitenden Prinzipien zuwendet –, desto mehr werden die Gestalten des Mythos als irrational bewertet und ins (kollektive) Unbewusste verdrängt: „Unendlich vieles von dem, was wir heute als Bestandteil unseres eigenen psychischen Wesens empfinden, tummelt sich beim Primitiven noch fröhlich projiziert auf weiter Flur.“[262] Die Archetypen des kollektiven Unbewussten können somit gesehen werden als „eine Art Bereitschaft, immer wieder dieselben oder ähnliche mythische Vorstellungen zu reproduzieren“[263] und als „traditionelle Formungen von meist unabschätzbarem Alter“[264]. Umgekehrt kann ein Bild dann als archetypisch aufgefasst werden, wenn es in ähnlicher Form und Bedeutung in den Dokumenten der Menschheitsgeschichte nachgewiesen werden kann.[265]

4.5. „[Ein] Fragment seiner selbst“ – Der moderne Mensch

Die Intellektualisierung betrachtet Jung als Schwäche der Neuzeit: Der Mensch ist zu rational und mit seinem eigenen Seelenleben nicht mehr in Kontakt, die meisten ehemals projizierten und somit präsenten Inhalte sind ins Unbewusste verdrängt. Proportional zur Naturentgeisterung hat somit die Komplexität der Psyche zugenommen. Hierdurch wird das Unbewusste zwar zu einem „Schatz an ewigen Bildern“[266], die negative Folge ist allerdings das erwähnte „In sich selbst verloren sein“ sowie die Entwicklung von Gegensätzen zwischen unbewussten und bewussten bzw. mythischen und rationalen Inhalten: „Mit zunehmender Helligkeit des Bewußtseins treten […] die Gegensätze deutlicher und

262 Jung, *Archetypen* 27; vgl. auch *Symbole der Wandlung* 48: „Was bei uns in Träumen und Phantasien auftaucht, war früher bewußter Brauch oder allgemeine Überzeugung.“

263 Jung, *Gesammelte Werke* 7 75.

264 Jung, *Archetypen* 109.

265 Jung, *Gesammelte Werke* 13 293.

266 Jung, *Archetypen* 11, vgl. auch 27.

unvereinbarer auseinander."[267] Für den Individuationsprozess heißt dies, dass eine Vereinigung dieser Gegensätze erfolgen muss.[268]

Wenn das Unbewusste mythische Symbole bzw. Archetypen benutzt, um Mitteilungen an das Bewusste zu überbringen und auf sich aufmerksam zu machen, dann greift es auf sein natürliches Inventar zurück. Jung rechtfertigt diese Annahmen, die oft als nicht-wissenschaftlich kritisiert werden, mit dem Argument, dass die Psyche nicht das einzige biologische Phänomen sei, das Spuren seiner Entwicklungsgeschichte trägt. Der Mensch verfüge schließlich auch über Instinkte, die in der modernen Welt nicht mehr benötigt würden, aber ein Beleg für die Evolution seien:

> Wie unser Körper in vielen Organen noch die Relikte alter Funktionen und Zustände bewahrt, so trägt unser Geist, der zwar jenen archaischen Triebrichtungen anscheinend entwachsen ist, immer noch die Merkmale der durchlaufenden Entwicklung und wiederholt das Uralte wenigstens in Träumen und Phantasien.[269]

Ziel des Individuationsprozesses ist es, den Zustand des „In sich selbst verloren sein" des Menschen der Neuzeit aufzulösen. Die Problemkonstellation fasst Jung wie folgt zusammen: „Je mehr aber das Bewußtsein sich differenziert, desto größer wird die Gefahr seiner Abtrennung vom Wurzelzustand."[270] Der Archetyp ist nicht nur ein Strukturelement der Psyche und „daher ein vital nötiger Bestandteil des seelischen Haushaltes", „[e]r repräsentiert oder personifiziert [ebenso] gewisse instinktive Gegebenheiten der primitiven, dunklen Psyche, der eigentlichen, aber unsichtbaren Wurzeln des Bewußtseins."[271] Er stellt somit für den Menschen der Neuzeit die Möglichkeit dar, wieder eine Verbindung zu den universell verdrängten Inhalten des kollektiven Unbewussten herzustellen und wirkt gegensatzvereinigend:

> Er schlägt eine Brücke zwischen dem von Entwurzelung bedrohten Gegenwartbewußtsein und der naturhaften, unbewußt-instinktiven Ganzheit der Vorzeit. Durch diese Vermittlung wird die Einmaligkeit, Einzigartigkeit und Einseitigkeit des individuellen Gegenwartbewußtseins immer wieder an die natur- und stammhaften Vorbedingungen angeschlossen. Fortschritt und Entwicklung sind nicht zu leugnende Ideale; aber sie verlieren ihren Sinn, wenn der Mensch im neuen Zustand nur als

---

267 Jung, *Archetypen* 129; vgl. auch Jung, *Gesammelte Werke* 14,1 171: „Im Unbewussten schlummern die Gegensätze beieinander; sie werden erst durch das Bewußtsein auseinandergerissen"; mit „unbewusst" ist hier auch der „primitive" Zustand gemeint sein.

268 Jung beschreibt den Zugang zum kollektiven Unbewussten bzw. die Vereinigung der Gegensätze als „Erneuerung des Lebens", „Erkenntnis" und „Schlüssel zur Verwandlung [des] Lebens" (*Gesammelte Werke* 7 186).

269 Jung, *Symbole der Wandlung* 49f; vgl. Brumlik 53.

270 Jung, *Archetypen* 119.

271 Jung, *Archetypen* 116.

> Fragment seiner selbst anlangt und alles Hintergründliche und Wesenhafte im Schatten des Unbewußten [...] zurückläßt.[272]

Kommunikation mit den Inhalten des kollektiven Unbewussten in Form der Archetypen ist demnach unerlässlich, um Gegenwartsleben und Vergangenheitsleben zu verknüpfen und dadurch der völligen Entwurzelung des rationalisierten Bewusstseins der Neuzeit entgegenzuwirken bzw. um das Wesenhafte im Menschen wieder zu entdecken. Psychischer Fortschritt kann nur durch Kooperation bewusster und unbewusster Bereiche geschehen. Hierdurch wird ebenso – wie Jung es nennt – die „Verirrung ins Einseitige" vermieden, durch die das differenzierte, rationale Bewusstsein immer gefährdet ist.[273] Letztendlich verfügt das kollektive Unbewusste „über all das Vergessene und Übersehene und zudem über die Weisheit der Erfahrung ungezählter Jahrtausende, die in seinen archetypischen Strukturen niedergelegt sind"[274] – eine Quelle, von der das Individuum nur profitieren kann.

4.6. „Dechiffrierung eines schwer lesbaren Textes" – Die Deutung der Archetypen

Daher ist es – laut Jung – wichtig, die Archetypen nicht als „flüchtig vorbeihuschende Phantasiebilder" zu sehen, sondern als „konstante, autonome Faktoren"[275]. Denn obwohl die Archetypen als abgespaltener Seelenteil ins Unbewusste verdrängt wurden, sind sie nur scheinbar inaktiv. Sie sind vielmehr „das unheimlich Lebendige der Seelentiefe"[276] und werden sich Aufmerksamkeit verschaffen: „Archetypen waren und sind seelische Lebensmächte, welche ernst genommen sein wollen und auf die seltsamste Art auch dafür sorgen, daß sie zur

---

272 Jung, *Archetypen* 129. Individuation bedeutet in diesem Sinne „eine bessere und völligere Erfüllung der kollektiven Bestimmungen des Menschen" (Jung, *Gesammelte Werke* 7 192).

273 Jung, *Archetypen* 118. Vgl auch *Archetypen* 113 und 119 sowie *Gesammelte Werke* 9,2 29. Jung verurteilt die Ausrichtung auf den Verstand als leitendes Prinzip. „Die überschätzte Vernunft hat das mit dem absoluten Staat gemein: unter ihrer Herrschaft verelendet der Einzelne", vergleicht er (*Erinnerungen Träume Gedanken* 305).

274 Jung, *Gesammelte Werke* 7 126.

275 Jung, *Gesammelte Werke* 9,2 30; vgl. hierzu auch *Gesammelte Werke* 7 203: „Weil das Unbewußte nicht bloß reaktive Spiegelung, sondern selbständige, produktive Tätigkeit ist, so ist sein Erfahrungsgebiet eine eigene Welt, eine eigene Realität." Dies entspricht Jungs Ansicht, dass der Begriff „Unterbewusstsein" unangebracht ist. Das Unbewusste ist dem Bewusstsein nicht untergeordnet, sondern es ist autonom.

276 Jung, *Archetypen* 15.

Geltung kommen."[277] Jung vergleicht die Archetypen daher mit „seelischen Organen"[278], die bei Vernachlässigung genauso zu Störungen führen können, „wie vernachlässigte oder mißhandelte Körperorgane oder organische Funktionssysteme"[279]. Durch die Forderung, die Archetypen als „autonome Faktoren" zu betrachten, wird im Hinblick auf die kollektiven Inhalte die Notwendigkeit des „Unterscheidens" und des Erlebens derselben als „autonome Gegenüber" betont.

Das Erkennen, Analysieren und Integrieren der Archetypen birgt allerdings Schwierigkeiten. Zunächst ist die Abwehrreaktion des Bewusstseins gegen Inhalte des Unbewussten zu nennen: „Je zivilisierter, sprich bewußter und komplizierter der Mensch [...] ist, desto weniger vermag er dem Instinkte zu folgen."[280] Dies wird zudem dadurch erschwert, dass die Archetypen im Mythos zwar als „ein geordneter und meist unmittelbar verständlicher Sinnzusammenhang" erscheinen, im Traum oder im Phantasieprodukt allerdings als „eine meist unverständliche, irrationale, als deliriös zu bezeichnende Folge von Bildern, welche aber deshalb noch nicht eines verborgenen Sinnzusammenhaltes ermangelt."[281] Dieses Auftreten der Archetypen als Bilder bezeichnet Jung als den symbolischen Prozess.[282] Die Herausforderung liegt darin, den Sinnzusammenhang der Bilder zu entschlüsseln, was zunehmend dadurch erschwert wird, dass Archetypen keine Eins-zu-Eins-Ensprechungen in der realen Welt haben, sondern Ausdrucksmittel sind, deren Inhalt von Individuum zu Individuum variiert: „Kein Archetypus lässt sich auf eine einfache Formel bringen. Er ist ein Gefäß, das man nie leeren und nie füllen kann."[283] Folglich muss jeder Archetyp in seinem Kontext analysiert werden, was mit der „Dechiffrierung eines schwer lesbaren Textes"[284] vergleichbar ist. Gerade dies stellt für das aufgeklärte Individuum eine Herausforderung dar, denn „[d]as intellektuelle Urteil sucht [...] Eindeutigkeit festzustellen."[285] Der Kontext für die „Dechiffrierung" wird einerseits geliefert durch den Mythos, auf dem der Archetyp basiert, auf der anderen Seite durch die individuelle Anamnese. Ob der Symbolarmut unserer Zeit und der feh-

277 Jung, *Archetypen* 112.

278 Jung, *Archetypen* 116.

279 Jung, *Archetypen* 112.

280 Jung, *Gesammelte Werke* 9,2 29.

281 Jung, *Archetypen* 109.

282 Der symbolische Prozess hängt wiederum eng mit der oben erwähnten Prämisse des Erlebens zusammen: „Der symbolische Prozeß ist ein Erleben im Bild und des Bildes" (Jung, *Archetypen* 40).

283 Jung, *Archetypen* 135; vgl. auch *Archetypen* 117.

284 Jung zitiert in Brumlik 56.

285 Jung, *Archetypen* 40.

lenden Verbindung zum Unbewussten, fällt es vielen Individuen schwer, diese Analyse selbst zu vollziehen und sie bedürfen der Hilfe der Psychologie.[286]

4.7. „[U]m-, aber nicht beschreiben" & „leere[...] Elemente" – Archetypen-Paradoxa

Aus diesem letzten Punkt ergibt sich, dass die Eigenschaft der Unbeschreibbarkeit insbesondere auf den Archetypen zutrifft: Laut Jung lässt sich der „letzthinnige Bedeutungskern" eines Archetypen „zwar um-, aber nicht beschreiben"[287]: „Was ein archetypischer Inhalt immer aussagt, ist zunächst sprachliches Gleichnis", der wahre Inhalt bleibt so letztendlich „das unbekannte dritte, das sich mehr oder weniger durch alle diese Gleichnisse ausdrücken lässt, das aber [...] unbekannt und unformulierbar bleibt."[288]

Verbunden mit der Eigenschaft des Unbeschreibbaren trifft auf das kollektive Unbewusste das bereits erwähnte Paradoxon zu: Die Frage, woran man erkennen könne, ob es sich um einen kollektiven oder einen individuellen Traum handelt, beantwortet Jung, indem er dem kollektiven Traum ein „instinktive[s] Gefühl von Bedeutsamkeit" gefolgt von „eine[r] Gefühlsbedeutung, die nach Mitteilung drängt" zuschreibt: „[Der Träumer] fühlt sich vom Eindruck so sehr überwältigt, daß er gar nicht daran denkt, den Traum für sich zu behalten. Er

286 Jung, *Archetypen* 141 sowie 144. Die ideale Analysemethode für Inhalte des kollektiven Unbewussten ist nach Jung das konstruktive bzw. synthetische Interpretationsverfahren. Hierbei werden Einzelheiten des Traumes vor dem Hintergrund der individuellen Erfahrungen des Träumers interpretiert. Die alternative Interpretationsmethode wäre die von Freud vertretene analytische oder kausal-reduktive Interpretation, die Symbole und Bilder auf der Basis ihrer Entsprechungen sachlich und verallgemeindernd analysiert. Ein essentieller Schritt in der synthetischen Analyse ist die Archetypenfindung: Durch die Untersuchung einer Reihe von Träumen werden Symbole isoliert betrachtet, um typische Motive des Träumers und deren Bedeutung zu konstatieren. Nach Jungs Ansatz ist diese Vorgehensweise eine Angelegenheit mühsamer und langwieriger Forschung. „Jede einigermaßen vollständige Bilderserie würde zu ihrer Darstellung ein Buch von etwa zweihundert Seiten erfordern", erläutert Jung (*Archetypen* 144). Das mögliche Ausmaß zeigt *Symbole der Wandlung*: Auf mehr als 500 Seiten werden hier die nur 13 Seiten füllenden Visionen, Träume und schöpferischen Werke einer Patientin eben nach dem konstruktiven bzw. synthetischen Schema beurteilt (vgl. Jung, *Gesammelte Werke* 7 88 und 92 sowie *Archetypen* 55).

287 Jung, *Archetypen* 111. Vgl. *Archetypen* 40: Charakteristisch für Archetypen „ist ihre Vieldeutigkeit, ihre fast unabsehbare Beziehungsfülle, welche jede eindeutige Formulierung verunmöglicht."

288 Jung, *Archetypen* 112.

muß ihn erzählen, in der psychologisch richtigen Annahme, daß er für alle von Bedeutung sei."[289] Obwohl es sich um eine unbeschreibbare Erfahrung handelt, drängt sie zur Mitteilung.

Die Archetypen bergen ein weiteres Paradoxon, auf das vor allem Brumlik hinweist: Archetypen sind zwar „leere[...], formale[...] Elemente, [die] nichts anderes [sind] als eine [...] a priori gegebene Möglichkeit der Vorstellungsform."[290] Trotzdem sind sie „aktive, das heißt lebendige Bereitschaften, Formen, [...] [die] in jeder Psyche vorhanden sind und deren Denken, Fühlen und Handeln instinktmäßig präformieren und beeinflussen."[291] Für diesen Widerspruch zwischen handlungsmotivierender Bedeutung und inhaltlicher Leere schlägt Brumlik als vereinigende Lösung die „Prozessualisierung" des Begriffs vor. Er definiert Archetypen als „unbewusste Motivationsstrukturen menschlichen Handelns [...], die auf die gezielte Verwirklichung eines Zustandes"[292] drängen.

Um die gesamte Komplexität der Archetypenlehre zusammenzufassen, kann abschließend ein Zitat aus Jungs Feder angeführt werden:

> Unser Selbst als ein Inbegriff unseres lebenden Systems enthält aber nicht nur den Niederschlag und die Summe alles gelebten Lebens, sondern ist auch der Ausgangspunkt, der schwangere Mutterboden alles zukünftigen Lebens, dessen Vorahnung dem inneren Gefühl ebenso deutlich gegeben ist, wie der historische Aspekt.[293]

5. „[V]on innen her [...] verstehen" – Kritik an Jungs Lehre

Jungs Theorien haben seit ihrer Veröffentlichung nicht nur Befürworter gefunden; Kritik an der Lehre der Analytischen Psychologie gibt es reichlich. Eine Arbeit, die sich auf Jungs Theorie stützt, muss sich dieser Kritik bewusst sein.[294]

Ein großer Kritikpunkt liegt aus heutiger Sicht darin, dass viele Annahmen Jungs auf überholten zeitgenössischen Ansichten beruhen. Jungs Frauenbild wird im 21. Jahrhundert nur mehr als Klischee bzw. Stereotyp gesehen. Revi-

289 Jung, *Gesammelte Werke* 7 197.
290 Jung, *Archetypen* 79.
291 Jung, *Archetypen* 79.
292 Brumlik 53.
293 Jung, *Gesammelte Werke* 7 210.
294 Vgl. im Folgenden auch Susan Rowlands Kapitel „Problems with psychology as theory" in *A Feminist Revision* (23ff).

diert ist auch das Animusbild, das Jung aus der Gesellschaft seiner Zeit für die Frau entwirft.[295]

Vor allem Heinrich H. Balmer stellt in ironisch-sarkastischer Weise Schwachstellen der Jung'schen Lehre heraus. Als gewichtige Schwachstelle sieht er Jungs eigene Rolle in der Herführung seiner Theorien und kritisiert sein Leben und Werk als „schicksalhaft verstrickt“[296]. Hierdurch wird die Individuations- und Archetypenlehre für Balmer zum psychischen Produkt, das Jungs eigene Individuation widerspiegelt und somit eine „geniale Selbsttherapie“[297] darstellt. Hieraus ergeben sich einerseits Verständnisprobleme, denn da der Leser „notgedrungen auf eine rationale Verständnisbemühung angewiesen [ist,] [...] JUNG sich aber auf einen nicht nur rationalen Standpunkt begibt, gelingt es nicht mehr überall, ihm zu folgen.“[298] Andererseits – so Balmer – wird Jungs „eigenes Erleben [...] kritiklos in ‚Lehre' umgemünzt“[299], was Objektivität ausschließt:

> Wenn JUNG nun noch sagt, dass die Theorie selbst da, wo sie sich am abstraktesten gebärde, unmittelbar aus Erlebtem hervorgehe, wird man wohl folgern dürfen, dass das eine kritische Reflexion ausschließt. Die Theorie ist in diesem Sinne nicht mehr der Versuch, irgendeinem Phänomen gedanklich versuchsweise nahezukommen, sondern lediglich der Ausdruck einer bestimmten, abstraktions- und reflexionsunfähigen Erlebnisweise – man könnte auch sagen: Dichtung.[300]

Hiermit verknüpft ist Balmers Annahme, dass ein starker Akzent in Jungs Lehre auf seinem angenommenen „Sehertum“ liege, was „oft zu unklaren Formulie-

---

295 So bemerkt Christoffel: „Ein Niederschlag des damaligen Zeitgeistes ist z.B. Jungs überwiegend negative Beurteilung des Animus der Frau, eine Bewertung, die von den heutigen Jungianern im allgemeinen nicht mehr geteilt, sondern eher als Folgeerscheinung einer patriarchalen Verformung [...] gesehen wird“, vgl. Judith Christoffel, *Neue Strömungen in der Psychologie von Freud und Jung. Impulse von Frauen* (Olten und Freiburg im Breisgau: Walter-Verlag, 1989) 61. Siehe auch Christoffel 35 sowie Beverley D. Zabriskie, „The Feminine: Pre- and Post-Jungian", *C.G. Jung and the Humanities*, Hg. Karin Barnaby und Pellegrino D'Acierno (Princeton, N. J.: Princeton University Press, 1990) 267-278. Vgl. ebenso die Bemerkungen zu den feministischen Post-Jungianern, z.B. Fußnote 455.

296 Balmer 8. Diese Verstrickung zwischen Leben und Werk wurde jüngst durch die Veröffentlichung von Jungs *Rotem Buch* durch den Patmos-Verlag deutlich. Das *Rote Buch* ist das Produkt Jungs eigener Phantasien, Träume und Visionen. Jungs Nachlassverwalter und Familie hatten das Werk mehrere Jahrzehnte unter Verschluss gehalten, weil sie befürchteten, dass die Inhalte die Seriösität seiner Lehre beeinflussen könnten; vgl. *Nachtmeerfahrten*.

297 Balmer 8.

298 Balmer 84.

299 Balmer 117.

300 Balmer 119.

rungen"[301] führe. Auch Judith Christoffel bemerkt, dass Jungs Werk „eine große Zahl von Widersprüchen und offenen Fragen"[302] enthält. Nicht müde wird Balmer, solche „Bruchstellen und Fragwürdiges"[303] in Jungs Werk aufzudecken, und kommt immer wieder zu dem Schluss, dass Jungs Begriffsdefinitionen „babylonische Sprachverwirrung"[304] und seine Theorienbildung ein „Akt auf dem Hochseil"[305] sind: „Scheinbar elegant wirft er mit Begriffen um sich, die nirgends definiert werden, kombiniert Beliebiges zu logisch unmöglichen Monstren und suggeriert im übrigen, dass das Gemeinte völlig klar sei."[306] Auch Philipson bemerkt in diesem Zusammenhang: „[M]any of his implications are stated in metaphoric rather than literal language [...] [which] offers the greatest obstacles."[307]

Ein weiterer Kritikpunkt, der sich in der Sekundärliteratur zu Jungs Theorie immer wieder findet, ist der Vorwurf der Spekulation. Jung betont zwar, dass die Archetypen-Theorie empirisch fundiert sei; er betrachtet als Nachweis hierfür die Tatsache, dass sich archetypische Bilder in verschiedenen Zeitaltern nachweisen lassen. Balmer – sowie auch andere Kritiker – bemerken, dass „die historische Herleitung der Archetypen [...] beträchtliche denkerische Schwierigkeiten [bietet]"[308], dass eine Verifikation von Jungs Theorien nach naturwissenschaftlichem Vorbild noch aussteht und „wohl auch nicht mehr durchzuführen sein [wird]."[309] Seine Bewertung bisher erfolgter Nachweise für die Archetypenlehre fällt vernichtend aus: „Weder lässt sich Wirkung und Archetyp – wie im Experiment – in einen beobacht- und wiederholbaren Zusammenhang bringen, noch besteht ein zwar nicht ‚verstehbarer', aber doch faktisch vorhandener Zusammenhang wie bei Leben und Tod."[310]

301 Balmer 85.

302 Christoffel 28.

303 Balmer 1. Als ein Beispiel kann Jungs Gebrauch des Begriffes der „Vererbung" der Archetypen genannt werden: „Wie aber sollen sich Möglichkeiten von Vorstellungen in den Genen niederschlagen? Denn wenn Jung schon konkret von Vererbung spricht, wird er sich ja auch mit dem konkreten Erbvorgang befassen müssen" (Balmer 86).

304 Balmer 113.

305 Balmer 91.

306 Balmer 87.

307 Philipson 140f.

308 Balmer 78.

309 Balmer 89.

310 Balmer 108. Rowland versucht, die Kritik an Jungs Vorgehensweise durch folgende Definition des Begriffs Psychologie zu entkräften: „'Psyche-logos', or words about the psyche, is a uniquely subjective activity. After all, the human mind is the only instrument available with which to investigate the human mind. There is no non-mental place from which to observe the mind with total objectivity. An individual psycholo-

Trotz aller Schwachstellen kommt Balmer zu einem Vorschlag, wie mit den Theorien Jungs umgegangen werden solle. Über Jungs Wirkung bemerkt er:

> Es scheint mir […], dass eine Persönlichkeit wie C.G. JUNG – die durch unklare Ausdrucksweise oft genug beim Leser Ärger hervorruft, um im nächsten Moment durch ihr vielfältiges und rational nicht zu ergründendes Schillern zu faszinieren – ganz besonders dazu reizt, den ‚Sinn' […] verstehen zu wollen.[311]

Daher solle versucht werden, Jungs Lehre nicht an Stichhaltigkeit, Richtigkeit, Methode und Rationalität zu messen, sondern „die Theorien Jungs sozusagen von innen her zu verstehen."[312]

Die vorliegende Arbeit versucht, diesem Weg zu folgen und die Verwendung von Jungs Theorien in MacEwens Werk „von innen her" zu analysieren. Hierzu gehört einerseits konkret die Betrachtung der Individuationthematik bzw. der Herausforderungen, die sich auf dem Weg der Bewusstwerdung ergeben. Andererseits ist Ziel der Arbeit eine Analyse der archetypischen Bilder, die MacEwen kreiert. Hieraus ergibt sich ebenso die Untersuchung der Relevanz der Archetypen im jeweiligen Werk und deren Entwicklung sowie Rolle im jeweiligen Individuationsprozess. Letztendlich schließt sich der Versuch an, die Werke auf ihren visionären bzw. kollektiven Gehalt nach Jungs Kategorisierung einzuordnen. Jungs Theorien sollen als Rahmen einer formal-ästhetischen Betrachtung des Werks verwendet werden und Unterstützung in der Schreibphilosophie und Biographie der Autorin finden. Eine Anwendung der Theorien Jungs erscheint – trotz genannter Kritik – für ein vertieftes Verständnis von MacEwens Werk unerlässlich.

---

gist may claim to record the mental events of other people dispassionately, but he can never be sure that his own mental states do not interfere with his results. The word 'theory' is derived from Greek, meaning to 'see' and then conceptualize. Therefore, since 'seeing' the human mind at work can never be wholly separated from the mind's own dynamics, psychological theory can never be 'scientific' in the normal objective sense" (*Jung in the Humanities* 24ff).

311 Balmer, 108f.

312 Balmer, 109.

III. *The Shadow-Maker*

1. Individuation in *The Shadow-Maker*

MacEwen erhält für *The Shadow-Maker* den renommierten Governor General's Award und es ist der Gedichtband, der heute am stärksten mit ihr verbunden wird. Rosemary Sullivans Biographie trägt diesen Titel, ebenso Brenda Longfellows Dokumentarfilm. Viele Kritiker bezeichnen *The Shadow-Maker* als MacEwens gelungenstes Werk und als wegbahnend für Karriere.[313]

Es gibt allerdings auch andere Auffassungen. Frank Davey äußert sich zwar lobend über MacEwens Romane und Kurzgeschichten, über den früheren Gedichtband *Breakfast for Barbarians* sowie über den späteren *The Armies of the Moon. The Shadow-Maker* wird von ihm jedoch in die Kategorie „less successful book" eingeordnet: „[I] thought *The Shadow-Maker* contained more shadow than art."[314] Er sieht die Gedichte in *The Shadow-Maker* als „mysteriously excerpted dialogue from a hidden play."[315] Eine ebenso kritische Ansicht vertritt Ellen D. Warwick, wenn sie schreibt: „[T]he shadowy realms remain shadowy, unreal, not linked to a concrete reality existing outside the writer's mind. A reader is left puzzling whether MacEwen's vision or technique is most to blame."[316] Die Sprache in *The Shadow-Maker* bewertet Warwick als subjektiv und abstrakt – mit dem Resultat, dass der Inhalt für den Leser unverständlich und unglaubwürdig bleibt: „Whatever the reason, the world of holy terrors, nightmare and darkness remains, for most part, unarticulated in this book."[317]

Warwick und Davey sind die vehementesten Kritiker von *The Shadow-Maker*. Dass auch aus anderen Richtungen kritische Urteile zu dem Band kommen, erwähnt Bartley in ihrer Übersicht des Gesamtwerks MacEwens. Vor allem die Gedichte in *The Shadow-Maker* würden als „sometimes hypnotic, sometimes revealing, sometimes hopelessly remote"[318] vernommen. Der Vorwurf der Unverständlichkeit ist so insbesondere im Bezug auf den bekanntesten Gedicht-

313 Sherrill E. Grace, „Gwendolyn MacEwen", *Canadian Writers Since 1960. First Series* (DLB 53), Hg. W.H. New (Detroit: Gale Research Company, 1986) 279-282, siehe 280. Vgl. auch Shostak 177.

314 Davey, „The Secret of Alchemy" 66.

315 Davey, „The Secret of Alchemy" 63.

316 Ellen D. Warwick, „To Seek a Single Symmetry", *Canadian Literature* 71 (1976): 21-34, siehe 32.

317 Warwick 32.

318 Bartley, „Gwendoyln MacEwen" 250.

band MacEwens auffallend, und eine Betrachtung des Werkes vor dem Hintergrund von Jungs Theorie soll hier Abhilfe schaffen. Jedes der Gedichte in *The Shadow-Maker* enthält Elemente Jung'scher Lehre. Ziel ist, herausstechende Beispiele jedes Kapitels detailliert zu besprechen. Die Funktion der Individuationslehre soll im Bezug auf die Einzelgedichte, aber auch im Hinblick auf die Konstruktion des gesamten Gedichtbandes gezeigt werden.

1.1. „Holy Terrors"

Die Individuationstheorie wird im ersten Kapitel des Gedichtbandes am deutlichsten durch die Gedichte „Two Voices" und „Poem" gespiegelt.

a) „Two Voices"

"All that you suffer in my name
Will only cast you furious through space;
You cannot displace me or explain
The holy terror which is my face.
I tell you you must grow tall as seas
Lest you drown in me.
Fear me and I fade, I go.
In what long nights did you deride me
And send me into dawn with a shaky laugh!
Use me like this and I'll break you in half."

"Love, move me, cast me furious through space;
Love, bend me to your time –
Test and revise me, I fear your face!
What is here, what is with me now
Is mine."[319]

Die zwei Strophen, aus denen sich „Two Voices" zusammensetzt, können als Dialog zwischen dem Unbewussten und dem Bewusstsein betrachtet werden. Als Sprecher des ersten Redeteils erscheint das Unbewusste. „All that you suffer in my name" drückt das Leiden und die Mühe – die „kleinen Schreie" – aus, die das Unbewusste im Dialogpartner Bewusstsein verursacht. Die Tatsache, dass diese Leiden das Bewusstsein „furious through space" befördern, spielt zunächst auf die Energie an, die in den unbewussten Inhalten verborgen liegt, und die die Vereingung von Unbewusstem und Bewusstem erst ermöglicht. In dieser energiegeladenen, rasanten Bewegung durch den Weltraum liegt ein weiterer Hinweis auf die Archetypentheorie. Jung sagt:

319 MacEwen, *The Shadow-Maker* 14.

> Ein untrügliches Merkmal kollektiver Bilder scheint das ‚Kosmische' zu sein, nämlich die Beziehung von Traum- und Phantasiebildern auf kosmische Qualitäten, wie zeitliche und räumliche Endlosigkeit, enorme Geschwindigkeit und Ausdehnung der Bewegung [...]. Das kollektive Element kündigt sich sehr oft an durch eigentümliche Symptome, z.B. durch Träume, man fliege durch den Weltraum wie ein Komet.[320]

Die zweite Zeile ist geradezu eine Paraphrase dieser Aussage Jungs und dient als Platzhalter für die Tatsache, dass mit Eintritt in das Unbewusste der Eintritt in die Welt der kollektiven Bilder geschieht. Mit seiner schon fast drohend lautenden Feststellung „You cannot displace me" verdeutlich das Unbewusste, dass es nicht von Seiten des Bewusstseins ausgeblendet werden kann, sondern sich Beachtung verschaffen wird.

Das Problem der Unbeschreibbarkeit greift die darauffolgende Phrase auf: „You cannot [...] explain / The holy terror which is in my face." Die Verwendung der Kapitelüberschrift "holy terror[s]" im Fließtext des Gedichtes ist ein Beispiel für die zyklische Bewegung, die einerseits nach Jung typisch für die Symbolabfolge im Traumprozess, andererseits typisch für die sich wiederholende Bildabfolge in MacEwens Gedichten ist. In diesem Gedicht wird hierdurch ein direkter Bezug zu den Aussagen des Epigraphs zum Kapitel „Holy Terrors" hergestellt, konkret zu der Schwierigkeit der Vereinigung der Gegensätze, der Abwehrreaktion des Bewusstseins gegen das Unbewusste und der Gefahr der Dominanz der Archetypen. Das Gedicht repräsentiert Leiden und Schrecken des Individuationsprozess.

Die Zeilen „[Y]ou must grow tall as seas / Lest you drown in me" führen die Konnotationen zu „holy terror" weiter, greifen zur Unterstützung allerdings den Wasserarchetypus auf. Bezugnehmend auf die Wassersymolik sagt Jung: „Wasser ist [...] lebendiges Symbol für die dunkle Psyche"[321], „Wasser heißt [...] psychologisch: Geist, der unbewußt geworden ist"[322], und „[d]er Weg der Seele [...] führt darum zum Wasser"[323]. MacEwen verwendet den Wasserarchetypus als Symbol für das Unbewusste, erweitert ihn aber um die Tatsache der „Aristokratie der Natur". Nur das Bewusstsein, das sich dem Unbewussten stellt und ihm mit der Bereitschaft zur Integration begegnet, wird „überleben". Daher die Aufforderung des Unbewussten an das Bewusstsein: „[Y]ou must grow tall as seas." Andernfalls ist das Resultat fatal („you drown in me"). Durch das Szenario des Ertrinkens wird einerseits auf die „Verwässerung" der persönlichen Ganzheit angespielt, die durch nichterfolgte Integration der unbewussten Inhalte

---

320 Jung, *Gesammelte Werke* 7 175.

321 Jung, *Archetypen* 19.

322 Jung, *Archetypen* 20.

323 Jung, *Archetypen* 19.

bewirkt wird. Andererseits verbildlicht das Ertrinken die Gefahren, die im Individuationsprozess liegen. Die Inhalte der Seele können überwältigen, eine psychische Störung wäre die Folge – auch hier eine Anknüpfung an Jung'sche Theoriefragmente, die durch das Einführungszitat zu „Holy Terrors" erläutert wurden. Die Aufforderung des Unbewussten in diesen zwei Zeilen ist somit, sich den Herausforderungen der Individuation zu stellen.

Um diesen Mahnruf zu verstärken, schließt sich eine weitere Drohnung an: „Fear me and I fade, I go." Das Bewusstsein, das den Mitteilungen des Unbewussten aus Furcht mit Ablehnung begegnet, bewirkt nur, dass die Inhalte sich tiefer in das Unbewusste zurückziehen, zu größeren Problemfällen werden und größerer Energie bedürfen, um wieder hervorgebracht zu werden. Die Phrase „Fear me" korrespondiert mit der eher motivierenden Aussage, die das Einführungszitat zu „The Unspeakable" macht („Have no fear…"). Die folgenden zwei Zeilen verbildlichen einerseits die Tatsache, dass sich unbewusste Inhalte in erster Linie im Traum äußern („In what long nights"), andererseits die Abwehrhaltung, die das Bewusstsein gegenüber diesen scheinbar irrationalen, phantastischen unbewussten Inhalten einnimmt („you deride me / And send me into dawn with a shaky laugh!"). Eine letzte Warnung des Unbewussten schließt sich an: „Use me like this and I'll break you in half." Auch hier verbalisiert das Unbewusste seinen Anspruch auf würdige Beachtung und mahnt die Folge seiner Nichtbeachtung an. Erfolgt keine Integration der unbewussten Inhalte, rückt die „Synthese des Selbst" in Ferne, der „Spalt zwischen Bewusstsein und Unbewusstem" wird größer und die „Spaltung der Persönlichkeit" droht als drastischstes Resultat.[324] Durch den drohenden, warnenden Charakter des Unbewussten in der ersten Strophe scheint bereits oben zitierte Feststellung Jungs verbildlicht, dass „[j]e ablehnender die Einstellung des Bewußtseins zum Unbewußten ist, desto gefährlicher wird letzteres"[325].

Die Reaktion des Bewusstseins, das als Sprecher der zweiten Strophe identifiziert werden kann, fällt friedensstiftend, vereinigend aus. Als wolle es das Unbewusste besänftigen, betitelt es dasselbe als „Love". Die Bitte „move me, cast me furious through space" schließt sich an, womit das Bewusstsein den Wortlaut des Unbewussten fast unverändert aufgreift und ihm somit – im Sinne der Vereinigung – Geltung verschafft. Die Zufügung „move me" bezieht sich einerseits auf die rein physische Fortbewegung im Rahmen der oben genannten „Weltraumbewegung", in der die Energie des Unbewussten der Antrieb ist. Ebenso drückt hiermit das Bewusstsein aus, dass eine Zusammenarbeit mit dem Unbewussten es in seiner eigenen Entwicklung „voranbringt". Eine weitere Bitte

---

324 Jung, *Symbole der Wandlung* 599.

325 Jung, *Symbole der Wandlung* 380.

schließt sich an, wieder eingeleitet durch das Kosewort „Love". Die „Love"-Anapher verstärkt den besänftigenden, Zuneigung und Bestätigung bekundenden Gesamtton des zweiten Teils des Gedichtes, suggeriert die Abkehr von Abwehr und Abscheu und betont Offenheit sowie Willen zur Zusammenarbeit, fast schon Ergebenheit. Die Tatsache, dass das Bewusstsein das Unbewusste bittet „bend me to your time", bezieht sich auf die erwähnte Gleichsetzung kollektiver Bilder mit zeitlicher Endlosigkeit – eine Charaktereigenschaft, die sich aus der Definition der Archetypen als verwurzelt in der Vergangenheit, aber dennoch zukunftsorientiert, ergibt. Das Bewusstsein bittet so darum, in den Kontext der Archetypen eingeführt zu werden. Durch das Verb „bend" wird ebenso eine zyklische Bewegung suggeriert, die den Traum als Mittel des Individuationsprozesses charakterisiert. „Test and revise me" spielt einerseits wiederholt auf die Mühen des Indiviuationsprozesses an, andererseits darauf, dass durch die Analyse und Integration der unbewussten Inhalte eine Bewusstseinsanpassung erfolgt, das Selbst wächst und Ganzheit erlangt wird:

> Fortlaufendes Bewußtmachen der sonst unbewußten Phantasien mit aktiver Anteilnahme am Phantasiegeschehen hat [...] die Folge, daß erstens das Bewußtsein erweitert wird, indem zahllose unbewußte Inhalte bewußt werden, daß zweitens der dominierende Einfluß des Unbewußten allmählich abgebaut wird und daß drittens eine *Persönlichkeitsveränderung* stattfindet.[326]

Die Tatsache, dass Jung abnehmende Dominanz des Unbewussten bei zunehmendem Individuationsprozess attestiert, scheint gerade im Hinblick auf das sehr herrische Unbewusste in diesem Gedicht passend. Vor diesem Hintergrund handelt das Bewusstsein sozusagend vorausschauend, indem es dem Unbewussten nun die Vorherrschaft überlässt, um diese in einem späteren Schritt selbst wieder inne zu haben.

Das kursive Schriftbild der letzten beiden Zeilen deutet darauf hin, dass sich hier die zentrale Aussage befindet. Bezieht man „*What is here*" auf die Teile des Unbewussten, die nach dem Individuationsprozess in die Gesamtpersönlichkeit integriert wurden, dann liegt die Botschaft darin, dass jeder Inhalt, der bewusst „*with me now*" ist, nun auch „*mine*" ist und ein Schritt zu Ganzheit vollzogen ist. Der formale Aspekt, dass „*Is mine*" isoliert das Ende des Gedichtes bildet, verstärkt die Betonung der Legierung von Bewusstsein und Unbewusstem zu Selbst.

Insgesamt beschreibt „Two Voices" den Konflikt zwischen Bewusstsein und Unbewusstem, der im Individuationsprozess gelöst werden muss, und spielt auf die Machtprobleme an, die entstehen können.

---

326 Jung, *Gesammelte Werke* 7 240.

Die Tatsache, dass Unbewusstes und Bewusstes hier in Dialog treten, entspricht der therapeutischen Vorgehensweise Jungs: Dass die Traumalanyse für Jung „etwas wie ein fortlaufendes Gespräch mit dem Unbewussten“[327] ist, wurde erwähnt. Jung führt hierzu weiter aus: Die Inhalte des Unbewussten „können [...] nicht einfach rational integriert werden, sondern verlangen ein dialektisches Verfahren, das heißt eine eigentliche Auseinandersetzung, die von dem Patienten häufig in Dialogform durchgeführt wird.“[328] Sich die Inhalte des Unbewussten als autonomes Gegenüber vorzustellen und in Dialog mit ihnen zu treten, entspricht Jungs Forderung nach Unterscheidung des Unbewussten vom Bewussten als Vorstufe des Individuationsprozesses. Indem Bewusstsein und Unbewusstes miteinander ins Gespräch treten, nimmt MacEwen Jungs Therapievorschlag auf. Die Tatsache, dass das Gedicht als „Two Voices“ betitelt ist, diese jedoch nicht weiter charakterisiert sind, legt nahe, dass es sich um eine verallgemeinerbare, übertragbare Grundkonstellation handelt, die in jedem Individuum aufzufinden ist.[329]

b) „Poem“

Auf „Two Voices“ folgt das Gedicht „Poem“, in dem sich die Perspektive zwar ändert, das Grundthema jedoch gleich bleibt:

> It is not lost, it is moving forward always,
> Shrewd, and huge as thunder, equally dark.
> Soft paws kiss its continents, it walks
> Between lava avenues, it does not tire.
>
> It is not lost, tell me how can you lose it?
> Can you lose the shadow which stalks the sun?
> It feeds on mountains, it feeds on seas,
> It loves you most when you are most alone.

---

327 Jung, *Gesammelte Werke* 7 121; vgl auch *Symbole der Wandlung* 28.

328 Jung, *Archetypen* 43.

329 In einem früheren Entwurf zu „Two Voices“ ist als zusätzlicher Titel „Dein ist Amen“ vorgesehen. Hiermit wird einerseits wiederholt die Vormachtstellung des Unbewussten ausgedrückt, dem nur mit Besänftigung und Zustimmung begegnet werden kann. Die religiöse Anspielung weist auf die Numinosität der unbewussten Inhalte hin. Dadurch, dass es sich um einen deutschen Titel handelt, wird deutlich, dass die Vorgänge zwischen Unbewusstem und Bewusstem in einer Sprache geschehen, die nicht der Alltagssprache entspricht (MacEwen, *Papers, 1955-1988*, Box 6, Folder „The Shadow Maker. First Drafts. 1“).

> Do not deny it, do not blaspheme it,
> Do not light matches on the dark of its shores.
> It will breath you out, it will recede from you.
> *What is here, what is with you now, is yours.*[330]

Der Tenor scheint zu sein, dass das Unbewusste, wenn auch nicht unmittelbar sichtbar, doch präsent ist – „It is not lost". Die Donnersymbolik veranschaulicht dies: Wie der Donner, so ist auch das Unbewusste wahrnehmbar, jedoch nicht sichtbar oder verortbar. Das „Verlorensein" spielt auf Jungs Annahme an, dass Inhalte ins Unbewusste verdrängt werden, dadurch aber keinesfalls vergessen, sondern immer noch aktiv sind. Das Individuum ist „In sich verloren". Auch die Folge, die sich hieraus ergibt, wird durch den Vergleich mit dem Donner intensiviert: Donner ist wie die Bewegungen des Unbewussten „dark", unheimlich und bewirkt Furcht.

Die Frage „tell me how can you lose it?" wird durch den Vergleich zu Sonne und Schatten als geradezu „dumm" entlarvt: Die Sonne kann nicht scheinen, ohne Schatten zu werfen. Der Schatten seinerseits entsteht nur durch die Sonne. Diese gegenseitige Abhängigkeit besteht auch zwischen Bewusstsein und Unbewusstem. Das Bewusstsein erschafft bespielsweise durch Verdrängung seinen Schatten selbst, braucht diesen dann jedoch wieder, um zur Ganzheit zu gelangen. Die Tatsache, dass der „verdrängte Schatten" nach Jungs Ansicht „ein lebendiger Teil der Persönlichkeit [ist,] [...] darum in irgendeiner Form mitleben [will]"[331] und das Bewusstsein stören wird, drückt MacEwen dadurch aus, dass ihr Schatten ein Symbol ist, „which stalks the sun".

Neben diesen Parallelen zwischen Sonne-Schatten und Bewusstsein-Unbewusstem greift „Poem" weitere Jung'sche Symbolik auf: Wie erwähnt steht der Schatten für den persönlichen Teil des Unbewussten und die abgelegten Seiten der Persönlichkeit, die Sonne hingegen – verallgemeinernd gesprochen – für das erleuchtete und erleuchtende Bewusstsein.[332] Weitere Charakterisierungen des Unbewussten, die in „Poem" anklingen, sind die Gerichtetheit, die Energie und die Zukunftsorientiertheit („it is moving forward always"), die Verortung in den „dunklen Arealen" der menschlichen Psyche („it walks / between lava avenues") und der Vergleich unbewusster Inhalte mit dem Göttlichen („do not blaspheme it"). Die Aussage „it does not tire" spielt darauf an, dass die Inhalte des Unbewussten sich am stärksten in Situationen mitteilen, in denen das Bewusstsein inaktiv ist – in Momenten „when you are most alone". „[M]ost alone" spielt auch auf die Tatsache an, dass das Individuum die Integration des

330 MacEwen, *The Shadow-Maker* 15.

331 Jung, *Archetypen* 23.

332 Jung, *Symbole der Wandlung* 121; vgl *Gesammelte Werke* 9,1 260 sowie *Gesammelte Werke* 14,1 106.

Schattens nur selbst leisten kann und die Fähigkeit, „mit sich selbst alleine zu sein", eine Bedingung hierfür ist.

Die Zeile „It feeds on mountains, it feeds on seas" impliziert einen weiteren Aspekt der Jung'schen Individuationslehre. Mit dem Weg „zum geheimnisvollen Wasser" ist meist eine Bewegung nach unten verbunden: „Der Träumer steigt in seine eigene Tiefe hinunter", „[d]en Weg des Wassers, der immer nach unten geht, muss man wohl gehen, wenn man den Schatz [...] wieder heben will."[333] „[I]t feeds on seas" steht demnach für diesen Weg in die Wassertiefe. Mit dem Abstieg und der Erkenntnis der verborgenen unbewussten Inhalte ist ein anschließender Aufstieg, eine Bewegung in höhere geistige Ebenen und auf eine höhere Stufe des Selbst, verbunden: „Der Abstieg in die Tiefe scheint dem Aufstieg immer voranzugehen."[334] Das Eintauchen in die dunkle Tiefe ist sogar „unerläßliche Bedingung höheren Aufstieges"[335]. Psychologisch erklärt „dient der Auf- und Abstieg der Vereinigung der Kräfte des Unteren mit denen des Oberen, und vice-versa."[336] „It feeds on mountains" steht für diese Bewegung nach oben; der Berg ist nach Jung ein Traumsymbol, das typischerweise für die Persönlichkeit bzw. das Selbst steht.[337]

Die Bewegungsabfolge, nach der der Aufstieg dem Abstieg folgt, wird hier umgekehrt: Das Tiefensymbol folgt dem Höhensymbol. Diese Inversion deutet darauf hin, dass die Analyse des Unbewussten ein unendlicher Prozess ist, der nicht mit einem Aufstieg endet, sondern bei dem auf den Aufstieg immer wieder ein Abstieg folgt.

Auf den Themenkomplex der Analyse der unbewussten Inhalte geht auch die letzte Strophe ein: Die richtige Interpretation für die Symbole des Unbewussten zu finden, ist ein langwieriger Prozess. Es reicht nicht, die Inhalte des Unbewussten mit herkömmlichem Licht im Sinne von Intellekt und Ratio zu beleuchten („Do not light matches on the dark sides of its shores"). Wird die richtige Deutung nicht gefunden bzw. die Rückmeldung des Unbewussten nicht beachtet, werden als Folge das Bewusstsein bzw. die Ratio gestört („It will breathe you out") und die unbewussten Inhalte weiter in die Tiefe der Psyche befördert („it will recede from you"). Neben der Anspielung auf die numinose Kraft und die Vergleichbarkeit mit religiösen Inhalten des Unbewussten verlangt

333 Jung, *Archetypen* 20.

334 Jung, *Archetypen* 21.

335 Jung, *Archetypen* 22.

336 Jung, *Gesammelte Werke* 14,1 238. Vgl. *Gesammelte Werke* 14,1 244: „Ascensus und descensus, Höhe und Tiefe, Auf und Ab beschreiben ein emotionales Realisieren von Gegensätzen, welches allmählich zu einem Ausgleich derselben führt oder führen soll."

337 Jung, *Gesammelte Werke* 14,1 244; vgl auch *Gesammelte Werke* 13 332.

die Aufforderung „do not blaspheme it" demnach ebenso, die Inhalte der Tiefe mit würdigen, angemessenen Mitteln zu be- und verarbeiten. Alles läuft auf den Appell „Do not deny it" hinaus, denn: „*What is here, what is with you now, is yours*."

Bemerkenswert ist, dass die letzte Zeile dieses Gedichtes eine Parallele zum Schlusssatz von „Two Voices" darstellt. Die einzige Änderung liegt in der Perspektive. Eine inhaltliche Verbindung zwischen den Gedichten ist deutlich: In beiden sind Hauptthemen die Beziehung zwischen Unbewusstem und Bewusstem, die Notwendigkeit der Beachtung und der Integration des Unbewussten durch das Bewusste sowie Mittel und Wege, um dies zu erreichen. „Two Voices" spiegelt die Perspektive von Bewusstsein und Unbewusstem, der Leser „belauscht" ihren Dialog und entfährt Details über ihr Verhältnis zueinander. „Poem" hingegen ist durch einen neutralen Sprecher dargeboten, der den Leser direkt anspricht. Somit ist „Poem" als ein Nachtrag zu „Two Voices" zu sehen, der die Aussage des ersten Gedichtes bestätigt und dem Inhalt Nachdruck verleiht. Gerade dieser Aspekt des Moralisierens wird dadurch unterstützt, dass die korrespondierenden Schlusssätze in keinem der beiden Gedichte überzeugend als logische Schlussfolgerung aus dem Vorangehenden erwachsen. Auch das kursive Schriftbild in beiden Fällen trägt dazu bei, dass sie sich vom Rest des Gedichtes abheben. Sie scheinen eine Art „Moral des Gedichtes" darzustellen.

Zu „Poem" ist anzufügen, dass auch hier der Titel sehr allgemein ist. Dies deutet einerseits darauf hin, dass die dargelegten Inhalte universell sind. Ein solch allgemeiner Titel impliziert ebenso, dass eine Konkretisierung oder gar Verbalisierung nicht möglich ist, und spielt damit auf die Problematik des Unbeschreibbaren an.[338]

Auffällig an „Poem" ist ebenso die Dominanz der Anapher mit dem Personalpronomen „it", die das Gedicht zu einer Aufzählung von Attributen des Unbewussten macht. Der Auflistungscharakter wird unterstützt durch die Tatsache, dass zwischen den einzelnen Attributen generell keine inhaltliche Verbindung besteht. Sie sind eher zusammenhangslos aneinandergereiht. Die meisten Attribute sind tendenziell negativ konnotiert, was die drohende, warnende Ausrichtung von „Two Voices" aufgreift und die generelle Stimmung des Titels „Holy Terrors" sowie die Aussage des zugehörigen Epigraphs unterstreicht. Die Tatsache, dass beide Gedichte am Ende des Kapitels angeordnet sind, gibt ihnen den Rang eines zusammenfassenden Schlusswortes. Fragmente der in „Two Voices"

338 In einem Entwurf zu „Poem" findet sich als Epigraph das Zitat aus John William Dunnes *Intrusions?*, das im fertigen Werk das Kapitel „The Shadow-Maker" einleitet. Dies deutet darauf hin, dass Thema von „Poem" der Schatten ist (MacEwen, *Papers, 1955-1988*, Box 6, Folder: „The Shadow Maker. Final typescript. 1"), vgl. „Der Schatten" (S. 48ff).

und in „Poem“ angesprochenen Themen finden sich auch in vorangehenden Gedichten, wie im Folgenden dargestellt werden soll.

c) „Invocations“, „The Taming of the Dragon“

Das Gefühl der Furcht, das bereits in „Two Voices“ und in „Poem“ anklingt, ist auch das Leitthema in „Invocations“:

> In this zoo there are beasts which
> like some truths, are far too true
> (clawing ones, and fire breathers [...])
> Therefore I invoke you, red beast
> who moves my blood,
> demon of my darker self [...].
>
> But I invoke you all too well
> and you are all too true.
> [...]
> I pray the Lord my soul to keep.[339]

Das gesamte Gedicht dreht sich um die Furcht vor dem Ungeheuer, das die dunkle Seite des Selbst repräsentiert, das akzeptiert werden muss, da es „all too true“ ist, und das zu beschwören, zu besänftigen und zu zähmen ist. Die Sprecherin definiert in ihrem Gedicht das Ungeheuer als „demon of my darker self“ und greift damit auf Bilder zurück, die Jungs Lehren entsprechen: Tiersymbolik zeigt generell an, dass ein psychischer Vorgang auf der tierischen Stufe, d.h. in der Instinktsphäre, stattfindet. Vor allem große Tiere symbolisieren in der Traumanalyse oft das Unbewusste; der Tiercharakter drückt dabei die Distanz aus, die zwischen dem Unbewussten und dem Bewusstsein liegt.[340] Dass es sich in „Invocations“ um einen Zoo handelt, verstärkt die Gewichtigkeit dieses Symbols. Vor allem der letzten Zeile, die ein bekanntes Kindergebet zitiert, kommt tragende Bedeutung zu: Es ist die aus Furcht entspringende Bitte an eine höhere Macht, die Seele im Schlaf als Zeit der Dominanz des Ungeheuers des Unbewussten zu beschützen.[341] So wird letztendlich eine negativere Stimmung erzeugt als in „Two Voices“: Das Unbewusste wirkt so drohend, dass die einzige Reaktion darauf ein Stoßgebet ist, das aus friedlichen Kindertagen noch in Erin-

---

339 MacEwen, *The Shadow-Maker* 6.

340 Jung, *Gesammelte Werke* 14, 1 163 sowie 229. In Anlehnung an Atwood wird im Folgenden angenommen, dass es sich um eine Sprecherin handelt: „[MacEwen] speaks in the female voice [...] as the lyric ’I’” („Introduction: The Early Years” x); vgl dazu auch „Margaret Atwoods ‚MacEwen’s Muse‘“ (S. 112ff).

341 Das komplette Gebet lautet: „Now I lay me down to sleep, I pray the Lord my soul to keep. If I die before I wake, I pray the Lord my soul to take.”

nerung haftet. Das Stoßgebet ist das letzte, was der Leser vernimmt; das Ende ist offen, hinterlässt aber einen beklemmenden Eindruck.

Auffallend ist, dass das Gedicht „The Taming of the Dragon“ mit „Invocations“ korrespondiert:

> Once the monster's jaws unfolded fire
> But now how harmless are his claws
> And all his teeth are capped with gold;
> I can't believe they were the cause
> Of all that blood […]
> But now the beast is taming, and beneath
> His noble claw I lie […]
> He seems so glad and foolish, and around his neck
> There is a wreath.[342]

Die Beschreibung des Ungetüms als „unfold[ing] fire” und ausgestattet mit „claws“ greift die Beschreibung der Ungeheuer in „Invocations“ auf („clawing ones, and fire breathers“). Der Unterschied ist, dass das Ungeheuer – hier in Form eines Drachens – nun gezähmt und harmlos ist: Das Feuer ist erloschen, die Klauen ermüdet, die gefährlichen Zähne durch Gold geglättet. Die Gefahr, die das „beast“ einst verkörperte, scheint der Sprecherin unerklärlich, übertrieben sogar. Das Biest erscheint ihr nun nur noch „foolish“.[343]

Die Botschaft scheint zu sein, dass die Ungeheuer des Unbewussten durchaus zähmbar und zu bewältigen sind, dass Vereinigung – wenn sie anfangs auch als unüberwindliche Aufgabe erscheint – möglich ist: „beneath / His noble claw I lie“. Gerade die Beschreibung der zuvor furchteinflößenden Klaue als „noble“ zeigt die eigentlich positive Seite der unbewussten Inhalte und den Gewinn, der aus der Individuation erfolgen kann.

Zwei weitere Ganzheitssymbole sind im Text zu finden: Der Kranz, der den Hals des gezähmten Ungeheuers ziert, symbolisiert als Kreissymbol den durch die Vereinigung mit dem Biest erfolgten Fortschritt im Individuationsprozess. Als weiteres Ganzheitssymbol kann das Gold gesehen werden, das – alchemistisch interpretiert – ein Symbol für die Erreichung des Endziels ist. Wenn die ehemals gefährlichen Zähne des Biests nun mit Gold überzogen sind,

---

342 MacEwen, *The Shadow-Maker* 12.

343 Jung nennt den Drachen als ein Tier, das typischerweise im Individuationsprozess auftritt (*Gesammelte Werke* 14,1 229). Vgl. auch Sharp: „[W]e all have our inner demons, a.k.a. dragons“; „meeting the dragon“ ist für Sharp ein Teil des Individuationsprozesses (*Digesting Jung* 70). In den Entwürfen zu *The Shadow-Maker* ist als alternativer Titel für dieses Gedicht „The Taming of the Beast“ erwähnt, was die Verbindung zu „Invocations“ unterstreicht (MacEwen, *Papers, 1955-1988*, Box 6, Folder: „The Shadow Maker, 1st drafts. 6“).

dann symbolisiert dies die Erreichung der Vereinigung als individuationstheoretisches Ziel. Zusätzlich wird Gold in der Alchemie durch die Sonne repräsentiert, die nach Jung wiederum für Erleuchtung stehen kann. Auch diese Seite des Goldsymbols ist also passend, da durch die Individuation letztlich Erleuchtung in Form des Erreichens einer höheren geistigen Ebene erlangt wird.[344]

Die Tatsache, dass es sich in diesem Gedicht um nur einen Drachen handelt, wo in „Invocations“ noch von einem Zoo die Rede war, deutet darauf hin, dass dies nicht das Ende des Individuationsprozesses ist, sondern nur ein Teilabschnitt. Gleichzeitig wird durch den Vergleich der beiden Gedichte das Ausmaß an Mühe, Überwindung, Furcht und Durchhaltevermögen deutlich, das für die Besänftigung und Vereinigung mit diesem einen Ungeheuer erforderlich ist.

Eine ähnliche Aussage scheint durch die Anordnung der Gedichte getroffen zu werden. „Invocations“, geprägt durch Furcht und mit einem Stoßgebet endend, erfolgt zuerst; „The Taming of the Dragon“, Hoffnung verbalisierend, folgt nach einigen Zwischengedichten. „Two Voices“ und „Poem“ folgen direkt auf „The Taming of the Dragon“ und scheinen so die Konsequenz aus den vorangehenden Erfahrungen mit dem Ungeheuer zu ziehen: Das Unbewusste muss berücksichtigt werden, und letztendlich trägt das Individuum den Gewinn davon.

d) „The Name of the Place“

Das letzte Gedicht in diesem Kapitel bildet „The Name of the Place“, organisatorisch noch zu „Holy Terrors“ gehörend, thematisch aber zu „The Unspeakable“ überleitend.

Die Schlusszeilen scheinen parallel zum Format von „Two Voices“ und „Poem“ inhaltlich nicht zum Gedicht zu gehören, sondern als „Moral“ bzw. Schlussfolgerung beigefügt („*All things are plotting to make us whole, / All things conspire to make us one.*“). Die Distanz zwischen Schlusszeilen und vorangehendem Text wird auch hier durch kursives Schriftbild zum Ausdruck gebracht, zusätzlich betont der Schrägdruck den Inhalt der Zeilen. Ein weiterer Akzent wird dadurch auf die Endaussage gelegt, dass beide Zeilen durch eine Anapher verbunden sind und eine Paraphrase voneinander darstellen. Die Verwendung von Verben, die Passivität bis hin zu Ausgeliefertsein des Individuums ausdrücken („things are plotting“, „things conspire“), deutet darauf hin, dass der Einfluss des bewussten Individuums auf sie sehr gering ist und dass dem Unbewussten so eine gewisse Übermacht zukommt. Letztendlich führen die Vorgänge des Unbewussten allerdings zu Ganzheit. Gerade die Anapher „*All things*“ trägt hierzu bei: Gleich, was das Unbewusste produziert, es hat einen Sinn und

344 Jung, *Gesammelte Werke* 14,1 100ff.

will die Synthese des Selbst erreichen. Auffällig ist hier, dass – im Vergleich zu den Parallelgedichten „Two Voices“ und „Poem“ nun das vereinigende Personalpronomen „us“ angewandt wird: Dies ist das Schicksal aller. Die Erfahrung der „Holy Terrors“ ist als „Anfall der Triebgewalt“ für alle Menschen gleich, womit nach dem stärker moralisierenden „Poem“ mit seinem warnenden Sprecher der Adressat nun wieder integriert wird, die „Folge kleiner Schreie“ zwar als unerlässlich erfährt, sich selbst aber nicht als Einzelkämpfer oder Opfer sieht. „The Name of the Place“ ist so einerseits mit „Two Voices” und „Poem” als Trias anzusehen, die durch die Endreime den Individuationsprozess zusammenfasst und dem Leser Motivation zuspricht. Andererseits dient das letzte Gedicht in diesem Kapitel als Überleitung zum nächsten Kapitel: Der eher motivierende Tenor der Endzeilen leitet auf die generelle „Befürchte nicht“-Attitüde des Epigraphs zu „The Unspeakable“ hin. Weiterhin wird auf „The Unspeakable“ als Leitthema des Folgekapitels vorbereitet. Der Titel des Gedichtes lautet „The Name of the Place“, dieser kann jedoch vom lyrischen Ich nicht ausgesprochen werden: „There is a place I dare not speak of / And we have all been there. / […] / I know the name of the place so well / That it's just now slipped my tongue“. Einmal mehr wird so durch Unartikulierbarkeit des Namens die Vormachtstellung des Unbewussten ausgedrückt.

1.2. „The Unspeakable“

Der Aspekt, der im Hinblick auf den Individuationsprozess in „The Unspeakable“ in erster Linie verdeutlicht wird, ist die Untermauerung der „Folge kleiner Schreie“ durch das Gedicht „The Discovery“ .

a) „The Discovery”

do not imagine that the exploration
ends, that she has yielded all her mystery
or that the map you hold
cancels further discovery

I tell you her uncovering takes years,
takes centuries, and when you find her naked
look again,
admit there is something else you cannot name,
a veil, a coating just above the flesh
which you cannot remove by mere wish

> when you see the land naked, look again
> (burn your maps, that is not what I mean),
> I mean the moment when it seems most plain
> is the moment when you must begin again

Übertragen auf Jungs Lehre bestätigt dieses Gedicht die Individuation als unendlichen Prozess. Hat man unbewusste Inhalte integriert, ist das nicht das Ende der Selbstanalyse und es bleibt die Aufforderung: „begin again", „look again"! Die Tatsache, dass Großschreibung am Gedichtsanfang sowie Punktuation am Gedichtende ignoriert werden, unterstützt die Unendlichkeit des Prozesses. Verstärkt wird dies durch den Zeilensprung in der ersten Zeile des Gedichtes: Das Ende des Satzes setzt sich in der Folgezeile fort, die „exploration" kommt nicht zu ihrem erwarteten „end[...]". Die „discovery" des Gedichtes ist somit die Entdeckung, dass es keine endgültige „discovery" gibt. Die Illusion, man könne sein Unbewusstes vollkommen kennen lernen, wird ernüchtert durch die Aufforderung, sich zur verbleibenden „unbestimmte[n] und unbestimmbare[n] Menge von Unbewusstem"[345] zu bekennen.

Durch das Motiv des unausgesprochenen Namens wird wiederholt die Unbeschreibbarkeit sowie die Übermacht des Unbewussten thematisiert. Der metaphorische Gebrauch von „veil" unterstützt dies: Die verborgenen Inhalte können nicht nur kaum beschrieben werden, sie sind zusätzlich kaum zu erkennen. Ihr verschleiertes Auftauchen in Traumszenarien bedarf genauen Hinsehens; es ist „a veil [...] / which you cannot remove by mere wish", sondern nur durch langwierige Analyse. Auch die Tatsache, dass diese Analyse nicht auf der Basis der intellektuellen Funktionen des Bewusstseins stattfinden kann, wird verdeutlicht. Rein auf kognitiver Analyse und Vernunft gründende Orientierungshilfen funktionieren in diesem Gebiet nicht – „burn your maps"! Durch die Zerstörung der Landkarte als generalisierendes, rationales Instrument wird ebenso angedeutet, dass die geographische Beschaffenheit des unbewussten Gebietes nicht verallgemeinerbar, sondern nur individuell erkundbar ist: Hier braucht das Enthüllen des verdeckenden Schleiers „years, / [...] centuries". Gerade die Betonung der Jahrhunderte übergreifenden Ausdehnung der Seelenarbeit deutet auf das Vorhandensein von vererbten, Jahrhunderte alten Archetypen hin.

Auffällig ist, dass in „The Discovery" das zu erkundende Gebiet durchweg mit „she" angesprochen wird. Dem Unbewussten wird von der Sprecherin so das weibliche Geschlecht zugeschrieben und sie scheint es als Teil von sich anzuerkennen. Im Vergleich zu „Poem", wo das vorherrschende Personalpronomen noch „it" war, scheint also ein Fortschritt im Individuationsprozess stattgefun-

345 Jung, *Gesammelte Werke* 7 196.

den zu haben. Die zentrale Position des Gedichtes in der Mitte des Kapitels scheint „The Discovery" den Rang der Hauptaussage zukommen zu lassen.

Das Motiv der unendlichen Reise zum Unbewussten, das laut Jung in der Traumanalyse ein typisches Ausdrucksmittel für die Suche nach dem Selbst ist, wird in den Gedichten, die „The Discovery" folgen, aufgegriffen und ausgebaut.[346] Zu ihnen gehört „The Portage".

b) „The Portage"

> We have travelled far with ourselves
> and our names have lengthened;
> we have carried ourselves
> on our backs, [...]
> from water-route to
> water-route
> seeking the edge, the end,
> the coastlines of this land.
> [...][347]

Der hier ausgewählte Auszug aus dem Gedicht verdeutlicht den Zusammenhang mit „The Discovery" einerseits, mit dem Individuationsprozess andererseits. MacEwen greift zum einen auf die Wassersymbolik zur Darstellung des Unbewussten zurück, zum anderen auf das Reisemotiv zur Darstellung der Suche nach dem Selbst. Es handelt sich um eine fortgeschrittene Reisegruppe; „travelled far with ourselves" lässt auf eine gewisse Reiseerfahrung in der Suche nach dem Selbst schließen. Die Feststellung „our names have lengthened" deutet darauf hin, dass eine Synthese des Selbst bereits stattgefunden hat. Bisher wurden lediglich Beispiele genannt, in denen der Name „unspeakable" war, was als Übermacht des Unbewussten gedeutet wurde. Im Umkehrschluss bedeutet die Kenntnis, sogar die Erweiterung des eigenen Namens, dass man Wissen über sein Selbst gewonnen bzw. Bewusstsein erlangt hat: „[D]er, welcher den geheimen Namen errät, [erlangt] Macht über dessen Träger."[348] Diese Aussage Jungs scheint in dem Gedicht geradezu verbildlicht. Die Zeile „we have carried ourselves / on our backs" greift das Bild des Tragens auf. Auf dieser Reise via

346 Jung, *Gesammelte Werke* 14,1 245. Vgl. auch 233: „Selbsterkenntnis [...] – in des Wortes totaler Bedeutung – ist kein einseitig intellektueller Zeitvertreib, sondern eine Reise [...], wo man allen Gefahren zu Lande, zu Wasser, in der Luft und im Feuer ausgesetzt ist." Das Motiv der Reise ist besonders prominent in der Heldenfahrt, die im Zusammenhang mit *Noman* und *Noman's Land* besprochen wird, vgl. Kapitel IV. („*Noman* und *Noman's Land*").

347 MacEwen, *The Shadow-Maker* 31.

348 Jung, *Gesammelte Werke* 13 352.

„Portage“ tragen die Reisenden als Last nicht ihr Kanu, sondern ihr Selbst. Durch diese Arbeit lernen die Subjekte ihre Namen kennen.

Nach Kenntnis der Jung'schen Theorie ist offensichtlich, dass „seeking the edge, the end, / the coastlines of this land“ keinen Erfolg bringen kann – das Unbewusste bzw. der Individuationsprozess hat kein Ende. Interessanterweise ist die Wortwahl an dieser Stelle eine direkte Anspielung auf das Epigraph von „The Shadow-Maker“, in dem über das Unbewusste – veranschaulicht durch das Bild „God's Shadow“ – festgestellt wird: „it has no edges“.

U.a. der Misserfolg der Suche nach dem Ziel stoppt in „The Portage“ schließlich den Reisedrang der Gruppe („we sealords vowed / we'd sail no more“), die desillusioniert als Rückschluss ihrer Reiseerfahrung die verzweifelte Feststellung trifft: „we suspect it was the land / that always moved, not our ships”. Wie bereits in „The Name of the Place“ klingt hier ein gewisses Ausgeliefertsein an. Die Reisenden sind nicht die Subjekte, sondern die Objekte; ihre langen Reisen „with ourselves“ sind nicht ihr persönlicher Erfolg, sondern durch die begünstigende Aktivität der eigentlichen Subjekte ermöglicht. Letztendlich wird die Annäherung und Distanzierung zwischen Bewusstsein und Unbewusstem dargestellt. Das Szenario, dem die Reisenden als Objekte ausgeliefert sind, ist der Individuationsprozess. Dieser Aspekt des Gedichtes erinnert auffallend an folgende Aussage Jungs: „Schreiten wir […] durch das Tor des Schattens, so werden wir mit Schrecken inne, dass wir Objekte von Faktoren sind. Solches zu wissen, ist entschieden unangenehm; denn nichts enttäuscht mehr als die Entdeckung unserer Unzulänglichkeit.“[349]

Das Motiv der Reise wird fortgeführt im anschließenden Gedicht:

c) „Night on Gull Lake”

One island
small as a wish invited us
and the lip of our borrowed boat
scraped it like a kiss;
    our first thought was:
how many travellers before us
had claimed it, given it
a name? Or could we be
the first? Why
    did it matter so much?
[…]

349 Jung, *Archetypen* 25.

> [T]here was nothing to steal
> from […] the island. By night
> the meagre tree held a star
> in its fingers; we searched
> for absences, and found at last
> the sinuous absence
> of a snake in the grass.
>
> It was so simple, yet
> it was not. What
> did we want?
> We waited so long for morning
> through the night of rain –
> which pinned us shivering against
> a single rock,
> and danced for joy before dawn
> when we made a miracle of fire from
> some damp, protesting branches
> that cracked as we stole them
> from the tree;
> it was decided victory.
>
> When we took off over
> the shallow waves next day
> our pockets were full
> of pebbles that we knew
> we'd throw away,
> and when we turned around
> to see the island
> one last time, it was lost
> in fog and it
> had never quite been found.[350]

„Night on Gull Lake" liest sich wie ein „Ausflug" in die Bereiche des Unbewussten. Auffällig ist zunächst die Symbolik, die das Umfeld von Gull Lake, Ontario umschreibt, aber ebenso eine Jung'sche Interpretation eröffnet. Die schon in „The Portage" verwendete Wasser- und Reisesymbolik wird hier mit gleicher Bedeutung aufgegriffen. Es handelt sich um die Reise zum Selbst „via Wasserweg". Die Insel, die im Wassers gefunden wird, kann für den Prozess der Bewusstwerdung stehen. Im Areal des Unbewussten findet sich ein Fleckchen Land, das greifbar ist und Halt bietet.[351] Diese symbolische Konnotation bestätigt Laurens van der Post: „The […] island [is] an image of a unique self in man

350 MacEwen, *The Shadow-Maker* 33.

351 Vgl. hierzu auch die Symbolik von Wasser versus Land in „The Portage".

[…]. This piece of land surrounded by water [is] a symbol of the ultimate in Jung's seeking."[352]

Der Besuch der Insel geschieht in der Nacht als der aktiven Zeit des Unbewussten. Die Ausstattung der Insel ist dürftig. Zunächst wird der karge Baum bemerkt. Jungs Symbolanalyse zufolge kann der Baum generell als ein „Prototyp des *Selbst*, ein Symbol des Ursprungs und des Zieles des Individuationsprozesses"[353] gesehen werden. Er steht für das Lebensprinzip, das Wachstum an sich, und ist die äußerlich sichtbare Erscheinung der Selbstwerdung. Weitere mit dem Baum verbundene Assoziationen sind die Entfaltung nach oben und nach unten, Schutz, Festigkeit und Dauer, aber ebenso Individualität. Durch diese Assoziationen kommt ihm eine weitere Bedeutung zu: „Die Symbolgeschichte überhaupt schildert den Baum als den Weg und das Wachstum auf das Unveränderliche und Ewigseiende hin, welches durch die Vereinigung der Gegensätze entsteht und durch sein ewiges Schon-vorhanden-Sein die Vereinigung auch ermöglicht."[354]

In „Night on Gull Lake" ist der Baum allerdings kärglich, und die oben genannten Assoziationen treffen auf ihn nicht zu. Das Selbst, das dieser Baum repräsentiert, ist nicht kräftig und entwickelt. Auch für dieses Bild liefert Jung eine Deutung: Der magere Baum kann darauf hinweisen, dass er sich noch in einem „winterlichen, blätterlosen Schlafzustand" befindet. Dies bedeutet, dass der Urheber des Bildes „noch keine lebendige, das heißt bewußte Beziehung zum

---

352 Laurens van der Post, *Jung and the Story of Our Time* (Harmondsworth: Penguin, 1976) 163. Sharp beschreibt die Insel als „metaphorical ‚land-mass of consicousness,' surrounded by the waters of unconscious" und zitiert in diesem Zusammenhang Jung: „[C]onsciousness rises out of the depths of unconscious psychic life, at first like separate islands, which gradually unite to form a ‚continent,' a continuous land-mass of consciousness" (*Digesting Jung* 86).

353 Jung, *Gesammelte Werke* 13 214ff. Weitere Nuancen des Baumsymbols können hinzugefügt werden. Von Franz schreibt: „[Da der] seelische Wachstumsprozess nicht absichtlich ‚gemacht' werden kann, sondern etwas Naturgegebenes ist, wird er vom Unbewussten oft durch das Bild des Baumes symbolisiert, dessen langsames Wachstum einem individuellen Muster folgt." Sie fügt an: Der Baum hat „immer einen verborgenen Teil [seiner] selbst in der Erde, und [sein] Bild deutet deshalb auch in der menschlichen Psyche darauf hin, dass wir ebenfalls einen solchen uns verborgenen Anteil am allgemeinen Leben der Natur besitzen", vgl. Marie-Louise von Franz, „Der Individuationsprozess", *Der Mensch und seine Symbole*, Hg. C.G. Jung und Marie-Louise von Franz, 16. Auflage (Düsseldorf & Zürich: Patmos Verlag, 2003) 160-231, siehe 160 und 202. „Der Baum stellt […] die heilsame Verbindung aus Gegensätzen dar, indem er mit den Wurzeln in der Hölle und der Krone im Himmel steht", ergänzt Schmitt (125).

354 Jung, *Archetypen* 106; vgl. *Gesammelte Werke* 13 293.

[unbewussten] Inhalt unterhält, wohl aber eine gefühlsmäßige Intuition von dessem großen Werte hat."[355] Diese Deutung wird durch weitere Symbole unterstützt: Der Baum hält beispielsweise „a star / in its fingers". Der einzelne Stern bietet nur schwache Erleuchtung und unterstreicht die Dunkelheit als die dominante Färbung des Gedichtes. Die Tatsache, dass Gestirn in der Regel den Archetypus der Quaternität symbolisiert, unterstützt diese Annahme. Die Quaternität bzw. die Vierheit ist ein Ganzheitssymbol, das für den Individuationsprozess steht. Der Fakt, dass in „Night on Gull Lake" nur ein Stern sichtbar ist, deutet darauf hin, dass die Komplettierung des Individuationsprozesses zwar noch weit entfernt liegt, aber bereits wahrnehmbar ist.

Jungs Symbolanalyse zufolge tritt der Baum weiterhin wie auch in diesem Gedicht oft in Verbindung mit der Schlange auf – eine Verbindung, die auf den paradiesischen Baum der Erkenntnis zurückgeht. Die Schlange steht hierbei nicht nur für den dämonischen Charakter, der zur Erkenntnis anstachelt und überredet, sondern Schlange und Baum ergänzen sich: Der Baum steht für das statische, vegetative Prinzip und verkörpert erdverbundene Körperhaftigkeit; die Schlange hingegen steht für das animalische Prinzip, für Emotionalität und Beseeltheit. Beides ergibt vor dem Hintergrund des Individuationsprozesses eine Symbiose: „Ohne anima ist der Körper tot, und ohne corpus ist die Seele unwirklich."[356] Eine weitere Konnotation, die die Schlange in sich trägt, ist die Kreissymbolik, die sich aus ihren windenden Bewegungen und ihrem Zusammengerolltsein ergibt – eine Verbindung zur Individuation und Ganzwerdung, die auch in „Night on Gull Lake" verbalisiert wird („sinuous"). Generell kann die Schlange letztlich als Bild der Seele angesehen werden. Sie ist „der Vertreter der Instinktwelt, und zwar jener Lebensvorgänge, welche psychologisch am unerreichbarsten sind"[357], und „ein treffliches Symbol des Unbewussten, welches dessen unerwartete, plötzliche Gegenwart, dessen peinliches oder gefährliches Dazwischentreten und dessen angsterregende Wirkung ausdrückt"[358]. Der Haken an der Schlange in diesem Gedicht ist allerdings, dass sie durch „sinuous absence" glänzt. Weder Baum noch Schlange als Symbole der Bewusstwerdung sind also integer. Bemerkenswert ist, dass die Abwesenheit der Schlange nach einem Suchprozess gefunden wird („we searched for absences"). Es handelt sich um eine Suche nach dem (noch) nicht vorhandenen Bewusstsein, die sich durch „the sinuous absence of a snake" bestätigt. Die Gegensätzlichkeit und die para-

---

355 Jung, *Gesammelte Werke* 13 275.

356 Jung, *Gesammelte Werke* 13 277 sowie 258. Laurens van der Post erwähnt in diesem Zusammenhang den heilenden Aspekt, der der Schlange bis heute zugeschrieben wird (167).

357 Jung, *Symbole der Wandlung* 503.

358 Jung, *Symbole der Wandlung* 477; vgl. auch 130.

doxen Eigenschaften des gesamten Individuationsprozesses sowie die Mühe, die investiert werden muss, klingen als permanentes Thema in der nächsten Strophe an, werden allerdings durch die ersten beiden Zeilen insbesondere ausgedrückt: „It was so simple, yet / it was not."

Die Umschreibung der „Night on Gull Lake" als „night of rain" spricht mit der Nacht und dem Element Wasser das Reich des Unbewussten gleich zweifach an. Die Sprecherin erlebt diese Nacht „pinned [...] / against a single rock". Durch den Stein erfolgt neben kargem Baum und abwesender Schlange ein weiteres Bewusstseinssymbol: In der alchemistischen Lehre kommt der Materie Stein besondere Bedeutung zu. Als unverwesliches, ewiges Wesen liegt in ihm „das ganze Geheimnis und das Leben jeglichen Dinges"[359]. Der Stein ist „vollständig – das heisst unwandelbar und beständig" und letztendlich ein Symbol des Selbst: „[Seine] Härte und kompakte Dichte [symbolisieren] den Idealzustand einer von außen nicht mehr auflösbaren Ganzheit."[360] Die Tatsache, dass die Insel des Gedichtes nur „a single rock" aufweist, passt zum reduzierten Vorhandensein der übrigen Bewusstseinssymbolik. Die karge Inselsituation wird kurz vor der Dämmerung durch ein „miracle of fire" aus „some damp, protesting branches" gelöst, die dem mageren Baum entwendet werden. Die Erschaffung des Feuers „was decided victory". Die Aussage scheint zu sein, dass dies ein Sieg des Bewusstseins, repräsentiert durch Feuer, ist. Nachdem die Nacht und der Regen die Zweige des Baumes feucht hinterlassen, gelingt es Sprecherin und Begleitung noch bevor der Tag anbricht, das Feuer der Ratio zu legen und sich über das Reich des Unbewussten zu erheben. Die Folge davon ist: Es hat keine Individuation stattgefunden, der Baum wird karg bleiben und ist durch das Entwenden der Zweige noch stärker reduziert. Das Bewusstsein kann sich nicht erweitern. Diese Aussage wird in den folgenden Zeilen fortgesetzt: Die sich im

359 Jung, *Gesammelte Werke* 14,1 129.

360 von Franz, „Der Individuationsprozess" 207. Vgl. auch Schmitt 250. Jung ergänzt: „Die Einheit des Steines entspricht der Individuation, der Einswerdung des Menschen; wir würden sagen, der Stein sei eine Projektion des geeinten Selbst" (zitiert in Schmitt 250). Von Franz unterstreicht vor allem die „Ewigkeits-Qualität" des Steines: „In [dem Stein] symbolisiert sich eine Bewusstseinsform, die eben ein reines Sein ist, jenseits der Emotionen, Phantasien, Gefühle und dem Gedankenstrom des Ichbewusstseins – eine Einheit, die einfach existiert und immer da war und ist. In diesem Sinn symbolisiert der Stein vielleicht das einfachste und zugleich tiefste Erlebnis von etwas Ewigem und Unwandelbarem, das ein Mensch haben kann. Fast in allen Zivilisationen können wir eine Tendenz sehen, berühmten Menschen und Ereignissen ein steinernes Mal zu errichten" („Der Individuationsprozess" 210f). Diese Symbolik verbindet auch van der Post mit dem Stein: „Stone, to the inner eye of the candidate for initiation in self-awareness, is the naturally divine in its most lasting and incorruptible physical form" (73).

Aufbruch befindlichen Besucher nehmen zwar winzige Überbleibsel der Insel bzw. des Selbstfindungsprozesse mit, sind sich aber ihrer Entsorgnung sicher („our pockets were full / of pebbles that we knew / we'd throw away"). Als sich die Reisenden ein letztes Mal der Insel vergewissern wollen, ist diese bereits wieder „lost / in fog" und „had never quite been found". Von der gesamten Erfahrung im unbewussten Gefilde bleibt also nichts zurück. Auch Bartley sieht diese Deutung als Quintessenz des Gedichtes: „Whatever secrets the island may possess remain concealed: once again, MacEwen allows only a glimpse of the unspeakable."[361] Die Tatsache, dass sich die Reisenden der Bedeutung ihrer Reise nicht bewusst sind und die Fragen, die sich ihnen stellen, nicht deuten können, wird im Verlauf des Gedichtes wiederholt ausgedrückt: „Why / did it matter so much?"; „What / did we want?"

Letztendlich beschreibt „Night on Gull Lake" so einen nicht erfolgreichen Individuationsprozess und scheint darauf hindeuten zu wollen, dass man sich vor der Individuation bewusst sein muss, dass ein Bewusstwerdungsprozess erforderlich ist. Dies entspricht Jungs Forderung, dass Menschen, die „Adlige" im Sinne der „aristokratischen Natur" sind und die Synthese des Selbst erreichen wollen, „ein richtiges psychologisches Verständnis" und „soviel psychologisches Wissen wie nur möglich" haben sollten.[362]

„The Discovery", „The Portage" und „Night on Gull Lake" sind als zusammenhängende Sequenz zu sehen. Einerseits ist ihnen die Reise in bzw. die Erkundung von fremden Territorien als Darstellung der Suche nach dem Selbst gemein. Dies ist – laut Rosalind Conway – ein typisches Motiv MacEwens: „All the travels are ultimately internal journeys which examine human spiritual potential."[363] Dasselbe schreibt auch Warwick den Gedichten MacEwens zu: „Always the trip stands for the more fascinating inward journey to the hidden recesses of the human mind, a terrain MacEwen prefers."[364] Reiseerfahrungen bestimmen auch die weiteren Gedichte des Kapitels: „The Thin Garden", „The Fortress of Saladin" sowie „Inside the Great Pyramid" geben als Erschaffungsort Cairo an, „One Arab Flute" vermerkt Israel. In diesen Gedichten schildert MacEwen Erfahrungen ihrer „realen" Reisen. Insgesamt herrscht so das Reisemotiv in „The Unspeakable" vor.

Andererseits nehmen die drei besprochenen Gedichte Bezug zu dem Epigraph zu Kapitel Zwei: Der Individuationsprozess ist langwierig, schmerzlich, unbeschreibbar und setzt eine gewisse Kenntnis an psychologischen Vorgängen

361 Bartley, *Invocations* 63.

362 Jung, *Symbole der Wandlung* 555f.

363 Conway 61 sowie 57.

364 Warwick 30.

voraus. Der Furchtaspekt, der in „Holy Terrors“ noch sehr präsent ist, fehlt hier allerdings, womit die Endaussage in Übereinstimmung mit dem Anfangszitat bleibt: „Befürchte nicht...“

1.3. „The Sleeper“

Wie erwähnt konzentriert sich das Epigraph zu Kapitel Drei auf die Bedeutung des Traumes für den Individuationsprozess. Diese Akzentuierung sowie die im vorherigen Kapitel vermerkte Entwicklung weg von der Furcht hin zum Versuch der Individuation wird durch die Gedichte dieses Kapitels weitergeführt.

a) „Dark Pines Under Water“

Das Gedicht „Dark Pines Under Water“ zeigt von allen Gedichten in *The Shadow-Maker* am eindeutigsten Parallelen zur Traumlehre nach Jung. Ebenso ist es eine Verbildlichung des Individuationsgedankens und der entsprechenden Symbolik. Bezeichnenderweise nimmt es die Position des ersten Gedichts im Kapitel „The Sleeper“ ein.

> This land like a mirror turns you inward
> And you become a forest in a furtive lake;
> The dark pines of your mind reach downward,
> You dream in the green of your time,
> Your memory is a row of sinking pines.
>
> Explorer, you tell yourself this is not what you came for
> Although it is good here, and green;
> You had meant to move with a kind of largeness,
> You had planned a heavy grace, an anguished dream.
>
> But the dark pines of your mind dip deeper
> And you are sinking, sinking, sleeper
> In an elementary world;
> There is something down there and you want it told.[365]

Im Traumzustand, in dem das Bewusstsein inaktiv ist, sinken die „dark pines of your mind [...] downward“ und werden zu „a forest in a furtive lake“. MacEwen verwendet hier die Doppelsymbolik von Wald und Wassertiefe als Ausdrucksmittel des Unbewussten und spielt ebenso mit den unterschiedlichen Bedeutungen der Baumsymbolik. Während – wie erwähnt – der einzelne Baum für die Bewusstwerdung und das Selbst steht, repräsentiert der Wald das Unbe-

365 MacEwen, *The Shadow-Maker* 50.

wusste. Genau wie die Wassertiefe ist auch er „[ein] Behältnis des Unbekannten und Geheimnisvollen“ und damit „ein treffendes Gleichnis für das Unbewußte“[366]. „Dark Pines Under Water“ stellt so die Bewegung von der Dominanz des unerleuchteten Bewusstseins im Wachzustand („dark pines“) zu der Dominanz des bereichernden Unbewussten im Traumzustand dar („you become a forest“). Die Bewegung zum Unbewussten wird zusätzlich durch Bewegung nach unten ausgedrückt, die vor der Erhebung zu einem höheren Niveau des Selbst erforderlich ist („the dark pines of your mind dip deeper / And you are sinking, sinking, sleeper“). Die gesamte Komposition scheint eine Verbildlichung folgenden Bemerkung Jungs zu sein: „[Der Baum] spiegelt sich nicht im Wasser, sondern er wächst gleicherweise nach unten wie nach oben. […] Damit ist angedeutet, daß die Unterwelt keine bloße Spiegelung der Oberwelt darstellt, sondern eine Welt an und für sich ist et vice-versa.“[367]

Auch die Farbe grün als Farbe des Waldes, und parallel dazu als Farbe des Unbewussten, findet sich als Erkennungsmerkmal dieses Ortes unter der Bewusstseinsoberfläche („the green of […] time“). Die Tatsache, dass es an diesem Ort etwas zu erkunden gibt, wird zwar explizit in der letzten Zeile bestätigt, allerdings bereits vorher schon mit Hilfe der Wassersymbolik angedeutet. Der Schlafende wird zum „Erkunder“ seines Selbst, denn die Tiefe des Unbewussten, in die sein Bewusstsein sinkt, ist ein „furtive lake“ – „There is something down there“, das es zu erkunden und an die Oberfläche empor zu bringen gilt.

MacEwen zieht in diesem Gedicht sozusagen alle Register Jung’scher Symbolik, durch den Traumcharakter erscheinen die verschiedenen Komponenten allerdings integriert in ein harmonisches Bild. „Dark Pines Under Water“ scheint geradezu die Verbildlichung der Aussage Jungs zu sein, dass man „[d]en Weg des Wassers, der immer nach unten geht, […] wohl gehen [muss], wenn man den Schatz […] wieder heben will.“[368] Zusätzlich betont Marie-Louise von Franz, dass Landschaften im Traum „unaussprechliche unbewusste ‚Stimmungen‘“[369] repräsentieren. Die gesamte Komposition ist demnach ein Symbol.

Ein weiteres Charakteristikum von MacEwens Traumsituation in „Dark Pines Under Water“ ist, dass der Traum „like a mirror turns you inward“. Durch die Verbindung zwischen Traum und Spiegel greift MacEwen einen weiteren Archetypen auf. Der Spiegel ist eine Begleiterscheinung des Wassers und physikalisches sowie psychologisches Abbild des Selbst: „Der Weg der Seele […] führt […] zum Wasser, zu jenem dunkeln Spiegel, der in ihrem Grunde ruht.“[370]

366 Jung, *Gesammelte Werke* 13 214.
367 Jung, *Gesammelte Werke* 13 276.
368 Jung, *Archetypen* 20.
369 von Franz, „Der Individuationsprozess“ 213f.
370 Jung, *Archetypen* 19.

Der Blick in den Spiegel, der Mut zur „Selbstbegegnung“ und zur „Konfrontation“ mit dem „ungeschönte[n] Bild“[371] des wahren Selbst ist der erste Schritt zur Individuation:

> Wer in den Spiegel des Wassers blickt, sieht [...] zunächst sein eigenes Bild. Wer zu sich selber geht, riskiert die Begegnung mit sich selbst. Der Spiegel schmeichelt nicht, er zeigt getreu, was in ihn hineinschaut, nämlich jenes Gesicht, das wir der Welt nie zeigen, weil wir es durch die Persona, die Maske des Schauspielers, verhüllen. Der Spiegel aber liegt hinter der Maske und zeigt das wahre Gesicht.[372]

Der Beginn der Individuation zeigt sich ebenso in der letzten Zeile des Gedichtes: „There is something down there and you want it told.“ Betrachtet man diese sehr direkt formulierte, Willensstärke ausdrückende Schlusszeile im Vergleich zu den bisher besprochenen Kapiteln, so lässt sich eine neue Stimmung feststellen. Nach der Betonung der Furcht in „Holy Terrors“ und der Darstellung der Unendlichkeit bzw. des möglichen Scheiterns des Individuationsprozesses in „The Unspeakable“ ist nun der Wille zur Individuation und zum Finden der Schätze „down there“ vorhanden. Zwar drückt auch „Dark Pines Under Water“ noch negative Aspekte der Traumsituation aus. So ist der Träumer der Traumlandschaft noch immer ausgeliefert („you tell yourself this is not what you came here for“). Die Tatsache, dass der Traum nicht kontrollier- oder planbar ist, liegt in der Beschaffenheit des ungerichteten Denkens begründet, die laut Jung für die Erkundung des Unbewussten unerlässlich und als notwendiges Übel hinzunehmen ist. Trotz dieser negativ mitklingenden Tatsache scheint die Einstellung zur Individuation nun insgesamt allerdings positiv und offen – eine Entwicklung, die ihren Rückhalt in Jungs Schriften findet: Ist der Schritt zum Spiegel getan, „ist der Grund gelegt für eine kompensatorische Reaktion des kollektiven Unbewußten, heißt das man ist jetzt geneigt, einem hilfreichen Einfall Gehör zu schenken oder Gedanken wahrzunehmen, die man vordem nicht zu Worte kommen ließ.“[373]

b) „Dream One“, „Dream Two“, „Dream Three“

Die Tatsache, dass „Dark Pines Under Water“ das erste Gedicht in „The Sleeper“ ist, legt nahe, dass es die Grundstimmung für die restlichen Gedichte vorgibt. Dies wird durch den auffordernden und ermutigenden Titel „Dreamer Dream On“ des zweiten sowie durch die Themenwahl der darauffolgenden Gedichte bestätigt. Ein Großteil des Kapitels setzt sich aus einer Sequenz von Gedichten zusammen, die Traumerlebnisse ähnlich einem Traumtagebuch auflistet:

---

371 Brumlik 66.

372 Jung, *Archetpyen* 23.

373 Jung, *Archetypen* 23.

„Dream One: The Man-Fish“, „Dream Two: The Beasts“, „Dream Three: The Child“[374]. So kann Bartleys Feststellung, dass die Erkenntniserlangung in *The Shadow-Maker* in erster Linie durch „the vehicle of dream“[375] geschehe, vor allem für Kapitel Drei als zutreffend betrachtet werden.

Die Darstellung der Traumerlebnisse in Listenform erinnert an die „Folge kleiner Schreie“ und stellt damit eine Verbindung zum vorherigen Kapitel her. Allein anhand der Titel der Traumdarstellungen wird klar, dass es sich hier um mit Individuationssymbolik geladene Werke handelt.

So lebt „The Man-Fish“ „[d]own [in] the dark, improbable sea“. Die „Man-Fish“-Figur ist ein Animus-Charakter und löst einen unwiderstehlichen Reiz auf die Sprecherin aus („I would give up everything and follow him“).[376] Rational kann sie aber keinen Grund für ihre Ergriffenheit nennen: Auf die Frage „What will you do / Down there with him?“, weiß sie nur zu antworten „I do not know […]. But it is certain I must go.“ Die Aussicht auf Überlebensschancen betreffend fällt die Antwort ähnlich aus: „And I may drown – I do not know.“ Diese Traumdarstellung verbildlicht so neben Symbolen des Unbewussten auch die numinose Kraft des Animus-Archetypen sowie die Gefahr der Überwältigung durch denselben.[377]

„Dream Two: The Beasts“ korrespondiert mit dem Gedicht „Invocations“, in dem bereits die Rede von Ungeheuern war, die die Sprecherin zu beschwören beabsichtigt. Die Tatsache, dass nach Jung große Tiere in der Traumanalyse das Unbewusste symbolisieren und der Tiercharakter die Distanz zwischen dem Unbewussten und dem Bewusstsein ausdrückt, wurde im Zusammenhang mit „Invocations“ erwähnt. Dieselbe Symbolik wird hier wieder verwendet. Die Sprecherin befindet sich in einem Wald und entdeckt Tiere: „[O]ne by one, they were lost in the leaves“. Die Tiere dieses Waldes (des Unbewussten), die sich gegenseitig feind sind, nähern sich der Sprecherin, schmiegen sich an sie, vereinigen sich dadurch miteinander und mit ihr. Es entsteht ein harmonisches Bild. Die Harmonie wird allerdings durch das Eingreifen eines Polizisten – die institutionalisierte Stimme der Ratio – zerstört: „It's illegal to draw two opposites together“. Das Eindringen in das Gefilde des Unbewussten (in Form des Waldes), das Bewusstmachen der unbewussten Inhalte (in Form der Tiere) sowie die Be-

---

374 MacEwen, *The Shadow-Maker* 54ff.

375 Bartley, „Gwendolyn MacEwen“ 250.

376 Detailliert wird der Animus-Archetyp unter „Der Animus“ (S. 104ff) diskutiert.

377 Auch in der letzten Strophe des Gedichtes wiederholt die Sprecherin, dass sie dem „Man-Fish“ folgen müsse („I must follow“). In einem Entwurf zu „The Man-Fish“ lautet die Zeile „I follow“. Das Hilfsverb „must“ fügt MacEwen nachträglich zu und verstärkt so die Numinosität und den Einfluss des „Man-Fish“ (MacEwen, *Papers, 1955-1988*, Box 6, Folder: „The Shadow Maker. First Drafts. 1.“).

schwörung derselben gelingt hier zwar, der letzte Schritt der Vereinigung von Unbewusstem und Bewusstem wird allerdings durch das Eingreifen der Ratio und ihres Schutzmechanismus verhindert: „[D]ie *Anerkennung eines fremden anderen in mir*“[378] ist nicht komplett erfolgreich. So fasst auch Bartley den Erfolg der Vereinigung als nur zeitweise gelungen zusammen: „The achievement of unity is only momentary; hope for its prolongation becomes a criminal act.”[379]

„Dream Three: The Child“ ist die Darstellung eines Kindes, das seine Zeit damit verbringt „a big unicycle / suspended in air beside a black tree“ in Bewegung zu halten, wobei die Sprecherin ihm zusieht.

> He was turning and turning and turning and turning
> outside my window on a big unicycle
> suspended in air beside a black tree
>
> Hey, why are you turning and turning and turning
> getting nowhere fast on that wheel
> when you could be talking to me?
>
> *I've always been here, turning and turning*
> *and I'll always be here, turning and turning*
> *From the beginning and to the end turning,*
> *from alpha to omega turning and turning,*
> and I looked and I saw it was me.

Allein die Aktivität des Kindes blüht bereits mit Jung'scher Symbolik. Es handelt sich um ein Einrad – einen geschlossenen Kreis bzw. ein Ganzheitssymbol – das von dem Kind gedreht, d.h. zyklisch bewegt wird. Das rotierende Rad wird von Jung explizit als Variation des Kreismotivs erwähnt.[380] Die Kreisbewegung symbolisiert nicht nur den Individuationsprozess und die angestrebte Ganzheit, sondern unterstützt ebenso den Traumcharakter des Gedichtes. Das Einrad des Kindes ist mit einem (schwarzen) Baum – einem Symbol des Selbst – verbunden. Dieser Baum steht offensichtlich für noch nicht erfolgte Erleuchtung: Schwarz ist nach Jung eine Farbe des Unbewussten.[381] Auch dem Akt des Aufhängens kommt laut Jung Symbolwert zu: „[D]as Schweben [drückt] unerfülltes Sehnen oder gespannte Erwartung aus.“[382] Im Englischen wird diese Konnotation durch das Partizip „suspended“ verstärkt. Weiterhin wird in der

378 Jung, *Gesammelte Werke* 13 376.

379 Bartley 59.

380 Vgl. Schmitt 248.

381 Jung, *Gesammelte Werke* 4 367.

382 Jung, *Symbole der Wandlung* 488.

ersten Zeile das Wort „turning“ vier Mal wiederholt, was einerseits die Kreisbewegung imitiert und akzentuiert, andererseits den erwähnten Archetypen der Quaternität aufgreift. Die Zahl Vier steht für Ganzheit. Die Fortsetzung des Gedichtes scheint ein Zahlenspiel zu sein. In der nächsten Strophe wird „turning“ nur noch drei Mal wiederholt, darauf nur noch zwei Mal, schließlich erfolgt die Bewegung nur noch einfach. Die abnehmenden Zahlen – vor allen der Gebrauch der Zahl Drei – deuten darauf hin, dass der Individuationsprozess noch nicht erreicht ist. Die Triade stellt nach Jung einen Archetypen dar; er bezeichnet sie als „verstümmelte Vierheit“ und spricht vom „Dilemma von Drei und Vier“: Gerade der Übergang von Drei zu Vier ist der schwierigste.[383] Die Tatsache, dass die Zahlen abnehmen, symbolisiert die Entfernung von der Ganzheit. Auffällig ist, dass zu Ende des Gedichtes die Nennung des Wortes „turning“ wieder zwei Mal erfolgt, die Zahlenreihe also wieder aufsteigt („from alpha to omega turning and turning“). Die Aussicht auf eine Zurückbewegung zur Quaternität suggeriert Hoffnung auf Progression, die Unaufhörlichkeit des Individuationsprozesses und die Wichtigkeit der Kreisbewegung als wiederholten Versuch, in Verbindung mit dem eigenen Unbewussten zu treten.[384]

Auffällig in „Dream Three” ist der ungewöhnliche Charakter des Kindes. Dessen Antwort auf die Frage nach dem „Warum” fällt philosophisch-mysteriös aus: „*I've always been here, turning and turning / and I'll always be here, turning and turning / From the beginning and to the end turning, / from alpha to omega turning and turning*“. Das Kind stellt nach Jung einen weiteren Archetypen dar, der – ob seiner Impulsivität und seiner noch geringen Rationalität – für spontan erlebte Visionen sowie Einbrüche des Unbewussten steht.[385] Wegen seiner noch gering ausgeprägten Rationalität ist das Kind dem Erwachsenen überlegen, „wenigstens insofern, als [es] an ‚Gänze' das durch Gegensätze zerrissene Bewusstsein übertrifft und dieses daher an Vollständigkeit überragt“[386]:

> [Das Kind] personifiziert Lebensmächte jenseits des beschränkten Bewußtseinsumfanges, Wege und Möglichkeiten, von denen das Bewußtsein in seiner Einseitigkeit nichts weiß, und eine Ganzheit, welche die Tiefen der Natur einschließt. Es stellt

---

383 Jung, *Gesammelte Werke* 14,1 231 sowie *Gesammelte Werke* 13 298 und *Gesammelte Werke* 9,1 253.

384 Edinger erwähnt Spiele mit den Zahlen von Eins bis Vier als Symbol der Individuation. Diese Zahlenspiele „represent […] psychological development […]. One becomes two, two becomes three, three becomes four; four becomes three, three becomes two, two becomes one. Down and back up again, from unity down to fourfold multiplicity and then back, in steps to unity”, vgl. Edward F. Edinger, *Mystery of the Coniunctio. Alchemical Image of Individuation* (Toronto: Inner City Books, 1994) 42f.

385 Jung, *Archetypen* 114.

386 Jung, *Archetypen* 123; vgl. Brumlik 73.

> den stärksten und unvermeidlichsten Drang des Wesens dar, nämlich den, sich selber zu verwirklichen.[387]

Hierdurch symbolisiert das Kind das „vorbewußte und nachbewußte Wesen des Menschen“; es ist Anfangs- und Endwesen: „Das Anfangswesen war vor dem Menschen, und das Endwesen ist nach dem Menschen.“[388] Diese Definition Jungs greift MacEwen in ihrer Traumdarstellung direkt auf: „I've always been here [...] / and I'll always be here [...] / From the beginning and to the end [...] / from alpha to omega“. Durch die Charakterisierung des Kindes als Anfangs- und Endwesen wird deutlich, dass das Kind generell ein „die Gegensätze vereinigendes Symbol, ein Mediator, ein *Heilbringer*, das heißt Ganzmacher“[389] ist. Im Individuationsprozess antizipiert es daher „jene Gestalt, die aus der Synthese der bewußten und der unbewußten Persönlichkeitselemente hervorgeht“[390] und erscheint oft im Zusammenhang mit anderen Formen der Ganzheit wie in „Dream Three“ mit dem Rad und der Kreisbewegung. In diesem Sinne kann das Kind nicht nur als „Heilbringer“, sondern auch als „Kulturbringer“ sowie „Dunkelheitsbesieger“[391] gesehen werden und taucht oft im Zusammenhang mit Merkmalen der Zivilisation, wie z.B. Feuer oder eben dem Rad, auf.

Dass das Kind in „Dream Three“ den Individuationsprozess verkörpert und die Erreichung der Ganzheit antizipiert, wird vor allem durch die letzte Zeile deutlich. Durch die Abschlusserkenntnis der Sprecherin „I looked and I saw it was me“ werden Kind und Sprecherin gleichgesetzt und die Sprecherin sieht das Kind als Ganzheitssymbol ihrer selbst.

Zusammengefasst stellen die drei Träume der Traumsequenz „Individuationsmitteilungen“ dar, indem Symbole des Selbst bzw. Helfer auf dem Weg zum Selbst ihre Protagonisten sind (der Animus, Ungeheuer, das Kind). Allerdings findet sich in jedem Traum ein Hindernis, das sich der Integration unbewusster Inhalte entgegenstellt (die Gefahr des „Ertrinkens“, die Vernunft bzw. Stimme des Bewusstseins, die inkomplette Tetrade als Zeichen nicht vollständiger Individuation). Diese Gesamtaussage der Traumsequenz wird auch durch ihre Struktur verdeutlich: Es handelt sich um drei Träume – eine wiederholte Verwendung der Triade als unvollständige Vierheit.

---

387 Jung, *Archetypen* 126.

388 Jung, *Archetypen* 133; vgl. auch Brumlik 74. Aus dieser Eigenschaft ergibt sich, dass das Kind auch als sog. „puer aeternus“ auftreten kann, vgl. Jung, *Traumanalyse* 193-207.

389 Jung, *Archetypen* 120.

390 Jung, *Archetypen* 120; vgl. auch Brumlik 71.

391 Vgl. Jung, *Archetypen* 125.

c) „I Will Go Down No More”

Obwohl wie erwähnt die Grundeinstellung des dritten Kapitels positiver ist als die der vorangehenden Kapitel, finden sich hier trotzdem Werke, die die Problematik der Erreichung der Ganzheit widerspiegeln. Ein Titel wie „I Will Go Down No More“ drückt für sich bereits Kapitulation aus, die der Rest des Gedichtes bestätigt: „[Y]our name, O holy city of my sleep / escapes me for / you are more far than far.“ Die Stadt kann hier als Platzhalter für den Wirkungsbereich des Unbewussten gesehen werden, die Tatsache, dass das lyrische Ich den Namen der Stadt nicht fassen kann, steht parallel zur Vorherrschaft des Unbewussten und zur Unfassbarkeit der Inhalte desselben. Die resultierende Frustration wird auch in der Endstrophe des Gedichtes ausgedrückt: „I will go down no more your narrow streets / in sleep, for everything here / reminds me that / you are the same, the same.“ Vor allem die Wiederholung „the same, the same” drückt Verzweiflung, aber auch Eintönigkeit aus und erinnert damit an die „Folge kleiner Schreie”: Individuation ist ein unendlicher Prozess, ein Ende gibt es nie und der Analysevorgang muss immer wieder wiederholt werden.

Zusammenfassend entspricht der Tenor der Gedichte in Kapitel Drei den im Epigraph angesprochenen Elementen der Jung'schen Individuationslehre. Das Individuum muss sich auf sein Unbewusstes einlassen um Individuation zu erreichen, die Traummotive bedürfen individueller Analyse und die Existenz bestimmter Archetypen muss bekannt sein, um die Bedeutung ihres Auftauchens für den Traum zu verstehen. Im Vergleich zu den vorangehenden Kapiteln hat „The Sleeper“ eine positivere Grundeinstellung zur Individuation; Furcht und möglicher Misserfolg schwinden, Individuation wird als möglich dargestellt. Die Aristokratie der Natur, der steinige, langwierige Weg zur Ganzheit und die mögliche Frustration sind aber dennoch in Kapitel Drei enthalten.

1.4. „The Shadow-Maker“

Der Akzent liegt in Kapitel Vier auf dem „Shadow-maker“, einer Animus-Figur, die als Verbindung zwischen dem Bewusstsein und dem Unbewussten fungiert. Kapitel Vier scheint im Hinblick auf den Selbstfindungsprozess eher fragmentiert und es lässt sich – zumindest im Bezug auf die Individuation – keine solch klare Richtung feststellen, wie dies in den vorherigen Kapiteln der Fall ist. Dennoch gibt es Gemeinsamkeiten unter den Gedichten. So findet sich eine Reihe von Gedichten, die mit Symbolen des Individuationsprozesses arbeiten. Beispielhaft kann hier das Gedicht „The Sacrifice“ genannt werden.

a) „The Sacrifice“

I considered too long
the leaves and their golden
falling (these
sacrifices, these
necessary deaths),
until at last I came to see
how my people were dropping
one by one
their golden moments
to the ground,

[…] the voices of my people
turning into feeble echoes
as they let their truest
prayers
drop sadly to the ground
and called instead
for some shapeless
ghost
to consecrate and take
these gifts,
these living
offerings
they didn't need to make.

Now I can't watch a man rake
leaves in autumn, for I think
of that other,
unnecessary season
when the Gardener comes to gather
all the living leaves
(the best
of our dreams)
we let fall
one by one
deliberately.

Did we think
that by killing
our golden
selves, O

God,
we were somehow
gathering Thee?[392]

MacEwen verwendet hier Symbole des Selbst, die im Zusammenhang mit anderen Gedichten bereits erwähnt wurden: Der Baum steht für das Selbst und die Ganzwerdung. Die Tatsache, dass der hier dargestellte Baum Blätter verliert, deutet darauf hin, dass der Individuationsprozess gehemmt ist. Auffällig ist die häufige Verwendung der Farbe Gold, die symbolisch für das Endprodukt der Alchemie und parallel dazu nach Jung'scher Interpretation für den Ganzwerdungsprozess steht. Es handelt sich um „golden / falling", „golden moments", „our golden / selves". Die Blätter sind so durch die goldene Färbung sowie durch die ursprüngliche Zugehörigkeit zum Baum mit dem Selbst verbunden. Auffällig ist, dass – verglichen mit dem kargen Baum in „Night on Gull Lake" – dieser Baum „voll im Laub" zu stehen scheint. Das absichtliche, jedoch unnötige Verlieren dieses Laubes ist „The Sacrifice". Gerade diese Aussage über die fallenden Blätter deutet darauf hin, dass „The Sacrifice" eine Parabel für den Konflikt zwischen Bewusstsein/Vernunft und Unbewusstem/Irrationalität darstellt. Die Blätter werden gleichgesetzt mit Träumen; es sind die „golden moments", „their truest prayers", „these best / of our dreams", die die von der Sprecherin beobachteten Individuen „abwerfen" – gerade die Träume also, die zur Erreichung der Ganzheit behilflich sein können. Die Pflege der als irrational erachteten Träume in Form der Blätter wird aufgegeben, und die Konzentration der Individuen beschränkt sich auf „some shapeless / ghost", der dieses Opfer nicht wert ist. Dieser konturlose Geist kann für die Vernunft sowie das rationale Zeitalter stehen, das den Inhalten des Unbewussten feindlich gegenübersteht und das Opfer derselben verlangt. Somit stellt das Gedicht einen Zustand dar, der nach Jung das Aktivieren der Archetypen bedingt: Durch Aufklärung und Intellektualisierung wendet sich das Individuum mehr und mehr der Rationalität und dem Verstand als leitenden Prinzipien zu – Mitteilungen des Unbewussten werden als irrational bewertet, ins Unbewusste verdrängt und müssen sich ihre Aufmerksamkeit auf anderem Wege suchen. Die wahre Ganzheit des Menschen wird zerstört. Fälschlicherweise glaubt das Individuum, durch dieses Opfer eine höhere geistige Ebene zu erreichen. Dass dies jedoch eine Illusion ist, hat die Sprecherin erkannt. Der Anblick von Blättern im Herbst erinnert sie an den Fehler, den ihr Umfeld begeht, und am Ende bleibt ihr nur die einsichtige, doch verzweifelte Frage: „Did we think / that by killing / our golden / selves, O / God, / we were somehow / gathering Thee?" „God" kann hier wie in den Epigraphen zu Kapiteln Eins und Vier für das Unbewusste stehen. Die Einsicht, dass die ei-

392 MacEwen, *The Shadow-Maker* 77.

gentliche Erreichung einer höheren Ebene nur durch die Vereinigung mit den unbewussten Elementen möglich ist, wird durch die wiederholte Verwendung religiös gefärbter Begriffe im Zusammenhang mit den fallenden Blättern („sacrifice", „prayers", „offerings") betont. Die Sprecherin erscheint als Prophetin, die die Unsinnigkeit des Opfers erkannt hat, das ihre Mitmenschen bisher erbracht haben.

Die Darstellung dieses Fehlers erfolgt auch strukturell: Einerseits ist das Gedicht auf zwei Seiten gedruckt und das Umblättern erfordert eine Unterbrechung des Leseflusses. Verstärkt wird dieser Effekt durch die auffallend häufigen Zeilensprünge, die den Lesefluss ebenso ständig stoppen. Es scheint, als wolle die Sprecherin einerseits durch diese häufigen Unterbrechungen eine höhere Konzentration auf den Inhalt erreichen. Andererseits spiegelt die Wortanordnung in „The Sacrifice" eine gewisse Irrationalität wieder. Die Zusammensetzung der Zeilen erfolgt nicht nach „vernünftigen" Überlegungen, die Enjambements aufgrund der besseren Lesbarkeit unterlassen würden. Vielmehr scheint die Trennung von Phrasen, Ausrufen und Sinnzusammenhängen eine Rebellion gegen die Rationalisierung zu sein und damit die Botschaft des Gedichtes zu unterstützen.

Die Thematik von „The Sacrifice" findet Rückhalt in Jungs *Symbole der Wandlung*. Kapitel Acht des Bandes ist mit „Das Opfer" betitelt und geht detailliert auf die Leistungen des Individuums auf dem Wege zur Ganzheit ein. Vor allem Jungs Überlegungen dazu, welche „Kraft [...] für die Abwendung von dieser Welt" aufgebracht werden muss, und welche Anstrengung es ist, „eine andere aus dem Unmeer des Unbewußten aufzufischen"[393], scheinen in MacEwens „The Sacrifice" wiedergespiegelt.

Kennzeichnend ist, dass der belaubte Baum des vierten Kapitels im Gegensatz zum kargen Baum des zweiten Kapitels steht. Insgesamt scheint das Verständnis bezüglich des Indivuationsprozesses fortgeschritten. Der Eindruck nach „Night on Gull Lake" ist wesentlich hilfloser als die Erkenntnis in „The Sacrifice".

b) „The Shadow-Maker"

Der Begriff „The Shadow-Maker" hat eine zentrale Rolle in diesem Gedichtband: Nicht nur ist er Titel des Bandes und Titel eines Kapitels, er ist auch Überschrift eines Gedichtes. Die bedeutende Rolle bestätigt sich durch die Betrachtung des Gedichtes „The Shadow-Maker" vor dem Hintergrund der Individuationsthematik.

---

393 Jung, *Symbole der Wandung* 524.

> [...]
> [E]verywhere you paint the necessary shadows[;]
> [...]
> Without these shadows I would be
> In air one wave of ruinous light
> And night with many mouths would close
> Around my infinite and sterile curve.
> Shadow-maker create me everywhere
> Dark spaces.

Das Gedicht erkennt dem Schatten zunächst den Status eines notwendigen Elements zu. Der Archetyp Schatten wurde oben angesprochen und kann hier detaillierter charakterisiert werden. Er steht für die abgelegten Seiten der eigenen Persönlichkeit und stellt somit das persönliche Unbewusste dar – die Inhalte also, die aus dem persönlichen Bewusstseinsbereich verdrängt wurden. Der „individuelle Schatten“ ist nach Jung ein „nirgends fehlender Bestandteil der Persönlichkeit“ und erzeugt sich daher als Archetypus immer wieder.[394] Die Begegnung mit dem eigenen Schatten ist nach Jung unerlässlich für die Individuation: „Der Anblick dieser Dunkelheit bedeutet *Erleuchtung*, d.h. Erweiterung des Bewußtseins durch die Integration von bisher unbewußten Persönlichkeitskomponenten.“[395] Somit kommen dem Schattenarchetypus zwei Funktionen zu: Er symbolisiert einerseits die Entzweiung mit sich selbst, birgt andererseits aber ebenso die Möglichkeit der Ganzwerdung. Brumlik bemerkt: „Der Schatten ist zugleich jene Hälfte, die den Menschen selbst ganz sein lässt, jener Teil, ohne den die menschliche Existenz gleichsam amputiert wäre.“[396]

Da der Schatten das persönliche Unbewusste repräsentiert, ist er Jung zufolge wesentlich leichter zu durchschauen als beispielsweise Animus und Anima.[397] Dennoch trifft die „Folge kleiner Schreie“ auch auf die Erkennung des Schattens zu:

---

394 Jung, *Archetypen* 193; vgl. Brumlik 67.

395 Jung, *Gesammelte Werke* 14,1 279.

396 Brumlik 67. Aufgrund dieser Tatsache kommt dem Schatten unter den Archetypen eine Sonderstellung zu: „Als archetypische Figur behandelt, gehört der Schatten mit allen anderen Archetypen in das kollektive Unbewusste, weil er als archetypische Struktur nicht individuell, sondern im Verlauf der Phylogenese des Menschen kollektiv erworben ist. Andererseits ist der psychische Bereich, in dem sich diese Figur äußert, das persönliche Unbewusste. Damit verfügt der Schatten über einen eigenartigen Doppelcharakter: er ist kollektiv, insofern als jeder Mensch über einen Schatten verfügt. Andererseits ist er persönlich, weil er die besonderen Züge des Individuums trägt“ (Schmitt 157).

397 Jung, *Gesammelte Werke* 9,2 19.

> Der Schatten ist ein moralisches Problem, welches das Ganze der Ichpersönlichkeit herausfordert, denn niemand vermag den Schatten ohne einen beträchtlichen Aufwand an moralischer Entschlossenheit zu realisieren. Handelt es sich bei dieser Realisierung doch darum, die dunkeln Aspekte der Persönlichkeit als wirklich vorhanden anzuerkennen.[398]

Entsprechend der Charaktereigenschaften des Schattenarchetypus stellt die Sprecherin fest, dass sie ohne die Erkennung des Schattens nur „one wave of ruinous light" wäre. Einerseits wäre sie als einzelner, schwacher Lichtstrahl der Dunkelheit des Unbewussten damit unterlegen und würde von ihm übermannt, andererseits sind das ruinöse Licht bzw. Intellekt und Rationalität allein nicht förderlich. Die Aussage hier scheint zu sein, dass die dunklen Elemente des Selbst erkannt werden müssen, um Ganzheit bzw. Gleichgewicht zwischen Unbewusstem und Bewusstem zu gewährleisten. Sich selbst beschreibt die Sprecherin als „infinite", was auf den niemals endenden Prozess der Schattenanalyse hindeutet. Weiterhin beschreibt sie sich als steril und daher angewiesen auf die bereichernde Funktion ihres Animus „Shadow-maker": „[C]reate me everywhere / Dark spaces." „The Shadow-Maker" als Gedicht proklamiert demnach die Notwendigkeit der Entdeckung der dunklen, unbekannten Seite, versteht jedoch gleichzeitig, dass die Erkundung derselben eine Herausforderung an das Individuum darstellt, bei der dieses der Hilfe bedarf.

c) „Second Song from the Fifth Earth", „To Say We Have Conquered"

Auffällig ist, dass in Kapitel Vier eine Vielzahl von Bildern angesprochen wird, die bereits in vorherigen Gedichten erscheinen. So lautet eine Zeile im Gedicht „Second Song from the Fifth Earth": „I cannot remember how much I have forgotten – / Broad leaves dropping in a garden of rain, / And again small animals surround us, for they / Remember us though we have forgotten them. / Between one tree and another we lose worlds / And serpents coil."[399] Die Schilderung dieser Szene ruft das Gedicht „Night on Gull Lake", den mageren Baum und die abwesende Schlange in Erinnerung. Der karge Baum wurde bereits in „The Sacrifice" durch einen belaubten, jedoch Blätter verlierenden Baum ausgetauscht. Der in „Second Song" dargestellte, sich ebenfalls entlaubende Baum greift die Entwicklung vom kargen, toten Selbstsymbol zum lebendigen, wachsenden, jedoch laubenden Baum auf und erweitert sie um die Wassersymbolik: Dieser Baum steht in einem „garden of rain" und ist damit angesiedelt in einem Gebiet, das durch Wasser respektive Unbewusstes geprägt ist – ein Schritt hin zur Integration der bewussten und der unbewussten Inhalte.

---

398 Jung, *Gesammelte Werke* 9,2 17.

399 MacEwen, *The Shadow-Maker* 70.

Um den Fortschritt im Individuationsprozess zu verbildlichen, betont die Sprecherin: „And again small animals surround us“. Diese Zeile spielt auf „Dream Two: The Beasts“ und die Thematik der Vereinigung der Gegensätze an. In dieser Situation befand sich die Sprecherin schon einmal. Da es sich allerdings um einen flüchtigen, als irrational bewerteten Traum handelte, ist der Inhalt vergessen. Die Tiere als Symbole für das instinkthafte Unbewusste sind aber nach wie vor präsent.

Auffällig ist, dass eines dieser Tiere die sich windende Schlange ist, die in „Night on Gull Lake“ noch durch Abwesenheit glänzte und sich nun in Kreisbewegungen präsent zeigt. Insgesamt deutet die Symbolik so darauf hin, dass von Kapitel Zwei („Night on Gull Lake“) über Kapitel Drei („Dream Three: The Beasts“) hin zu Kapitel Vier eine Progression im Bezug auf den Individuationsprozess stattgefunden hat.

Vor zu viel Euphorie bezüglich dieses Erfolgserlebnisses warnt jedoch das Gedicht „To Say We Have Conquered“: „To say we have conquered / whatever enemies rose against us / […] / Is foolish, for these are words / and the legends of the blood cannot be told“. Der endlose Prozess der Individuation, die „Folge kleiner Schreie” und die Unbeschreibbarkeit der Erfahrung werden in Erinnerung gerufen. Ebenso wird durch die „legends of the blood“ auf die Relevanz der Archetypen als menschheitsuniversale, weitervererbte Instrumente zur Individuation angespielt. Dadurch, dass viele verschiedene Aspekte des Individuationsprozesses, die im Laufe des gesamten Gedichtbandes zur Sprache kommen, sich in diesen wenigen Zeilen wieder finden, kommt „To Say We Have Conquered“ ein vereinigendes, zusammenfassendes Moment zu. Zusätzlich korrespondiert es durch seine Aussage direkt mit „The Discovery“ aus Kapitel Zwei, in dem die verbleibende Einsicht dieselbe ist: „[T]he moment when it seems most plain / is the moment when you must begin again“.

d) „The Wings“

Ein vereinigendes Moment bestimmt auch das letzte erwähnenswerte Gedicht aus dem Kapitel „The Shadow-Maker“.

> Nameless
> this *is* the world I remember,
> called forth from floods
> And torn out of rock;
> Its roads paved with lava,
> A copy of that other
> World
> I left you in with (a mountain, a beach, a horse,
> a city)

[…]

Why have I taken
    the roads that lead inward,
Why have I taken
    the roads that lead downward

[…]

I was not told
Of the crimes the seasons commit;
Who warned me against
Baptism in my own blood?

[…]

It is all together now
(the beach, the city, the mountain, the horse)
Changed and restored and
Unchanged.[400]

„The Wings" scheint nicht nur eine Zusammenfassung des gesamten Gedichtbandes zu sein, sondern ebenso ein Resüme über die erfolgte Progression im Individuationsprozess und eine Reflexion über die gemachte Erfahrung. Mit „Nameless" wird die bereits im Zusammenhang mit anderen Gedichten erwähnte Animusfigur als Helfer im Individuationsprozess angesprochen, die zu diesem Zeitpunkt noch immer im Bereich des Unbeschreibbaren zu verorten ist. Die zweite Zeile klingt wie eine Erfolgsbestätigung: Die Sprecherin erkennt die „neue Welt" als die „ursprüngliche Welt" wieder. In Individuationstermini ausgedrückt: Sie erkennt den neu integrierten Teil des Unbewussten, die „neue" Ganzheit, als ursprünglichen Status an. Die folgenden Zeilen greifen Symbolik auf, die im gesamten Gedichtband verwandt wurde, und bestätigen die Entstehung der Ganzheit durch Zusammenarbeit mit dem Unbewussten. Die neue Welt entsteht aus den Fluten als Zeichen für das Unbewusste, aus Stein als Zeichen für die Vereinigung der Gegensätze und aus Feuer in Form von Lava als Zeichen der Erleuchtung der dunklen Gebiete. Die „neue" Welt ist eine Kopie „of that other / World", d.h. die Neuheit ist entstanden aus den Komponenten des Unbewussten. Die Welt des Unbewussten ist der Wirkungsbereich der Animusfigur. Die Sprecherin hebt als Merkmale der Welt des Animus „a mountain, a beach, a horse, / a city" hervor und greift damit ebenso auf frühere Gedichte zurück. Der Berg als Symbol des Selbst und physikalische Möglichkeit, einen er-

400 MacEwen, *The Shadow-Maker* 82.

hobenen Zustand zu erreichen, wird in „Poem“ (Kapitel Eins) erwähnt. Der Strand als Schnittstelle von Wasser und Land, als Ende des unbewussten und Anfang des bewussten Wirkungsbereichs wird in Verbindung mit „The Portage“ (Kapitel Zwei) angesprochen. Die Bedeutung der Stadt als Ort des Traumes erscheint in „I Will Go Down No More“ (Kapitel Drei). Eine Referenz zum Pferd taucht im Epigraph zu „The Sleeper“ (Kapitel Drei) auf. Zu erwähnen ist, dass Jung das Pferd generell als Symbol der Libido beschreibt. Als Libido bezeichnet er eine „psychische Energie, welche gleichbedeutend ist mit der Intensitätsladung psychischer Inhalte“[401] bzw. „ein Verlangen oder einen Impuls [...], welcher durch keine moralische oder sonstige Instanz gehemmt ist, [...] ein appetitus in seinem natürlichen Zustande.“[402] Aus der Libido als Energiezustand eröffnet sich, wie erwähnt, erst die Kraft, Gegen-sätze zu vereinen und Unbewusstes zu Bewusstem zu bringen. Symbolisch gesehen ist „das Ross ein[...] dem Menschen zur Verfügung stehende[r] Energiebetrag“[403]. Ebenso verkörpert das Pferd durch diesen „appetitus in seinem natürlichen Zustande“ die tierische, instinktgeleitete Komponente des Menschen bzw. die unbewussten Inhalte.

Auffällig ist, dass die vier Merkmale in Klammern gesetzt sind: Obwohl in verschiedenen Kapiteln und verschiedenen Gedichten des Gesamtbandes auftretend, sind sie nun vereint, sodass auch strukturell eine Ganzheit erreicht ist. Dies wird durch Wiederholung der Merkmale am Ende des Gedichtes von der Sprecherin explizit betont: „It is all together now / (the beach, the city, the mountain, the horse) / Changed and restored and / Unchanged.”

Das Paradoxon „Changed [...] / Unchanged” ergibt sich aus dem Individuationsprozess. Im Bewusstsein sind die Inhalte zwar verändert und neue Erkenntnisse erreicht, eine bewusste „neue Welt” ist sozusagen entstanden. Unverändert ist der Zustand allerdings ebenso, da die neu integrierten Inhalte im Unbewussten auch vorher schon vorhanden waren. Der Gesamtzustand ist so unverändert, die einzelnen Inhalte haben sich allerdings von unbewusst zu bewusst verschoben. Das Partizip „restored“ bezieht sich auf dasselbe Phänomen: Gleich, ob bezogen auf das persönliche oder das kollektive Unbewusstsein, nach der Integra-

401 Jung, *Gesammelte Werke* 7 57.

402 Jung, *Symbole der Wandlung* 174 sowie 354. Der Libidobegriff ist somit bei Jung wesentlich weiter gefasst als bei Freud. Während Freud ihn nur auf die Sexualität bezieht, ist die Libido für Jung ein Energiewert, „welcher sich in irgendeinem Gebiete, der Macht, dem Hunger, dem Haß, der Sexualität, der Religion usw. mitteilen kann, ohne daß er je ein spezifischer Trieb wäre“ (*Symbole der Wandlung* 175).

403 Jung, *Symbole der Wandlung* 354; zum Symbol des Pferdes vgl. von Franz, „Der Individuationprozess“ 175f.

tion der Inhalte des Unbewussten ist der ursprüngliche Ausgangszustand vor der Verdrängung oder der Rationalisierung wieder hergestellt.[404]

Die Selbstreflexion der Sprecherin schließt auch die Mühen des Individuationsprozesses ein. „Who warned me against / Baptism in my own blood?“ zeigt die Überwindungen und Schmerzen, die vom bewussten Selbst gefordert sind, um eine höhere Form des Selbst zu erreichen. Die Taufe des Selbst mit dem Selbst („own blood“) ist ein passendes Bildnis hierfür. Mit „baptism“ wird hier wieder die religiöse Symbolik aufgegriffen und die Gottähnlichkeit des Unbewussten unterstrichen. In vielerlei Hinsicht schließt so „The Wings“ die Kreise: Es fasst die Erfahrung des gesamten Gedichtbandes zusammen, bringt einzelne Gedichte und deren Aussage in Einklang und beschreibt letztendlich die Erreichung der Ganzheit – oder zumindest einen Teilerfolg hierin.

„The Wings“ ist das letzte Gedicht in *The Shadow-Maker* und die Tatsache, dass hier alle Fäden zusammen laufen und die Kreise sich schließen, kann als verbleibende Nachricht gedeutet werden: Was zusammen gehört, ist nun vereint. Die Zeile „It is all together now“ kann demnach als Funktion von „The Wings“ per se angesehen werden und das Gedicht verdeutlich die schleifenartige Struktur des Bandes. Unterstützt wird diese Aussage durch den Titel. „The Wings“ erinnert an das Bild des Vogels, der nach Jung für die aufgehende Sonne – den Beginn der Erleuchtung also – steht und „seit alters Sinnbild[...] oder Symbol[...] des Geistes und des Gedankens“ ist.[405] Ebenso sind Luftwesen nach Jung hilfreiche Tiere, womit das letzte Gedicht des vierten Kapitels eine Verbindung zum Einführungszitat desselben schafft, in dem ein Engel als ein Luftwesen hilfreicher Aufklärer und Lehrer ist.

Die Funktion, die „The Wings“ als Einzelgedicht zukommt, verfolgt auch das Kapitel „The Shadow-Maker“. Es schließt den Kreis, indem seine Gedichte Bilder, die vorher schon genannt wurden, in veränderter Form aufgreifen und dadurch verdeutlichen, dass auf dem Weg von Kapitel Eins zu Kapitel Vier eine

---

404 Das Paradoxon zieht sich durch das gesamte Werk MacEwens. Dass sie sich der Bedeutung des Paradoxon im Jung'schen Sinne bewusst ist, zeigt ein Exzerpt aus Jungs Werk, das sie in ihrem Notizbuch der „sixties, seventies, and eighties" vermerkt: „[T]he paradox is one of our most valued spiritual possessions...because only the paradox comes anywhere near to comprehending the fullness of life. ...the self...is absolutely paradoxical in that it represents in every respect thesis and antithesis, and at the same time synthesis" (MacEwen, *Papers, 1955-1988*, Box 1). In Anlehnung hieran stellt Davey fest: „MacEwen's most frequent method of reconciliation is the paradox" (*From There to Here* 178). Vgl. im Zusammenhang hiermit auch das Kapitel „Arriving at the perfect paradox" über MacEwens Lyrik in Rosenblatt, *The Lunatic Muse* 127-130.

405 Jung, *Gesammelte Werke* 13 279; vgl. *Symbole der Wandlung* 444.

Progression stattgefunden hat. Negative Aspekte wie Furcht, Frustration und missglückte Vereinigungsversuche sind auf der Strecke geblieben, der Individuationsprozess scheint nun im Gange. Deutlich ist allerdings nach wie vor, dass das Finden der Ganzheit ein unendlicher Prozess und ein steiniger Weg ist. Deutlich ist auch, dass die Sprecherin in ihrem Individuationsprozess nicht alleine ist, sondern von ihrem Animus Unterstützung einfordert. Die Figur des Animus soll Hauptgegenstand des nächsten Kapitels sein.

2. Archetypen in *The Shadow-Maker*

„[N]octurnal“[406], „dreamlike“[407], „lulling“[408], „incantatory, invocatory“[409] – dies alles sind Attribute, die *The Shadow-Maker* zugeschrieben werden. Wiederholt findet man die Atmosphäre des Werks als Traumwelt umschrieben. Der Traum ist nach Jung die Bühne der Archetypen. Erwähnt wurden aus der Reihe der Archetypen im Zusammenhang mit einzelnen Gedichten bisher der Kreis, die Quaternität, der Animus, das Kind, das Wasser und der Baum. Der Begriff des Archetypen wurde im Rahmen des Einführungszitates zu Kapitel Vier erläutert. Im Folgenden soll der Fokus auf der Verwendung archetypischer Figuren in *The Shadow-Maker* liegen. Dabei wird zu beachten sein, welchen Stellenwert die Archetypen im dargestellten Individuationsprozess einnehmen – sowohl im Bezug auf Einzelgedichte als auch im Bezug auf ihre Präsenz im gesamten Gedichtband.

2.1. „[S]chillernde Vielgestaltigkeit“ – Kategorisierung von Archetypen?

„Es gibt so viele Archetypen, als es typische Situationen im Leben gibt“[410], ist Jungs Antwort auf die Frage nach der Anzahl der Archetypen. Daher „nützt [es] gar nichts, eine Liste der Archetypen auswendig zu lernen. Archetypen sind Erlebniskomplexe, die schicksalsmäßig eintreten.“[411] Die Ausgestaltungsmöglichkeiten und die Anzahl der Archetypen sind unendlich:

---

406 Atwood, „Introduction: The Early Years“ x.

407 Robert Sward, „Creators and their Source“ [Interview], *The Alsop Review*, 07.05.2008 <http://www.alsopreview.com/thecollections/macewen/essays/interview.htm>.

408 Wood 56.

409 Shostak 175ff, vgl auch Grace, „Gwendolyn MacEwen” 279 sowie Conway 57.

410 Jung, *Archetypen* 51.

411 Jung, *Archetypen* 32.

> Kein Archetyp lässt sich auf eine einfache Formel bringen. Er ist ein Gefäß, das man nie leeren und nicht füllen kann. [...] Er beharrt durch die Jahrtausende und verlangt doch immer neue Deutung. Die Archetypen sind die unerschütterlichen Elemente des Unbewußten, aber sie wandeln ihre Gestalt beständig.[412]

Beim Versuch der Deutung wird das Ausmaß der Möglichkeiten noch größer, denn untersucht man die Ursprünge von und die Zusammenhänge zwischen den einzelnen Archetypen, so stößt man auf „dermaßen weitläufige symbolgeschichtliche Zusammenhänge, dass man zum Schluß kommt, die grundlegenden psychischen Elemente seien von einer unbestimmt schillernden Vielgestaltigkeit, welche menschliches Vorstellungsvermögen schlechthin übersteigt."[413]

Die Anzahl der Archetypen ist zwar unendlich, Jung nennt allerdings als diejenigen, die das Bewusstsein am häufigsten stören, die Anima bzw. den Animus und den Schatten.[414] Weiterhin gehören zu den häufigen Archetypen das Tier, die Quaternität, das Kind und der Alte Weise. Anzumerken ist, dass Jung diese Liste aus Sicht des männlichen Individuationsprozesses zusammenstellt. Beim Individuationsprozess der Frau ist der Archetyp des Alten Weisen durch den der Großen Mutter ersetzt.[415]

Diese dominanten Archetypen treten im Individuationsprozess des Menschen Jung zufolge in einer bestimmten Reihenfolge auf. Der Schatten als Bild des persönlichen Unbewussten ist der erste Archetyp, mit dem das Individuum sich arrangieren muss. Darauf folgt der Animus bzw. die Anima. Als Personifikation des kollektiven Unbewussten nehmen der Alte Weise bzw. die Große Mutter den nächsten Platz ein, bevor das Individuum dem Kind als Archetyp des Selbst begegnet.[416] Diese Reihenfolge ermöglicht es, das Stadium des Individuationsprozesses zu bestimmen.

---

412 Jung zitiert in Brumlik 76.

413 Jung, *Archetypen* 73. Vgl. Fußnote 286 zur Entstehung von *Symbole der Wandlung*.

414 Jung, *Gesammelte Werke* 9,2 17.

415 Jung, *Archetypen* 138, *Gesammelte Werke* 7 119 und *Symbole der Wandlung* 498. Vgl. auch Schmitt 211. Vor allem Annis Pratt analysiert Literatur von Frauen und stellt Archetypenreihen zusammen, die sich im weiblichen Individuationsprozess zeigen und sich von der männlichen Individuation unterscheiden, vgl. Annis Pratt, *Archetypal Patterns in Women's Fiction* (Brighton: The Harvester Press, 1981) sowie Annis Pratt, *Dancing with Goddesses. Archetypes, Poetry, and Empowerment* (Bloomington & Indianapolis: Indiana University Press, 1994). Die vorliegende Studie soll allerdings den von Jung vorgestellten Archetypen folgen, vgl. „Erkenntnisinteresse und Textkorpus" (S. 27ff).

416 Vgl. von Franz, *C.G. Jung* 205.

2.2. „Schattengeliebter“ und „ghostly lover“ – Der Animus

Jung beschreibt den Animus als „Gefährte[n] im Individuationsprozess“. Er ist eine „Funktion“, „welche Inhalte des kollektiven Unbewußten an das Bewußtsein übermittel[t]“[417]; er hilft dem Individuum, eine Beziehung zum Unbewussten zu entwickeln und wird besonders dann belebt, „wenn das Bewußtsein den vom Unbewußten eingegebenen Gefühlen und Instinkten [...] die Gefolgschaft versagt“[418]: Er ist ein „unsichtbares Bezugssystem zum Unbewußten“[419]. Emma Jung bezeichnet den Animus als „wahre[n] Psychopompos [, der] Wandel und Verwandlung der Seele leitet und begleitet.“[420]

Der männliche Animus ist der archetypische Gefährte der Frau, während die weibliche Anima die archetypische Gefährtin des Mannes ist. Problematisch ist, dass Jung als Mann sehr viel über die Anima schreibt, seine Ausarbeitungen zum Animus allerdings vergleichsweise knapp ausfallen. So bemerkt Brumlik: „[Bei Jung] stehen [...] in auffälliger Weise Probleme des männlichen Unbewussten mitsamt seiner Erlösungsbedürftigkeit durch das Weibliche im Mittelpunkt.“[421]

Neben den wenigen spezifischen Charakterisierungen des Animus nennt Jung allerdings Eigenschaften, die auf die Archetypen Anima und Animus zugleich zutreffen. Diese allgemeinen Charakteristika sollen im Folgenden zuerst genannt werden. Die besonderen Züge des Animus schließen sich an. Zwei Beiträge, die Jungs Ausarbeitungen zur Figur des Animus aus Frauenperspektive weiterführen, sind Emma Jungs „Beiträge zum Problem des Animus“ sowie Esther Hardings „Der Schattengeliebte“[422]. Beide sollen im Folgenden Jungs Auslegungen ergänzen.

Generell steht der Anima/Animus-Archetyp für das kollektive Unbewusste, wobei das männliche Bewusstsein ein weiblich personifiziertes Unbewusstes hat – die Anima –, das weibliche Bewusstsein hingegen mit dem Animus ein männlich personifiziertes.[423] Diese gegengeschlechtliche Konstellation ergibt sich laut Jung aus dem Zwiespalt zwischen Bewusstsein und Unbewusstem bzw. zwischen dem Ich und dem, was nach Ansicht des Bewusstseins nicht zum Ich ge-

---

417 Jung, *Gesammelte Werke* 9,2 28f.

418 Jung, *Symbole der Wandlung* 391f; vgl. auch *Gesammelte Werke* 7 229.

419 Jung, *Gesammelte Werke* 7 214.

420 Emma Jung, „Ein Beitrag zum Problem des Animus”, *Wirklichkeit der Seele*, Hg. *C.G. Jung* (Zürich: Rascher & Cie., 1934) 296-354, siehe 342. Diesen Begriff greift auch von Franz in „Der Individuationsprozess“ auf: Sie bezeichnet den Animus als „Seelenführer“ und „Vermittler zwischen zwei Welten“ (193ff).

421 Vgl. auch Schmitt 178.

422 Esther Harding, *Der Weg der Frau* (Zürich: Rhein-Verlag, 1962) 54f.

423 Jung, *Gesammelte Werke* 9,1 260 sowie Archetypen 132. Vgl. auch Brumlik 62.

hört. Aus männlicher Sicht erklärt sich daher die Anima wie folgt: „Das, was nicht Ich, nämlich männlich, ist, ist höchst wahrscheinlich weiblich, und weil das Nicht-Ich als dem Ich nicht zugehörig und darum als außerhalb empfunden wird, so ist das Animabild in der Regel auf Frauen projiziert.“[424]

Animus und Anima verkörpern laut Jung auch „typische“ Charaktereigenschaften des anderen Geschlechts, die dem eigenen Geschlecht fehlen: „Die Anima symbolisiert die Beziehungsfunktion. Der Animus ist das Bild der geistigen Kräfte einer Frau.“[425] Dass gerade diese Charakterisierung einer der Punkte ist, die heute an Jungs Theorie kritisiert werden, wurde erwähnt.[426]

Neben der gegengeschlechtlichen Zuordnung betont Emma Jung als Besonderheiten des Archetyps, dass Anima und Animus „einerseits der Persönlichkeit zugehörend und andererseits im kollektiven Unbewußten wurzelnd“[427] sind. Dadurch nehmen sie im Vergleich mit den anderen Archetypen, die nur im kollektiven Unbewussten zu verorten sind, eine Sonderstellung ein. Hieraus ergibt sich ebenso eine Sonderposition, was das Verhalten von Animus und Anima betrifft, denn sie sind „eine Art Wesenheit, deren Wirken sich nicht den übrigen seelischen Funktionen organisch einordnet, sondern die sich eigengesetzlich verhält.“[428]

Eine Eigenschaft, die Jung Animus und Anima zuschreibt, ist, dass sie über eine ungemeine Vielseitigkeit verfügen. Zusammen mit der jeweiligen gegengeschlechtlichen Ausprägung drückt sich in dieser Vielseitigkeit die Autonomie

---

424 Jung, *Archetypen* 30.

425 C.G. Jung, *Briefe. Band 3*, Hg. Aniela Jaffé (Olten und Freiburg im Breisgau: Walter-Verlag, 1980) 139. Vgl. auch *Gesammelte Werke* 10: „[Die Psychologie der Frau] gründet sich auf das Prinzip des Eros, des großen Binders und Lösers, während dem Manne seit alters der Logos als oberstes Prinzip zugedacht ist. Man könnte den Begriff des Eros in moderner Sprache als seelische Beziehung und den des Logos als sachliches Interesse ausdrücken“ (145).

426 Ein Beispiel für eine weitere an Geschlechterstereotypen ausgerichtete Animacharakterisierung ist folgende Beschreibung Jungs: „Die Anima ist ein Faktor von höchster Wichtigkeit in der Psychologie des Mannes, wo immer Emotionen und Affekte am Werke sind. Sie verstärkt, übertreibt, verfälscht und mythologisiert alle emotionalen Beziehungen zu Beruf und Menschen beiderlei Geschlechts. Die darunter liegenden Phantasiegespinste sind ihr Werk. Wenn die Anima in stärkerem Maße konstelliert ist, so verweichlicht sie den Charakter des Mannes und macht ihn empfindlich, reizbar, launisch, eifersüchtig, eitel und unangepasst“ (*Archetypen* 73). Die Mehrheit der jüngeren Einführungswerke zu Jungs Theorie weisen allerdings auf die Unangemessenheit solcher Charakterisierungen hin, vgl. beispielsweise Brumlik 180 sowie Schmitt 201.

427 Emma Jung 299.

428 Emma Jung 300.

des kollektiven Unbewussten aus. Bevor seine Inhalte integriert werden können, müssen sie als eigenständiger Teil anerkannt und bewusst gemacht werden.[429] Die Schwierigkeit dieser Bewusstmachung und Anerkennung wurde oben beschrieben: Unbewusste Funktionen und Inhalte erscheinen zunächst irrational und werden vom Bewusstsein gemieden, im Falle von Animus und Anima kommt die Gegengeschlechtlichkeit als verstärkender Faktor der Abwehrhaltung des Bewusstseins hinzu. Allerdings haftet gerade dem Animus/Anima-Archetypen als Gefährte/Gefährtin im Individuationsprozess „ein seltsam Bedeutendes an, etwas wie geheimes Wissen oder verborgene Weisheit"[430]. Der Archetyp hat „‚okkulte' Beziehungen zu ‚Geheimnissen', überhaupt zur Dunkelwelt" und wirkt aufgrund dieses geheimen Wissens faszinierend, numinos sowie anziehend auf das Individuum.[431] Aus männlicher Sicht beschreibt Jung die Entdeckung dieser verborgenen Weisheit wie folgt:

> [Die Weisheit] erscheint nur dem, der sich mit der Anima auseinandersetzt. Erst diese schwere Arbeit lässt in zunehmendem Maße erkennen, das hinter all dem grausamen Spiel mit menschlichem Schicksal etwas steckt wie geheime Absicht, die einer überlegenen Kenntnis der Lebensgesetze zu entsprechen scheint. Gerade das zunächst Unerwartete, das beängstigend Chaotische enthüllt tiefen Sinn.[432]

Im Bezug auf die Inhalte, die Animus und Anima transportieren, betont Jung an verschiedenen Stellen, dass diese unbewussten Inhalte zwar integriert werden können, Animus und Anima selbst allerdings nicht. Sie sind autonome Archetypen, die auch nach der Vereinigung des Unbewussten mit dem Bewussten autonom bleiben. Somit sind die gegengeschlechtlichen Archetypen zu sehen als „ein Leben hinter dem Bewusstsein, das nicht restlos mit diesem integriert wer-

---

429 Jung, *Gesammelte Werke* 17 224; vgl. auch *Gesammelte Werke* 9,2 28.

430 Jung, *Archetypen* 33.

431 Jung, *Archetypen* 153. Jung bezeichnet Anima/Animus ob dieser faszinierenden Kraft als Mana-Persönlichkeit. Den Begriff Mana definiert er wie folgt: „Ich anerkenne, dass ein psychischer Faktor in mir tätig ist, der sich meinem bewußten Willen in der unglaublichsten Weise entziehen kann. Er kann mir außerordentliche Ideen in den Kopf setzen, mir ungewollte und unwillkommene Launen und Affekte verursachen, mich zu erstaunlichen Handlungen, für die ich keine Verantwortung übernehmen kann, veranlassen, meine Beziehungen zu anderen Menschen in irritierender Weise stören usw. Ich fühle mich ohnmächtig dieser Tatsache gegenüber, und was das Allerschlimmste ist: ich bin in sie verliebt, so daß ich sie erst noch bewundern muß." Bemerkenswert ist, dass Jung eine Verbindung zum Dichter schlägt: „Poeten nennen dies oft das künstlerische Temperament, Unpoetische entschuldigen sich in anderer Weise" (*Gesammelte Werke* 7 249ff).

432 Jung, *Archetypen* 33.

den kann, sondern aus dem letzteres im Gegenteil eher hervorgeht."[433] Das Ignorieren von Animus und Anima kann allerdings Komplikationen hervorrufen. Proportional mit dem Grade ihres Unbewusstseins wächst ihre Macht. Werden sie also missachtet, entwickeln sie sich zu Störfaktoren.[434] Die zentrale Stellung von Animus und Anima unter den Archetypen macht Jung letztlich dadurch deutlich, dass er die Auseinandersetzung mit denselben als „Meisterstück" bezeichnet, als „eine Mutprobe und ein Feuerordal für die geistigen und moralischen Kräfte"[435].

Bezogen auf Animus und Anima differenziert hier Jung allerdings. Die Anima des Mannes sei zwar schon schwierig darzustellen, das Phänomen des Animus bei Frauen – bemerkt er an verschiedenen Stellen – sei jedoch noch komplizierter.[436] Dies ist begründet in einer Charaktereigenschaft, die den Animus grundlegend von der Anima unterscheidet: „Die Anima ist bestimmt, der Animus ist unbestimmt."[437] Während sich die Anima des Mannes in nur einer Frau zeigt, präsentiert sich der Animus der Frau als eine Mehrzahl und ist daher per se schwieriger zu analysieren. Diese Pluralität des Animus im Vergleich zur Ein-Persönlichkeit der Anima hat Jung zufolge ihren Ursprung in den erwähnten „stereo-typischen" Geschlechtereigenschaften: Die Anima tritt nur als eine Frau auf, denn „die bewußte Einstellung der Frau ist im allgemeinen viel exklusiver persönlich als die des Mannes"; sie zieht ihre Bestätigung – laut Jung – aus der einen Beziehung zu dem einen Mann. Dem Mann hingegen liegt „[d]as Allgemeine […] näher als das Persönliche", seine Welt besteht aus einer „Vielzahl koordinierter Faktoren"[438]. Der Animus als „angeborenes Bild vom Manne" verkörpert dies. Als Folge ergibt sich für die Ausprägungen des gegengeschlechtlichen Individuationsgefährten: „Die leidenschaftliche Ausschließlichkeit haftet bei dem Manne daher der Anima an, die unbestimmte Vielzahl bei der Frau dagegen dem Animus."[439]

Aus dieser Eigenschaft folgt für den Animus als weiteres Charakteristikum, dass er „nie ganz bestimmt faßbar, proteushaft und motorisch bewegt"[440] ist. Die Unmöglichkeit den Animus zu fassen betont auch Emma Jung, indem sie ihn als „Verwandlungskünstler, der jede Gestalt annehmen kann und von dieser Fähig-

433 Jung, *Archetypen* 30. Daher vermittelt die Anima „[d]as Gefühl des Fremden und doch Urbekannten" (Jung, *Erinnerungen Träume Gedanken* 15).

434 Jung, *Gesammelte Werke* 9,2 30.

435 Jung, *Archetypen* 31.

436 Jung, *Archetypen* 22; *Gesammelte Werke* 7 226; *Traumanalyse* 530.

437 Jung, *Traumanalyse* 530.

438 Jung, *Gesammelte Werke* 7 230; vgl auch Jacobi, *Die Psychologie von C.G. Jung* 121.

439 Jung, *Gesammelte Werke* 7 224 sowie 230.

440 Jung, *Gesammelte Werke* 7 231.

keit auch ausgiebig Gebrauch macht"[441] beschreibt. Diese Bewegtheit stellt – laut Emma Jung – „[den] Aspekt des Logos dar, den lebendig bewegten, immateriellen, der gewissermaßen ohne feststehende Eigenschaften nur Dynamis ist und Formmöglichkeit ausdrückt, gleichsam Geist an sich, der ‚wehet, wo er will.'"[442]

„Wie jeder Archetypus hat auch der Animus ein Janusgesicht"[443], schreibt Jung. Neben den problematischen Eigenschaften vertritt er also auch günstige Charakterzüge. So ist er „ein zeugendes schöpferisches Wesen", ein „Neuerer", und bringt in der Frau „schöpferische Keime" hervor.[444] Oft erscheint der Animus daher als Maler, Kinooperateur oder Besitzer einer Gemäldegalerie bzw. eines Projektionsapparates: „[D]as Unbewußte nämlich enthält Bilder, die durch den Animus vermittelt, das heißt manifestiert werden, entweder als Phantasiebilder oder unbewußt als gehandeltes und gelebtes Leben."[445]

Dass Animus sowie Anima eine große Rolle im Individuationsprozess des Individuums zukommt, drückt Jung dadurch aus, dass er die Anima als „Herrin Seele"[446] bezeichnet, den Animus hingegen als „ghostly lover"[447]. Mit der deutschen Übersetzung „Schattengeliebter" drückt Harding die Unfassbarkeit und die Schemenhaftigkeit des Animus aus. Sie fügt hinzu, dass „[d]er Ausdruck ‚Schattengeliebter' [ebenso] gewählt [wurde], um die destruktive Seite des Animus zu bezeichnen", denn eine seiner Charaktereigenschaften besteht darin, dass er „[a]ls ‚Schattengeliebter' […] stets sein Opfer aus der Realität hinweg [lockt], indem er ihm in einer anderen Welt Glückseligkeit verheißt."[448] Auch Emma Jung erwähnt diese destruktive Seite, wenn sie erläutert, dass der Animus „wie etwas Fremdes bisweilen hilfreich, bisweilen aber auch störend, wenn nicht gar zerstörend in das individuelle Leben eingreift."[449]

Die Auseinandersetzung mit dem Schattengeliebten ist für die Frau allerdings unerlässlich:

> [D]er Schattengeliebte ist in seinem psychischen oder subjektiven Aspekt für jede Frau eine lebendige Realität. Gerade deshalb ist seine Macht und seine Lockung so unwiderstehlich, weil er eine psychische Wesenheit ist, ein Teil jenes Konglomerates von autonomen oder relativ autonomen Faktoren, die die weibliche Seele ausma-

441 Emma Jung 334.
442 Emma Jung 336.
443 Jung, *Gesammelte Werke* 13 289.
444 Jung, *Gesammelte Werke* 7 228 und 230.
445 Jung, *Archetypen* 151.
446 Jung, *Gesammelte Werke* 9,2 22.
447 Jung, *Symbole der Wandlung* 502.
448 Harding 54.
449 Emma Jung 300.

> chen. Insoweit er einen Teil von ihr bildet, ist sie an ihn gebunden; sie *muß* ihn finden und sich bewußt aneignen, sonst droht ihr ein schmerzvoller und gefährlicher Seelenzerfall. Denn er ist ihr Seelengefährte, ihre andere (,bessere') Hälfte, der unsichtbare Begleiter, der mit ihr durchs Leben geht.[450]

Es bleibt die Frage, wie das Individuum mit seinem gegengeschlechtlichen Individuationsgefährten in Kontakt treten kann – eine Vorgehensweise, die Jung „Animapflege" bzw. „Animuspflege" nennt. Um Animus/Anima zu erreichen, ist der Archetyp als autonome Persönlichkeit aufzufassen. Das Individuum muss ihn objektivieren, sich von ihm unterscheiden und sich ihn bewusst machen. Eine Technik, die Jung zu dieser Objektivierung des Animus/der Anima nennt, ist, persönliche Fragen an den gegengeschlechtlichen Archetypen zu stellen und damit „das unsichtbare Gegenüber laut werden zu lassen"[451]. Danach sollen in einem inneren Dialog „Rede und Gegenrede [...] so lange folgen, bis ein befriedigendes Ende der Diskussion gefunden ist."[452] Auch Emma Jung rät: „Das Kennenlernen dieser Gestalt, gelegentliche Unterhaltungen und Auseinandersetzungen mit ihr sind ein [...] wichtiger Schritt auf dem Wege zur Unterscheidung."[453] Die Inhalte, welche den Wirkungen der Anima/des Animus zugrunde liegen, sollen so aufgedeckt werden; „[p]einliche Ehrlichkeit sich selbst gegenüber" ist hierzu die Voraussetzung. Dadurch, dass das Individuum daraufhin die Forderungen der „Welt innen" kennt und mit seinem Bewusstsein in Einklang bringen kann, ist die Individuation vorbereitet.[454]

Der Vollständigkeit halber muss angefügt werden, dass Jungs Animus/Anima-Theorie einer der großen Kritikpunkte der feministischen Archetypenkritik ist und im Rahmen der Post-Jung'schen Bewegung überarbeitet wurde. Die Neuerungen reichen von Aufweichung der Eros-/Logos-Unterscheidung bzw. einer Aufwertung weiblicher Werte und Erfahrungen über die Umdefinition des Konzepts in eine Formel, die – aus Sicht der Literaturkritikerinnen – die Erfahrung der Frau treffender beschreibt bis hin zur Forderung der Annullierung des Animus-Konzeptes.[455] In MacEwens Werk erscheint der Animus allerdings

---

450 Harding 53. Auch Coupe fasst die mögliche positive Funktion des Animus zusammen: „[T]he woman's inner man [...] may inspire the ego to undertake the journey through and beyond the realm of the shadows", siehe Lawrence Coupe, *Myth* (London: Routledge, 1997) 140.

451 Jung, *Gesammelte Werke* 7 221. Jung betont: „Ich meine dies als eine wirkliche Technik" (*Gesammelte Werke* 7 221).

452 Jung, *Gesammelte Werke* 7 223.

453 Emma Jung 334.

454 Jung, *Gesammelte Werke* 7 223ff.

455 Vgl. Estella Lauter, *Women as Mythmakers. Poetry and Visual Art by Twentieth-Century Women* (Bloomington: Indiana University Press, 1984) 1ff; Carol Schreier Rupprecht, „Enlightening Shadows: Between Feminism and Archetypalism, Literature

in einer Form, die eine Analyse nach Jungs Maßstäben sinnvoll macht, wie im Folgenden gezeigt werden soll.[456]

a) „[C]reate me everywhere / Dark spaces" – Der „Shadow-maker" als Animus und male Muse

Dass der Figur des „Shadow-maker" in MacEwens gleichnamigem Gedichtband eine zentrale Rolle zukommt, wurde erwähnt. Ebenso wurde festgestellt, dass er als Animus gesehen werden kann. Im Folgenden sollen die Charakteristika des Animus in *The Shadow-Maker* untersucht werden.[457]

Margaret Atwoods Aufsatz „MacEwen's Muse" ist hierbei von großer Bedeutung, da er die Grundbedingung für die Annahme des Animus in MacEwens Werk beinhaltet: „[I]n MacEwen's poetry the Muse [...] is male."[458] Atwood argumentiert, dass eine *male Muse* im Kanada der 1960er Jahre eine Revolution ist. Als die „twentieth-century authority on the poetic Muse" betrachtet sie Robert Graves, der in seinem Werk *The White Goddess* etabliert, dass die Muse grundsätzlich weiblich ist – „and if it isn't it should be"[459].

Atwoods Aufsatz kann als Meilenstein in der MacEwen-Forschung bezeichnet werden. Viele andere kritische Untersuchungen richten ihren Fokus fortan auf die *male Muse* sowie auf MacEwens Werk als das Werk einer Frau und weisen MacEwen einen Platz in der feministischen kanadischen Literatur zu.[460] Auf Atwoods Feststellungen bezüglich der männlichen Muse soll detailliert unter „Margaret Atwoods ‚MacEwen's Muse'" (S. 112ff) eingegangen werden. Betont soll an dieser Stelle nur sein, dass die Grundannahme für die Analyse des Ani-

---

and Analysis", *C.G. Jung and the Humanities*, Hg. Karin Barnaby und Pellegrino D'Acierno (Princeton, N.J.: Princeton University Press, 1990) 279-293; Pratt, *Archetypal Patterns in Women's Fiction* 5ff (siehe beispielsweise das Konzept des "Green-World Lovers" 16ff).

456 Vgl. auch „Kali" (S. 215ff) sowie Fußnote 1538.

457 Die Schreibweise orientiert sich im Folgenden an MacEwens Vorlage: „The Shadow-Maker" bezeichnet das Gedicht, „Shadow-maker" die Figur der *male Muse*.

458 Margaret Atwood, „MacEwen's Muse", *Canadian Literature* 45 (1970): 24-32, siehe 24.

459 Atwood, „MacEwen's Muse" 24. Selbst Poetinnen sollen Graves zufolge die weibliche Muse anrufen. Dass MacEwen eine männliche Muse beschwört, bewerte eine konservativ-literaturkritische Perspektive vor dem Hintergrund von Graves' Kategorien lediglich als „new-woman perversity" – so Atwood („MacEwen's Muse" 24).

460 Siehe z.B. Liza Potvin sowie Claudia Dey, *The Gwendolyn Poems* (Toronto: Playwrights Canada Press, 2002) 30.

mus in MacEwens Werk von Atwood artikuliert wird: „She speaks in the female voice when addressing, as the lyric ‚I', a male ‚You'"[461].

Für *The Shadow-Maker* ist diese Aussage allerdings zunächst einzuschränken. Nicht alle der Gedichte adressieren die *male Muse*. Viele sind Selbstgespräche des lyrischen Ichs und an niemanden gerichtet, in anderen adressiert das lyrische Ich sich selbst als „you", in wieder anderen scheint das „you" sich auf das Unbewusste des lyrischen Ichs zu konzentrieren.[462]

Betrachtet man die Gedichte, die eindeutig die *male Muse* ansprechen, so fällt auf, dass in den Kapiteln „Holy Terrors" und „The Unspeakable" wenige dieser Gedichte auftauchen – parallel zu den Akzenten der Epigraphe, nach denen sich diese Kapitel mit den Grundproblemen der Individuation befassen. Die Kapitel „The Sleeper" und „The Shadow-Maker", deren Einführungszitate auf die Traumwelt und ihre Akteure hinweisen, enthalten deutlich mehr *male Muse*-Gedichte.

Einige Animus-Eigenschaften wurden im Zusammenhang mit verschiedenen Gedichten bereits genannt, wie z.B. die Tatsache, dass die Sprecherin in ihrem Individuationsprozess nicht alleine ist. Sie redet meist im Plural von sich auf ihrem Weg zum Selbst, was suggeriert, dass sie ihren Gefährten im Individuationsprozess in die Beschreibung ihrer Selbstfindung mit einschließt.[463]

Der Animus als Figur des Unbewussten tritt – wie gezeigt – vor allem in „The Man-Fish" und in „The Wings" auf: Er lebt in seiner eigenen Welt, die das lyrische Ich lediglich besucht. Dadurch, dass die *male Muse* in „The Wings" mit „Nameless" angerufen wird, verdeutlicht MacEwen die Unfassbarkeit des Animus. Paradoxerweise trägt allerdings gerade die unbekannte Komponente zur Ganzheitsfindung – hier durch die Wassersymbolik ausgedrückt – bei: „Nameless your name / Brings forth the floods". Die Tatsache des fehlenden Namens deutet – wie angesprochen – auf Vormachtstellung hin: Nur wenn man den Namen eines anderen kennt, hat man Macht über ihn. Im Falle des unfassbaren, autonomen Animus ist dies unmöglich. Der Eigenschaft der Unfassbarkeit der *male Muse* bzw. des Animus ist auch „Song for a Stranger" gewidmet, dessen Titel bereits bezeichnend ist.

---

461 Atwood, „Introduction: The Early Years" x. MacEwen selbst bestätigt die große Bedeutung dieses Artikels für ihr Werk: „I think that Margaret Atwood's article 'MacEwen's Muse' provides the deepest insight thus far into my use of such figures. She was the first person to recognize the importance and in fact the reality of my 'muse'. [...] Graves sees the Muse as female. Mine is male" (Pearce 68).

462 Vgl. z.B. „Two Voices" und „Poem".

463 Beispielsweise in „The Name of the Place", „The Portage", „Night on Gull Lake", „To Say We Have Conquered".

Once every season for several years
You've entered the house of my sleep
And your coming alters the portents
Of the times. You know you have
A right to be there, and are admitted
Where others pause in fright, for you
Do not acknowledge any doors.

It's not only my dream but yours as well
[...]
We meet unplanned, each of us sure
The other will be there; it was written,
You see, long before.
We smile, we swim in turquoise pools
And then lie down together to plot
The birth of a more accurate world.

[...] Stranger,
Do not let my sleep grow tame.[464]

Die männliche Muse ist nicht nur ein Fremder und damit unbestimmt, sondern ihr Erscheinen ist – als Verstärker der Unfassbarkeit – auch ungeplant. Dennoch ist ihr Auftreten Teil eines Plans, der – getreu der Gerichtetheit des Individuationsprozesses – schon seit Urzeiten feststeht. Im Rahmen dieses Plans hilft sie der Sprecherin eine „more accurate world" herzustellen. Das lyrische Ich ist sich des positiven Effekts der *male Muse* bewusst und bittet sie – obwohl der Schlaf durch ihr Auftreten eher aufreibend denn beruhigend wird – um Rückkehr. „Song for a Stranger" charakterisiert so den Animus nicht nur als unfassbar und unbestimmt, sondern gibt auch seine Eigenschaft als Archetyp wieder.

Eine weitere Animus-Eigenschaft, die in „Song for a Stranger" klar zutage tritt, ist die Rolle der *male Muse* als Neuerer. Zusammen mit ihr erschafft das lyrische Ich eine neue Welt, die passender ist, als die vorherige. Diese schöpferische Eigenschaft findet sich auch in „The Name of the Place" und „The Wings", wo *male Muse* und lyrisches Ich ebenso neue Welten erschaffen – im ersten Fall eine undefinierte, aber dennoch ein Gemeinschaftswerk („This is the world as we have made it, / As you and I together made it"), im zweiten ein Abbild des Wirkungsbereichs der *male Muse* („A copy of that other / World / I left you in"). Die Rolle des Animus als Schöpfer wird besonders deutlich in „The Shadow-Maker", das bereits auszugsweise betrachtet wurde:

464 MacEwen, *The Shadow-Maker* 53.

> I have come to possess your darkness, only this.
>
> My legs surround your black, wrestle it
> As the flames of day wrestle night
> And everywhere you paint the necessary shadows
> On my flesh and darken the fibres of my nerve;
>
> Without these shadows I would be
> In air one wave of ruinous light
> And night with many mouths would close
> Around my infinite and sterile curve.
>
> Shadow-maker create me everywhere
> Dark spaces (your face is my chosen abyss),
> For I said I have come to possess your darkness,
> Only this.

Die Animusfigur in „The Shadow-Maker" schöpft („create"), malt („paint") und projiziert (als „Shadow-maker" „macht" er Schatten): Er ist als Bewohner der Dunkelheit des Unbewussten derjenige, der die unbewussten Bilder der Sprecherin in verschiedenen Schaffensprozessen sichtbar macht und manifestiert. Der Schatten, den der „Shadow-maker" projiziert, ist selbst ein Archetyp, was die besondere Funktion des Animus im Individuationsprozess der Sprecherin verdeutlicht: Er ermöglicht es ihr nicht nur, ihr Unbewusstes wahrzunehmen, sondern auch andere Archetypen zu erkennen. Die schöpferische, erneuernde Fähigkeit des „Shadow-maker" betont MacEwen durch die Beschreibung des Körpers der Sprecherin als „sterile curve". Sie selbst ist nicht in der Lage, zu erschaffen; sie braucht die „necessary shadows" ihrer Animusfigur. In dieser Funktion des „Shadow-maker" wird eine weitere Eigenschaft des Animus deutlich: Er verfügt über geheimes Wissen, das das lyrische Ich benötigt, um seinen Ganzheitsprozess zu vervollständigen; er kennt sich aus in den Gefilden des Unbewussten. Diese Verbindung zwischen dem Wissen des „Shadow-maker" und der Ganzheit des lyrischen Ichs wird durch die Komposition der letzten Strophe angedeutet. Die Satzstellung vermittelt zunächst den Eindruck, dass die Zeile „Shadow-maker create me everywhere" die Mitteilung ist. Der Leser erwartet nicht den Nachschub von „Dark spaces" in der nächsten Zeile.

Das Unbewusste als Habitat des Animus als unterscheidendes Merkmal zur Sprecherin wurde schon im Zusammenhang mit „Dream One: The Man-Fish" deutlich. Während die Animus-Figur als „Man-Fish" „webbed [hands]" hat, durch „slits in his jaws" atmet und somit „[d]own [in] the dark, improbable sea" überlebens- und handlungsfähig ist, wird die Sprecherin, die ihm in die Tiefe folgen will, von Außenstehenden gewarnt: „Have sense, you have no gills! […]

Don't go!“ Allerdings versichert der „Man-Fish“: „You will learn to swim, you will come with me!“ Der Animus verspricht, Wissen auf die Träumerin zu übertragen. Dass die Träumerin der besonderen Aura des „Man-Fish" verfallen ist und starken, unerklärlichen Reiz verspürt, ihm zu folgen, wurde angesprochen und verdeutlicht die Numinosität des Animus.

Gerade das Gedicht „Dream One: The Man-Fish“ scheint die Paraphrase einer Charaktereigenschaft des Animus zu sein, die sowohl Harding als auch Emma Jung betonen: Der Animus ist da aktiv, „wo das Mädchen einem Geliebten angehört, der nicht von dieser Welt ist“; er „[lockt] sein Mädchen aus dem realen Leben fort“[465], und „[d]ieses unwiderstehliche Angezogensein und Fortgeführtwerden in eine unbekannte Ferne, Wasser, Wald, einen Berg, die Unterwelt, ist […] ein typisches Animusphänomen.“[466]

Bei Betrachtung der bisher besprochenen Animus-Gedichte wird eine weitere Eigenschaft der *male Muse* deutlich. Die Animusfigur tritt nicht nur als ein Charakter auf, sondern erscheint in vielerlei Gestalt: Als „Man-Fish“, „Shadowmaker“, als Reisegefährte, Traumbegleiter, „Stranger“, als Dialogpartner und Muse. Die Vielseitigkeit des Animus drückt MacEwen vor allem in „The Return“ aus:

> I gave you many names and masks
> And longed for you in a hundred forms
> And I was warned the masks would fall
> And the forms would lose their fame
> And I would be left with an empty name
>
> (For that was the way the world went,
> For that was the way it had to be,
> To grow, and in growing lose you utterly)
> […]

Nicht nur werden die verschiedenen Erscheinungsformen des Animus angesprochen, sondern ebenso seine Rolle im Individuationsprozess. Je mehr die Bewusstwerdung wächst und je mehr das Individuum in der Lage ist, die Bilder seines Unbewussten selbst zu deuten, desto weniger wird der Animus als Über-

---

465 Harding 52.

466 Emma Jung 345. Pratt beschreibt dasselbe Phänomen in Zusammenhang mit ihrem Konzept des „Green-World Lovers“ (*Archetypal Patterns in Women's Fiction* 16ff). MacEwen kreiert eine weitere Version des „Man-Fish" im Gedicht „The Swimmer": „You swim in the sunken streams / of time […] / […] O swimmer where / are you taking me? Is this my dream / or your reality?" Auch hier verkörpert die Animus-Figur verborgene Weisheit und ist der Experte des tiefen Wassers des Unbewussten (*The Shadow-Maker* 52).

mittler benötigt („in growing lose you"). Durch die Phrasen „that was the way the world went, / […] that was the way it had to be", wird wiederholt auf die Zukunftsgerichtetheit und die Verallgemeinerbarkeit der Archetypenfunktion angespielt.

Auch die Eigenschaft des Animus als „ghostly lover" bzw. „Schattengeliebter" findet sich in MacEwens „Shadow-maker". Die körperliche Verbindung zwischen lyrischem Ich und *male Muse* ist in „The Shadow-Maker" offensichtlich. Der Liebesakt wird als Übertragung des unbewussten Wissens dargestellt: „My legs surround your black, wrestle it / As flames of day wrestle night." Thomas M. F. Gerry bezeichnet dieses Zusammenspiel zwischen körperlicher Vereinigung und Wissen als "mystical vision-through-touch"[467]. Die Übertragung von Weisheit durch körperliche Vereinigung zwischen Animus und lyrischem Ich wird auch in „The Hollow" thematisiert: „I never wrote from here before / but then I laid my head / in the hollow of your flesh / and heard unborn cities speaking." Das Bild der Stadt wurde bereits als Symbol des Unbewussten erwähnt. Auch hier erhält das lyrische Ich durch Körperkontakt mit dem Animus Einsicht in sich selbst.[468] Die Tatsache, dass die Form des Körpers der Animusfigur sogar den Schreibprozess der Sprecherin auslöst, korrespondiert mit der „sterile curve" des lyrischen Ichs in „The Shadow-Maker": Während sie selbst im schöpferischen Prozess unfruchtbar ist, gibt die Vereinigung mit dem Animus ihr die Vorlage zur Produktion. Die Verbindung zwischen Körperkontakt zum Animus und Schöpfung wird auch in „Song for a Stranger" aufgegriffen. Die Zusammensetzung der „more accurate world" durch lyrisches Ich und *male Muse* erfolgt erst nachdem Körperkontakt hergestellt ist. „Song for a Stranger", in dem die Welt geplant wird, setzt so sinngemäß „The Hollow" fort, in dem „unborn cities" lediglich vernommen werden. Im Gedichtband folgt „Song for a Stranger" weit vor „The Hollow", was einmal mehr suggeriert, dass der Individuationsprozess zyklisch verläuft und unendlich ist.

---

467 Thomas M. F. Gerry, „'Green Yet Free of Seasons': Gwendolyn MacEwen and the Mystical Tradition of Canadian Poetry", University of New Brunswick Libraries, 05.07.2008 <http://www.lib.unb.ca/Texts/SCL/bin/get.cgi?directory=vol16_2/&filename=Gerry.htm>, siehe 1.

468 Sharp erwähnt, dass es im therapeutischen Prozess verschiedene Stufen der Animusentwicklung der Frau gibt. Die vierte Stufe korrespondiert mit der hier geschilderten Beziehung zwischen Sprecherin und Animus: „In the fourth stage, the animus is the incarnation of spiritual meaning […]. On this highest level […] the animus mediates between a woman's conscious mind and the unconscious. […] [I]n dreams he is a helpful guide. Sexuality for such a woman is imbued with spiritual significance" (*Digesting Jung* 47).

Die Verbindung zwischen Kreativität und Animusfigur findet ihren theoretischen Hintergrund in Jungs Anmerkungen zur Animuspflege. Durch Dialog soll das Individuum den Animus als autonom wahrnehmen, ihn und sich selbst im zweiten Schritt durch Rede und Gegenrede kennenlernen und die Integration der unbewussten Inhalte vorbereiten. „[E]in inneres Zwiegespräch mit einem anderen, der aber unsichtbar ist“[469] stellt einen wichtigen Aspekt dieses Prozesses dar. Indem das „lyric ‚I'“ seine Animusfigur als „a male ‚You'“[470] anspricht, kommt es genau dieser Forderung nach. Für die Sprecherin ist er autonom; sie versucht, ihn zu beschwören, und bittet ihn um Hilfe; sie folgt ihm in fremde Gefilde und lernt unbekannte Seiten ihres Selbst kennen. Dadurch, dass das Resultat der Animuserfahrung ein Gedicht ist, kann ihr Animus in der Tat als ihre *male Muse* bezeichnet werden und tritt ihr als Schöpfer entgegen.

Schmitt kategorisiert verschiedene Ausgestaltungen, in denen der Animus in der Literatur auftritt. MacEwens Animusfigur in *The Shadow-Maker* kommt Schmitts Kategorie „Der junge Animus – der Geliebte“ am nächsten, die wie folgt defininiert ist:

> [Diese Animus-Figur] verfügt über den Aspekt der Göttlichkeit, sie artikuliert unanfechtbare Weisheiten, sie hat den Charakter des Neuerers und ist mit dem Bewusstsein der Protagonistin in einem Verhältnis des ‚fruchtbaren Erlebens' verbunden. Dazu gehört [ihr] plurale[r] Charakter.[471]

b) „[A] key to much of it“ – Margaret Atwoods „MacEwen's Muse“

Nach der Veröffentlichung von Atwoods Aufsatz wird MacEwens *male Muse* zu einem immer wieder untersuchten Phänomen in der MacEwen-Forschung.[472] Ob

---

469 Jung, *Gesammelte Werke* 14,1 256.

470 Atwood, „Introduction: The Early Years" x.

471 Schmitt 201.

472 Angeregt durch Atwoods Aufsatz sehen einige Kritiker die *male Muse* auch als Animusfigur nach Jung'schem Konzept. Bartley nennt beispielsweise Jung als eine mögliche Quelle der Muse – allerdings neben vielen anderen Möglichkeiten (*Invocations* 9). Da sie im weiteren Verlauf ihrer Studie zu MacEwen nicht detailliert auf Jung eingeht, bleibt ihre Analyse des Animus oberflächlich-selektiv. Potvin benennt Jung in ihrem Artikel zwar ebenso als Quelle MacEwens und schreibt der vielseitigen *male Muse* als eine Rolle die des Animus zu, geht jedoch nicht näher auf die Archetypenlehre ein. Ihre zusammenfassende Charakterisierung von *The Shadow-Maker* liest sich allerdings dennoch wie eine Charakterisierung der Animusfigur nach Jung: „MacEwen calls the spiritual force which combines light and dark the shadow-maker; it generates the poet's being and is activated specifically through sexual contact. It is through this tactile union of flesh with vision that the poet achieves inspiration. [...] Her attraction to a male muse, to her inner ‘otherness,' sets her apart from poetic traditions which elevate and externalize female muses. MacEwen explores her

ihres großen Einflusses sollen Atwoods Annahmen im Folgenden kurz erläutert werden.

Obwohl sich Atwood an keiner Stelle auf Jung beruft oder den Animusbegriff benutzt, kommt sie in ihren Beschreibungen der *male Muse* dem Animuskonzept sehr nahe. Auch Atwood stellt Vielgesichtigkeit und Unfassbarkeit fest und beschreibt die *male Muse* zusammenfassend als „often invoked and described but never named"[473]: „The Muse is always *about* to be interpreted: he can never be completely deciphered."[474]

Indem Atwood feststellt, dass die *male Muse* inspirierenden Einfluss auf die Sprecherin/Dichterin hat, bescheinigt sie seine schöpferische Animus-Eigenschaft: „The Muse [is] author and inspirer of language and therefore of the ordered verbal cosmos, the poet's universe."[475] Auch das Unbewusste als natürliches Habitat der *male Muse* sowie ihre archetypenhaften Eigenschaften werden durch Atwood bestätigt. Vor allem in *The Shadow-Maker* sei sie „identified [...] with the landscape of dream and fantasy" und erscheine „more as potential force than as an actual or incarnate being"[476] – numinos, energiegeladen und einflussreich also wie der Archetyp, was ein Grund dafür ist, dass die *male Muse* durch die Sprecherin beschwört und gezähmt werden muss.

In ihrem Habitat ist die *male Muse* für die Sprecherin ein Führer, der in neue Gefilde einweist und mit geheimem Wissen ausgestattet ist. Atwood bemerkt, dass die Begegnung zwischen Muse und Poet ein dominantes Motiv in MacEwens Lyrik darstellt, das von großer Relevanz für das lyrische Ich ist: „Through their meeting each actualizes the other, and together they are able to enter the Muse's landscape, he as returning exile, she more often as an alien discoverer or explorer rather than a native."[477] In seinem Wirkungsbereich geht nach Atwood allerdings die Bedeutung der *male Muse* über eine Fremdenführer-Rolle hinaus und er wird zum „ghostly lover": Es handelt sich nicht mehr nur um einfache Treffen, sondern Muse und Poetin werden zum „divine or cosmic couple"[478].

Dass es die Aufgabe der *male Muse* ist, als Neuerer aus der Verwirrung der Dunkelwelt Ordnung herzustellen, und dass die Begegnungen mit der *male Muse* den Ganzwerdungsprozess symbolisieren und eine große Bedeutung für

---

dream world to contact the male muse who dominates her subconsciousness" (Potvin 31).

473 Atwood, „MacEwen's Muse" 24.

474 Atwood, „MacEwen's Muse" 28.

475 Atwood, „MacEwen's Muse" 31.

476 Atwood, „MacEwen's Muse" 29.

477 Atwood, „MacEwen's Muse" 29.

478 Atwood, „MacEwen's Muse" 29.

die Interpretation von MacEwens Werk haben, betont Atwood. Sie gibt dem Rezipienten folgenden Lesehinweis: „[The Muse] is one figure whose existence is hinted at throughout her work and who acts as a key to much of it. [...] Acknowledge him, and he will perform one of the functions MacEwen ascribes to him: the creation of order out of chaos." Um an die Undefinierbarkeit der *male Muse* zu erinnern, schließt Atwood mit einer Reihe von Fragen, die nach eingehender Analyse der männlichen Muse in MacEwens Werken dennoch unbeantwortet bleiben:

> Who has created whom? Is the male Muse [...] shaping the female chaos of the poet into an order or defining her by contrast [...], or is the poet putting the Muse together out of words, as she sometimes suspects? Is the Muse outside the poet, or is he inside, a fragment of the self? Does he exist outside time, or can he be apprehended only through time and through the senses?[479]

Diese offenen Fragen können mit Hilfe der Individuations- und Archetypenlehre und mit der Interpretation der *male Muse* als Animusfigur nun beantwortet werden.[480]

2.3. „[E]ine fundamentale und [...] praktisch wichtige Tatsache" – Die Syzygie

Das „divine or cosmic couple"[481], das die Sprecherin nach Atwood mit ihrem Schattengeliebten formt, entspricht dem Archetypus des Götterpaares bzw. der Syzygie. Die Relevanz dieses Archetypus, den Jung auch als „Paarungsmotiv" bezeichnet, basiert auf der angenommenen Polarität zwischen Logos, Rationalität sowie Allgemeinheit des Mannes und Eros, Beziehung sowie Bezogenheit der Frau. Aus dieser Polarität ergibt sich eine Abhängigkeit:

> Trotz oder gerade wegen des extremen Gegensatzes kann das eine nicht ohne das andere sein. Es ist schon so, wie die klassische chinesische Philosophie es formu-

479 Atwood, „MacEwen's Muse" 31.

480 Eine Fortsetzung von Atwoods Überlegungen zu MacEwens *male Muse* sind Potvins Forschungen zu MacEwen und ihrem „Female Spiritual Desire": MacEwen – so Potvin – findet ihre Stimme als Frau; sie nimmt Abstand von dem mit männlicher Handwerkskunst und nach männlicher Vorgabe konstruierten Gerüst, worauf Literatur und vornehmlich Lyrik bisher gebaut ist. Gerade die Betrachtung der Muse als männliche Figur ermöglicht es ihr nach Potvin, ihre Erfahrungen als Frau treffend zu beschreiben. Potvins Weiterführung von Atwoods Ansatz soll nur ein Beispiel für den großen Einfluss von Margaret Atwoods Aufsatz in der MacEwen-Forschung sein.

481 Atwood, „MacEwen's Muse" 29.

> liert: yang (das helle, warme, trockene und männliche Prinzip) enthält in sich den Keim des yin (des dunklen, kalten, feuchten und weiblichen Prinzips), et viceversa.[482]

Das Syzygienmotiv symbolisiert die im Individuationsprozess angestrebte Vereinigung der Gegensätze: „Die mann-weibliche Syzygie ist […] eines der möglichen Gegensatzpaare, […] eines der praktisch wichtigsten und darum häufigsten."[483] Auch wenn der Syzygienarchetyp nicht in Jungs Listen der bedeutendsten Archetypen auftaucht, so betont dieser doch an anderen Stellen seine Wichtigkeit: „Die ungemeine Verbreitung und Emotionalität des Motivs beweisen, daß es sich um eine fundamentale und darum praktisch wichtige Tatsache handelt." „Man kann von diesen Syzygien ruhig behaupten, daß sie ebenso universal seien wie das Vorkommen von Mann und Frau", fügt er zu.[484]

a) „[M]agisch komplizierte Beziehungen" – Vereinigung in *The Shadow-Maker*

Das Syzygienmotiv findet in *The Shadow-Maker* wiederholt Anwendung – allerdings nicht in der harmonischen Form, die Jung in seinen Ausführungen dieses Archetyps etabliert. MacEwens Ausgestaltungen der Syzygie können viel eher unter dem Schlagwort „Vereinigungsproblematik" zusammengefasst werden; Schwierigkeiten finden sich wiederholt in den Begegnungen mit den verschiedenen Animuscharakteren. Die Wahrscheinlichkeit von „magisch komplizierte[n] Beziehungen" bei der Auseinandersetzung mit Animusprojektionen erwähnt Jung in diesem Zusammenhang explizit.[485]

Auffällig ist, dass der Themenbereich Vereinigung, Beziehung, Liebe in den Kapiteln Eins bis Drei fast nicht zur Sprache kommt, in Kapitel Vier aber eine Vielzahl der Gedichte bestimmt. Liegt der Fokus auf der Beziehung zum Animus, drängt sich scheinbar zwangsläufig auch die Behandlung des Gefühls zwischen Mann und Frau auf. Alle Liebesgedichte des Kapitels „The Shadow-Maker" nehmen so die Animusfigur *male Muse* als den gegengeschlechtlichen Partner an und umschreiben die Liebesbeziehung zwischen ihm und dem lyrischen Ich. Auffällig ist ebenso, dass Liebe durchweg eher als Schwierigkeit, Last und unlösbare Aufgabe dargestellt wird denn als Erfüllung. Das lyrische Ich ist keinesfalls romantisch-naiv oder verblendet in der Umschreibung seiner Gefühle und Erwartungen. Der Blick der Sprecherin scheint vielmehr nüchtern und desillusioniert.

---

482 Jung, *Archetypen* 105.

483 Jung, *Archetypen* 71.

484 Jung, *Archetypen* 58f. Vgl hierzu auch von Franz, „Der Individuationsprozess" 203ff.

485 Jung, *Archetypen* 32.

So betont „First Song from the Fifth Earth“ als erstes Gedicht des Kapitels bereits, dass Liebe zwei Seiten hat – wobei die negative die stärkeren Gefühlsregungen hervorzubringen scheint. MacEwen wählt als Epigraph ein Exzerpt aus Nikos Kazantzakis' *The Last Temptation of Christ*:

> By saying 'Love' you let loose all the angels and the demons that were asleep within the bowels of mankind. 'Love' is not, as you think, a simple, tranquil word. Within it lie armies being massacred, burning cities and much blood.[486]

In der ersten Zeile des Gedichtes greift die Sprecherin das Liebesmotiv auf, indem sie es als universelles Inventar der Menschheit umschreibt: „I say all worlds, all times, all loves are one". Diese Zeile wird von vielen Kritikern diskutiert, um das Zeitverständnis MacEwens sowie ihre Affinität zu anderen Kulturen darzulegen.[487] In dieser Zeile spielt MacEwen allerdings auch auf die Archetypenlehre an, die von genau dieser Zeit- und Raumkonstellation ausgeht. MacEwen setzt als weiteren Universalismus die Liebe hinter Zeit und Raum und schreibt ihr so die Eigenschaften eines Archetypus zu. Die Sprecherin verdeutlicht den Aspekt der Universalität der Liebe, wenn sie die Anfangszeile leicht variiert zu einem späteren Zeitpunkt des Gedichtes erneut verwendet: „All earths, all ages, and all loves are one.“ Während im Raum- und Zeitaspekt Variation denkbar ist, indem „worlds“ und „earths“, „times“ und „ages“ ausgetauscht werden können, bleibt die Liebe mit sich identisch. Sie ist die Konstante und überdauert Raum und Zeit, allerdings – greift man zurück auf Kazantzakis – als ein nicht ausschließlich positives Gefühl. Die Stellung von „First Song from the Fifth Earth“ als er-stes Gedicht dieses Kapitels legt nahe, dass es expositorische Funktion hat. Die eher negative Konnotation von Liebe wird in den folgenden Gedichten weitergeführt.

In „How Weeps the Hangman“ spricht das lyrische Ich so von „the terrible love we bear“[488]. Auch hier wird Liebe als ein negatives Gefühl bzw. eine Bürde, die man aushalten muss, dargestellt. Auffällig ist das Paradoxon „terrible love“, das an „Holy Terrors“ als Überschrift des ersten Kapitels erinnert und eine Anspielung auf die Grundregel des Individuationsprozesses zu sein scheint: Nur durch Schmerzen erreicht man Ganzheit, und nur durch Bewältigung der schwierigen Liebe zum Schattengeliebten erreicht man Zugang zu den Quellen der Selbstfindung.

Ein Hinweis auf die Bewältigung dieser Liebe findet sich in „The Kingdom“, in dem das lyrische Ich sagt: „I have broken love open / to clip and freeze

486 MacEwen, *The Shadow-Maker* 68. Das Original findet sich in Nikos Kazantzakis' *The Last Temptation of Christ* (New York: Simon & Schuster, 1960) 478.

487 Vgl. z.B. Reid.

488 MacEwen, *The Shadow-Maker* 76.

the arteries of its blood“[489]. Nicht nur wird Liebe hier dargestellt als etwas, das es auf den zugrunde liegenden Mechanismus hin zu untersuchen gilt. Ebenso scheint die Sprecherin eine Lösung gefunden zu haben, indem sie den Energie- und Nahrungszufluss der Liebe stoppt und damit das Gefühl einfriert bzw. tötet.

Kein Wunder, dass die Sprecherin in „The Shadow-Maker“ als zentralem Gedicht des Kapitels betont: „I have come to possess your darkness, only this.“ Von Liebe ist in diesem Gedicht nicht mehr die Rede, der „Shadow-maker“ ist auf seine Funktion als Brücke zur unbewussten Welt reduziert. Dies stellt das lyrische Ich gleich in der ersten Zeile des Gedichtes klar. Die Wichtigkeit dieser einzigen Anforderung wird dadurch ausgedrückt, dass die Anfangszeile in der Endzeile wiederholt wird, die Reduktion der Funktion des Animus somit das Gedicht einfasst: „For I said I have come to possess your darkness, / Only this.“ Die Tatsache, dass in der wiederholten Version die Worte „Only this“ eine eigene Zeile bilden und die letzte Nachricht sind, die der Leser vernimmt, verleiht dem Anliegen des lyrischen Ichs emphatisch Nachdruck. Zwar ist der Weg der Wissensübermittlung von Animusfigur zu lyrischem Ich die körperliche Liebe, sie soll aber nur Mittel zum Zweck sein. Das lyrische Ich ist bemüht, keine weiteren Erwartungen zu haben. Fraglich ist, wer der Adressat des Gedichtes ist: Überzeugt die Sprecherin die *male Muse*, keine Forderung nach Ausschließlichkeit zu fürchten, oder sich selbst, keine Erwartung zu stellen?

Insgesamt lässt sich so eine Entwicklung in der Liebesthematik des Kapitels „The Shadow-Maker“ feststellen: Wird die Liebesbeziehung zum Schattengeliebten zunächst als ein negativ besetzter Zustand dargestellt, scheint das lyrische Ich mit wachsender Erfahrung zu einer Lösung für sich selbst zu gelangen. Allerdings suggeriert Kapitel Vier, dass diese lediglich eine zeitweilige Lösung ist: Zum einen erfolgt die Anordnung der Gedichte und der Erkenntnisgewinn hinsichtlich der Liebe nicht so stringent, wie hier dargestellt. Auf das desillusionierte erste Gedicht des Kapitels „First Song from the Fifth Earth“ folgt das die Liebe untersuchende und das Gefühl einfrierende „The Kingdom“. Hierauf erfolgt ein Rückschritt zur Wahrnehmung der Liebe als „terrible love“ in „How Weeps the Hangman“ und erst am Ende findet die Sprecherin die „Only this“-Attitüde in „The Shadow-Maker“. Zum anderen suggerieren die beiden letzten Gedichte des Kapitels, die auf „The Shadow-Maker“ folgen, dass die Sprecherin auch in Zukunft Schwierigkeiten in der Beziehung zu ihrem Schattengeliebten begegnen wird. „The Return“ deutet einerseits an, dass die Begegnung in „The Shadow-Maker“ nicht die letzte war und die *male Muse* wiederkommen wird. Zusätzlich stellt „The Return“ als Schwierigkeit in Aussicht, dass die Rolle, in der die *male Muse* bei diesem nächsten Treffen auftreten wird, nicht bestimmt

---

489 MacEwen, *The Shadow-Maker* 75.

und geplant werden kann („I gave you many names and masks / And longed for you in a hundred forms"). Ebenso betont „The Wings" als letztes Gedicht die Namenlosigkeit der *male Muse*, die nicht greifbar ist, und über die das lyrische Ich letztendlich keine Macht hat. Die Begegnung mit dem Animus bleibt eine Herausforderung.

Obwohl das lyrische Ich so in „The Shadow-Maker" eine zeitweilige Lösung für seinen Umgang mit dem „ghostly lover" findet, ist das Ende des Gedichtbandes sehr ernüchternd und stellt für den zukünftigen Umgang mit der *male Muse* eine weitere „Folge kleiner Schreie" in Aussicht. Allerdings ist die Einsicht, die das lyrische Ich in „The Shadow-Maker" gewinnt, nicht zu missachten: Auch wenn die Liebesbeziehung mit dem unfassbaren, unbeständigen Animus nicht gelöst ist, hat die Sprecherin doch eine geistige Haltung erlangt, die sie in die Lage versetzt, kontrollierter mit dem Schattengeliebten umzugehen.

Ansatzweise entspricht dies einer Problematik, die Daryl Sharp in seiner Einführung in Jungs Lehre anspricht. Ein ganzes Kapitel widmet er der Beziehungsproblematik im Individuationprozess und kommt zu dem Schluss: „Although individuation is not possible without relationship, it is not compatible with togetherness."[490] Seine Alternative zu „togetherness" bezeichnet er als „Intimacy with Distance". „[T]ogetherness" stützt sich auf das Ideal der „wholeness" in einer Beziehung, die sich durch das Suchen und Finden eines „soulmate" ergibt. Dessen Aufgabe soll darin liegen, die unvollständige eigene Person zu komplettieren. Das Problem hierbei ist: „Togetherness doesn't acknowledge the natural boundaries between people." Das Ideal dieser Zusammengehörigkeit macht die Selbstfindung unmöglich. „Intimacy with Distance" hingegen bedeutet, dass die Partner psychologisch getrennt sind, was eine individuelle Ganzheit und Individuation ermöglicht: „[Y]ou are self-contained, you have your own sacred space." Die Sprecherin spiegelt die Entwicklung vom Anspruch der Zusammengehörigkeit zu „Intimacy with distance" durch ihre „Only this"-Einstellung zumindest ansatzweise wider.[491]

490 Sharp, *Digesting Jung* 67f.

491 Vgl. Hierzu auch Rowland: „The core Jungian process of individuation is built upon an erotic encounter with an Other where that Other can be another person (in sexual or platonic mode) or the Other gender in the unconscious or yet another image representing Otherness. Since the Jungian unconscious is creative, autonomous and never to be fully comprehended or conquered by the ego's imperious demands, the Jungian Other is a privileged entity. This Other can only be wooed in Jungian individuation romance: it is an Other demanding an ethical relationship in a respect for its incapacity ever to be completely known to consciousness. The Jungian Other exists in a state of

b) „[L]imited by flesh“ – Erwartungs- und Charakterkonflikte

Die Rolle der angestrebten Syzygie sowie das permanent anklingende Problem der Vereinigungsproblematik bleiben in der Sekundärliteratur nicht unbeachtet. Atwood stellt in „MacEwen's Muse“ fest: „The poet's function is to dedicate her life to the search for the Muse, and the poetry itself is [...] a record of the search.”[492] Potvin ergänzt diese Suche nach der *male Muse* durch die weibliche Art des Suchens; MacEwens Lyrik ist demnach „a quest [...] typical of women writers which differentiates it from androcentric writing: female questors who instead of venturing out into the world, journey within the self.” MacEwen folgt hiermit dem „pattern of female interiorizing” und nicht dem „more common pattern of androcentric exteriorizing”[493]. Hierzu sucht sie, wie erwähnt, die Vereinigung mit dem Animus als Führer und Kontakt zur Schattenwelt: „[T]hroughout her work she seeks a *hieros gamos* between opposites.”[494]

Das Endziel der Vereinigung mit dem Animus führt dazu, dass Potvin MacEwens Werke als „a challenge to dualism itself“ ansieht. Die Vereinigung mit der *male Muse*/dem Animus sieht Potvin als Weg zur Erreichung einer Synthese: „When they are united in *hieros gamos*, the sacred couple [...] [is] symbolizing the beginnings of pastoral perfection, the possibility of transcending dualism in a union which would move them beyond time to an ideal state of unity glimpsed momentarily by the poet in her dream.”[495]

Dass diese Vereinigung eine problematische Komponente hat, wird schon in Potvins Aussage angedeutet: Die Sprecherin erhascht nur im Traum einen Eindruck dieses idealen Status, denn eine dauerhafte Vereinigung mit dem Animus ist nicht möglich. Der Animus ist die Verkörperung der „unbestimmten Vielzahl“ des Mannes und widerspricht der „leidenschaftliche Ausschließlichkeit“

---

romance which requires the sacrifice of the ego's tendency to subordinate and control” (*C.G. Jung in the Humanities* 52).

492 Atwood, „MacEwen's Muse” 31.

493 Potvin 19f.

494 Potvin 31. Der Begriff *hieros gamos* steht für „wholeness achieved by the union of opposites, especially by coming to terms with the contrasexual, the anima in man, the animus in woman“ (Snider 20). Im Jung'schen Kontext unterstreicht Henderson die Rolle, die die Vereinigung gerade für die Frau hat: „[D]ie heilige Ehe [hat] als archetypische Form eine wichtige Bedeutung für die Psychologie der Frauen, eine Bedeutung, auf die sie während des Heranwachsens durch viele Ereignisse initiatorischen Charakters vorbereitet werden.“ Er beschreibt das Hochzeitsritual daher als „weiblichen Initiationsritus“, vgl. Joseph L. Henderson, „Der moderne Mensch und die Mythen“, *Der Mensch und seine Symbole*, Hg. C.G. Jung und Marie-Louise von Franz, 16. Auflage (Düsseldorf & Zürich: Patmos Verlag, 2003) 106-159, siehe 136.

495 Potvin 32f.

der Frau.[496] Er kann nicht endgültig definiert und entschlüsselt werden. Potvin sieht den Animus daher als „icon of creativity“: „He is constantly changing [...] each reincarnation representing another aspect of himself.“[497] Was Potvin als positive, kreative Disposition ansieht, ist für das lyrische Ich eine unlösbare Herausforderung. Das Lebensziel des lyrischen Ichs, ihre Animusfigur zu finden und mit ihr die dauernde Vereinigung zum göttlichen Paar zu vollziehen, kann mit einer sich ständig wandelnden, maskenhaften, unfassbaren *male Muse* nicht zufriedenstellend erfüllt werden.

Diese Herausforderung wird verstärkt durch das „Female Spiritual Desire“ der Poetin: Sie verkörpert in ihrem Streben nach Vereinigung mit dem Animus die „leidenschaftliche Ausschließlichkeit“. Dies attestiert auch Atwood, indem sie MacEwens Lyrik „a strong pull [...] towards completion” sowie den Drang, mit der Muse permanent „truly one” zu sein, zuschreibt.[498] Wenn Potvin „the conscious and unconscious realms of a *woman's* psyche”[499] als Thema in MacEwens Werk sieht, wenn sie als ein wiederkehrendes Motiv „the female devourer“ erkennt und MacEwens Vereinigungsdrang als „particularly feminine“ beschreibt, dann spiegelt sie damit die Ausschließlichkeit als weibliches Charakteristikum nach Jung wider. Der Konflikt zwischen diesem Drang zur Ausschließlichkeit und der Vielseitigkeit der *male Muse* liegt auf der Hand.

Erschwerend kommt allerdings als Charaktereigenschaft des Animus-Archetypen hinzu, dass er seine Rolle nur dann erfüllen kann, wenn das Individuum ihn als autonom wahrnimmt. So sagt Jung insbesondere über den Anima/Animus-Archetypen: „[Er] ist und bleibt also [der] Vertreter [...] jenes Teiles des Unbewußten, der nie und nimmer in eine menschlich erreichbare Ganzheit genommen werden kann.“[500] Das Gegenteil ist viel eher der Fall: Je mehr die Individuation und Bewusstwerdung des Individuums fortschreitet und je mehr dieses aktiven Anteil an den Produkten seines Unbewussten hat, desto mehr verschwindet der personifizierte Animus-/Anima-Archetyp. Der Annäherungsdrang und die Internalisierungstendenz der Sprecherin wirken so entgegengesetzt zur notwendigen Trennung zwischen bewussten und unbewussten Inhalten sowie entgegengesetzt der eigenen Individuation.

Auch die „leidenschaftliche“ Komponente der weiblichen Charaktereigenschaften nach Jung stellt Potvin fest, indem sie bemerkt: „The emphasis upon the flesh as the *means* to achieving divinity is consistent throughout

---

496 Jung, *Gesammelte Werke* 7 230.

497 Potvin 32.

498 Atwood, „MacEwen's Muse” 29.

499 Potvin 27.

500 Jung, *Gesammelte Werke* 9, 1 258.

[MacEwen's] work."[501] Die körperliche Vereinigung hat nicht nur die Schaffung des göttlichen Paares und die Integration des *„fremden anderen in mir"* [502] zum Ziel, sondern bedeutet – nach Jung zumindest für die Frau – eine Bestätigung des Dranges nach Beziehung, Bezogenheit und Bindung: „Die normale Sexualität als ein gemeinsames und scheinbar gleichgerichtetes Erleben bestärkt das Gefühl der Einheit und der Identität."[503] „[K]örperliche Vereinigung gehört zu den affektiv stärkst betonten psychischen Inhalten"[504], fügt er zu. Als problematisch erweist sich, dass auch dieser Zustand der körperlichen Vereinigung nicht gehalten werden kann: „[T]he union of Muse and poet is limited by the flesh, and even when it takes place in dream or fantasy it is bound by the structures of time and, in poetry, by the length of the poem."[505]

Die Vereinigungsproblematik ergibt sich demnach aus dem Zusammenspiel der Erwartungshaltung des femininen lyrischen Ichs mit der Doppelrolle der *male Muse* als autonomer Animus und Bezogenheit versprechender Schattengeliebter.

Zu der paradoxen Beziehung zwischen *male Muse* und lyrischem Ich kommt jedoch eine weitere Absurdität hinzu. Nach Atwood ist die Aufgabe der Poetin, die Muse zu finden, und das poetische Werk die Dokumentation dieser Suche.[506] Fände sie ihre Muse, so wäre dies das Ende des Werks. Die Befriedigung der einen Leidenschaft zerstört die andere Leidenschaft. Dies stellt auch Bartley fest:

> Remember that the muse is the inspirator of language: MacEwen is writing a love poem to her own poetry. What stuns her is that when the aim of poetry is achieved, the muse is internalized, a part of the self, crashing through flesh. There is silence.[507]

Auch Atwood sieht in der Vereinigung das Ende der bisherigen Welt:

> [I]f the divine couple could ever permanently join, the universe which has emanated from their division would be drawn back into them and all things would indeed be truly one, a sky-earth, flesh-spirit, spirit-flesh landscape. [...] Time and space would be abolished.[508]

Somit birgt letztlich die endgültige Vereinigung des göttlichen Paares ein zerstörerisches Element. Die fatale Folge der endgültigen Entschlüsselung des

501 Potvin 28.
502 Jung, *Gesammelte Werke* 13 376.
503 Jung, *Gesammelte Werke* 17 218.
504 Jung, *Symbole der Wandlung* 194.
505 Atwood, „MacEwen's Muse" 29.
506 Atwood, „MacEwen's Muse" 31.
507 Bartley, „Gwendolyn MacEwen" 255.
508 Atwood, „MacEwen's Muse" 29.

Animus und damit der Seele betont auch Jung: „Wäre die Bewegtheit und das Schillern der Seele nicht, der Mensch würde in seiner größten Leidenschaft, der Trägheit, zum Stillstand kommen.“[509] Bartley sieht den Schreibanlass der nicht-festzuhaltenden Vereinigung als Grund für die Unverständlichkeit, die MacEwens Werk zugeschrieben wird: „Perhaps the very elusive nature of the synthesis is, in part, responsible for the abstruseness so often perceived in MacEwen's poetry. Only when form and content fuse is she to grasp momentarily the wholeness she seeks.”[510]

c) „[D]en Schattengeliebten […] überwinden“ – Obsessive Liebe als Stufe des Individuationsprozesses

Angeregt durch ihre Arbeit mit Frauenbiographien – unter anderem der Biographie Gwendolyn MacEwens – widmet Rosemary Sullivan ihr Werk *Labyrinth of Desire: Women, Passion, and Romantic Love* den verschiedenen Beziehungserwartungen von Mann und Frau. Sie stellt fest, dass „romantic obsession“ eine spezifische Art der Liebe der Frau ist, die einerseits aufgrund ihres Anspruchs auf Ausschließlichkeit und Intensität zum Scheitern verurteilt ist. Das Objekt der obsessiven Liebe soll nur die Rolle des Geliebten spielen, ein Leben parallel zur Liebesbeziehung – ein „normal anything“[511] – ist nicht erwartet. Diese Art der obsessive Liebe kann in der Realität nicht existieren. Andererseits dient romantische Obsession aber der Selbstfindung: „[F]alling obsessively in love is one of life's necessary assignments. It cracks us open. […] The experience is really an initiation, a process of transition.“[512] Eine weitere Zusammenfassung dieses Gedankens macht die Verbindung zum Individuationsprozess sowie zur „Folge kleiner Schreie” und zur Numinosität noch deutlicher:

> [Through obsessive love] we find ourselves caught in a world of mirrors, looking in astonishment at the multiple selves that occupy our inner world. And we thought we knew ourselves! But the feeling of losing control, of our boundaries giving way, is the first step in an important initiation. Obsessive love sends us deep inside the ca-verns of our own psyches, where, if we have the stamina, we will discover how rich, how resonant, how numinous we are.[513]

---

509 Jung, *Archetypen* 29.

510 Bartley, *Invocations* 11. Generell bezeichnet Bartley als ein Hauptmotiv in MacEwens Werk „an uncovering that does yield mystery but which also eludes final statements“ (*Invocations* 1).

511 Sullivan, *Labyrinth of Desire. Women, Passion, and Romantic Obsession* (Washington, D.C.: Counterpoint, 2001) 168.

512 Sullivan, *Labyrinth of Desire* 4.

513 Sullivan, *Labyrinth of Desire* 100f.

Dieselbe Bedeutung schreibt auch John R. Haule der Obsession der Liebe zu. In seiner tiefenpsychologischen Analyse der romantischen Liebe bezeichnet er die Erfahrung des „Demon-Lover" als Projektion des eigenen Animus/der eigenen Anima als „Archetype[...] of Romantic Love" und damit als notwendigen Schritt im Individuationsprozess des Individuums in Partnerschaft.[514] Körperlichkeit und Sexualität spielen hierbei eine große Rolle. Einerseits versprechen sie Wärme und Intimität, andererseits bergen sie das Risiko Schmerz: Die Ausschließlichkeit durch Körperlichkeit ist nur eine Augenblickaufnahme, der Mythos „*We are one*" ist nach Sullivan eine Fantasie, die nicht zu erreichen ist.[515] Vergleicht man Sullivans Überlegungen mit MacEwens *male Muse*, so kann die Beziehung zwischen lyrischem Ich und Animusfigur als obsessive Liebe charakterisiert werden.

Mit Marie-Louise von Franz, Esther Harding und Emma Jung erwähnen auch drei der führenden Jungianerinnen den Zusammenhang zwischen der Individuation der Frau und Besitz ergreifender Liebe zur Animus-Figur. Von Franz betont, dass es das Ziel der Frau sein muss, sich von der Macht ihres Animus zu befreien. Dies sei zwar ein zeitintensiver, langer und leidvoller Vorgang, der Animus verwandele sich dadurch allerdings in einen „‚inneren Gefährten' von höchstem Wert"[516]. Dasselbe rät auch Harding im Umgang mit dem Schattengeliebten: „Er holt aus den schöpferischen Quellen des Unbewussten die Schätze herauf und stellt sie dem Menschen zur Verfügung, der Mut und Kraft genug hatte, den Schattengeliebten zu überwinden."[517] Emma Jung verwendet sogar den Begriff der „Animusbesessenheit", unter dem sie die Gefahr versteht, „vom Animus verschluckt resp. mit ihm identisch zu werden."[518] Sie setzt die Abwendung dieser Animusbesessenheit mit der Individuation gleich:

> Die Unterscheidung zwischen einem selbst und dem Animus und die scharfe Abgrenzung seines Machtbereiches ist von außerordentlicher Wichtigkeit; denn einzig dadurch wird es möglich, sich aus der Identität und Besessenheit mit ihren verhängnisvollen Folgen zu befreien. Mit dieser Unterscheidung Hand in Hand geht das Bewußtwerden und Realisieren des eigenen Selbst, das nunmehr zur entscheidenden Instanz wird."[519]

Auch Emma Jung betont, dass der Animus nach diesem Schritt zu „einer schaffenden Kraft" werden kann. Die Lektion, die man nach Emma Jung aus der Er-

514 John R. Haule, *Divine Madness. Archetypes of Romantic Love* (Fisher King Press [o.O.], 2010) 76ff.

515 Sullivan, *Labyrinth of Desire* 58, 89 und 175.

516 von Franz, „Der Individuationsprozess" 194.

517 Harding 86.

518 Emma Jung 314 und 353.

519 Emma Jung 349ff.

fahrung der Animusbesessenheit lernen kann, ist „die Ausbildung einer geistigen Haltung [...] welche aus der Beschränkung und Befangenheit im Eng-Persönlichen erlöst“[520] und es ermöglicht, „wirklich Frau im höheren Sinne zu sein.“[521] Die Schwierigkeit dieser Aufgabe versinnbildlicht Haule in dem Paradoxon *Divine Madness* als Titel seiner Analyse der romantischen Liebe.

Vergleicht man diese verschiedenen Aussagen über obsessive Liebe bzw. Besessenheit, lässt sich feststellen, dass sich die Beziehung der Sprecherin zu ihrem Animus im Sinne dieser „Ratschläge“ entwickelt – vom verzweifelten Versuch, eine ausschließliche Verbindung zu erreichen, bis hin zum rein kreativ-körperlichen Vereinigungsakt, der nur noch zweckgebundene Vereinigung sucht, ohne weitere Erwartungen zu stellen. Auch wenn das Ende von „The Shadow-Maker“ keinesweg eine endgültige Lösung zum Umgang mit dem Animus in Aussicht stellt, so kann doch ein geistiger Entwicklungsprozess des lyrischen Ichs von Animusbesessenheit zu Unterscheidung, Bewusstwerdung und Individualität festgestellt werden.

2.4. Andere Archetypen in *The Shadow-Maker*

Der Animus und die Syzygie sind die Archetypen, die in *The Shadow-Maker* am häufigsten auftreten. Allerdings finden auch andere Archetypen der Jung’schen Liste dominanter Bilder ihre Verwendung. Weiterhin verarbeitet MacEwen Archetypen, die Jung nicht als zu den häufigsten gehörig wertet. Die meisten dieser Archetypen wurden bereits in Verbindung mit anderen Themen angesprochen und sollen im Folgenden zusammengestellt werden. Die Reihenfolge soll hierbei in etwa die Häufigkeit ihres Auftretens widerspiegeln.

a) Das Wasser

Jung nennt den Wasserarchetypus zwar nicht in seiner Liste der wichtigsten Archetypen, in *The Shadow-Maker* nimmt er aber in der Rangfolge den Platz hinter Animus und Syzygie ein. Nach Jung hängt der Wasserarchetypus eng mit dem Unbewussten und dem Selbst zusammen. Wasser ist „Geist, der unbewußt geworden ist“[522], und die unbekannten Seiten des Selbst symbolisiert. Das Individuum muss im Selbstfindungsprozess in seine Wassertiefe hinabsteigen, um die verborgenen Inhalte seines Unbewussten ans Licht zu bringen.[523] Dem ersten Blick des Individuums ins Wasser kommt hierbei besondere Bedeutung zu. Das

520 Emma Jung 351.

521 Emma Jung 354; vgl. auch Haule 76ff sowie 95ff.

522 Jung, *Archetypen* 21.

523 Jung, *Archetypen* 20.

Wasserspiegelbild ist das „ungeschönte Bild“[524] des Selbst; die erste Konfrontation mit diesem ist die Mutprobe, die den Weg zur Individuation öffnet.

In *The Shadow-Maker* taucht der Wasserarchetyp in verschiedenen Funktionen auf. Einerseits ist er Teil der Landschaft. „The Portage“ und „Night On Gull Lake“ schildern die Reise in einer Wasserlandschaft, die im übertragenen Sinne für das Unbewusste steht. In dieser landschaftlichen bzw. atmosphärischen Funktion taucht Wasser nicht nur als See bzw. Ozean auf, sondern auch in Form von Regen und Nebel. Die Nacht auf der Insel in „Night on Gull Lake“ ist eine „night of rain“, und nach der Abfahrt am Morgen ist die Insel „lost / in fog“. Auch „Second Song from the Fifth Earth“ spielt sich zum Teil in einem „garden of rain“ ab. In allen Beispielen symbolisieren die verschiedenen physikalischen Formen des Wassers den Bereich des Unbewussten als Handlungsort.

Neben der geographisch-physikalischen Landschaftsfunktion steht das Wasser allerdings auch unmittelbar für die Traumlandschaft und ist eng mit dem Unbewussten verbunden. So sagt die Sprecherin in „Dark Stars“ „[l]ike seas we contain life“ und taucht in „Dark Pines Under Water“ „downward“, „deeper“ in die Tiefen ihres Unbewussten ein. In „Two Voices“ warnt das Unbewusste vor der Gefahr des Ertrinkens in seinen Tiefen („you must grow tall as seas / Lest you drown in me“), und die *male Muse* als Bewohner dieser Tiefen und als Begleiter im Individuationsprozess erscheint an mehreren Stellen als „wassertauglich“ („The Swimmer“ und „The Man-Fish“). Durch den Kontakt zum Wasser mit dem Animus als „Schwimmmeister“ findet die Sprecherin ihr Selbst, wie „Song for a Stranger“ zeigt: „[W]e swim in turquoise pools / And then lie down together to plot / The birth of a more accurate world.“

Um den so zustande kommenden Kontakt mit den Bereichen des Unbewussten zu verbildlichen, verwendet MacEwen Wasser letztendlich auch als Kondition: So fragt sich die Sprecherin in „Dark Stars“ „Am I fluid now and no more fire?“ um sich ihrer Bewegung vom rationalen Wachzustandes zum unbewussten Traumzustand klarzuwerden.

b) Der Schatten

Der Schattenarchetypus steht für die abgelegten Seiten der eigenen Persönlichkeit und stellt somit das persönliche Unbewusste dar.[525] Die Begegnung mit dem eigenen Schatten ist nach Jung unerlässlich für die Individuation und bedeutet „*Erleuchtung*“[526]. Somit steht der Schattenarchetypus einerseits für die Entzweiung mit sich selbst, andererseits aber ebenso für die Möglichkeit der Ganzwer-

524 Brumlik 66.

525 Brumlik 67.

526 Jung, *Gesammelte Werke* 14,1 279.

dung. Der Schatten ist nach Jung zwar wesentlich leichter zu durchschauen als Anima und Animus, dennoch bedarf es auch in der Auseinandersetzung mit ihm erheblicher Arbeit. Der beträchtliche Aufwand, der zur Erkennung des Schattens erforderlich ist, zeigt sich in *The Shadow-Maker* darin, dass die Sprecherin nicht alleine mit ihrem Schatten konfrontiert sein möchte und ihren Animus zum „Shadow-maker" macht. Dies wird besonders deutlich in „The Shadow-Maker", in dem der Animus direkt mit den „necessary shadows" verbunden ist und von der Sprecherin angerufen wird, als Schattengeliebter ihre „Dark spaces" für sie fassbar zu machen. Durch die dreifache Verwendung des Terms „Shadow-Maker" als Buchtitel, Kapitelüberschrift und Gedichttitel kommt dem Animus bzw. der *male Muse* und dem Schatten eine herausragende Rolle zu.

Der Schattenarchetypus tritt in den Gedichten auf, die am deutlichsten die Individuationslehre widerspiegeln, wie z. B. in „Poem". Das dort repräsentierte Abhängigkeitsverhältnis von Sonne und Schatten ist eine Metapher für das Abhängigkeitsverhältnis zwischen Bewusstem und Unbewusstem. Allerdings tritt auch der Schatten als autonome Kraft auf, der die Sonne bzw. das Bewusstsein stört („Can you lose the shadow which stalks the sun?"). Die Tatsache, dass der Schatten ein nicht integrierter, fremder Teil der Persönlichkeit ist, wird dadurch ausgedrückt, dass er mit dem Personalpronomen „it" umschrieben wird, während der Animus beispielsweise durchweg als „he" auftritt. Interessant ist hierbei, dass der Schatten als Projektion oder Traumbild eigentlich gleichgeschlechtlich ist und dadurch den Aspekt des Persönlichen im Unbewussten spiegelt. Die Tatsache, dass die Sprecherin den Schatten in „Poem" als „it" bezeichnet, deutet darauf hin, dass sie das Stadium der Projektion überwunden hat und den Schatten als autonomes Gegenüber sieht.

Die Relevanz des Schattens in diesem Gedichtband und seine Verbindung zum Individuationsprozess verdeutlicht MacEwen in ihrer Einführung zu einer Folge des CBC-Progamms *Anthology*, die *The Shadow-Maker* gewidmet ist:

> This is a dark book. The poems deal with loss, doubt and fear – all the shadows that lurk just behind the daylight of our lives. But if these are poems of loss I trust they are also poems of recovery, for they have not been written only to describe human darkness but to seek as it were a kind of salvation, a way out, a re-entry into light. Finally, they are for me poems of faith, of rediscovery of the simple truth that these shadows we face, the fears, are in fact necessary for any sort of human growth.[527]

527 „The Shadow-Maker", *Anthology*, CBC, Toronto, 11.01.1969 (English Radio Archives).

c) Symbole des Selbst

Das Selbst ist kein Archetyp, sondern eine psychologische Gegebenheit. Es ist allerdings die Basis für bestimmte Archetypen bzw. Symbole. Jung unterscheidet insgesamt zwischen dem Unbewussten/dem Schatten, dem Selbst und dem Ich. Repräsentiert der Schatten die abgelegten, noch unbewussten Anteile der Persönlichkeit, so steht das Ich für die Inhalte, die dem Individuum bewusst sind. Das Ich ist ein „Komplex von Vorstellungen, der mir das Zentrum meines Bewußtseinsfeldes ausmacht.“[528] Das Selbst hingegen umfasst den bewussten und den unbewussten Anteil der Persönlichkeit, es ist „das Subjekt meiner gesamten, also auch meiner unbewußten Psyche“[529] und „drückt die Einheit und Ganzheit der Gesamtpersönlichkeit aus“[530]. Folglich steht „[d]as Ich [...] dem ‚Selbst' wie ein Teil dem Ganzen gegenüber“, und das Selbst ist somit übergeordnet.[531] Diese übergeordnete, ideale Persönlichkeit ist allerdings ein unerreichbares Ziel:

> Es besteht [...] keine Hoffung, daß wir je auch nur eine annähernde Bewußtheit des Selbst erreichen, denn, soviel wir auch bewußt machen mögen, immer wird noch eine unbestimmte und unbestimmbare Menge von Unbewußtem vorhanden sein, welches mit zur Totalität des Selbst gehört.[532]

Diese Problematik versprachlicht MacEwen in „The Discovery“, dessen Inhalt sich um die Entdeckung des Selbst dreht und dessen Schlusszeilen bereits zitiert wurden: „the moment when it seems most plain / is the when you must begin again“.

Ist das Selbst auch kein Archetyp, so wird es doch durch eine Reihe von Symbolen repräsentiert. Über Symbole des Selbst bemerkt Jung generell: „Zum Symbol des Selbst kann alles werden, von dem der Mensch eine umfassendere Ganzheit voraussetzt als von sich selbst.“[533]

Zunächst ist der Baum „Prototyp des *Selbst*“[534]. Er verbildlicht die Individuation als Wachstumsvorgang und steht somit sowohl für das Ziel als auch für den Ursprung des Individuationsprozesses. Den Baum verwendet MacEwen in vielerlei Gestalt und Form – jeweils um eine bestimmte Stufe im Individuationsprozess auszudrücken: Man findet einen kargen Baum in „Night on Gull

528 Jung, *Gesammelte Werke* 6 471.
529 Jung, *Gesammelte Werke* 6 471.
530 Jung, *Gesammelte Werke* 6 512.
531 Jung, *Archetypen* 141.
532 Jung, *Gesammelte Werke* 7 196.
533 Zitiert in Schmitt 237.
534 Jung, *Gesammelte Werke* 13 273.

Lake", „sinking pines" in „Dark Pines under Water", Bäume mit „leaves and their golden / falling" in „The Sacrifice".

Neben dem Baum benutzt MacEwen das Spiegelbild – wie gezeigt – als Symbol für das Selbst: In ihm zeigt sich die wahre Persönlichkeit als ungeschöntes Bild des Individuums. In „Dark Pines Under Water" wirken Baum, Wasser und Spiegelbild zusammen und verhelfen der Sprecherin zur Weiterentwicklung.

Eine Beschränkung bezüglich der Symbole des Selbst findet sich Jung zufolge in der Entfremdung von Unbewusstem und Bewusstem: „Durch den unbewußten Anteil ist das Selbst dermaßen vom Bewußtsein entfernt, daß es nur zum einen Teil durch menschliche Figuren ausgedrückt wird, zum anderen aber durch sachliche, abstrakte Symbole."[535] Diese sachlichen, abstrakten Symbole sind der Kreis und die Quaternität, oft in Form eines Quadrates oder eines Kreuzes. Neben diesen geometrischen Formen verbildlicht sich das Selbst ebenso in Tiersymbolen wie „Drache, Schlange, Elefant, Löwe, Bär oder sonst wie mächtige Tiere, oder im Gegenteil Spinne, Krebs, Schmetterling, Käfer, Wurm und so weiter."[536] Letztendlich ist der Archetypus, der in unmittelbare Verbindung mit dem Selbst gebracht wird, das Kind.[537]

Verschiedene Tiere, Kreise und Tetraden sowie das Kind finden sich in *The Shadow-Maker*, wie im Folgenden gezeigt werden soll.

d) Das Tier

Tiere verschiedener Art treten als Symbol des Selbst bzw. der Ganzheit in verschiedenen Gedichten auf und stehen ebenso für Vorgänge, die – fern vom Einflussbereich des Bewusstseins – auf der Instinktstufe stattfinden.[538] Erinnert sei beispielsweise an die nicht näher identifizierten Ungeheuer aus „Invocations", die „[the] demon of my darker self" des lyrischen Ichs verkörpern und in „Dream Two: The Beasts" wieder auftreten. Die Darstellung des Individuationsprozesses durch eine geglückte Zähmung des Monsters, „[whose] jaws [once] unfolded fire", sowie durch seine neue Existenz als harmloses, mit einem Blumenkranz geschmücktes Wesen wurde in „The Taming of the Dragon" besprochen. Ein weiteres Reptil, dessen Bedeutung herausgestellt wurde, ist die (abwesende) Schlange in „Night on Gull Lake" und „Second Song from the

---

535 Jung, *Archetypen* 142.

536 Jung, *Archetypen* 142, vgl. auch Brumlik 70.

537 Schmitt 154.

538 Jung, *Gesammelte Werke* 14,1 163. Jacobi erwähnt als eine unerlässliche Erfahrung im Individuationsprozess, dass „man von Tieren ‚gebissen' [wird]" (*Die Psychologie von C.G. Jung* 128).

Fifth Earth". Schließlich wurde im Zusammenhang mit „The Wings" das Pferd besprochen, das ebenso für die instinktgeleitete Handlung, zusätzlich jedoch für die Energiebestände der unbewussten Inhalte steht.

e) Die Quaternität

Die Quaternität als Archetypus spiegelt Ordnung wider. Die Zahl Vier wird als ausbalanciertes Verhältnis angesehen. Sie ist gerade, symmetrisch und kann in zwei Paare aufgeteilt werden, die ihrerseits wiederum symmetrisch sind. Der Quaternitätsarchetypus steht daher für Ganzheit. Die Zahl Drei hingegen ist eine unkomplette Quaternität. Sie ist der Balance zahlenmäßig sehr nahe, stellt aber keine Symmetrie und Ausgeglichenheit dar. Jung redet vom „Dilemma von Drei und Vier"[539].

Der Archetypus der Quaternität findet sich in *The Shadow-Maker* einerseits als Strukturmerkmal. Der Gedichtband ist in vier Kapitel aufgeteilt, die zusammen ein strukturelles und inhaltlich harmonisches Ganzes ergeben und den fortschreitenden Individuationsprozess der Sprecherin darstellen. Als Gegentendenz hierzu findet sich allerdings auch die Triade als Strukturmerkmal. Im dritten Kapitel als dem Kapitel, das der Vervollständigung der Quaternität direkt vorausgeht, findet sich die Darstellung einer Traumsequenz, die drei Träume umfasst („Dream One: The Man-Fish", „Dream Two: The Beasts", „Dream Three: The Child"). Hier unterstreicht MacEwen den Traum als Weg zur Ganzheit und verstärkt die bisher nicht erfolgte Herstellung derselben durch die Triade.

Neben diesem Gebrauch als Strukturmerkmal taucht die Tetrade auch als Ganzheitssymbol in Gedichten auf. Erinnert sei an den einzelnen Stern, der dem mageren Baum in „Night on Gull Lake" Gesellschaft leistet („By night / the meagre tree held a star / in its fingers"). Das Gestirn symbolisiert nach Jung die Quaternität, ein einzelner Stern deutet auf eine noch nicht sehr fortgeschrittene Individuation hin, vor allem in Zusammenhang mit dem kargen Baum als Symbol des Selbst. Ebenso tauchen Tetrade und Triade in der Traumdarstellung „The Child" auf – bezeichnenderweise „Dream Three" der Traumsequenz. Das Gedicht spielt durchweg mit abnehmenden und zunehmenden Zahlenreihen, die sich um das Verb „to turn" bilden und damit in Verbindung zum Kreis als weiterem Symbol des Selbst stehen. Hierbei findet sich nicht nur die Tetrade, sondern auch die Triade und die geteilte Tetrade – ein Spiel mit den verschiedenen Stadien der Ganzheit, deren fortschreitende Entwicklung durch das Kind als Akteur unterstrichen wird.

539 Jung, *Gesammelte Werke* 13 298.

f) Der Kreis

Die Bedeutung des Kreises als Symbol der Individuation nimmt in *The Shadow-Maker* eine besondere Stellung ein. Der Kreis steht nicht nur für Ganzheit und Individuation, sondern auch für die Vereinigung der Gegensätze. Jung erwähnt in diesem Zusammenhang die östliche Mandalapsychologie als Gegensatz zur westlich-christlichen Philosophie: Während in der christlichen Lehre die Welt in gut und böse geteilt ist und eine dogmatische Unversöhnlichkeit zwischen beiden Seiten herrscht, orientiert sich die Mandalapsychologie am Bild des Rades der Existenz, das permanent in Bewegung ist und damit das ethische Problem von gut und böse relativiert: „[W]er hoch oben war, wird tief unten sein, wer unten war, wird oben sein. Aus der Dunkelheit kommt das Licht, und nach dem Licht kommt wieder die Dunkelheit, deshalb ist das Böse nicht so schlecht, und das Gute ist nicht so gut, weil sie miteinander zusammenhängen.“[540]

Besonders Brent Wood betont die Bedeutung des Kreises in MacEwens Gesamtwerk – allerdings nicht mit Blick auf die Archetypenlehre. Dennoch können seine Ergebnisse an dieser Stelle herangezogen werden. Er sieht den Kreis als „way of synthesizing the finite and the infinite"[541], denn der Kreis ist „endless, yet we can see it all at once"[542]. Wood argumentiert, dass das Kreissymbol einerseits Einzelgedichte MacEwens bestimmt, sich andererseits als Ordnungsprinzip durch das gesamte Werk zieht und damit letztendlich eine permanente „evolution of thought and of poetic style"[543] repräsentiert.

Des Öfteren wurde die Funktion des Anfangs und des Endes der Gedichte erwähnt. Dies ist ein Merkmal, das Bartley als „MacEwen trademark"[544] bezeichnet: „[T]he endings [...] take the reader back to the beginnings [...] and also forward to an anticipation of new material, new levels of meaning."[545] Diese Vorgehensweise belegt auch MacEwen selbst: „I'm very careful with last lines: the poem has to end somehow, yet no poem really ends, in the sense of making a final statement on anything. Often these lines are deliberately open-ended, or even become questions."[546] Diese Leerstellen werden in anderen Gedichten gefüllt, beantwortet oder wieder aufgegriffen.

Auch andere Kritiker erkennen die Relevanz des Kreises in MacEwens Werk. Warwick beispielsweise argumentiert, dass die häufig benutzte Kreis-

540 Jung, *Traumanalyse* 525.
541 Wood 44.
542 Wood 42.
543 Wood 46.
544 Bartley, „Gwendolyn MacEwen" 261.
545 Bartley, *Invocations* 88.
546 Zitiert in Conway 62.

symbolik „MacEwen's tendency toward synthesis amid disintegration" zeige und führt dies auf die Eigenschaft des Kreises als „a figure that encloses" zurück.[547] Diesen Gedanken führt vor allem Potvin in ihrer Analyse des „Female Spriritual Desire" MacEwens fort, indem sie den Akt des Umschließens wegen seiner „uterine qualities"[548] als feminine, gleichzeitig aber Ganzheit schaffende Tätigkeit beschreibt: „To engulf is to refuse to isolate or divide."[549]

Woods Annahme, dass der Kreis als Symbol, aber ebenso als Ordnungsmittel eingesetzt wird, bestätigt sich auch an vielen Beispielen in den analysierten Gedichten. Themen, Bilder, Archetypen, Ideen, selbst einzelne Worte tauchen wiederholt und variiert auf und schaffen aus den Einzelgedichten in *The Shadow-Maker* eine Einheit. Das gesamte Werk routiert wie eine Endlosschleife um sich selbst und steht per se für den Kreisarchetypus. Herausgehoben werden können als Beispiele die zyklisch erscheinende, wandelbare *male Muse* sowie das Gedicht „The Wings" und das Kapitel „The Shadow-Maker", die – wie erläutert – in vielerlei Hinsicht die Kreise der wiederkehrenden Themen, Bilder, Archetypen, Ideen und Worte schließen und lose Enden zusammenführen.

Als Bild taucht der Kreis als das drehende Rad in „The Child" und als sich windende Schlange in „Night on Gull Lake" und „Second Song from the Fifth Earth" auf – in allen Fällen als Anzeiger von Individuationsstationen.

g) Das Kind

Das Bild des Kindes verwendet MacEwen nur in „Dream Three: The Child". Das dargestellte Kind spielt sozusagen mit dem Kreisarchetypus. Die Sprecherin tritt in Kommunikation mit dem Kind, welches sich in seinen Antworten mehr als Erwachsener darstellt, und erkennt am Ende in der Person des Kindes sich selbst. Aufgrund seiner noch nicht ausgeprägten Rationalität und der noch starken Bedeutung unbewusster Inhalte ist das Kind einerseits ein Ganzheitsymbol. Andererseits ist es aufgrund seiner unentwickelten Persönlichkeit ein Individuationssymbol, eine „Antizipation einer erst werdenden Bewußtseinslage"[550]. Das Kind ist „potentielle Zukunft"[551] sowie „Anfangswesen [...] und [...] Endwesen"[552]. Ebenso sieht Jung in dem Kindarchetypus ein „die Gegensätze vereinigendes Symbol, ein[en] Mediator, ein[en] *Heilbringer*, [...] Ganzmacher"[553]

547 Warwick 22.
548 Potvin 29.
549 Potvin 29.
550 Zitiert in Brumlik 71.
551 Jung zitiert in Schmitt 238.
552 Jung, *Archetypen* 133; vgl. auch Brumlik 74.
553 Jung, *Archetypen* 120.

sowie eine „Gestalt, die aus der Synthese der bewußten und der unbewußten Persönlichkeitselemente hervorgeht“[554]. Schmitt erläutert den Charakter der „complexio oppositorum“ des Kindes dadurch, dass das Kind aus der Vereinigung von Männlichem und Weiblichem entsteht.[555] Wie gezeigt deutet das Kind in „Dream Three: The Child“ auf den Individuationsprozess hin und personifiziert das Selbst der Träumerin.

h) Die Göttlichkeit

Jung nennt den Gottarchetypus zwar nicht in seiner Liste der häufigsten Archetypen, dennoch kommt ihm in der Rangfolge der Archetypen große Bedeutung zu. So betont Jung an anderer Stelle, dass „die Idee eines übermächtigen, göttlichen Wesens [...] überall vorhanden [ist], wenn nicht bewußt, so doch unbewußt, denn sie ist ein Archetypus“[556]. Auch Brumlik beschreibt den Gottarchetypus als „Archetypus aller Archetypen“, ist er doch ein „bildhafter Inbegriff jenes Abgründigen“, jenes Unbekannt-Numinosen, das den Individuationsprozess vorantreibt.[557] Im Bezug auf den Begriff des Unbekannten erläutert Jung auch die Verbindung zwischen Religion und Psychologie, indem er sagt: „Der Religiöse nennt diesen absconditum Gott; der wissenschaftliche Intellekt heißt ihn das Unbewußte.“[558]

Der Gottarchetypus hat allerdings ein Janusgesicht: Er ist Schöpfer und Zerstörer, erzeugt und tötet, und bewirkt als liebender und zornig strafender Vater Zuneigung, aber auch Furcht und Angst.[559] Diese zugleich positive als auch negative Wirkung des Gottarchetypen wird deutlich in der Überschrift „Holy Terrors“ des ersten Kapitels. Die „Folge kleiner Schreie“ muss durchlaufen werden, damit am Ende der heilbringende Individuationsprozess stehen kann. Im Fortlauf von *The Shadow-Maker* taucht der Gottarchetyp in vielerlei Gestalt auf. Erinnert sei an die religiöse Symbolik und Sprache, die sich durchweg in „The Sacrifice“ findet („sacrifice“, „holy / oil“, „altars of the world“, „their truest / prayers“, „consecrate“, „God“). Auch andere Gedichte wie „Poem“ („do not blaspheme it“) und „The Wings“ („Baptism in my own blood“) weisen die Verwendung religiöser Sprache auf. Letztlich steht das gesamte dritte Kapitel unter dem Motto eines religiösen Imagos: „God’s Shadow“.

---

554 Jung, *Archetypen* 120; vgl. auch Brumlik 71.
555 Schmitt 237f.
556 Jung, *Gesammelte Werke* 7 77.
557 Brumlik 80.
558 Jung zitiert in Brumlik, S. 81.
559 Jung, *Symbole der Wandlung* 80f.

Wie erwähnt, können in all diesen Beispielen religiöse Sprache und Inhalte als Platzhalter für den Wirkungsbereich des Unbewussten gesehen werden. MacEwen benutzt den Gottarchetypus, um einerseits die Wichtigkeit und Überlegenheit des Unbewussten zu verdeutlichen: Es ist ein Konstrukt, dass man anbeten, zu dem man aufschauen und das man verehren muss, denn es ist heilbringend und führt zum Ziel der Individuation. Andererseits ist es ein Konstrukt, dessen Inhalte unbekannt und furchterregend sind, das zudem Macht über das Individuum ausübt und das es daher zu beschwören gilt. Das Gebet und die religiöse Sprache dienen so nicht nur der Anbetung, sondern auch der Besänftigung. Gerade durch die Verwendung des Kindergebets in „Invocations“ wird so die Janusgesichtigkeit des Gottarchetypus und des Unbewussten klar („I pray the Lord my soul to keep”).

i) Der Alte Weise bzw. die Große Mutter

Es ist zu bemerken, dass der einzige Archetypus aus Jungs Liste der häufigsten Archetypen, der in *The Shadow-Maker* nicht auftaucht, der Alte Weise bzw. die Große Mutter ist. Dieser Archetypus bekommt jedoch Relevanz in den anderen zu analysierenden Werken und soll zu gegebenem Zeitpunkt besprochen werden.

3. *The Shadow-Maker* als Kunstwerk des persönlichen Unbewussten mit visionärem Anteil

Betrachtet man die Archetypen in *The Shadow-Maker*, so ist zu bemerken, dass von der prototypischen Reihenfolge, die Jung für das Auftreten der Archetypen nennt, abgewichen wird. *The Shadow-Maker* ist zwar ein Konzeptband, der die Individuations- und Archetypenlehre zum Thema hat, er stellt aber keine narrative Quest dar, in der die Selbstsuche des lyrischen Ichs geschildert wird. Analysiert man die Häufigkeit der Archetypen, so stellt man fest, dass der Animus und die Syzygie am stärksten vertreten sind. Dominant sind ebenso Bilder, die auf die Beschäftigung mit dem persönlichen Unbewussten hindeuten (wie das Wasser und der Schatten), sowie Symbole, die auf entstehende Ganzheit verweisen.

Ein wichtiger Punkt hinsichtlich der Verortung des Werkes liegt in der Beziehung zwischen der Sprecherin und ihrem Schatten. Sie ist bemüht, sich diesem zu stellen und sich seiner bewusst zu werden. Dass ihr dies von Kapitel zu Kapitel zunehmend besser gelingt, wurde anhand von unterschiedlichen Einzelanalysen gezeigt. Auch die Bedeutung des Animus, die ebenfalls mit zunehmender Kapitelzahl deutlich wird, stützt diese Interpretation: Er ist der „Shadow-maker", der der Sprecherin bei der Bewusstmachung des Schattens hilft. Auffällig ist, dass der Schatten in *The Shadow-Maker* nicht auf eine Person projiziert auftritt. Die Sprecherin spricht vielmehr den Schatten als Archetyp an und ist bereit, sich ihm als autonomem Inhalt gegenüberzustellen. Sie ist demnach über das Stadium der Projektion hinaus gelangt. Der nächste Schritt besteht darin, den Schatten zu integrieren: „Ist man imstande [...] den eigenen Schatten zu sehen und das Wissen um ihn zu ertragen, so ist [...] ein [...] Teil der Aufgabe gelöst: man hat wenigstens das persönliche Unbewusste aufgehoben."[560]

Ein weiterer Unterschied zur Archetypen-Reihenfolge Jungs fällt in diesem Zusammenhang auf: Während nach Jungs prototypischem Ablauf der Animus erst auf den Schatten folgt, ist der Animus in *The Shadow-Maker* ein Helfer bei der Integration des Schattens. Allerdings betont Schmitt über die Anwendung der Archetypen-Reihenfolge im literarischen Werk:

> Die Übertragung dieser psychologischen Reihe, die sich innerhalb der Individuation eines Menschen in der Dauer seines Lebenslaufes feststellen lässt, kann [...] nicht ohne bestimmte Modifikationen in die literarische Analyse übertragen werden. Es hieße Literatur in unzulässiger Weise zu schematisieren, erwartete man, dass sich ein Autor an diese von uns in idealtypischer Abstraktion skizzierte Reihe hielte. Gerade in der diese Reihung variierenden Art und Weise, in der Stoffe und Motive verarbeitet werden, wird der aktuelle Stand seiner Individuation mehr oder weniger künstlerisch gestaltet erscheinen. Damit liefert jeder Text ein typisches Profil der gerade aktuellen psychischen Einstellung, die in der von uns vorgenommenen Analyse erkannt werden soll.[561]

Die Variation, dass der Animus bzw. die Anima den Protagonisten dazu bringt, seinen Schatten zu erkennen, erwähnt Schmitt als eine Konstellation, die sich in der Literatur häufig findet. Er begründet dies wie folgt:

> Die benachbarten Positionen in der JUNGschen Archetypenreihe bringen es mit sich, dass Schatten und Anima sowohl in der psychischen Phänomenologie als auch in der Literatur in engstem Kontakt stehen. Oft weist der Schatten auf die Anima hin [...] oder [...] der Schatten [wird] erst sichtbar [...], nachdem die heilsame Verbindung des Bewusstseins mit der Anima vollzogen ist.[562]

Auffällig ist, dass die Große Mutter bzw. der Alte Weise als der Archetypus, der für das kollektive Unbewusste steht, keinerlei Verwendung in *The Shadow-Maker* findet. Auch das Kind als Archetypus des Selbst erscheint nur ein einziges Mal.

560 Schmitt 162.

561 Schmitt 155; vgl auch Coupe: „There is some difficulty in applying Jung's sequence of archetypes to literature, since very few texts represent the completed process" (142).

562 Schmitt 175.

Versucht man zusammenfassend das Profil der gerade aktuellen psychischen Einstellung zu ermitteln, die in dem Gedichtband repräsentiert wird, so erscheint *The Shadow-Maker* als ein Werk des persönlichen Unbewussten. Die Ebene des kollektiven Unbewussten spielt (noch) keine erwähnenswerte Rolle.

Daveys und Warwicks kritische Bezeichnungen wie „without flesh, feeling, or life", „shadowy", „unreal", „unarticulated", „subjective" (vgl. S. 60) untermauern die Kategorisierung von *The Shadow-Maker* als Werk, das sich in erster Linie mit dem persönlichen Unbewussten beschäftigt: Thema ist ein Erfahrungsprozess des lyrischen Ichs, der für Außenstehende fremd erscheint. Aus der Darstellung der inneren Vorgänge ergibt sich Schattenhaftigkeit als Resultat. *The Shadow-Maker* ist subjektiv und stellenweise schwer nachvollziehbar. Der Individua-tions- und Archetypenhintergrund kann – wie gezeigt – jedoch Abhilfe schaffen.

Nach Jungs Kategorisierung ist *The Shadow-Maker* allerdings nicht der Ebene des psychologischen Kunstwerks zugehörig (vgl. „Das Kunstwerk nach Jung, S. 21ff). Das Werk ist keinesfalls eine Darstellung von Alltäglichem; es reicht weiter als „eine Lebenserfahrung, eine Erschütterung, ein Erlebnis der Leidenschaft, menschliches Schicksal". Sein Stoff bewegt sich nicht „innerhalb der Reichweite des menschlichen Bewußtseins"[563], sondern versucht, über dieses hinaus ins Unbewusste zu dringen. Die Überschreitung der „Grenzen des [...] Versteh- und Erfaßbaren"[564] ist ein zentrales Anliegen von *The Shadow-Maker*.

In vielerlei Hinsicht kann *The Shadow-Maker* als visionäres Kunstwerk nach Jung gesehen werden: Züge „fremdartiger Wesenheit" und der „Ungeheuerlichkeit des Erlebnisses", allerdings auch die „Offenbarung", die menschliche Ahnung übersteigt, die „Unterordnung des Subjekts unter die Ansprüche des Objektes" sowie die Unfassbarkeit in Worte lassen sich erkennen.[565]

Der Begriff der Extravertiertheit des visionären Kunstwerkes nach Jung scheint allerdings zu fehlen: *The Shadow-Maker* versucht nicht, „sich aus den Beengungen und Sackgassen des Persönlichen zu befreien"[566], sondern gerade die persönliche unbewusste Komponente des Schattens zu verstehen. In diesem Punkt bezieht sich *The Shadow-Maker* also sehr wohl auf die subjektive Erlebniswelt, nicht auf die Außenwelt. Weitergeführt heißt dies, dass *The Shadow-*

563 Jung, „Psychologie und Dichtung" 102.

564 Jung, „Psychologie und Dichtung" 103.

565 Jung, „Psychologie und Dichtung" 103; vgl „Über die Beziehungen der analytischen Psychologie zum dichterischen Kunstwerk" 84.

566 „Über die Beziehungen der analytischen Psychologie zum dichterischen Kunstwerk" 82.

Maker nicht „für den Geist und das Herz der Menschheit spricht“[567], sondern für den Individuationsprozess des lyrischen Ichs. Den sozialen Aspekt der Kunst als „Botschaft an die Zeitgenossen“ vertritt der Gedichtband somit nicht; das lyrische Ich spricht als Privatperson und nicht als *„Kollektivmensch“*[568].

Den einzigen Aspekt, den man als universell gültigen Inhalt betrachten kann, ist die Darstellung des Individuationsprozesses als eine allgemeingültige Gegebenheit, der sich jedes Individuum stellen sollte. Frietsch bezeichnet die Wichtigkeit des Individuationsprozesses als Botschaft eines literarischen Werks als *„universale* Konstante“[569].

Eine detailliertere Verortung von *The Shadow-Maker* ermöglichen Dawsons Ausführungen. Dawson legt fünf Stufen fest, deren Ziel es ist „[to] specify the nature and the degree of consciousness implicit in any given work“[570]:

> The first stage describes a state in which people are utterly unconscious of any distinction between themselves and the world in which they live. They have little or no concept of themselves as beings distinct from what society expects of them. Their ideas are entirely in accord with societal expectations of them.
>
> The second stage consists of a long and sometimes painful separation of a person from the 'other.' It describes the process whereby a person gradually explores his or her own identity, usually by way of a dialectic with different facets of the 'other' (e.g. figure representing authority or 'difference').
>
> The third stage concerns the differentiation of moral properties. In this stage, a person is constantly engaged in testing the collective morality of his or her society in order to ascertain and frame his or her own ethical code.

567 Jung, „Psychologie und Dichtung“ 115.

568 Jung, „Psychologie und Dichtung“ 112.

569 Frietsch 27. Frietsch untersucht Texte Peter Handkes auf ihren Individuationsgehalt. Das Ziel seiner Studie ist die Analyse der „universalen Konstanten“ in Handkes Werk: „Vorliegende Untersuchung begreift Handkes Texte [...] als objektives Zeugnis subjektiver, psychischer Wirklichkeit und will herausarbeiten, dass Handkes scheinbarer Rückzug auf sich selbst und der Entschluss zum Beschreiben ureigenster und scheinbar nur persönlicher Erfahrungen und Wirklichkeiten auch ein transpersonales und kollektives Moment innehaben, eine archetypische Komponente, die deutlich aufgezeigt werden kann“ (31). Die Individuation als „universale Konstante” wird ebenso in einem Text deutlich, mit dem MacEwen die *The Shadow-Maker* gewidmete Ausgabe „Open Secret“ des CBC-Programms *Anthology* einleitet (Erstausstrahung 18.09.1971, CBC, Toronto, English Radio Archives): „In the following collection, *The Shadow-Maker*, I journeyed farther than I would have thought possible into the darkest parts of my own mind. [...] The poems are not finally diaries of myself, but discoveries of light and dark, good and evil, paradoxes as much yours as mine. And the book is a kind of 'Open Secret.'”

570 Dawson 276.

> A forth stage begins with the realization that the aura and authority within which one lives are of one's own making. The 'projection' is thereby broken and the world is seen as it really is, thereby freeing the person to become the specific human being that he or she is. This stage might seem to be the goal of the process but, according to Jung, it is not. For, divested of all its mana, the world can seem utterly devoid of either certainty or meaning and such a perception very quickly leads to feelings of alienation. This, self-evidently, cannot be described as any kind of goal.
>
> Thus, according to Jung, a fifth stage begins when we initiate a fresh dialectic with ourselves, a conscious questioning of our innate tendencies, especially those of which we are least aware and which are revealed to us only through a searching analysis of our dreams and waking fantasies. The end of this long process is to know oneself not as a rebel or outsider, but as the *specific* human being that one is within one's own society. In this way, the process comes full circle, for the goal is a new integration with society, utterly different from the first stage by virtue of one's full *consciousness* of one's individual nature, function, and limitations.

Nach dieser Aufteilung ist *The Shadow-Maker* auf Stufe Zwei zu verorten. Gesellschaftliche Belange spielen noch keine Rolle, es geht um die Bewältigung persönlicher Komponenten des Individuationsprozesses. Dies untermauert Dawson, indem er über die Rolle des Schattens bei der Verortung eines literarischen Werkes sagt: „[O]ne cannot move from ‚collective' to ‚individual' consciousness without confronting one's shadow, so the *first* literary works to reflect the personal concerns of their respective authors represent a confrontation with the shadow."[571] Die Einordnung von *The Shadow-Maker* als Werk des persönlichen Unbewussten erlaubt – folgt man Jung – eine Vorschau auf zukünftige Entwicklungen:

> Je mehr man sich […] seiner selbst bewußt wird, desto mehr verschwindet jene dem kollektiven Unbewußten aufgelagerte Schicht des persönlichen Unbewußten. Dadurch entsteht ein Bewußtsein, das nicht mehr in einer kleinlichen und persönlich empfindlichen Ich-Welt gefangen ist, sondern an einer weiteren Welt, am Objekte, teilnimmt. Dieses weitere Bewußtsein ist nicht mehr jener empfindliche, egoistische Knäuel von persönlichen Wünschen, Befürchtungen, Hoffnungen und Ambitionen, […] sondern es ist eine mit dem Objekt, der Welt, verknüpfte Beziehungsfunktion, welche das Individuum in eine unbedingte, verpflichtende und unauflösbare Gemeinschaft mit der Welt versetzt. […] Es handelt sich auf dieser Stufe in letzter Linie um kollektive Probleme, welche das kollektive Unbewußte in Bewegung setzen, weil sie einer kollektiven und nicht einer persönlichen Kompensation bedürfen.[572]

Nach der Bewältigung der Schatten des persönlichen Unbewussten ist demnach der Weg frei für visionäre Themen und Werke. Die tiefenpsychologische Bedeu-

571 Dawson 273.

572 Jung, *Gesammelte Werke* 7 196.

tung von Werken nach *The Shadow-Maker* soll daher im Anschluss untersucht werden.

Abschließend kann man so festhalten, dass *The Shadow-Maker* ein Werk ist, das zwar visionäre Züge trägt, aber dem Jung'schen Element der Extravertiertheit entbehrt; Archetypen werden zwar verarbeitet, jedoch in erster Linie solche, die das persönliche Unbewusste bzw. entstehende Ganzheit verkörpern. Die Ebene des kollektiven Unbewussten sowie universale Inhalte als Botschaften an die Zeitgenossen spielen noch keine Rolle – abgesehen von der impliziten Betonung der Wichtigkeit des Individuationsprozesses als „universale Konstante".

The Shadow-Maker kann also als ein Werk des persönlichen Unbewussten verstanden werden, bei dem es dem lyrischen Ich darum geht, einen Zugang zu seinem Schatten zu finden und diesen zu integrieren. Um diese Einordnung des Werkes näher zu begründen, erscheint ein Blick auf MacEwens Biographie nützlich, die im folgenden Kapitel im Zentrum stehen soll.

4. Gwendolyn MacEwen: Biographische Momente I

4.1. „[M]en [...] as muses" – MacEwen und die Liebe

Liebhabern, Partnern und Ehemännern kommt in MacEwens Leben ein sehr großer Stellenwert zu. Sie hat einige sehr ernste Beziehungen, die zwei Mal sogar in Eheschließung enden. Obwohl eng und intensiv ist jedoch keine ihrer Beziehungen von Dauer. Als MacEwen im Alter von 47 stirbt, ist sie allein. Gerade ihr gescheitertes Privatleben hat dazu beigetragen, dass MacEwen heute als tragische Figur der kanadischen Literatur gesehen wird.

Eine der bezeichnenden Beziehungen ist die zu dem in Kanada lebenden Ägypter Salah, der diese retrospektiv als „[having] no relation to reality" beschreibt. Er erinnert sich an MacEwens Verlangen, eine „one-to-one"-Beziehung zu führen, „where she didn't need the outside world" – laut Sullivans Bewertung eine obsessive Liebe.[573] Laut Salah scheitert die Beziehung an dieser Intensität und an den hohen Anforderungen, die MacEwen stellt. Eine weitere wichtige Beziehung in MacEwens Leben ist die zu ihrem zweiten Ehemann, dem Griechen Nikos Tsingos, die ebenso intensiv ist und aus ähnlichen Gründen scheitert. Während dieser Ehe entwickelt sich MacEwen zur Alkoholikerin.[574]

---

573 Sullivan, *Shadow Maker* 199ff.

574 Sullivan, *Shadow Maker* 272ff; vgl. auch Longfellow.

Es scheint, dass MacEwen von den Männern in ihrem Leben dieselbe Ausschließlichkeit und Absolutheit verlangt, die die Sprecherin in *The Shadow-Maker* von ihrer *male Muse* fordert[575] – allerdings mit dem gleichen Resultat: Weder Animus noch Liebhaber lassen sich endgültig besitzen und mit keinem von beiden ist eine andauernde, ausschließliche Vereinigung möglich. Die Parallele zwischen *male Muse*/Animus und MacEwens Liebhabern bestätigt Sullivan:

> Gwen [...] thought of her muse as male. [...] She kept seeing the men she met as muses. [...] But, for a woman, a man was a complicated figure onto whom to project the muse since most men wouldn't suffer the projection gladly. It diffused the power they had been taught to believe they needed over a woman. This made the territory of sexual politics – the power games of erotic love – even more complex for someone like Gwen.[576]

Sullivan bemerkt über die Parallele Liebhaber/*male Muse* weiterhin: „The men she fell in love with had to have some element of exoticism. They had to speak another language: the muse speaks another language."[577] Auffällig ist, dass dieses Charakteristikum der MacEwen'schen Liebhaber, das sich im Falle Salah und Tsingos bestätigt findet, die Umsetzung einer typischen Traum-Erscheinung des Animus zu sein scheint: Jung erwähnt, der Animus sei oft verkörpert in der Projektionsform „große Männer in fernen, unbekannten Städten"[578]. Die Faszination mit der Animusverkörperung des fremden, exotischen, nicht-kanadischen Mannes lässt sich im gesamten Werk MacEwens nachweisen und findet seinen Höhepunkt in ihrem Gedichtband *The T.E. Lawrence Poems*.[579]

4.2. „[O]rder out of the chaos" – Schreibphilosophie

Betrachtet man neben MacEwens Biographie ihr Selbstverständnis als Poetin, so ist auffällig, dass sie in ihren Ausführungen Jung nicht als Quelle nennt, de facto aber seine Theorien paraphrasiert. MacEwens Äußerungen über ihre Schreibphi-

---

575 In Jungs Verständnis projiziert MacEwen ihr Animusbild auf ihre Liebhaber.

576 Sullivan, *Red Shoes* 108. Linda Griffiths greift diese Problematik in *Alien Creature* auf, indem sie die Protagonistin MacEwen über ihre Liebhaber sagen lässt: „[W]hen we made love, we were learning. It was the kind of thing where you could say, ‚sex is my sacrament' and no one would snicker. I'm not saying living like this doesn't have any problems", vgl. Linda Griffiths, *Alien Creature. A Visitation from Gwendolyn MacEwen* (Toronto: Playwrights Canada Press, 2000) 34.

577 Vgl. Longfellow.

578 Jung, *Gesammelte Werke* 7 231.

579 MacEwen sieht T.E. Lawrence als ihren Seelenverwandten und ihr männliches Selbst an, was vor allem Sullivan in ihrem bezeichnenden Kapitel „The Chosen Twin" herausstellt (*Shadow Maker* 315ff). Vgl. hierzu auch *Noman* und *Noman's Land*.

losophie sind zahlreich, an dieser Stelle sollen nur einige Aussagen exemplarisch angeführt werden.

Generell fasst MacEwen ihre Motivation zu schreiben wie folgt zusammen: „The main objective for me as a poet is to understand the contents of my subconscious as it's revealed to me in dreams and to exercise a conscious control over this material to create in fact order out of the chaos which is my own mind, which is everyone's mind."[580] Mit dem Wahrnehmen und Bewusstmachen unbewusster Inhalte, der Integration derselben in bestehende Denkstrukturen und dem Kennenlernen sowie Verstehen des Selbst sind mehrere Aspekte von Jungs Lehre in dieser Aussage enthalten. Diese Teilstationen des Individuationsprozesses sieht MacEwen in enger Verbindung mit ihrer Lyrik: Schreiben ist für sie der Weg zur Ganzheit. Den Einfluss, den der Schreib-Individuationsprozess auf ihre Sicht der Realität hat sowie das Bewusstsein, dass unterdrückte Mitteilungen des Unbewussten Gefahr bergen, zeigt MacEwen in folgender Aussage:

> I make very little distinction between 'this' reality and the reality of the dream, the reality of what I'd like to call the super-consciousness. For me life is a dream, for me the dream is life, for me reality is a multi-levelled thing. [...] Certainly in writing you're gaining a sort of control over reality, and it is that control that might keep one sane, keep one from becoming neurotic.[581]

Die Bedeutung der Dichtkunst für ihren Selbstfindungsprozess zusammenfassend spricht MacEwen an anderer Stelle von „becoming instructed by one's own poetry“[582] und fordert: „Art should be redeeming, in some way spiritually therapeutic."[583] Den großen Stellenwert, den ihre eigene Erfahrung für ihr Werk hat, drückt MacEwen aus, indem sie erklärt: „My life and work are so interrelated that one always implies and defines the other."[584] Diese Aussage legt nahe, dass MacEwen Jungs Kategorien der Individuation und die Auseinandersetzung mit seiner Archetypenlehre auch aus biographischen Beweggründen rezipiert und in ihren Texten verarbeitet. Dabei geht es um die Erlangung von Ganzheit und Selbstfindung aus dem Bewusstsein heraus, nicht „ganz“ zu sein. Kunst unter Jung'schen Vorzeichen ist für MacEwen daher auch aus therapeutischen Gründen bedeutsam.

---

580 Longfellow.

581 Bev Daurio und Mike Zizis, „An Inner View of Gwendolyn MacEwen" [Interview], *Intrinsic* 5-6 (1978): 56-65, siehe 60.

582 Sward.

583 Sward.

584 Zitiert in Margaret Atwood, „From The Rising Fire", *The Poetry of Gwendolyn MacEwen. The Early Years*, Hg. Margaret Atwood und Barry Callaghan (Toronto: Exile Editions, 1993) 37.

Die Mächtigkeit der Erfahrung der Ganzheit und die Numinosität der Selbstfindung, die auch Jung immer wieder betont, spiegelt sich – auch hier in Verbindung mit dem Schreibprozess – in folgender Aussage: „Now and again [...] when I've felt a poem coming on – I've had a glimpse of a miraculous oneness, a wholeness; [...] it's a mystical experience and it's almost impossible to describe."[585] Gerade die Phrase „impossible to describe" deutet auf die Unbeschreibbarkeit als Charakteristikum des Individuationprozesses hin.[586] Die Funktion, die den Gedichten in diesem Zusammenhang zukommt, hat besondere Bedeutung, wenn man bedenkt, dass eines der Kapitel in *The Shadow-Maker* den Titel „The Unspeakable" trägt. MacEwen versucht Dinge sprachlich darzustellen, die kaum rational zu beschreiben sind. Die Schwierigkeit oder gar Unmöglichkeit, etwas zu benennen, kommt – wie gezeigt – an mehreren Stellen in *The Shadow-Maker* explizit zum Ausdruck.[587]

Auch für Jung ist die Erfahrung der zentrale Weg zur persönlichen Ganzheit. Die Auseinandersetzung mit dem Unbewussten beschreibt er als „irrationale[n] Erlebnisprozess"[588]. Zur Individuation gehört „nicht bloß ein intellektuelles Verstehen, sondern ein *Verstehen durch Erleben.*"[589] Die mögliche Unverständlich-

---

585 Sward.

586 Zitiert in Conway 62. An anderer Stelle erklärt MacEwen über ihre Verwendlung von Sprache: „[S]imple speech doesn't seem rich enough to express your inner thoughts", daher benutze sie als sprachliche Bilder „myth, metaphor and symbol" in ihrem Versuch, ihre inneren Bilder zu versprachlichen (vgl. Sward). Diese Vorgehensweise ist der Sprache des Unbewussten nach Jung sehr ähnlich: „[Das Unbewusste] denkt nicht in der Art, wie wir ‚Denken' verstehen. Es erschafft bloß ein der Bewußtseinslage antwortendes Bild, das ebenso viel Idee wie Gefühl enthält und alles ist, nur kein rationalistisches Überlegungsprodukt. Man könnte ein solches Bild eher als eine künstlerische Vision bezeichnen" (*Gesammelte Werke* 7 201). MacEwen entwickelt in ihrem Werk so eine Sprache, die dem Kommunikationsmodus des Unbewussten entspricht.

587 Wie zum Beispiel in „admit there is something else you cannot name" („The Dis-covery"), „I have not yet named myself" („The Naming Day") und „I know the name of the place so well / That it's just now slipped my tongue" („The Name of the Place"). Auffällig ist ebenso, dass *The Shadow-Maker* typographisch nicht in konventionellem Schwarz gehalten ist, sondern in Grün, was als die Farbe des Unbewussten erwähnt wurde. Auch dieses Detail legt nahe, dass das Unbewusste in den Gedichten immanent ist und das diese der Versuch des verschriftlichten, in Worte gefassten Unbewussten selbst sind (vgl. Jung, *Gesammelte Werke* 9,1 238).

588 Jung, *Gesammelte Werke* 12 376.

589 Jung, *Gesammelte Werke* 7 119; Jung betont in seinen Schriften immer wieder, dass Psychologie „ein Erfahrungsgebiet ist und nicht eine philosophische Theorie" (*Archetypen* 57). Weiterhin unterstreicht er die Wichtigkeit des Gefühlswertes in der Psychologie: „Die Psychologie ist die einzige Wissenschaft, die den Wertfaktor (das heißt das

keit, die sich aus einem Werk ergibt, dass sich auf den Individuationsprozess eines Individuums gründet, wird durch folgende Aussage Jungs deutlich: „Die erdrückende Mehrzahl der Menschen ist gänzlich unfähig, sich individuell in die Seele eines anderen zu versetzen. Dies ist sogar eine ganz seltene Kunst.“[590] In diesem Zusammenhang merkt auch Jacobi an, dass im Bezug auf den Individuationsprozess „Subjektivität [...] wirksamste Wahrheit [ist]“: „Diese Erfahrung der Psyche ist einmalig, sooft sie sich auch wiederholt, und eröffnet sich dem rationalen Verständnis nur innerhalb dieser ihrer subjektiven Grenzen.“[591]

Auf einen wichtigen Aspekt der Kunstdefinition nach Jung verweist MacEwens Beschreibung des Schreibprozesses als Versuch „to create [...] order out of the chaos which is my own mind, which is everyone's mind."[592] Es geht ihr nicht nur um ihr Selbst, sondern um das Ordnen von Gedanken und psychischen Strukturen, die in erster Linie sie als Individuum und Autorin betreffen. Gleichzeitig unterstellt sie aber, dass ihre psychische Struktur und das Bedürfnis nach Ordnung allgemeingültig sind. Kunst ordnet damit nicht nur ihr persönliches Unbewusstes, sondern leistet auch etwas Überpersönliches. MacEwen führt an anderer Stelle weiter aus, dass Lyrik eine soziale, moralische Funktion hat:

Gefühl) in Rechnung stellen muß, weil dieses das Bindeglied zwischen psychischen Ereignissen und dem Leben ist“ (zitiert in von Franz, *C.G. Jung* 123).

590 Jung, *Gesammelte Werke* 7 242.

591 Jacobi, *Die Psychologie von C.G. Jung* 65. Einige Kritiker führen an, dass der Versuch „The Unspeakable“ auszudrücken nicht ohne Folgen für den Rezeptionsansatz von MacEwens Gedichten bleiben kann. Conway fordert einen ganzheitlichen Ansatz bei der Analyse von MacEwens Gedichten: "Much of MacEwen's work is more readily felt than understood [...and...] approach[es] the reader on an intuitive level“ (Conway 58). Nach Bartleys Ansicht steht in *The Shadow-Maker* mehr der Prozess der Erreichung der Ganzheit als der Inhalt der Gedichte im Vordergrund: „[Her poems] represent the process towards [...] synthesis rather than its statement" (Bartley, „Gwendolyn MacEwen“ 241). Auch Warwick als eine der schärfsten Kritiker von *The Shadow-Maker* erkennt als Essenz von MacEwens Schreiben die Suche nach dem Selbst an: „The process of searching for wholeness rather than its attainment becomes the myth" (Warwick 34). Dieser Sichtweise zufolge ist die Fokussierung auf den Prozesscharakter der Gedichte ein Ansatz, der eher erfolgsversprechend ist. Die Annahme, dass dem Prozess insgesamt größere Bedeutung zukommt, als dem Inhalt, liegt in der „Folge kleiner Schreie“ begründet. Da der Individuationsprozess unendlich ist, muss das Individuum eine Strategie im Umgang mit dem Unbewussten anstreben: Die Inhalte werden sich immer wieder ändern, der Prozess, der zu ihrer Verarbeitung angewandt wird, bleibt allerdings gleich. Daraus folgt Jungs Forderung einer Grundausstattung an psychologischem Grundwissen in Form von „richtige[m] psychologische[m] Verständnis“ für das Individuum in Individuationsprozess (Jung, *Symbole der Wandlung* 555f).

592 Longfellow.

> I think poetry has to do more than simply describe moods such as despair; there's an ethical responsibility in poetry as well. It must suggest some type of solution to the human dilemma. […] I've always felt that it isn't enough to write poems about how happy or how sad I am, or for that matter about my own personal condition as such. I have to go beyond that. […] My own state becomes significant only when it reflects something universal.[593]

Mit Phrasen wie „ethical responsibility”, „solution to the human dilemma” und „something universal” rückt MacEwen die Definition ihrer Lyrik in die Nähe von Jungs visionärer Kunst. Ihr Ziel scheint zu sein, nicht als „Einzelwesen, sondern Gattung, [als] Stimme der ganzen Menschheit“[594] wahrgenommen zu werden und als „*Kollektivmensch*“[595] zu sprechen – zumindest, sofern die Wichtigkeit des Individuationsprozess als „universale Konstante“ betroffen ist.

Zusammenfassend lassen sich demnach zwei große Tendenzen in MacEwens Schreibphilosophie feststellen: Einerseits der Versuch, eigene Erfahrungen mit dem Unbewussten durch den Schreibprozess zu verarbeiten und über das Verfassen von Lyrik zur persönlichen Ganzheit zu gelangen, andererseits das Ziel, über das Persönliche hinweg allgemeingültige Aussagen über die Menschheit zu treffen.

5. *The Shadow-Maker*: Fazit

Jungs Theorie stellt einen wichtigen Einfluss für MacEwen dar, der von der Forschung bislang nicht ausreichend gewürdigt und diskutiert worden ist. Insbesondere die Leistung von Jungs Lehre als Ordnungsprinzip in *The Shadow-Maker*, das das Werk auf verschiedenen Ebenen strukturiert, ist übersehen worden und hat die Analyse in dieser Studie bestimmt.

Strukturell, inhaltlich und künstlerisch kann *The Shadow-Maker* als Konzeptband der Individuations- und Archetypenlehre gelten. Sie ist einerseits ästhetische Strukturierungshilfe und bestimmt formale Aspekte des Werkes wie die Einteilung in Kapitel, die Gestaltung von Gedichtsequenzen, die Verwendung sprachlicher Bilder und die Wechselwirkung zwischen einzelnen Gedichten.

Sie bildet andererseits die Grundlage für die inhaltliche Ausgestaltung der Gedichte, indem Selbstfindung und Individuationsprozess der Sprecherin sowie ihre Konfrontation mit den Archetypen ihres Unbewussten dargestellt werden.

---

593 Sward.

594 Jung, „Über die Beziehungen der analytischen Psychologie zum dichterischen Kunstwerk“ 94.

595 Jung, „Psychologie und Dichtung“ 116.

Jungs Theorie liefert die Kategorien für die persönliche Auseinandersetzung der Sprecherin mit ihrem Unbewussten und ihrem Individuationsprozess, der als Prozess des Schaffens von Ordnung begriffen werden kann.

In biographischer Hinsicht kommt Jungs Lehre auch für die Autorin Ordnungsfunktion zu. MacEwen bezeichnet das Schreiben als ihren Weg zu Ganzheit und somit als Selbsttherapie. Gleichzeitig ist ihre Individuation aber nicht nur der Versuch der Selbstheilung. Sie ist auch die Voraussetzung für den künstlerischen Prozess, wie sich in ihren Anmerkungen zu ihrer Schreibphilosophie zeigt. *The Shadow-Maker* ist also gleichzeitig Resultat und Voraussetzung der Selbstfindung MacEwens.

Schließlich sagt MacEwen nicht nur etwas über ihre eigene Individuation, sondern verbindet *The Shadow-Maker* zumindest implizit mit einem Appell an den Leser. Die Einordnung des Gesamtwerkes in die Kategorie „Kunstwerk des persönlichen Unbewussten mit visionärem Anteil“ sowie die „universale Konstante“ der Wichtigkeit des Individuationsprozesses als Botschaft lassen Jungs Lehre so auch auf übergeordneter Ebene zur Ordnungsgrundlage werden.

IV. *Noman* und *Noman's Land*

1. „To all the strangers in Kanada" – *Noman* und *Noman's Land*

Noman ist eine 1972 veröffentlichte Sammlung von acht Kurzgeschichten. Die Kurzgeschichte „Noman", die dem Band seinen Titel verleiht, ist gleichzeitig thematisches Zentrum der Geschichtensammlung. Zwar gibt es inhaltlich keinen direkten chronologischen oder narrativen Zusammenhang zwischen den Kurzgeschichten, die einzelnen Erzählstränge treffen sich allerdings in „Noman" und beleuchten Einzelaspekte der Titelgeschichte. Vor allem die Tatsache, dass „Noman" am Ende des Bandes angeordnet ist, bewirkt, dass der Leseprozess auf diese Geschichte hin gerichtet ist und der Leser nach der Lektüre der letzten Geschichte die vorherigen Erzählungen verorten kann. MacEwen selbst beschreibt die letzte Geschichte als „summation or pulling together of the other stories"[596]. *Noman* ist „all the strangers in Kanada" gewidmet; Fremdheit ist somit ein Themenbereich, um den sich die einzelnen Kurzgeschichten drehen.

Der Band *Noman's Land*, veröffentlicht 1985, ist die Fortsetzung der Kurzgeschichte „Noman"[597] und trägt die Widmung „Once again, to all the strangers in Kanada". Die offizielle Kategorisierung des Bandes lautet zwar „Stories by Gwendolyn MacEwen", die 14 Kurzgeschichten des Bandes, die Episoden aus dem Leben des Charakters Noman schildern, vermitteln aber – anders als im Vorgängerwerk *Noman* – den Eindruck einer zusammenhängenden Handlung: Die Episoden folgen generell logisch aufeinander, jede Geschichte treibt die Handlung um Noman voran. Dies ist ein Grund, warum *Noman's Land* in der Sekundärliteratur oft als Roman betrachtet wird.[598]

Im Folgenden soll der Fokus in erster Linie auf den Erzählungen um den Charakter Noman liegen. Seine Erfahrungen sollen auf Individuation und Archetypen untersucht, seine Wirkung auf andere Charaktere beleuchtet werden. Weitere Kurzgeschichten aus dem Band *Noman* werden gegebenenfalls zu Rate ge-

---

596 Bruce Meyer und Brian O'Riordan, „Gwendolyn MacEwen. The Magic of Language" [Interview], *In Their Words. Interviews with Fourteen Canadian Writers*, Bruce Meyer und Brian O'Riordan (Toronto: Anansi, 1984) 96-105, siehe 105.

597 Das Manuskript trägt den Titel „Noman's Land [...] (sequel to Noman)" (MacEwen, *Papers, 1955-1988*, Box 20).

598 Siehe z.B. William French, „Return of Noman", *The Globe and Mail* 22.02.1986: D17.

zogen, wenn es für die Interpretation sinnvoll erscheint. Eine kurze Zusammenfassung der Geschehnisse um Noman scheint im Vorfeld angebracht.

1.1. „Noman“

Sullivan zufolge beginnt MacEwen Anfang der 1960er Jahre mit der Arbeit an einem Roman namens *Saturnalia*. Themen des Werkes sollten „the artist shifting the mind’s hard shadows“, „the exciting territory [of the] inside” sowie „rationalist world” versus „imagination”[599] sein. Die Struktur des Romans sollte multiperspektivisch angelegt sein: Acht verschiedene Charaktere sollten die Handlung erzählen; „[i]t was to be a wonderfully complex game”[600], urteilt Sullivan. Trotz mehrjähriger Arbeit an *Saturnalia* lässt MacEwen schließlich von dem Schreibvorhaben ab, veröffentlich allerdings einige Teile davon 1972 im Kurzgeschichtenband *Noman*. Der Bezug zum ursprünglichen Titel *Saturnalia*, die Idee des „complex game“ sowie die Multiperspektivität sind dabei erhalten geblieben. Die Titelgeschichte des Bandes *Noman* gliedert sich in „The Book of Jubelas“ und „The Book of Kali“. In beiden Teilen rekapitulieren Jubelas und Kali die Zeit, die sie mit dem Charakter Noman in ihrer Heimatstadt Toronto verbracht haben. Es handelt sich zum Teil um die Beleuchtung derselben Geschehnisse, jedoch aus verschiedenen Perspektiven.

Jubelas Erzählung beginnt mit der ersten Begegnung zwischen ihm, seiner Frau Omphale und Noman in „mid-September“[601] und endet kurz vor Beginn des Frühlings im Folgejahr. Was Noman widerfahren ist, erfährt der Leser bereits im ersten Satz der Kurzgeschichte: „Who killed Noman?“[602] In seinem Teil der Kurzgeschichte versucht Jubelas, die Geschehnisse um Nomans Tod zu beleuchten und nimmt den Leser mit in seine Wiedergabe der vergangenen Monate. Der Leser erfährt vom ersten – zufälligen – Treffen Jubelas’ und Omphales mit Noman, welcher sie auf offener Straße anspricht und für den Rest des Abends zu einem Treffen mit Kali begleitet, die Jubelas als „a friendly character we’d known off and on for a few years“[603] beschreibt. Jubelas’ Reaktion hinsichtlich dieses Ereignisses etabliert bereits Kernpunkte der Beziehung zwischen ihm und Noman, die sich durch den Rest seiner Erzählung ziehen: „I don’t really expect anybody to understand, though. And there’s no way how I can describe how it was he sort of fell into step beside us, just like that. [...] And somehow

599 Sullivan, *Shadow Maker* 157.
600 Sullivan, *Shadow Maker* 157.
601 MacEwen, „Noman“ 84.
602 MacEwen, „Noman“ 83.
603 MacEwen, „Noman“ 84.

he made us feel like we were accompanying *him*, not the other way around."[604] Bis zum Ende seiner Erzählung stellt Noman für Jubelas und Omphale ein Rätsel dar, und es gelingt ihnen nicht, die Antwort zu finden. Die markanteste Ausgestaltung des Versuches, Noman zu entschlüsseln, sind Jubelas' und Omphales Mutmaßungen über dessen Herkunft. „I could tell right away he was as foreign as they come"[605], ist Jubelas Feststellung nach der ersten Begegnung mit Noman. Die folgenden Monate interpretiert das Ehepaar jegliche Hinweise auf einen möglichen Ursprung Nomans, die Lösungsansätze reichen von „Spanish. Castilian"[606] über „Greek"[607], „Russian" und „Albanian" bis hin zu „Circassian Arab"[608]. Keine der Herkunftstheorien bestätigt sich allerdings und bis zum Ende der Erzählung ist die Herkunft Nomans ein ungelöstes Rätsel für das Ehepaar. Trotz dieser Ungewissheit übt Noman starken Einfluss auf Jubelas und Omphale aus; er bewirkt Gedanken und Verhaltensänderungen, die Jubelas sich nicht erklären kann. Ein Hinweis auf die Persönlichkeitsänderung, die das Ehepaar durch Noman erfährt, sind die Namen Jubelas und Omphale, die der neue Freund ihnen verleiht, und die die Charaktere fortan auch untereinander und reflektierend über sich selbst verwenden. Ihre wirklichen Namen erfährt der Leser nicht.

Die Öffnung neuer Erfahrungshorizonte gipfelt für Jubelas und Omphale darin, dass Noman den Vorschlag macht, ein Saturnalienfest zu feiern. Datiert auf den 17. Dezember wandern Noman, Omphale, Jubelas und Kali in die *ravine* der Stadt Toronto, wo schließlich das für Jubelas Unerklärliche geschieht: „You were still and stony [...]. And then you dropped dead."[609] Die letzten Zeilen seines Teils der Geschichte verfasst Jubelas einige Zeit nach den Geschehnissen in der *ravine*. „I finished my investigation but I didn't solve the crime"[610], schließt er und bestätigt auch am Ende seiner Erzählung das Rätsel Noman. „Anyway, I don't believe in your death", gesteht er allerdings. „I think you escaped to some forest somewhere."[611]

Kalis Erzählung beginnt „one day in late summer"[612] und endet kurz vor Ostern im Folgejahr. Ihr Erfahrungsbericht erstreckt sich somit länger als der Jubelas'. Verschiedene Parallelen finden sich in beiden Erzählungen: Wie Jube-

604 MacEwen, „Noman" 85.
605 MacEwen, „Noman" 85.
606 MacEwen, „Noman" 86.
607 MacEwen, „Noman" 88.
608 MacEwen, „Noman" 94.
609 MacEwen, „Noman" 100.
610 MacEwen, „Noman" 101.
611 MacEwen, „Noman" 101.
612 MacEwen, „Noman" 104; vgl. 119.

las und Omphale, so stammt auch der Name Kali aus Nomans Feder – ungekehrt ist Kali diejenige, die Noman seinen Namen verleiht.[613] Auch Kali bereitet die Herkunft Nomans Rätselraten: Sie nimmt ihn anfangs als Fremden wahr und hilft ihm dabei, sein Englisch aufzubessern, erfährt aber nach einiger Zeit die „awful truth"[614]: Noman ist „Kanadian"[615]. Obwohl Noman und Kali ein Paar werden und sehr intensive, intime Phasen – „long sieges"[616] – zelebrieren, bleibt Noman für Kali ein Fremder. Vor Kali erklärt dieser seine Verschwiegenheit über seine Person und Vergangenheit dadurch, dass er an „amne *see*ah"[617] leide. Dass dies nur eine Ausrede ist, wird klar, als Noman auf einem mehrseitigen Monolog doch „all about my Past"[618] berichtet. Insgesamt steht Kali Noman dennoch näher als Jubelas und Omphale. Sie begleitet ihn auf nächtlichen Streifzügen durch Toronto, und mit ihr führt er persönliche Gespräche. Im Verlauf von Kalis Erzählung wird deutlich, was der Grund für die längere Erzählspanne Kalis im Vergleich zu Jubelas' Version ist. Die Informationen Jubelas' sind aus seiner Perspektive zwar richtig, de facto sieht die Realität um Noman allerdings anders aus: Kali lernt Noman bereits im Spätsommer kennen und inszeniert das „zufällige" Treffen mit Jubelas und Omphale auf seinen Wunsch hin – mit der Zusatzklausel: „[L]et's pretend you don't know me."[619] Kali bezeichnet die Konstellation Noman, Jubelas und Omphale als „strange game", das sie „weeks, months" verfolgt.[620] Eine weitere Inszenierung, die Kali und Noman zusammen planen, ist Nomans (vorgetäuschter) Tod in der *ravine*. Unter Anderem bezogen auf Nomans uneindeutige Identität und Vergangenheit ist ein „mock death" Kali zufolge „the answer to all your problems"[621]: „Then you can be born again, maybe even assume a real name."[622] Während Jubelas' Erfahrung mit Noman endet, begleitet Kali ihn noch einige Monate: Ihre Erzählung schließt mit einem Osterausflug nach Ottawa und liest sich wie ein *déjà vu* der *ravine*-Episode. Auf Nomans Wunsch hin besucht das Paar Kingsmere, den zum Park umgestalteten Wohnsitz des ehemaligen Premierministers William Lyon Mackenzie King in den Gatineau Hills nahe Ottawa. Noman erblickt dort einen Torbogen am Waldrand, dessen Durchschreiten für ihn eine Möglichkeit darstellt, einem vorher ge-

---

613 MacEwen, „Noman" 104.
614 MacEwen, „Noman" 105.
615 MacEwen, „Noman" 106.
616 MacEwen, „Noman" 112ff.
617 MacEwen, „Noman" 104.
618 MacEwen, „Noman" 114.
619 MacEwen, „Noman" 106.
620 MacEwen, „Noman" 106.
621 MacEwen, „Noman" 118.
622 MacEwen, „Noman" 118.

äußerten Wunsch nachzukommen und „Herr der Zeiten“ zu werden. Kali zögert, an diesem Vorhaben teilzunehmen. Das letzte, was Kali den Leser sehen lässt, ist Nomans Durchschreiten des Torbogens: „And [he] blithely stepped, stark naked, through the arch.“[623] Vor allem Bartley unterstreicht das offene Ende der Kurzgeschichte um Noman: „MacEwen offers no answers. [...] [She] offers only endings which blossom into new beginnings.”[624] Dass Bartley gerade dieses „beginning-ending paradox” als „MacEwen trademark” ansieht, wurde im Bezug auf ihre Lyrik bereits erwähnt. Für den Leser bedeutet diese Struktur, dass der Weg für die Fortsetzung von Nomans Geschichte angelegt ist.

1.2. *Noman's Land*

Der Fortsetzung *Noman's Land* scheint dasselbe Schicksal widerfahren zu sein wie *Noman*. Die Notizen zum Manuskript vermerken, dass der Stoff ursprünglich als Roman mit dem Titel *The lonliest country in the world* geplant ist, sich jedoch als „complete failure as a novel“ erweist und schließlich „[r]evised [...] as *Noman's Land* [/] Short stories (sequel to *Noman*)“ veröffentlicht wird.[625]

Die Handlung in *Noman's Land* beginnt dort, wo „Noman“ endet: Nackt und orientierungslos erwacht Noman in Kingsmere. Auf dem Weg aus dem Wald der Gatineau Hills Richtung Zivilisation trifft er (zufälligerweise) Kali; gemeinsam begeben sie sich auf den Weg nach Toronto. Noman leidet nun wirklich an Amnesie und kann sich weder an Kali noch an die vergangenen Geschehnisse oder an das Land, in dem er sich befindet, erinnern. In Toronto angekommen, begibt er sich auf die Suche nach seiner Vergangenheit: Er befragt die Bewohner der Stadt, versucht, durch das Aufsuchen verschiedenster Orte in der Stadt Erinnerungen wachzurufen, und konsultiert eine Wahrsagerin mit dem Auftrag: „I'm only interested in the past. Don't waste your time on the future. [...] I don't *want* the future.“[626] Als alle Anstrengungen erfolglos bleiben, erscheint ihm schließlich Mackenzie King's Geist im Traum und verspricht: „*Come and find me, I'll tell you everything, I'll show you how to survive here.*“[627] Die endgültige Antwort auf seine verlorene Vergangenheit erhält er auch von ihm nicht. Es bleibt allerdings ein anderes Traummotiv, das Noman nach seiner Ankunft in Toronto verfolgt: Nachdem er wiederholt träumt, dass er

623 MacEwen, „Noman“ 120.

624 Bartley, *Invocations* 89.

625 Datiert ist die Erarbeitungszeit auf die Jahre 1977-1980, die Revision auf 1983/1984 (vgl. MacEwen, *Papers, 1955-1988*, Box 20).

626 Gwendolyn MacEwen, *Noman's Land* (Toronto: Coach House Press, 1985) 56.

627 MacEwen, *Noman's Land* 67.

„in a huge lake with the shoreline nowhere in sight"[628] schwimmt, entdeckt Noman seine Leidenschaft und Begabung für Schwimmsport. Er beschließt, im Sommer an einem Wettschwimmen durch Lake Ontario teilzunehmen. Als der Tag des Wettkampfes kommt und Noman sich wenige Kilometer vom Ziel entfernt befindet, bricht ein Hagelsturm über Lake Ontario ein und verursacht lebensgefährliche Bedingungen für die Wettkampfteilnehmer. Noman ist kurz davor, den Strapazen zu erliegen und in Lake Ontario zu ertrinken, erreicht jedoch das Ufer in Toronto als Sieger des Wettbewerbs. Auf die Frage einer Reporterin, was seine Motivation für die Teilnahme an diesem strapaziösen Wettkampf gewesen sei, antwortet Noman: „It was the only way I knew to come home" – bevor er mit einem Lächeln im Gesicht und Gedanken an die vor ihm liegende Zukunft bewusstlos wird.

Wie bereits in „Noman", so wird auch in *Noman's Land* die Handlung aus der Sicht mehrerer Charaktere erzählt. Der weitaus größte Teil erfolgt aus der Sicht eines auktorialen Erzählers in der dritten Person. Jeweils ein Kapitel wird aus der Perpektive Jubelas' („Looking for the King") und Kalis („Nightchild") berichtet. Als neuer Erzähler kommt der syrische Freund Nomans Ibrahim hinzu („Footprints on the ceiling"). Aus den Erzählungen dieser Charaktere lernt der Leser, dass zwischen Nomans „mock death" und seiner Wiedergeburt in Kingsmere 13 Jahre vergangen sind, und dass Kali mittlerweile Mutter eines Sohnes ist, der das Resultat von Kalis und Nomans „long sieges" in „Noman" ist. Die problematische Beziehung zwischen dem Jungen und Noman ist ein weiterer Aspekt in *Noman's Land.*

2. Individuation in *Noman* und *Noman's Land*

Die Individuationsthematik ist in Noman einerseits durch die Handlung offensichtlich: Noman, nichts über seine Person und Herkunft wissend, begibt sich in *Noman's Land* auf die Suche nach seiner Identität mit dem Ziel, sich selbst zu finden. „*Who am I*?"[629] ist die Frage, die seine Suche leitet. Sherrill Grace und Frank Davey unterstreichen, dass die Episoden um Noman sich in erster Linie um „discovering identities"[630] drehen. Noman ist der „effective protagonist", den Dawson definiert als „the one figure in a novel to whom the psychic

628 MacEwen, *Noman's Land* 18.

629 MacEwen, *Noman's Land* 14.

630 Grace, „Gwendolyn MacEwen" 282; vgl Davey, „The Secret of Alchemy" 56.

currents and images of the whole text relate."[631] Strukturell wird die Individuationsthematik durch die Gestaltung von Nomans Selbstsuche als literarische Heldenfahrt unterstützt.

Die Heldenfahrt ist eine archetypische Struktur, die sich in Träumen, Mythen und der Literatur findet.[632] C.G. Jung äußert sich vornehmlich in seinem Werk *Symbole der Wandlung* über die Bedeutung derselben für die Analytische Psychologie; seine Mitarbeiter bzw. Schüler führen seine Gedanken hierzu in *Der Mensch und seine Symbole* fort. Ein weiterer führender Theoretiker im Bereich der Heldenfahrt ist Joseph Campbell, der in seinem Werk *The Hero with a Thousand Faces* den Aufbau des Heldenmythos an Beispielen verschiedenster Kulturräume analysiert. Letztlich ist Gerhard Schmitt zu erwähnen, der die Bedeutung der Heldenfahrt für die Literaturwissenschaft erläutert.[633] Im Folgenden sollen die Ergebnisse dieser Autoren verwendet werden, um die Funktion des Heldenmythos in MacEwens Geschichte um Noman zu analysieren. Campbells Kategorisierung soll hierbei als Leitlinie dienen.

2.1. „[S]eparation – initiation – return" – Die Heldenfahrt

Campbell veranschaulicht Essenz und Struktur der Heldenfahrt in folgender Formel:

> The mythological hero, setting forth from his common day hut or castle, is lured, carried away, or else voluntarily proceeds, to the threshold of adventure. [...] Beyond the threshold, then, the hero journeys through a world of unfamiliar yet strangely intimate forces, some of which severely threaten him (tests), some of which give magical aid (helpers). When he arrives at the nadir of the mythological round, he undergoes a supreme ordeal and gains his reward [...]. The final work is that of the return. [...] At the return threshold the transcendental powers must re-

---

631 Rowland, *C.G. Jung in the Humanities* 66; vgl. Dawson 257. Rowland zufolge ist Dawsons „fascinating innovation" des „effective protagonist" eine der Errungenschaften der Post-Jung'schen Ära (66).

632 Pratt, „Spinning Among Fields" 101.

633 Alternative Begriffe, die sich in der einschlägigen Literatur finden, sind Odyssee, Heldenmythos und Quest. Schmitt bezeichnet die Heldenfahrt als Psychodrama, das im Bezug auf den Helden „den symbolischen Weg der Projektion der unbewussten Komplexe, die Wirkung ihres scheinbar autonomen Charakters, ihre Vernichtung und die Assimilation der daraus frei werdenden Energie zum neuen Selbst" schildert (278). Im kanadischen Zusammenhang ist zu erwähnen, dass auch Northrop Frye sich der Heldenfahrt widmet und sie als „quest-romance" in seiner „Theory of Myths" bespricht (*Anatomy of Criticism* 193ff).

> main behind; the hero re-emerges from the kingdom of dread [...]. The boon that he brings restores the world.[634]

Festhalten lässt sich, dass die Abfolge des Heldenabenteuers aus „*separation – initiation – return*"[635] besteht: „[A] separation from the world, a penetration to some source of power, and a life-enhancing return."[636] Auch wenn sich die Handlung von außen betrachtet als eine Abfolge von zu bestehenden Aufgaben und Abenteuern liest, die mit einer Kostbarkeit belohnt werden, so liegt der Kern des Heldenmythos in der Selbsterkenntnis des Helden. Jung betont, dass die Heldenfahrt „in erster Linie die Selbstdarstellung der suchenden Sehnsucht des Unbewußten [ist], das jenes ungestillte und selten stillbare Verlangen nach dem Licht des Bewußtseins hat."[637] Eine tragende Rolle kommt hierbei den Archetypen zu, denen der Held in der Initiationsphase seines Abenteuers begegnet: Er besiegt diese oder arrangiert sich mit ihnen, und „die Assimilation der daraus frei werdenden Energie [verhilft ihm] zum neuen Selbst"[638]. Die Bedeutung von Individuation und Archetypen hebt auch Campbell hervor, wenn er schreibt: „The passage of the mythological hero may be overground, incidentally; fundamentally it is inward – into depths where obscure resistances are overcome, and long lost, forgotten powers are revivified, to be made available for the transfiguration of the world."[639]

Jung betont in diesem Zusammenhang insbesondere die Rolle der Mutter: „Der Sohn läßt die Mutter, die Quelle seines Lebens, hinter sich. [...] Jedes Hindernis, das sich auf seinem Lebenspfade türmt und seinen Aufstieg bedroht, trägt schattenhaft die Züge der furchtbaren Mutter, die mit dem Gifte des heimlichen Zweifels und des Zurückweichens seinen Lebensmut lähmt."[640] Selbiges unterstreicht auch Pratt, wenn sie den Höhepunkt des Heldenmythos wie folgt zusammenfasst: „[T]he crux of the adventure is the hero's struggle with his powerful feminine component of himself; his goal is to absorb her import, master her autonomous control over his impulses, and then return, a reborn psyche,

---

634 Joseph Campbell, *The Hero with a Thousand Faces* (Princeton, N.J.: Princeton University Press, 1973) 245.

635 Campbell 30.

636 Campbell 35. Maduro und Wheelwright zufolge stellt der Heldenmythos in seiner Essenz den Archetypen „Symbolic Death And Renewal" dar, vgl. Renaldo J. Maduro und Joseph B. Wheelwright, „Archetype and Archetypal Image", *Jungian Literary Criticism*, Hg. Richard P. Sugg (Evanston, Illinois: Northwestern University Press, 1992) 181-186, siehe 184.

637 Jung, *Symbole der Wandlung* 258.

638 Schmitt 278ff.

639 Campbell 29.

640 Jung, *Symbole der Wandlung* 496.

to everyday life."[641] Symbolisch gesehen steht die Mutter hierbei für die Regression des Helden in seine Kindheit[642] – eine Verbindung, die aufgelöst werden muss, damit der Held einen neuen Weg einschlagen kann.

a) „[M]ore or less human" – Der Held

Die relevante Literatur nennt als übergreifendes Persönlichkeitsmerkmal des Helden, dass dieser „more or less human in character"[643] ist. Campbell beschreibt ihn als „cosmic man"[644], als „the navel of the world, the umbilical point through which the energies of eternity break into time."[645] Der Held des Heldenmythos ist demnach kein gewöhnlicher Mensch, sondern ein Charakter, der mit „extraordinary powers"[646], „exceptional gifts"[647] und einem wundersamen Leben ausgestattet ist: „The whole hero-life is shown to have been a pageant of marvels with the great central adventure as its culmination."[648] Die Notwendigkeit der besonderen Persönlichkeit sieht Campbell durch die Aufgaben bedingt, die der Held zu durchlaufen hat: „[A]n extraordinary capacity is required to face and survive such experience."[649] Folglich ist die Heldenrolle eher eine Vorbestimmung denn eine Errungenschaft.[650]

Aus der Quest, die der Held zu durchlaufen hat, ergeben sich zwei weitere Charaktermerkmale desselben: Jung beschreibt die Herosgestalt typischerweise als Wanderer und ihr Wandern als Bild der Sehnsucht nach Individuation.[651] Aus der Wanderschaft folgt Einsamkeit als weiteres Persönlichkeitsmerkmal. Von Franz betont, dass die Einsamkeit auf die Notwendigkeit der besonderen Fähigkeiten des Helden hinweist: „[D]as Erleben des Unbewussten wirkt isolierend, und viele können das nicht ertragen – und doch ist das Alleinsein mit dem Selbst das höchste und entscheidendste Erlebnis des Menschen."[652] Jung widmet

641 Pratt, „Spinning Among Fields" 101.

642 Sharp, *Digesting Jung* 73.

643 Campbell 315.

644 Campbell 41.

645 Campbell 41.

646 Campbell 319.

647 Campbell 37.

648 Campbell 319.

649 Campbell 327.

650 Campbell 319.

651 Jung, *Symbole der Wandlung* 258.

652 von Franz, *C.G. Jung* 201. Vgl. die Anmerkungen zur „Folge kleiner Schreie", zur „Aristokratie der Natur" (S. 39ff) sowie zu „Poem" (S. 65). Ausführungen zur Einsamkeit des Helden sind zahlreich. Jung erläutert, dass „die Entwicklung der Persönlichkeit aus ihren Keimanlagen zur völligen Bewußtheit [...] ein Charisma und zu-

in *Symbole der Wandlung* ein Kapitel dem Begriff des Opfers, das vom Helden erbracht werden muss, um Unbewusstes zu integrieren und eine höhere Bewusstseinsebene zu erreichen.[653] Die Verdammnis des Helden zur Einsamkeit und Isolation, die Aufgabe von Verbindungen zu Kindheit, Familie und bekannter Welt ist als eine solche Opfergabe zu verstehen. Ebenso erwähnt Jung, dass gerade Einsamkeit ein wichtiges Mittel ist, um die Meditation zu unterstützen, die den Zugang zum Unbewussten öffnet.[654]

b) „[I]nfant exile and return" – Die Kindheit des Helden

Im Zusammenhang mit dem vorbestimmten Heldendasein wird wiederholt die Rolle der Kindheit des Helden betont. Typisch für den jungen Helden ist ein Schema, das Campbell als „theme of infant exile and return"[655] bezeichnet. Als mögliche Ausgestaltungen dieses Schemas nennt er „the despised one, or the handicapped: the abused youngest one or daughter, the orphan, stepchild, ugly duckling, or the squire of low degree"[656]. Auch Schmitt nennt als Erkennungsmerkmale des jugendlichen Helden „die Unansehnlichkeit seiner kindlichen Existenz [sowie] die bedrohte Kindheit"[657]. Die Folge ist eine lange Phase des Schattendaseins des Helden als Kind, die schließlich darin endet, dass sein wahrer Charakter enthüllt wird und seine Quest beginnt.[658] Als weitere Charakteristika des jugendlichen Helden listet Schmitt „die wundersame Geburt, […] wunderbare Taten und das Zugrundegehen am Banalen"[659].

---

gleich ein Fluch [ist]: ihre erste Folge ist die bewußte und unvermeidliche Absonderung des Einzelwesens von der Ununterschiedenheit und Unbewußtheit der Herde. Das ist Vereinsamung, und dafür gibt es kein tröstlicheres Wort. […] Die Entwicklung der Persönlichkeit ist ein solches Glück, dass man es nur teuer bezahlen kann" (*Gesammelte Werke* 17 197). Sharp komprimiert die Tragik des Individuationsprozesses: „Higher consciousness…is equivalent to being all alone in the world" (*Digesting Jung* 94).

653 Vgl. Kapitel VIII, „Das Opfer" (501ff).

654 Jung, *Symbole der Wandlung* 428 sowie 501ff.

655 Campbell 323.

656 Campbell 325.

657 Schmitt 240f.

658 Campbell 326 sowie 329.

659 Schmitt 240f.

c) Separation:
„Call to adventure" – Symbolischer Tod und Wiedergeburt

Mit der Entdeckung seiner Heldenrolle und seiner Befreiung aus dem Schattendasein ist oftmals eine symbolische Wiedergeburt des Helden verbunden.[660] Diese Wiedergeburt dient nicht zuletzt dazu, die Besonderheit der Heldenpersönlichkeit zu bestätigen. Jung betont: „Wer von zwei Müttern abstammt, ist ein Held: die erste Geburt macht ihn zum Helden, die zweite zu einem unsterblichen Halbgott"[661].

Campbell listet die Wiedergeburt des Helden als ersten Schritt der Heldenfahrt und bezeichnet sie als „Call to Adventure"[662]. In seiner Kategorisierierung setzt sich die Wiedergeburt des Helden aus einem symbolischen Tod und einer symbolischen Geburt zusammen, welche die Notwendigkeit der Quest begründen: „The familiar life horizon has been outgrown; the old concepts, ideals, and emotional patterns no longer fit; the time for the passing of a threshold is at hand."[663] Die Wiedergeburt ist somit der Markierungspunkt einer Änderung. „[A]ll moments of separation and new birth produce anxiety", daher ist die Wiedergeburt typischerweise gekennzeichnet durch „danger, reassurance, trial, passage". Von besonderer Bedeutung ist so der Ort der Wiedergeburt, der ein erster Schritt in die Individuation ist. Er symbolisiert „that unconscious deep [...] wherein are hoarded all of the rejected, unadmitted, unrecognized, unknown, or undeveloped [...] elements of existence"[664]. Als typischen Ort der Wiedergeburt nennt Campbell den Wald als Symbol des Unbewussten.[665]

Ist Furcht zwar auch eng mit der Wiedergeburt verbunden, so ist andererseits unwiderstehliche Faszination als Marker für einen neuen Lebensabschnitt ebenso Bestandteil: „That which has to be faced, and is somehow profoundly familiar to the unconscious – though unknown, surprising, and even frightening to the conscious personality – makes itself known"[666].

---

660 Schmitt 241.

661 Jung, *Symbole der Wandlung* 411. Die Wichtigkeit der symbolischen Wiedergeburt unterstreicht Jung dadurch, dass Kapitel VII in *Symbole der Wandlung* dem Motiv der „zweifache[n] Mutter" des Helden gewidmet ist (393ff).

662 Campbell 49ff.

663 Campbell 51.

664 Campbell 52.

665 Campbell 51.

666 Campbell 55.

d) „[A] form of self-annihilation" – Die „First Threshold"

Campbells Kategorisierung zufolge erfolgt der Aufbruch in die Quest auf die symbolische Wiedergeburt. Den ersten signifikanten Schritt zum Aufbruch bezeichnet Campbell als „Crossing of the First Threshold"[667]. Diese Schwelle markiert den Eintritt in das Areal neuer Erfahrung: „Beyond [it] is darkness, the unknown, and danger."[668] Campbell betont im Zusammenhang mit der Schwelle zum Unbekannten das Vorhandensein eines „threshold guardian"[669]. Die Hürde muss jedoch nicht zwangsläufig in einem Wächter bestehen. Ebenso kann es sich um ein mechanisches oder ein abstrakt-spirituelles Hindernis handeln, das die Heldenfigur zu überwinden hat: „The pairs of opposites (being and not being, life and death, beauty and ugliness, good and evil, and all the other polarities that bind the faculties to hope and fear [...]) are the clashing rocks [...] that crush the traveller, but between which the heroes always pass."[670] Obwohl der Held die Schwelle unbeschadet überschreiten kann, bezeichnet Campbell das Überwinden derselben als „a form of self-annihilation": Er verlässt den Bereich des Bekannt-Vertrauten und begibt sich in Gefilde der Dunkelheit und des Unbewussten. Durch die Selbstzerstörung macht sich der Held bereit für einen lebenserneuernden Akt.[671] „Vorbedingung jeder Wandlung ist ein ‚Weltuntergang', nämlich jener der bisherigen Weltanschauung"[672], betont Jacobi die Notwendigkeit hierfür. Für den Helden ergibt sich hieraus als absurde Endformel: „The hero, the waker of his own soul, is himself but the convenient means of his own dissolution."[673]

e) Initiation:
„[The] succession of trials" – Die lange Fahrt ins Unbewusste

Die Initiationsphase definiert Campbell wie folgt: „Once having traversed the threshold, the hero moves in a dream landscape of curiously fluid, ambiguous forms, where he must survive a succession of trials."[674] Jacobi bezeichnet diesen Abschnitt des Heldenethos als „lange Fahrt" und betont, dass die Abfolge der

667 Campbell 77ff.

668 Campbell 77.

669 Campbell 82.

670 Campbell 89.

671 Campbell 91f.

672 Jacobi, „Symbole auf dem Weg der Reifung", *Der Mensch und seine Symbole*, Hg. C.G. Jung und Marie-Louise von Franz, 16. Auflage (Düsseldorf & Zürich: Patmos Verlag, 2003) 274-303, siehe 294.

673 Campbell 260.

674 Campbell 97ff.

Tests und Aufgaben, die der Held in dieser Phase durchlaufen muss, „das langwierige und mühsame Suchen [versinnbildlicht], das zu jeder psychologischen Entwicklung gehört.“[675] Schmitt erläutert die fremde Gegend, in die der Held nach Überqueren der Schwelle einzieht, als „symbolischen Raum des Unbewussten“ in welchem „er nun auf die von ihm projizierten autonomen Komplexe [trifft]“, die es aufzulösen gilt: „Die Auseinandersetzungen, die der [...] Held mit seinen archetypischen Gegnern zu führen gezwungen ist, [sind] immer eine Auseinandersetzung mit dem Unbewussten.“[676] Die lange Fahrt des Helden stellt somit das Equivalent zur „Folge kleiner Schreie“ dar.

Eine Begegnung, die Campbell als erste Station des Helden vermerkt, ist das Auftauchen einer „protective figure“, die den Helden mit Amuletten und Rat versorgt. Diese Figur fungiert als „promise that the peace of Paradise, which was known first within the mother womb, is not to be lost.“[677]

f) „Verschlungensein“ – Der Kampf mit der Mutter

Unter den Archetypen, denen der Held auf seiner langen Fahrt begegnet, kommt dem Mutter-Archetypen – wie erwähnt – eine besondere Bedeutung zu. Der Mutterarchetyp stellt meist die letzte Station der Heldenfahrt dar; Schmitt bezeichnet diese letzte Phase als „Verschlungensein“[678]. Die Mutter ist in dieser Ausgestaltung eine Variation der Anima, mit der sich der Held in seinem Individuationsprozess auseinandersetzen bzw. von der er sich befreien muss. Die Auseinandersetzung des Helden mit dem Symbol der Mutter ist für die Individuation desselben unerlässlich: „Ohne sich aus der Mutter-Symbiose befreit zu haben, ist Individuation nicht möglich.“[679] Der Ursprung der Verbindung zwischen

---

675 Jacobi, „Symbole auf dem Weg der Reifung“ 301. Die Aufgabe des „langwierigen und mühsamen Suchens“ beschreibt auch Campbell, indem er unterstreicht: „The original departure into the land of trials represented only the beginning of the long and really perilous path of initiatory conquests and moments of illumination. Dragons have now to be slain and surprising barriers passed – again, again, and again. Meanwhile, there will be a multitude of preliminary victories, unretainable ecstasies, and momentary glimpses of the wonderful land“ (109).

676 Schmitt 279.

677 Campbell 71; vgl. auch 69f.

678 Schmitt 283ff. Den Begriff des „Verschlungenseins“ spricht auch Christoffel an, wenn sie in der Anima „das Umhüllende, das Um- und Verschlingende...den schützenden, nährenden Bannkreis der Mutter...das Verbindende des Eros...die Beziehungsfunktion“ verkörpert sieht (35).

679 Schmitt 186ff; vgl auch 285 sowie Henderson 126. Die Relevanz der Auseinandersetzung mit der Mutter betont Jung, indem er dem „Kampf um die Befreiung von der Mutter“ Kapitel VI in *Symbole der Wandlung* widmet (352).

Held und Mutter liegt in der Kindheit, wo die Bindung zur Mutter die wichtigste Beziehungsform ist. Im erwachsenen Menschen steht der Mutterarchetypus für Stagnation bzw. „die Sehnsucht nach dieser verlorenen Welt […] [, die] immer wieder, wenn schwierige Anpassungsleistungen verlangt werden, zum Aus- und Zurückweichen, zur Regression in die infantile Vorzeit [verlockt].“[680] Hierdurch werden Entwicklung, Bewusstwerdung und Selbstfindung verhindert. Aufgrund ihres regressiven Charakters bezeichnet Jung die Mutter auch als „furchtbare Mutter”: „[W]as dem Kinde einst natürlich und nützlich war, bedeutet für den Erwachsenen eine seelische Gefahr.“[681]

Die Mutter erscheint im Heldenmythos meist als Projektion, gegen die der Held kämpfen muss. Sharp drückt diese Befreiung von der Umschlingung der Mutter sehr plastisch aus: „Symbolically, the vital organ that must be severed is the umbilical cord, the regressive tie to the past.”[682] Typische Projektionen, in denen die Mutter erscheint, sind Drachen oder andere monströse Chimären, die einen Schatz oder eine andere Kostbarkeit bewachen. Der Schatz, den der Held aus den Fängen der Mutter befreien muss, „ist das Leben, ist er selber, neugeboren aus der dunkeln Mutterleibshöhle des Unbewußten, in welches die Introversion oder die Regression ihn versetzt hatte.“[683]

Die Mutter tritt jedoch nicht nur als belebtes Symbol auf. Schmitt widmet dem Symbolkomplex der „Mutter-Anima als Landschafts- und Natur-Symbol“[684] ein Kapitel. Ein typisches Mutter-Symbol ist in diesem Zusammenhang das Wasser: „[J]edes Gewässer [steht] in einer besonders engen Beziehung zum bildlichen Ausdruck der Mutter-Anima.“[685] Im ersten Teil der Arbeit wurde die Bedeutung des Wassers für die Individuation bereits erläutert. Die oben verfasste Definition kann an dieser Stelle ausgeweitet werden: Wasser ist nicht nur das Element des Unbewussten, sondern durch seine Konnotation als Quelle des Lebens ebenso mit dem Mütterlichen verbunden.[686] Schmitt redet in diesem Zusammenhang von der „Weiblichkeit des Wassers.“[687] Für Jung gehört die mütterliche Bedeutung des Wassers zu den „klarsten Symboldeutungen innerhalb der Mythologie“[688]. Schmitt hält als Formel fest, dass „[d]as Überqueren des

680 Jung, *Symbole der Wandlung* 300.
681 Jung, *Symbole der Wandlung* 270.
682 Sharp, *Digesting Jung* 73.
683 Jung, *Symbole der Wandlung* 477; vgl. Schmitt 278ff.
684 Schmitt 192ff.
685 Schmitt 193; siehe auch Jung, *Symbole der Wandlung* 315.
686 Schmitt 276.
687 Schmitt 284.
688 Schmitt 193.

Wassers […] so als eine Überwindung des Mütterlichen“[689] gesehen werden kann. Zum Ausdruck seiner eigenen Anima-Erfahrung greift Jung selbst auf die Wassersymbolik zurück: „In der Auseinandersetzung mit der Anima bin ich tatsächlich […] Gefahren begegnet […]. Beinahe wäre ich ertrunken.“[690]

g) „[O]hne Hoffnung auf Erfolg“ – Die Todeserfahrung

Einen weiteren Aspekt fügt Joseph L. Henderson dem Aufgabenkatalog des Helden zu:

> [Der Held muss] sich [einer] Prüfung […] unterziehen. Er muss gewillt sein, diese Prüfung ohne Hoffnung auf Erfolg auf sich zu nehmen. Er muss sogar zum Sterben bereit sein, und obwohl das Ausmaß der Prüfung vielleicht erträglich […] oder auch schmerzhaft […], der Zweck bleibt immer derselbe: eine symbolische Todesstimmung zu schaffen, aus der die symbolische Wiedergeburt entspringen soll.[691]

Das Motiv der Todeserfahrung während der Heldenfahrt steht für die absolute Befreiung des Helden; es ist ein Symbol „des Verzichts, der Entsagung“[692]. Daher ist laut Henderson ein typisches Motiv der Quest „das Motiv der einsamen Reise oder Pilgerfahrt, auf der der Initiand mit der Natur des Todes bekannt gemacht wird.“[693]

h) Return: „[F]inal crisis“ – Die Herausforderung der Rückkehr

Nachdem der Held seinen Aufgabenkatalog durchlaufen hat, sich von der Mutter-Komponente befreit hat, die Todeserfahrung gemeistert hat und auf eine höhere Bewusstseinsebene gelangt ist, bleibt als letzte Station der Heldenfahrt die Rückkehr in die Welt, die er beim Aufbruch in seine Odyssee hinter sich gelassen hat. Campbell erklärt diesen Schritt wie folgt:

> When the hero-quest has been accomplished, […] the adventurer still must return with his life-transmuting trophy. The full round […] requires that the hero shall now begin the labor of bringing the runes of wisdom […] back into the kingdom of humanity, where the boon may redound to the renewing of the community, the nation, the planet, or the ten thousand worlds.[694]

---

689 Schmitt 284.
690 Jung, *Erinnerunge Träume Gedanken* 290.
691 Henderson 132.
692 Henderson 151.
693 Henderson 151.
694 Campbell 193.

Diesen letzten Schritt bezeichnet Campbell als „final crisis […], to which the whole miraculous excursion has been but a prelude."[695] Die große Herausforderung besteht Campbell zufolge in der Mitteilung seiner Erkenntnis. „How render back into light-world language the speech-defying pronouncements of the dark? How represent on a two-dimensional form, or in a three-dimensional image a multi-dimensional meaning?"[696] sind Fragen, mit denen der Held konfrontiert ist. Einfach und banal hört sich Campbells Lösungsformel für die letzte Hürde der Heldenfahrt an: „The returning hero, to complete his adventure, must survive the impact of the world."[697]

2.2. Nomans Quest

a) „[N]o man" – Noman als Held

Parallelen zwischen Noman und der Herosgestalt werden deutlich, betrachtet man die Aussagen, die über Noman getroffen werden. Nomans auffälligstes Merkmal ist sein Erscheinungsbild. Als „attractive"[698], „slim and athletic"[699], „tall und dark"[700], „always graceful"[701] ist er beschrieben. „Noman […] was always a perfect gentleman"[702], betont Kali. Der Neid Jubelas' lässt sich in dessen Bemerkungen nicht verbergen: „He was so damned debonair."[703] Betrifft die Beschreibung Nomans Charakter und Verhaltensweisen, so fällt es den erzählenden Charakteren schwer, ihn in Worte zu fassen. Bereits zu Beginn seiner Erzählung in „Noman" reiht Jubelas den Protagonisten in die Kategorie „unspeakable" ein: „[T]here's no way I can describe"[704]; „[h]ow can I describe him so you'll understand?"[705] Auch Ibrahim sieht sich vor das Problem gestellt, Noman zu erklären: Mehrere Male unterbricht er seine Beschreibung desselben – „how shall I say?" – um Worte zu finden.[706]

695 Campbell 216.
696 Campbell 218.
697 Campbell 226.
698 MacEwen, *Noman's Land* 58.
699 MacEwen, „Noman" 93.
700 MacEwen, „Noman" 107.
701 MacEwen, „Noman" 87.
702 MacEwen, *Noman's Land* 111.
703 MacEwen, „Noman" 91.
704 MacEwen, „Noman" 85.
705 MacEwen, „Noman" 87.
706 MacEwen, *Noman's Land* 90 sowie 99.

Betrachtet man Noman näher, so werden diese Formulierungsprobleme nachvollziehbar. Noman ist ein ungewöhnlicher Charakter; ihn in Worte zu fassen erfordert von den Charakteren das Finden neuer Kategorien. „He sort of *leaned* into the world, testing the ground with his feet as if there was a big hole somewhere but he knew he'd never fall into it"[707], beschreibt Jubelas. Kali fasst zusammen: „His eyes change colour according to what they are looking at. His own blood is a potent drug that lifts him to heaven and drops him into Hell; he sees colours that smell like sage and seaweed, taste like wild honey and bacon rind, sound like all the bells of the world ringing together."[708] „His mind works [...] *sideways*"[709], erklärt Ibrahim. Sowohl Nomans Äußeres als auch seine Verhaltensweisen führen zu Jubelas' und Omphales Spekulationen über Nomans Herkunft.[710] Ein charakteristisches Merkmal seines Äußeren ist Nomans Trenchcoat, der an mehreren Stellen als Merkmal seines Andersseins angeführt wird: „He was standing there. Under a street-light, wearing a brown trench-coat with the collar turned up. [...] [O]nly foreigners know how to wear trench-coats like that. Like it was hanging on him, *alive*."[711]

Vor allem Ibrahim belegt die Tatsache, dass sein Freund lediglich „more or less human in character"[712] ist. Als „this strange being called Noman"[713] beschreibt er ihn und vermerkt: „[S]omething [...] made him different from everyone. [H]e was almost [...] a different *order* of man, another species."[714] Die „Unmenschlichkeit" Nomans bestätigt auch die Kritikerschaft. Atwood beschreibt ihn als einen Charakter, „[who] seem[s] able actually to perform superhuman feats."[715] Bartley unterstreicht seine Übermenschlichkeit im Zusammenhang mit seinem Namen, der schließlich impliziere „that Noman is 'no man'"[716].

707 MacEwen, „Noman" 91.

708 MacEwen, „Noman" 107.

709 MacEwen, „Noman" 99.

710 Vgl, MacEwen, „Noman" 86ff sowie 94.

711 MacEwen, „Noman" 85; vgl. auch 86, wo Jubelas weiter spekuliert: „I figured he had to be part of some lost Spanish aristocracy, what with the dark skin and the trenchcoat and the way he lit cigarettes."

712 Campbell 315.

713 MacEwen, *Noman's Land* 84.

714 MacEwen, *Noman's Land* 90.

715 Margaret Atwood, „Canadian Monsters. Some Aspects of the Supernatural in Canadian Fiction", *The Canadian Imagination. Dimensions of a Literary Culture*. Hg. David Staines (Cambridge & London: Harvard University Press, 1977) 97-122, siehe 110.

716 Bartley, *Invocations* 98.

Als eine Hürde in dem Versuch, Noman zu verstehen, erwähnt Ibrahim dessen „terrible, eloquent silence"[717]. Die Äußerungen, die Noman von sich gibt, unterstreichen allerdings wiederum seine Andersartigkeit. „He spoke strangely. It wasn't as if he had an accent, exactly…it was more as if he was speaking in *italics*, if you know what I mean"[718], berichtet Jubelas.

Eine andere Eigenschaft Nomans ist die Variation des Helden als „cosmic man" (vgl. „Der Held", S. 153ff). Kali und Jubelas finden heraus, dass Noman Tänzer ist. Nach einer Kostprobe von Nomans Tanzkunst lautet das Urteil des begeisterten Jubelas: „[H]e had all kinds of energy stored up, waiting."[719] Kali liefert mehr Information über Noman als Tänzer: Er tanze „in unlikely places"[720], „around telephone poles, pillars, anything that can create a centre"[721]. Nicht nur der Ort der Inszenierung seiner Kunst sei jedoch unberechenbar, ebenso der Zeitpunkt: „He walks with the studied step of a dancer who may at any moment, without warning, dance."[722] Vor allem vor dem Hintergrund des Namens Kali und der Beziehung Kali-Noman erinnert Nomans Leidenschaft an den indischen Gott Siva – ein Vergleich, der sich in der Sekundärliteratur findet[723], den aber auch Kali selbst zieht: „I saw Noman as Siva."[724] Auf die Bedeutung des indischen Götterpaares für das Liebespaar soll zwar erst unter „Kalis Rolle in Nomans Quest" (S. 223ff) eingegangen werden, es kann aber vorweg genommen werden, dass ein Avatar Sivas der des kosmischen Tänzers ist. Einen direkten Zusammenhang zwischen Nomans Tanz und seiner Ganzwerdung sieht Warwick, die in ihrem Aufsatz „To seek a single symmetry" die Wiederkehr des Kreismotivs als Symbol der Synthese, Integration und Wiedervereinigung in MacEwens Werk analysiert. Den Tanz als Kreisfigur erwähnt Warwick als ein typisches Motiv für die Werke MacEwens.[725]

Eine weitere Charaktereigenschaft, die Campbell dem Helden zuschreibt, ist das Verfügen über „extraordinary powers" bzw. „exceptional gifts"[726]. Eine au-

717 MacEwen, *Noman's Land* 86. Dieses Hindernis im Kennenlernprozess mit Noman erwähnen auch die anderen Charaktere. „Noman, […] why don't you talk about your past?", verzweifelt Kali („Noman" 108). Auch Jubelas bestätigt: „I was always asking myself who is he, what does he want, where does he come from? […] But he never told me about himself" („Noman" 90).

718 MacEwen, „Noman" 86.

719 MacEwen, „Noman" 93.

720 MacEwen, „Noman" 108.

721 MacEwen, „Noman" 107.

722 MacEwen, „Noman" 108.

723 Siehe z.B. Davey, „The Secret of Alchemy" 55f.

724 MacEwen, „Noman" 109.

725 Warwick 23.

726 Campbell 37 und 319.

genscheinliche Begabung bzw. Macht Nomans ist der Einfluss, den er auf andere ausübt. Jubelas, Kali und Ibrahim bestätigen in ihren Reflexionen über ihre Erfahrungen mit Noman wiederholt, dass er ihr Leben, ihre Denkweise und ihre Zukunft bahnbrechend beeinflusst. „He himself *did* nothing, but he made it all happen"[727], fasst Jubelas zusammen. Nomans Einfluss auf andere soll im Detail unter „Nomans als Archetyp" (S. 207ff) beleuchtet werden.

Auch die zwei signifikanten Heldeneigenschaften der Wanderschaft und der Einsamkeit finden sich in Nomans Quest: Die Kurzgeschichte „Noman" endet mit Nomans Verschwinden durch den Torbogen, *Noman's Land* beginnt mit seinem Wiederauftachen. 13 Jahre vergehen in der Zwischenzeit – Zeit, in der Noman nicht verschwunden, sondern auf Wanderschaft in Toronto ist: „[H]e walked [...] through the arch at Kingsmere and disappeared. [...] [F]rom my eyes at least, but I heard he was very active during the following years, appearing here and there in one guise or another [...] in hot pursuit, as ever, of his several selves, living out whatever alternative lives and alternative realities he was forced by his nature to experience"[728], erinnert sich Kali, die unter Nomans Wanderdrang leidet (vgl. „Kali", S. 215ff). Dass dies kein Einzelfall ist, sondern Nomans Natur, wiederholt Kali an anderer Stelle, indem sie erklärt: „Noman [...] performs his endless disappearing acts, but always returns after huge lengths of time with his dazzling smile."[729] Seine erwähnte Unfassbarkeit und seine Verwandlung von Persona zu Persona spiegeln sich in Kalis Charakterisierung Nomans als *„[a] kaleidoscope, a collage, a creature who occupied the spaces between moments, sliding between the folds of reality, his life a room composed of sliding panels and doors."*[730] So stellen letztendlich auch „Noman" und *Noman's Land* lediglich „Erscheinungen" von Noman dar. Allerdings ist auch seine Präsenz in *Noman's Land* durch ein mehrtägiges Verschwinden unterbrochen.[731] Während Ibrahims Geburtstagfeier, die in Nomans Abwesenheit stattfindet, bestätigt sich allerdings Nomans Einfluss auf andere zum wiederholten Male: „He's here even when he's not here", bemerken Kali und Ibrahim.[732]

Bezüglich der Einsamkeit des Helden gibt es eine Vielzahl von Situationen, in denen Noman dieselbe beklagt. Diese sollen jedoch erst unter „Nomans Quest" (S. 175ff: „Nomans Einsamkeit") besprochen werden, da in Nomans Fall das Aufkommen der Einsamkeit eng mit seiner Odyssee verbunden ist.

---

727 MacEwen, „Noman" 88.

728 MacEwen, *Noman's Land* 112.

729 MacEwen, *Noman's Land* 111.

730 MacEwen, *Noman's Land* 14.

731 MacEwen, *Noman's Land* 95ff.

732 MacEwen, *Noman's Land* 121.

b) „[A] long story […] all about my Past“ – Nomans Kindheit

Noman gibt äußerst wenige Hinweise auf seine Kindheit und Familiensituation. In Kalis Teil der Geschichte „Noman“ geht er allerdings in einem intimen Moment auf seine Vergangenheit ein: „I'll tell you a long story. It's all about my Past. I'll start with the time I lay kissing concrete in an alleyway behind Howland Street […]. I'd been beaten up the night before…“[733] Als Vorgeschichte dieser Episode erzählt er, dass er als Jugendlicher einer Jahrmarktsgruppe beitritt und durch die Lande reist, um seinen Vater zu suchen: „I wasn't even sure *who* he was. But […] I dreamed of going back through the fields and trees whispering, *Father, Pére, Pateras, Abu, Aubrey*, through the small forest I'd known as a child.“[734]

Um diesen Aspekt von Nomans Kindheit zu erhellen, kann die Kurzgeschichte „Day of Twelve Princes“[735] herangezogen werden, die die Geschichte des Jungen Samuel erzählt. Mehrere Kritiker deuten an, dass Samuel das Kind Noman ist.[736] Parallelen zwischen beiden, die diese Annahme untermauern, finden sich viele. Wie Noman ist Samuel „lean and brown“ und fühlt sich vom Jahrmarkt angezogen.[737] Ebenso hat Samuel eine besondere Beziehung zur Zeit. Mehrmals im Laufe der Geschichte stellt er sich vor, die Zeit rückwärts zu erleben bzw. Dinge rückwärts geschehen zu lassen.[738]

Samuels Familiensituation ist nicht harmonisch und er sucht sich daher Zufluchtsorte. Ein solcher Ort ist der Dachboden seines Hauses. Von dort aus kann er den Garten hinter dem Haus beobachten, in dem sich sein persönliches Heiligtum befindet:

> [T]he branch [of a tree in the garden] he worshipped at an appointed time each afternoon when the sun touched it tentatively, from the left. The wood became pure gold and Samuel thought: I, I am here in the attic this afternoon and no-one else in the world sees what I see at this time. No-one. Therefore what I see I possess completely – this branch, this sun, this light. […] It is mine because no eyes but mine perceive it.[739]

---

733 MacEwen, „Noman” 114.

734 MacEwen, „Noman” 117.

735 MacEwen, *Noman* 26-46.

736 Siehe Bartley, *Invocations* 99 sowie Davey, „The Secret of Alchemy” 54.

737 MacEwen, „Day of Twelve Princes“ 26 sowie 34.

738 MacEwen, „Day of Twelve Princes“ 40ff.

739 MacEwen, „Day of Twelve Princes“ 26. Auffällig ist, dass die Wortwahl an die Schlusszeilen der Gedichte „Two Voices“ („What is here, what is with me now/ Is mine”) und „Poem“ (“What is here, what is with you now, is yours”) erinnert, vgl. „Individuation in *The Shadow-Maker*”, S. 65ff).

Als der erwachsene Noman in Toronto ein Appartement bezieht, fällt ihm sofort auf: „There was a magic tree outside.“[740]

Die größte Parallele zwischen Noman und Samuel ist allerdings der Charakter Aubrey, der das Zentrum in Samuels unharmonischer Familiensituation ist, und den Noman in eine Reihe mit den verschiedenen Übersetzungen des Wortes “Vater” reiht, wenn er Kali über die erfolglose Suche nach seinem Erzeuger erzählt (s.o.).

Samuel lebt zusammen mit seiner Mutter Hannah im Haus des Ehepaares Sarah und Aubrey. Was Samuels Vater betrifft, so macht Hannah ihn glauben, dass dieser in Europa verstorben sei.[741] Sarah ist an „madness“ erkrankt, „and her madness was fourteen years old, as old as Samuel”[742]. Zudem leidet Sarah an Platzangst, was dazu führt, dass ihr Haus von einem Zaun umgeben ist, der Außen- und Innenwelt klar voneinander abgrenzt. Schließlich wird Sarah schwanger und ihre „madness“ verschwindet.[743]

Aubrey hat eine angespannte Beziehung zu Samuel: „He rarely spoke to the boy.”[744] Als Grund für die angespannte Beziehung zwischen den beiden erfährt der Leser im Verlauf der Geschichte, dass Hannah und Aubrey eine heimliche Affäre unterhalten, deren Anzeichen Samuel wahrnimmt: *„I do not hear the evil door closing behind Aubrey and Hannah as they go into her room”,* sagt sich Samuel des Nachts:

> *I do not hear the rustle of clothes, the thick whispers. I do not hear the flick of the match or the creak of the bed. Nothing is heard, nothing. I do not hear their voices, I do not hear Hannah's fingernails as she draws them across the wooden dresser-top. I hear nothing, I have never heard them in that room ...*[745]

Samuels Wissen, dass es sich bei Aubrey um seinen wahren Vater handelt, wird an verschiedenen Stellen angedeutet.[746] Nachdem Sarahs Kind geboren ist, müssen Hannah und Samuel das Haus verlassen und lassen sich schließlich in Torontos Howland Street nieder. Hier wird Samuel verprügelt und endet ohnmächtig auf dem Bürgersteig. Genau diese Situation wählt Noman als Ausgangspunkt für die „long story [...] all about [his] Past”[747].

Geht man von Samuels Geschichte als Platzhalter für Nomans Kindheit aus, so spiegelt sich hierin einerseits Campbells „theme of infant exile and return”:

---

740 MacEwen, *Noman's Land* 19.
741 MacEwen, „Day of Twelve Princes“ 31.
742 MacEwen, „Day of Twelve Princes“ 28.
743 MacEwen, „Day of Twelve Princes“ 33f.
744 MacEwen, „Day of Twelve Princes“ 29.
745 MacEwen, „Day of Twelve Princes“ 39.
746 MacEwen, „Day of Twelve Princes“ 39 sowie 42.
747 MacEwen, „Day of Twelve Princes“ 42 sowie „Noman” 114.

Samuel/Noman ist das uneheliche, verstoßene Kind, das keine Beziehung zu seinem Vater aufbauen kann, schließlich sogar vergisst, „*who* he was“[748], aber dennoch lange durch seine Jugend hindurch Wunschvorstellungen über ein mögliches Wiedersehen hegt. Während seiner Zeit in Aubreys und Sarahs Haus führt Samuel ein trauriges Schattendasein. Seine wahre Identität wird ihm durch die Lüge über seinen Erzeuger verheimlicht, er findet lediglich in einsamen Stunden auf dem Dachboden Erfüllung und formt seine Identität durch Flucht in seine Vorstellungskraft. Erst nachdem er mit Hannah die beengende Situation in Sarahs und Aubreys Haus – „fenced off from the [...] land around“[749] – verlässt, kann er seinen eigenen Weg finden. Eine Gefühlsbeschreibung ein paar Wochen nach seiner Ankunft in Toronto liest sich als Befreiung von der traurig-einsamen Dachbodenexistenz, die Samuel bis dato führt: „[H]e felt like he owned it all, the discordant market, the smells, its people ... and soon he came to like Howland Street, even Howland Street with its alleys full of rubbish and children's thrown-off shoes, with the walls that leaned to kiss each other, with the smell of melting tar in the heat.“[750] Genau diese Gefühle bezüglich seiner Heimatstadt sind dem Helden Noman abhanden gekommen, und sie zu finden ist Anlass seiner Quest.

Samuels Geschichte lieftert neben Campbells „theme of infant exile and return“ allerdings ebenso einen Ausblick auf den außergewöhnlichen Charakter des Helden: Die besondere Beziehung zur Zeit, die Weisheit des Kindes, die Narrheit der Erwachsenen zu durchschauen und die Verehrung des „magic tree“ sind Hinweise darauf, dass Samuel kein „normales“ Kind und sein Heldencharakter prädestiniert ist.

c) Separation: „And then you dropped dead” – Nomans symbolischer Tod

Noman durchläuft einen symbolischen Tod im Rahmen der Saturnalienfeier, die Kali, Noman, Jubelas und Omphale im Dezember begehen. Die Inszenierung des vorgetäuschten Todes ist Kalis Einfall, die darin die Lösung zu Nomans Amnesie/Identitätsproblem sieht und die seine symbolische Wiedergeburt bereits einkalkuliert: „You must die. [...] [Y]ou must stage a mock death, a brilliant scene in which we'll all participate. Then you can be born again, maybe even assume a real name.”[751] Dass jedoch das Finden seiner Vergangenheit und seines Namens kein ausreichendes Ziel für Noman ist, deutet dieser gegenüber

748 MacEwen, „Noman” 117.
749 MacEwen, „Day of Twelve Princes“ 28.
750 MacEwen, „Day of Twelve Princes“ 43.
751 MacEwen, „Noman” 118.

Kali bereits vor der Inszenierung seines „mock death" an: „Kali, let's [...] possess ourselves! Let's possess the future as surely as we possess the past! [...] Let's become masters of time, let's *move into* time!"[752]

Als Ort der Inszenierung wählen Noman und Kali die *ravine*, die sich durch die Stadt Toronto zieht und das passende mysteriös-unheimliche Szenario für die Saturnalienfeier sowie für Nomans „mock death" liefert. „Down we went, under the viaduct [...] deeper and deeper into the trail", beschreibt Jubelas, „we were on the dark green floor of the ravine and the city's traffic was far away."[753] Auch Kali erwähnt die besondere Bedeutung des Ortes: „We went down the flight of stairs into the bright darkness, and stood in a place where space and time became one single, indivisible reality."[754] Die Charaktereigenschaften „anxiety", „representative of that unconscious deep" sowie „marked and sanctified"[755], die Campbell für den Ort der Wiedergeburt benennt, finden sich in Nomans Fall demnach auch am Ort des symbolischen Todes. Signifikant ist, dass die Wahl der *ravine* als naturähnliches Areal inmitten der Metropole als Bühne für den symbolischen Tod sehr stark auf den Wald hindeutet, den Campbell und Jung als das Symbol des Unbewussten per se ansehen.

d) „Him, with his trench-coat" – Nomans Persona

Als Symbol für Nomans symbolischen Tod fungiert der charakterisitische Trenchcoat, der an mehreren Stellen mit ihm in Verbindung gebracht wird. „[H]ow come he didn't take his coat off inside", wundert sich Jubelas über Nomans Verhalten.[756] Selbst bei einem Skiausflug, den das Viergespann zusammen unternimmt, bemerkt er: „Noman still wore his trench-coat. *Skiing*, for God's sake."[757] Wird Noman – als unerfahrener Wintersportler – von den Schneemassen verschüttet, beruhigt er seine Mitfahrer: „I'm not dead. [...] I'm not even hurt. My coat's been bruised, though."[758] Mantel und Noman werden folglich von Jubelas als Symbiose angesehen. „*Him*, with his trench-coat"[759], nennt er

752 MacEwen, „Noman" 110.

753 MacEwen, „Noman" 99f.

754 MacEwen, *Noman's Land* 125.

755 Campbell 43 sowie 52.

756 MacEwen, „Noman" 87. Beim ersten Treffen ereignet sich auch folgende Szene: „I got feeling so friendly that once I gave him a big friendly whack across the shoulders. Stupidest thing I ever did. He wasn't the sort of guy you whacked over the shoulders. So I sat there and stared at his trench-coat. Like I'd hurt the coat, you know?" („Noman" 86).

757 MacEwen, „Noman" 94.

758 MacEwen, „Noman" 94.

759 MacEwen, „Noman" 98.

das Paar. Selbst nach dem „mock death" wird der Mantel von Jubelas bedacht: „[Y]ou were lying face down and your coat was dead and everything was dead."[760]

Eine Woche nach der Saturnalienfeier kehren Noman und Kali zur „scene of the crime"[761] zurück: „[We] stood on the bridge over the ravine, looking down into the little clearing where he had died. [...] Noman smiled [...] and he took the trench-coat off and threw it down into the ravine. It floated like a great terrible bird and settled on the frozen floor of the valley. *In puris naturalibus*, he said."[762] Wie eine alte Identität wirft Noman den bisher schützenden Mantel ab und zeigt sich damit bereit für die Änderung, die Campbell zufolge in Form der Wiedergeburt auf den symbolischen Tod folgt. Gerade durch die Aussage „*in puris naturalibus*" unterstreicht Noman, dass er sich ebenso frei von sozialen Verpflichtungen macht. In Jungs Worten kann der Trenchcoat als Nomans Persona gesehen werden. Die Persona bezeichnet Jung als „Maske [...] von der [der Träger] weiß, daß sie einerseits seinen Absichten, andererseits den Ansprüchen und Meinungen seiner Umgebung entspricht."[763] Ähnlich einer Rolle im soziologischen Sinne ist die Persona somit ein Einfluss auf das Selbst, der durch soziale, gesellschaftliche und weltliche Erwartungen bestimmt ist und von der Selbstfindung abhält. Nachdem Noman seinen „Deckmantel" ablegt, befindet er sich „in natürlichem Zustande" und ist damit bereit für seine Selbstsuche. „[H]is coat is dead", fasst Kali den symbolischen Tod passend zusammen.[764]

e) „[C]oming, Kali?" – Nomans „First Threshold"

Mehrere Monate nach dem „mock death" – symbolischerweise am Wiederauferstehungsfest Ostern des Folgejahres – begeben sich Kali und Noman nach Ottawa: „Noman wanted to go to Kingsmere and see Mackenzie King's synthetic

760 MacEwen, „Noman" 100.

761 MacEwen, „Noman" 119.

762 MacEwen, „Noman" 119.

763 Jung, *Gesammelte Werke* 6 505.

764 MacEwen, „Noman" 107. Die Annahme des Mantels als Persona unterstützt auch Jubelas, der sich erinnert: „At home he always wore a dark maroon thing, a lounge jacket, that made him look different. I could talk to it easier than I could to the trench-coat" (90f). Siehe auch Kali, die über Nomans Kleidungsstil bemerkt „turning up the collar of his coat as he always did, whether to keep the world out or himself in, I never knew" (110). Einen makabren Beigeschmack verleiht die Tatsache, dass Noman und Kali den Trenchcoat von Torontos Bloor Street Viaduct in den symbolischen Tod befördern. Die Brücke wurde erst in jüngster Vergangenheit mit Schutzmaßnahmen versehen, um Selbstmordgefährdete vom Sprung in die Tiefe abzuhalten.

ruins – the walls and arches constructed out of bits of historic stone."[765] Die Merkwürdigkeit des Ortes Kingsmere klingt in dieser kurzen Beschreibung Kalis an:

> [Mackenzie King] imported pseudo Graeco-Roman columns and bits and pieces from historic buildings and used them to decorate the grounds at Kingsmere. But he was wrong; all he did was create a sort of grotesque stage set. […] The place is surreal, with all those arches leading nowhere but to the forest. He tried to decorate the present with relics from the past, and ended up creating a time-warp.[766]

Die ohnehin vorhandene elektrische Spannung des seltsamen Ortes wird im Falle von Kalis und Nomans Reise durch eine unheimliche Atmosphäre unterstrichen: Sie besuchen Kingsmere des Nachts bei Regen und Gewitter.[767] Dass somit der Ort in Campbells Sinne markiert ist, wird deutlich. Dass Kingsmere durch seine Lage in Wald der Gatineau Hills ebenso als Representation des Unbewussten angesehen werden kann und einerseits Furcht, andererseits Anziehungskraft verkörpert, wird in den folgenden Ereignissen klar. Kaum angekommen, führt Noman Kali zielbewusst „over to a small field hemmed in by trees and tiny pillars and arches […]. He spotted an arch at one end of the terrace, like an ancient door that led into the forest, the final mystery."[768] Während Noman der Faszination des Ortes folgt, repräsentiert Kali die Furcht. Nachdem er den Torbogen – seine „first threshold" – erblickt, erliegt er seiner Anziehungskraft: „'Do you dare go?' he breathed. 'Are you coming, Kali?' he said, […] started across the field [and] […] went on farther into the spooky greyness nearer and nearer the arch."[769] Kali ist skeptisch und verspürt intuitiv Vorsicht. Ihre instinktive Hemmschwelle deutet an, dass der Torbogen von einer Kraft umgeben ist, die Campbells Konzept des „threshold guardian“[770] nahe kommt, und dass es nur dem Helden möglich ist, die Schwelle zu überschreiten. Auch Bartley unterstreicht, dass Kingsmere hier „tension between invitation and warning"[771] innewohnt. Diese Annahme bestätigt sich auch im weiteren Verlauf der Ereignisse, denn gerade als Kali den Mut fasst, Noman zu folgen, wird die beschützende Kraft wieder aktiv: „I half rose to follow him, but just then a sudden flash of

765 MacEwen, „Noman" 119.

766 MacEwen, *Noman's Land* 15.

767 MacEwen, „Noman" 119.

768 MacEwen, „Noman" 119f.

769 MacEwen, „Noman" 120. Erwähnenswert ist an dieser Stelle, dass Jung das Tor explizit als Schwellenmerkmal und als Symbol „für eine von Gefahren umlauerte Stelle, die zugleich trennt und verbindet“ erwähnt (Jacobi, „Symbole auf dem Weg der Reifung“ 293).

770 Campbell 82.

771 Bartley, *Invocations* 87.

lightning lit up the field and froze the terrible door in violent relief."[772] Kali folgt Noman so nicht weiter auf dem Weg seiner Individuation. Dass Kingsmere, der Torbogen und diese spezifische Nacht ausschließlich Parameter von Nomans Selbstfindung sind, deutet sie allerdings schon in ihrer ersten Reaktion auf Mackenzie Kings Anwesen an: „I don't like this place […]. It's Noman's land."[773]

Die beschützende Macht der „first threshold" lässt sich detaillierter beschreiben. Auch ein abstrakt-spirituelles Hindernis wie z.B. Gegensätze – so betont Campbell – könne der „threshold guardian" sein.[774] Dass die „instant history" Kingsmeres grotesk und surreal erscheint, da sie die Gegenwart mit Überresten der Vergangenheit schmückt und dadurch einen Zeitsprung verursacht, wurde erwähnt. Die Polaritäten Vergangenheit versus Zukunft tauchen bereits in Nomans ursprünglichem Plan auf: „Let's possess the future as we possess the past! […] Let's become masters of time, let's *move into* time!"[775] Vergangenheit und Zukunft beinhaltet auch die letzte Warnung, die Kali Noman zurufen kann: „Whose past have we stolen? Into whose future are we moving?" „Why, our own, of course!", ist Nomans rückversichernde Antwort, bevor er schließlich „blithely [and] stark naked"[776] – „*in puris naturalibus*" [777] – durch den Torbogen in den Wald hinein und damit über seine „first threshold" schreitet. Die Beziehung des Torbogens zur Zeitkonstellation bzw. die Zeit als abstrakten Wächter stellt auch die Sekundärliteratur fest: Als „a kind of 'time-travel' place, the archway or passage between the past and future, known and unknown"[778] beschreibt Bartley das Szenario; als „a doorway between the past and the future"[779] betitelt Atwood den Torbogen. Zu bemerken ist, dass die Zeit auch im weiteren Verlauf der Odyssee Nomans eine ausschlaggebende Rolle spielt. Verlorene Zeit ist das Suchobjekt in Nomans Heldenfahrt; zwischen Durchschreiten des Torbogen und Beginn der eigentlichen Quest vergehen 13 Jahre; die Zeitrechnung während Nomans Quest ist eine andere als die der „normalen Welt", und sie zu meistern seine Herausforderung.

Die Geschehnisse um Nomans Aufbruch in seine Quest sind so gekennzeichnet von „danger, reassurance, trial, passage"[780], und mit der Durchschrei-

---

772 MacEwen, „Noman" 120.
773 MacEwen, „Noman" 120.
774 Campbell 89.
775 MacEwen, „Noman" 110.
776 MacEwen, „Noman" 120.
777 MacEwen, „Noman" 119.
778 Bartley, *Invocations* 95.
779 Atwood, „Canadian Monsters" 111.
780 Campbell 52.

tung des Torbogens begibt er sich in ein Areal, das das Unbekannte oder – in Kalis Worten – „the final mystery" beherrbergt, Jung'scher Symbolik folgend durch den Wald dargestellt.[781] Dass das Durchschreiten der „first threshold" der Markierungspunkt für eine Änderung und der Aufbruch in eine neue Erfahrungszone ist, wird formal dadurch ausgedrückt, dass sowohl die Kurzgeschichte „Noman" als auch der gesamte Band mit Nomans Durchschreitung des Torbogens endet. Nach Passieren der Schwelle beginnt mit *Noman's Land* eine völlig neue Geschichte.[782]

f) „He was lost" – Nomans symbolische Wiedergeburt

Die Reihenfolge der einzelnen Schritte der Heldenfahrt erfolgt in Nomans Falle leicht variiert. So markiert der Beginn von *Noman's Land* nicht nur den Aufbruch in eine neue Erfahrungszone, sondern sieht ebenso die Wiedergeburt des Helden. Unbeschadet ist es Noman nicht gelungen, die erste Schwelle zu passieren. „He was lost" ist der erste Satz in *Noman's Land*, und die ersten Paragraphen der Erzählung beschreiben Nomans Erwachen „naked, wet and shivering" im Wald.[783] Er erinnert sich nur, „that he had passed under an arch of blinding light, and been struck down by a hand of fire."[784] Zu einem späteren Zeitpunkt benutzt Noman selbst Wiedergeburts-Terminologie und erklärt: „[He] had been born, so to speak, at Kingsmere."[785] Mit dieser Wiedergeburt geht die Selbstver-

781 „It's interesting, though, that Noman's possession of himself involves an entry into the forest", bemerkt auch Margaret Atwood („Canadian Monsters" 114).

782 Die Sekundärliteratur zu „Noman" diskutiert dessen Durchschreiten des Torbogens meist als Ende seines Schicksals. Atwood bezeichnet Nomans Verschwinden jenseits des Bogens beispielsweise als „sacrificial fade-out": „[D]eath or disappearance is chosen, and seems to have some element of sacrifice in it but unlike traditional sacrifices, such as Christ's, it doesn't save or even benefit anyone else, and is more in the nature of an abdication or departure." Unter den Vorzeichen der Quest betrachtet liegt in diesem Zitat sehr viel Wahrheit, denn die Entsagung der bisher vertrauten Welt und das Ablegen von Nomans Persona sind zunächst lediglich Opfer zum Erreichen seiner individuellen Ganzwerdung. Atwood bezeichnet das „sacrificial fade-out" sogar als „a MacEwen specialty", die sich sowohl in *Julian the Magician*, *King of Egypt, King of Dreams*, sowie in der Kurzgeschichte „The Second Coming of Julian the Magician" findet („Canadian Monsters" 114). Bezüglich der Fortsetzung von Noman sagt MacEwen in einem Interview aus dem Jahre 1979, sie beende derzeit einen Roman, der „on the other side of the archway in Noman" beginnt (zitiert in Bartley, *Invocations* 2). Dass zwischen den Veröffentlichungen von *Noman* und *Noman's Land* – parallel zu den „lost years" von Noman – 13 Jahre liegen, wurde bereits angedeutet.

783 MacEwen, Noman's Land 9.

784 MacEwen, *Noman's Land* 9.

785 MacEwen, *Noman's Land* 16.

nichtung einher. Noman bemerkt bald, dass er sein Gedächtnis verloren hat. Obwohl Feuer ein Symbol des Wissens und der Blitz ein Zeichen für Erleuchtung ist, hat die „hand of fire", von der Noman getroffen wurde, bei ihm (Selbst-) Vernichtung zur Folge. Wenn er auch in „Noman" zumindest Kali gegenüber „amne *see*ah"[786] vorgetäuscht hatte, so hat ihn diese Kondition als *self-fulfilling prophecy* in *Noman's Land* erfasst.[787]

Nomans Amnesie gibt ihm im Folgenden nicht nur die Möglichkeit, sein Selbst zu finden. Sie ist auch der Anlass für die Quest nach seiner Vergangenheit und Identität. Absurderweise führt also der komplette Gedächtnisverlust Noman zu tiefem Wissen.[788] Während das Selbst des Protagonisten in vielen traditionellen Heldenfahrten verschlüsselt dargestellt wird und der Held nach einem Schatz, einem Edelstein, oder einer schwer erreichbaren Kostbarkeit sucht, ist Noman – ohne symbolische Chiffrierung – auf der Suche nach seiner Identität.[789]

g) Initiation: „There is the city" – Toronto als „Raum des Unbewussten"

Nomans „lange Fahrt" beginnt mit seiner vierstündigen Fahrt von Ottawa nach Toronto.[790] Bemerkenswert ist der Ortswechsel Nomans aus dem Wald der Gatineau Hills in die Metropole. Mit Beginn seiner Quest begibt der Held sich in einen „symbolischen Raum des Unbewussten"[791]; als typische Beispiele listen Campbell „desert, jungle, deep sea, alien land"[792] und Sharp „dark forests, burning deserts, ice fields"[793]. Die Stadt wird zwar nicht explizit als „Raum des Unbewussten" genannt, ist aber – wie erwähnt – ein Symbol des Selbst. So er-

786 MacEwen, „Noman" 104.

787 Dass Feuer und Erleuchtung zerstörerisch und gleichzeitig anziehend-numinos sind, verdeutlicht die Kurzgeschichte „Fire" (vgl. *Noman* 18-25). Titel und Widmung von MacEwens Werk *The Fire-Eaters* sind in diesem Zusammenhang ebenso symbolträchtig: „For everyone who passed through the fire and survived", vgl. Gwendolyn MacEwen, *The Fire-Eaters* (Ottawa: Oberon Press, 1982) 4.

788 „[O]ne of the nice things about not remembering anything was that the world was almost unbearably beautiful; everything was fresh and new", stellt Noman in diesem Zusammenhang fest (*Noman's Land* 52)

789 Schmitt 279.

790 MacEwen, *Noman's Land* 12.

791 Schmitt 279.

792 Campbell 79.

793 Sharp, *Digesting Jung* 72ff.

klärt Jung, dass „der Grundriß einer Stadt, symbolisch betrachtet, dem Mandala, das heißt der Urordnung der Seele, ihrer Ganzheit [entspricht]“[794].

Hervorzuheben ist, dass die Stadt Toronto in *Noman's Land* dadurch auf ihre archetypische Bedeutung konzentriert wird, dass sie im Verlauf des Werkes nahezu ausschließlich als „the city“ betitelt wird. Signifikant in Nomans Ortswechsel vom Wald in die Stadt ist, dass Toronto für ihn nichts Fremdes, sondern seine Heimatstadt ist, in der er bereits lange Jahre seines Lebens verbracht hat – kein „alien land“[795] also, sondern „home ground“[796], den er nun auf einer anderen Bewusstseinsebene erkundet.

In Toronto angekommen, beginnt für Noman „das langwierige und mühsame Suchen“[797]. Nachdem Kali ihm nach seiner Ankunft in Toronto Logis in ihrer Wohnung gewährt, tritt bei Noman der Drang der Selbstfindung ein. „Kali, who am I? […] *Who am I?*”[798], fragt er seine Gastgeberin. Dass die Antwort auf diese Frage eng mit der Stadt verbunden ist, in der er verweilt, wird durch die Verknüpfung des Stadtbildes mit seinem Gedankengang angedeutet: „Behind him the blue-grey haze of the strange city rose from his shoulders like wings. […] He wanted to break every rule in the world, to commit unspeakable but perfectly reasonable acts in an effort to find himself.”[799] Die Wahl des Wortes „unspeakable” etabliert eine Verbindung zu *The Shadow-Maker* und der Bedeutung dieses Begriffs für die Individuation (siehe „Die Grenzen der Worte“, S. 41ff). Dass Nomans Quest beginnt, suggerieren seine Pläne für die Zeit in der „neuen“ Stadt: „I want a past, I want a second name, […] a soul. […] I've never been introduced to my soul. […] I want to write a sequel to the Odyssey.”[800] Die Referenz zu Homers *Odyssee* als einer der bekanntesten Heldenfahrten wird durch seinen Namen ergänzt: Mehrere Kritiker sowie auch MacEwen selbst machen darauf aufmerksam, dass „Noman“ der Name ist, den Odysseus gegenüber den Zyklopen verwendet, um auf listige Art und Weise unbeschadet aus der Gefangenschaft Polyphems zu entkommen.[801]

794 Jacobi, „Symbole auf dem Weg der Reifung“ 293; vgl. Schmitt 250. Der Verlag des in Toronto ansässigen Jung-Therapeuten Daryl Sharp, der ausschließlich Literatur zu Jung veröffentlicht, heißt bezeichnenderweise Inner City Books (siehe http://www.innercitybooks.net/, 10.12.2011).

795 Campbell 79.

796 Vgl. Margaret Atwood, *Surfacing* (Toronto: McClelland & Stewart, 1972) 7.

797 Jacobi, „Symbole auf dem Weg der Reifung“ 301.

798 MacEwen, *Noman's Land* 14.

799 MacEwen, *Noman's Land* 14.

800 MacEwen, *Noman's Land* 17.

801 Meyer und O'Riordan 105; siehe auch Atwood, „Canadian Monsters” 111, Grace, “Gwendolyn MacEwen” 282 sowie Rosemary Sullivan, „Introduction: The Later Years”, *The Poetry of Gwendolyn MacEwen. Volume Two: The Later Years*, Hg.

Den ersten Hinweis für seine Phase des „langwierigen und mühsamen Suchens" erhält Noman von Kali. Kurz vor seinem Aufbruch in die Stadt fragt er: „Is there anything you can tell me about this country that I should know now, before I set out? It doesn't seem quite real to me." „There is another country, you know, and it's inside this one"[802], lautet Kalis Antwort. Hierdurch rückt Kali die Metropole Toronto in den Rang eines magisch-mysteriösen Raumes und bewirkt, dass sie doch „foreign territory"[803] wird, das es zu erkunden gilt. Durch die Fokussierung auf das Innere unterstreicht Kali ebenso die Stadt als Repräsentant des symbolischen Raums des Unbewussten und gibt damit die Richtung von Nomans Quest vor. Der Auflage der Einsamkeit im Individuationsprozess ist Noman sich bewusst, bevor er seine *Odyssee*-Fortsetzung antritt. Auf Kalis Angebot, ihn zu begleiten, ist seine Antwort eindeutig: „No."[804]

Die Konnotation des Magisch-Mysteriösen wird dadurch verstärkt, dass Nomans Quest nicht nach gewöhnlicher Zeitrechnung abläuft: „[H]e couldn't wear a watch because his pulse interferred with it somehow and made it stop."[805] Der Zeitrhythmus des normalen Tagesablaufes ist für seine Pläne nicht passend. Jung erwähnt in diesem Zusammenhang, dass im Unbewussten eine „merkwürdige[...] Unsicherheit des Raum- und Zeitbegriffs" herrscht.[806]

Eindrücke des Magisch-Mysteriösen und lauernde Gefahren klingen auch in der letzten Umschreibung Torontos vor Nomans Aufbruch an: „The world beyond the window as it looked now [...] was a fabulous and terrifying place."[807] Kalis Abschiedsworte unterstreichen dies: „Good luck out there", wünscht sie ihm. „There is the city."[808]

Die erste Phase in Nomans Odyssee ist ein zielloses Herumirren: „He walked all over the city. [...] [H]e asked people if they knew who he was [...].

Margaret Atwood und Barry Callaghan (Toronto: Exile Editions Limited, 1994) vii-xi. In „Noman" finden sich weitere Anspielungen auf diese Episode, in der Odysseus – sich als „Niemand" ausgebend – Polyphem blendet, Polyphem zu Hilfe kommende Zyklopen allerdings durch seinen Ausruf, „Niemand" habe ihn verletzt, wieder zum Abzug veranlässt. Als Jubelas sich beispielsweise über Nomans seltsame Verhaltensweisen beschwert, gibt dieser zur Antwort: „If Noman is hurting you then there's no-one hurting you after all [...]. If Noman is blinding you, then you aren't blind" (93). In *Noman's Land* besucht Noman ein Theaterstück namens „The Cyclops" und denkt „Jesus Christ, they're doing a play about me" (22).

802 MacEwen, *Noman's Land* 16.

803 Atwood, *Surfacing* 7.

804 MacEwen, *Noman's Land* 17.

805 MacEwen, *Noman's Land* 16.

806 Jung, *Gesammelte Werke* 9,1 240.

807 MacEwen, *Noman's Land* 17.

808 MacEwen, *Noman's Land* 17.

Finally it was clear to him that nobody knew him and why should they?"[809] Dass seine Bewusstseinsebene nun eine andere ist, und dass seine Individuation trotz scheinbaren Misserfolgs fortschreitet, zeigt folgende Textstelle, in der Noman seine Erfahrungen in der Stadt beschreibt. Stark an die „Aristokratie der Natur" und an die „Folge kleiner Schreie" erinnernd und die besondere Anforderung des Heldencharakters begründend berichtet er:

> Often he'd find himself on some unknown street, staring in disbelief as suddenly everything before his eyes began to shimmer and glow with a frightening radiance. The hallucinatory presence of things. [...] [A] kind of delicious terror gripped him. [...] [H]e was also cursed with an awful inclusive vision, the painful ability to see everything at once. Thus the darkness alongside of the radiance, and the sight of his fellow human beings in their pathetic and hilarious attempts to be beautiful, to be important, to be immortal, drove him into a quietness which was at all times between laughter and tears.[810]

Mit fortschreitender Suche begegnen Noman auch die Archetypen, die laut Campbell Bestandteil dieses Abschnitts der Quest sind und die unter „Archetypen in ‚Noman' und *Noman's Land*" (S. 189) detailliert besprochen werden sollen.

h) „I am an island" – Nomans Einsamkeit

Bald nach seinem Aufbruch in die Stadt spürt Noman die Einsamkeit als eine der Herausforderungen der Quest. Ein *foreshadowing* der Einsamkeit liefert bereits das erste Kapitel in *Noman's Land*, das den Titel „The Loneliest Country in the World" trägt.[811] Verbunden mit der Kapitelüberschrift ist das erste, was Noman nach seiner Wiedergeburt in den Gatineau Hills bewusst wahrnimmt, ein Leuchtschild mit der Aufschrift „WELCOME [...] TO THE LONELIEST COUNTRY IN THE WORLD"[812]. Erste Bermerkungen bezüglich seiner Einsamkeit finden sich bereits in den ersten Tagen seiner Odyssee und steigern sich in eine Grenzerfahrung: „[He] had never been so lonely."[813] Allerdings versteht er, dass die Bewältigung der Einsamkeit eine Aufgabe darstellt, die er durchlaufen muss, um sich selbst zu finden: „He knew that he couldn't face this loneliness much longer. He also knew that he would have to."[814] So scheint sich Noman mehr und mehr mit der Einsamkeit, die an seine höhere Bewusstseinsebene gebunden ist, abzufin-

809 MacEwen, *Noman's Land* 20f.
810 MacEwen, *Noman's Land* 19f.
811 MacEwen, *Noman's Land* 9ff.
812 MacEwen, *Noman's Land* 9.
813 MacEwen, *Noman's Land* 19.
814 MacEwen, *Noman's Land* 25.

den. Bald spricht er von einer „seductive loneliness“, die er erfährt, wenn er dem Schwimmen als seiner neuen Leidenschaft nachgeht. Mit fortschreitender Quest beschreibt er seine Amnesie, die ihn letztlich zur Einsamkeit verdammt, als „his closest companion“[815]. Schließlich identifiziert er sich sogar mit dem Begriff der Einsamkeit, wie er im Gespräch mit einer Wahrsagerin zeigt, die er auf der Suche nach seiner Vergangenheit konsultiert: „'No man is an island, you know,' she whispered [...]. 'Yes,' he said, pausing for a moment. 'You mean *no*,' she corrected him. 'I said *no* man is an island.' 'I am,' he said softly [...]. 'I am an island. I am Noman.'"[816] Die schrittweise Gewöhnung an die Einsamkeit bereitet Noman auf die größte Aufgabe innerhalb seiner Odyssee vor, die er ebenso auf sich selbst gestellt bewältigen muss (siehe „Nomans Kampf mit der Mutter“, S. 181ff).[817]

i) „Master of time" – Nomans magische Kräfte

In Nomans Heldenfahrt gibt es zwar keine Schutzfigur, die Hilfsmittel und Rat bereitstellt. Im Laufe seiner Odyssee erhält Noman allerdings dennoch Kräfte, die es ihm ermöglichen, seine Aufgaben zu meistern. So lernt er bereits zu Beginn der Suche nach seiner Vergangenheit, dass er über telekinetische Fähigkeiten verfügt. Allerdings werden diese Noman schnell zu banal und er wird strebt nach „more dramatic feats“[818]. Eine der wichtigen magischen Kräfte, die Noman auf seiner Odyssee erlernt, ist die Fähigkeit des „bending time“[819]. Schon bevor Noman den Torbogen in Kingsmere durchschreitet, ist es sein Wunsch, „master[...] of time" zu sein.[820] Zu Beginn von Nomans Quest wird deutlich, dass seine Wanderschaft in Toronto nicht in normaler Zeitrechnung stattfindet. Mit fortschreitender Odyssee lernt Noman mehr über Zeit: „[H]e [sometimes] felt that his [amnesia] was a privileged condition; it gave him a rare insight into the nature of time, which was circular rather than linear."[821] Das neue Verständnis der Zeit trägt schließlich dazu bei, dass Noman das Ziel seiner Suche ändert.

---

815 MacEwen, *Noman's Land* 48.

816 MacEwen, *Noman's Land* 59.

817 Vor allem die Tatsache, dass die Phrase „The lonliest country in the world“ einerseits als Titel für den ursprünglich geplanten Roman vorgesehen ist, andererseits von MacEwen als Alternative für den Titel *Noman's Land* der Kurzgeschichtensammlung in Überlegung gezogen wird, zeigt die Relevanz der Einsamkeit für Nomans Quest (vgl. MacEwen, *Papers, 1955-1988*, Box 19).

818 MacEwen, *Noman's Land* 21.

819 MacEwen, *Noman's Land* 128.

820 MacEwen, „Noman" 110.

821 MacEwen, *Noman's Land* 48.

Zu Beginn ist Noman auf der Suche nach seiner Vergangenheit[822], nach Einblicken in die Natur der Zeit kommt er jedoch von dieser Orientierung ab und verkündet: „I don't like the past, I hate the past."[823] „How amazing", versucht er Kali, Jubelas und Omphale zu belehren, „that none of you realizes that there is no such thing as history, that time is circular, and all events are synchronous points on the circumference."[824] Aus dieser neuen Zeiterkenntnis entwickelt sich Nomans Fähigkeit des „bending time"[825] und er wird „master of time". Die Tatsache, dass er den Umgang mit der Zeit lernt, deutet auf die vertiefte Kenntnis seines unbewussten Bereichs hin: Zeit ist der abstrakt-spirituelle Wächter der ersten Hürde, die Nomans Quest einläutet, und im Unbewussten herrscht ein unsicheres, irreales Raum- und Zeitgefühl.[826]

Die Beherrschung der Zeit ist allerdings nur eine magische Kraft, die Noman sich während seiner Odyssee aneignet. Kali attestiert ihm generell „esoteric knowledge and power"[827]. Seine Kenntnis über Magie wird vor allem ersichtlich in seiner Beziehung zu seinem Sohn, die unter „The Nightchild" (S. 201ff) näher betrachtet werden soll.

j) „[T]he lake is a lady" – Nomans Kampf mit der Mutter

Parallel zu Nomans nachlassendem Interesse an seiner Vergangenheit und seinen Erkenntnissen über die Natur der Zeit entwickelt sich ein neues Ziel, das der Held verfolgt. Vor Beginn seiner Odyssee auf die Stadt blickend deklariert Noman als eine unter vielen Erwartungen, die er an seine Zukunft in Toronto hat, dass er Lake Ontario durchschwimmen will.[828] Seine Verbindung zu Lake Ontario wird in den folgenden Tagen konkreter. Während der Suche nach seiner Vergangenheit in Toronto träumt Noman wiederholt denselben Traum und zieht Schlussfolgerungen über seine Identität daraus: „He kept dreaming he was swimming in a huge lake with the shoreline nowhere in sight, and it occurred to him that this probably meant that he wanted to swim."[829] Noman beginnt nicht nur, aktiv zu schwimmen, sondern erteilt ebenso Schwimmkurse. Die Anwei-

---

822 MacEwen, *Noman's Land* 53. „I'm only interested in the past", weist er noch die Wahrsagerin an. „Don't waste your time on the future" (56).

823 MacEwen, *Noman's Land* 65.

824 MacEwen, *Noman's Land* 66.

825 MacEwen, *Noman's Land* 128.

826 Jung, *Gesammelte Werke* 9,1 240.

827 MacEwen, *Noman's Land* 128.

828 MacEwen, *Noman's Land* 17. „I want to smash this window, I want to fly [...], I want to swim the lake, I want to break all the rules there are and then make new ones so I can break them too, I want to invent electricity" ist sein komplettes Programm.

829 MacEwen, *Noman's Land* 18.

sungen, die er seinen Schülern gibt, zeigen, dass Schwimmen und Selbstfindung für ihn verbunden sind: „[H]e told [his students] that swimming was just like navigating in dreams. 'Open your eyes underwater!' he cried. 'What are you afraid to see down there – yourselves?'"[830] Nachdem seine Schüler den Pool verlassen, nutzt Noman die Leere des Beckens um selbst „into the depths"[831] zu blicken. Vor allem nachdem sein Selbstfindungsprozess in den verschiedenen Stadtteilen Torontos keinen Erfolg zeigt, konzentriert sich Noman auf das Schwimmen und sieht es als Möglichkeit, sein Gedächtnis zu revitalisieren:

> He swam and swam. [...] [T]he water was easy, opening for him and permitting him passage, offering no resistance. Too easy, he thought. What he needed were huge waves bashing his head, black angry ones whipped up by wind, [...] waves so chill and merciless they would pour through the sluice gates of his memory. Not his tame pool he swam in daily, this tepid water.[832]

Noman zieht schließlich in ein Appartement mit Seeblick.[833] In einer regnerisch-mysteriösen Nacht erkennt er am Fenster stehend das Ziel seiner Quest: Er spürt, dass „the lake heaved and sighed" und Angst überkommt ihn.[834] Die Schlussfolgerung liegt nahe, dass Noman die Relevanz des Sees für seine Quest sowie den langen, vor ihm liegenden Weg realisiert.

Die Verkündung seines Vorhabens, den See zu durchschwimmen, erfolgt während eines Strandausflugs mit Kali, Omphale und Jubelas. Noman plant, an einem Schwimmwettbewerb im Rahmen der jährlichen Canadian National Exhibition teilzunehmen, der die Zurücklegung einer 51 Kilometer langen Strecke von Niagara-on-the-Lake zu Exhibition Place in Toronto von den Teilnehmern verlangt.[835] Diese Szene kann als Wendepunkt in Nomans Quest angesehen

---

830 MacEwen, *Noman's Land* 18.

831 MacEwen, *Noman's Land* 18.

832 MacEwen, *Noman's Land* 21f.

833 MacEwen, *Noman's Land* 19. Ob seiner Höhe wird das Appartement als „tower room" bezeichnet und ist damit ein Symbol für die neue Bewusstseinsebene, die Noman erlangt (22). Vgl. dazu die Anmerkungen zur Relevanz von Aufstieg und Abstieg im Individuationsprozess (S. 67). Der Begriff „tower room" erinnert ebenso an Jungs bekannten Turm zu Bollingen, der eine tragende Rolle in dessen Selbstfindung, Leben und Lehre spielt (vgl. Jung, *Erinnerungen Träume Gedanken* 227f sowie Bair 449f)

834 MacEwen, *Noman's Land* 24.

835 MacEwen, *Noman's Land* 126. Dieser Wettbewerb spielt auf eine kanadische Legende an: Marilyn Bell wird 1954 bekannt als erste Person, die im Rahmen eines Wettbewerbs der Canadian National Exhibition Lake Ontario durchschwimmt, vgl. Will Ferguson, *Canadian History* (Mississauga: John Wiley & Sons Canada, 2005) 217 sowie Harris 21.

werden, denn nicht nur deklariert er sein neues Vorhaben, sondern er lässt auch von seinem ursprünglichen Suchobjekt ab und verkündet: „I hate the past.“[836]

Nach Jung und Campbell interpetiert ist die Seedurchschwimmung Nomans Entschluss zur Befreiung aus der Mutter-Symbiose. Auch MacEwens Umschreibungen des Ontariosees untermauern dies: Jungs Annahme, dass „[d]ie Projektion der Mutter-Imago auf das Wasser [...] diesem eine Reihe von numinosen, respektive magischen Qualitäten [verleiht]“[837] findet sich in den oben zitierten Personifikationen des Sees („the lake heaved and sighed“[838]) sowie in der unheimlichen Omnipräsenz, die Sullivan vermerkt: „[The lake] is always there at the back of her novel.”[839]

Nach seiner Ankündigung beginnt für Noman eine Phase des intensiven Trainings. Anspielungen auf seine Odyssee und seine Verbindung zur Zeit finden sich in den Umschreibungen seiner Trainingseinheiten: „He was an aquanaut, his body bit through the water, devouring time.“[840]

Der Tag des Wettbewerbs kommt, und kurz vor Start in die zentrale Aufgabe seiner Quest überkommt Noman das Gefühl der absoluten Einsamkeit, das seinen letzten Kampf einleitet. Lake Ontario wird im Folgenden als Frau, teilweise sogar versehen mit mütterlichen Attributen, beschrieben, was Nomans letzte Station des Kampfes mit der Mutter unterstreicht: „[T]he water [was] a black pearly bosom gathering them in”[841]. „I heard once that the lake is a lady, and she can turn on you when the sun rises”[842], berichtet Ibrahim.

836 MacEwen, *Noman's Land* 65.

837 Jung, *Symbole der Wandlung* 278.

838 MacEwen, *Noman's Land* 25.

839 Sullivan, *Shadow Maker* 336. Der Ontariosee wird an weiteren Stellen als furchteinflössende Kreatur personifiziert, z.B. zu Beginn des Frühlings, wenn „[t]he white of winter collapsed and the ice broke up into little pieces, but the lake, unfreezing, was as dark and menacing as ever” (*Noman's Land* 126), oder kurz vor Nomans Wettbewerb, wenn „dark and luminous as a black pearl, [...] the lake was breathing, breathing” (*Noman's Land* 130).

840 MacEwen, *Noman's Land* 125f.

841 MacEwen, *Noman's Land* 131.

842 MacEwen, *Noman's Land* 131. Jung schreibt dem Mutter-Archetypus folgende Charakteristika zu: „Seine Eigenschaften sind das ‚Mütterliche': schlechthin die magische Autorität des Weiblichen; die Weisheit und die geistige Höhe jenseits des Verstandes; das Gütige, Hegende, Tragende, Wachstum-, Fruchtbarkeit- und Nahrungsspendende; die Stätte der magischen Verwandlung, der Wiedergeburt; der hilfreiche Instinkt oder Impuls; das Geheime, Verborgene, das Finstere, der Abgrund, die Totenwelt, das Verschlingende, Verführende und Vergiftende, das Angsterregende und Unentrinnbare“ (Jung, *Archetypen* 80f). In Nomans Seedurchschwimmung findet sich ein Großteil dieser Eigenschaften wieder.

Der Startschuss des Wettbewerbs fällt um Mitternacht, Noman begibt sich so wortwörtlich auf die „Nachtmeerfahrt"[843] bzw. auf die „night lake journey", auf der der Held Jung und Sharp zufolge die finalen „battles and sufferings"[844] durchstehen muss. Dunkelheit, Müdigkeit und körperliche Anstrengung sind so große Herausforderungen während Nomans letzter Station. Durch Selbstüberredungsmanöver appelliert er an sein Durchhaltevermögen und spielt dabei auf die Individuation als Ziel der Seedurchschwimmung an: „*Get this thing you call yourself together*"[845], befiehlt er sich selbst. Hinzu kommt, dass der See sich mit Anbruch des Morgens – Ibrahims Vermutung bestätigend – verändert: „All night the lake had been calm, now suddenly there were waves all around him, teasing him, flirting with him."[846] Vor allem im Bild der Noman bezirzenden Wellen liegt eine Vorschau auf den bevorstehenden Endkampf des Helden. Campbell betont, dass die weibliche Komponente, die der Held im letzten Schritt bekämpfen muss, als Verführerin auftreten kann.[847] Dass der *showdown* bevorsteht, wird auch dadurch angedeutet, dass der Zeitkenner Noman plötzlich die Kontrolle über seine Kunst verliert: „He lost all track of time and the morning fell into another dimension of time altogether."[848]

Die den Helden umzirzenden Wellen sind allerdings nur Vorboten eines Sturms, der Lake Ontario nach einer friedlichen Nacht aus seiner Ruhe reißt, als die Schwimmer nur wenige Kilometer vom Zielufer entfernt sind.[849] Diese Extremsituation hatte Noman sich zu einem früheren Zeitpunkt herbeigesehnt, beschwerte er sich doch, dass er keinen zahmen Pool, sondern wilde Gewässer brauche. In dieser Situation verliert Noman allerdings den Kontakt zu dem Begleitboot, das den Schwimmwettbewerb beobachtet: „[H]e's lost all sight of us! [...] We're losing him! He's lost"[850] sind die Kommentare der Insassen des Bootes. Der Kommentar „He's lost" birgt Absurdität, denn obwohl das Begleitboot ihn verliert, läutet diese Phase der absoluten Einsamkeit Nomans Selbst*findung* ein. Zwar hat er die Kontrolle über die Zeit verloren, wendet aber seine Fähig-

843 Die Relevanz dieses Schrittes innerhalb der Individuation verdeutlicht Sünner in seiner Dokumentation *Nachtmeerfahrten*.

844 Sharp 73.

845 MacEwen, *Noman's Land* 132.

846 MacEwen, *Noman's Land* 133.

847 Campbell 120ff. Das verführerische Auftreten des Ontariosees erinnert an Circes Rolle in Odysseus' Heldenfahrt.

848 MacEwen, *Noman's Land* 133.

849 MacEwen, *Noman's Land* 134. Dies ist eine weitere Anspielung an Marilyn Bells Seedurchschwimmung: Auch sie schwimmt die Nacht hindurch und muss mit heftigster Witterung kämpfen, vgl. Harris 21 sowie Ferguson 217.

850 MacEwen, *Noman's Land* 134.

keit des „bending" nun in anderen Gefilden an: „This was the time to summon up the body's last resources, to bend the will beyond all limits. But he did not know who he was, he did not know his name. His name had drowned and had sunk to the bottom of the lake."[851] Dieser (wiederholte) Verlust der Identität markiert den Höhepunkt in Nomans Quest. Besonders die folgenden Handlungen Nomans scheinen das zu verbildlichen, was Jung als „wahre Heldentat" umschreibt, nämlich „für die Abwendung von dieser Welt eine andere aus dem Urmeer des Unbewußten aufzufischen."[852] Noman beginnt, nach seinem Selbst zu tauchen: „The first time he went down he was looking for his name. Somewhere at the bottom of the lake was his lost name, his drowned self. [...] The second time he went down to explore the spaces between life and death, to find what lay there in the self, in that other country."[853] Neben Jungs Umschreibung einer Heldentat erinnert Nomans Tauchen nach seiner Identität auch an das Gedicht „Dark Pines Under Water", das ebenso Untertauchen in unbekannte Tiefen mit Individuation verbindet.[854]

k) „[L]et me give over at last" – Nomans Todeserfahrung

Unmittelbar nachdem Noman sich zum zweiten Mal unter die Oberfläche begibt, findet er sich in „symbolische Todesstimmung" versetzt und ist bereit, der Erschöpfung zu erliegen: „*Take me to the absolute depths*, he prayed, *let me give over at last. Let me offer it all up to the black water – the lost loves, the broken dreams. I'm dragging it all down with me to the bottom of the lake, the past, the future, everything.*"[855] Dem Opfer seines Selbst an den See steht allerdings die Physik seines Körpers im Wege: „[H]is body bobbed up again of its own accord [...], his lungs betrayed him, forcing him to the surface with repeated bursts of fiendish energy."[856] Er verliert im Kampf um seinen Todeswunsch, was allerdings eine Erleuchtung bewirkt: „It occurred to him that since he was alive he may as well do something about it. [...] [A]s long as one was alive, one may as well do it *right*, period."[857] Zwar hat er zu diesem Zeitpunkt den Kontakt zum Begleitboot und die Orientierung verloren, kann sich allerdings mit Hilfe von Torontos CN Tower, der weit über Lake Ontario hinweg sichtbar ist, wieder auf Kurs bringen. Sicher, dass er die letzten Kilometer seiner Seeüberquerung schaf-

851 MacEwen, *Noman's Land* 134.
852 Jung, *Symbole der Wandlung* 524.
853 MacEwen, *Noman's Land* 135.
854 Dies stellt auch Giradelli heraus (92).
855 MacEwen, *Noman's Land* 135.
856 MacEwen, *Noman's Land* 135.
857 MacEwen, *Noman's Land* 135.

fen wird, fällt er in eine Phase lebensbejahender Euphorie.[858] „He's not human“[859], ist der erste Kommentar der Insassen des Begleitbootes, wenn sie Noman wieder erblicken. Diese Aussage erinnert an die oben erläuterte Eigenschaft des Helden, „more or less human” zu sein, die sich Jung zufolge und passend auf Noman darin äußert, dass der Held auf seiner Suche nach der „schwer- oder unerreichbaren Kostbarkeit“ auf eine Art und Weise kämpft, die „den gewöhnlichen Menschen lähmt oder tötet.“[860] Entsprechende Reaktionen „gewöhnlicher“ Menschen auf die ungewöhnliche Tat des Helden finden sich bereits vor Nomans Seedurchschwimmung. Omphale verbucht diesen Plan unter „wahnsinnig“: „[She] said he couldn't possibly be serious about the swim, it was suicide.“[861] Ähnliches sagt auch Ibrahim, wenn er Noman warnt: „It will be death for you [...], this swim you plan to make this summer.“[862]

Dass Noman sich von seiner Vergangenheit befreit, sein Ziel erreicht, sein Selbst (vorerst) gefunden und seinen zukünftigen Lebensweg klar vor sich hat, zeigt sein Gedankengang kurz vor seiner Ankunft an Land: „As he approached the breakwater [...], he was entering the most exciting and mysterious country in the world, with his past behind him and his alternative futures lying in wait ahead.”[863] Die Erfahrung, die Noman während der 51 Kilometer auf Lake Ontario gemacht hat, können zumindest einige Zuschauer ahnen, wenn er das Ufer betritt: „[S]ome [people] just stared at him in frightened silence. They knew he had come from another place.“[864] Die Relevanz der Seedurchschwimmung für Nomans Quest wird dadurch unterstrichen, dass alternative Titelideen MacEwens für die Kurzgeschichtensammlung um Noman „The Lake? The Swimmer? The Long Swim?“ sind.[865]

l) Return: „Final crisis“? – Nomans Rückkehr

Nomans Rückkehr – obwohl von Campbell als “final crisis” bezeichnet und als größte Herausforderung der Quest deklariert – fällt ausgesprochen kurz aus. Die

---

858 MacEwen, *Noman's Land* 136.

859 MacEwen, *Noman's Land* 136.

860 Jung, *Symbole der Wandlung* 423.

861 MacEwen, *Noman's Land* 65.

862 MacEwen, *Noman's Land* 98.

863 MacEwen, *Noman's Land* 136. Dass die Todeserfahrung und der Weg zum Selbst in Noman eng zusammenliegen, betont ein handschriftlicher Vermerk MacEwens im Manuskript zu *Noman's Land*: „He almost dies + sees the 'other country'” – das Verb „dies“ ist hierbei doppelt unterstrichen (vgl. MacEwen, *Papers, 1955-1988*, Box 20, Folder 20:9).

864 MacEwen, *Noman's Land* 136.

865 MacEwen, *Papers, 1955-1988*, Box 19.

einzige Äußerung, die Noman an seine Gesellschaft richtet, die er als letzte Station der Quest nach Campbell aufklären soll, geschieht indirekt und nicht als erleuchtende Botschaft. Eine Reporterin, die er bereits vor Start des Wettbewerbs getroffen hatte, fragt ihn aus: „What motivated you to attempt such a difficult feat?" „It was the only way I knew to come home", lautet Nomans Antwort. Auf ihre anschließenden Fragen ob er „the other country", das er vor Start des Wettbewerbs erwähnt hatte, gefunden habe, wo es liege und wie es beschaffen sei, antwortet Noman: „Yes I did. [...] There is another country, you know, and it's inside this one."[866] Er gibt damit wortwörtlich wieder, was Kali ihm vor Beginn seiner Quest mit auf den Weg gegeben hat. Bevor Noman aus Erschöpfung das Bewusstsein verliert, schließt er mit den Worten: „God, the world is beautiful."[867]

Das abschließende Bild in Nomans Odyssee datiert auf eine Woche nach dem Wettbewerb und vermittelt den Eindruck absoluter Harmonie: Noman, Kali und ihr gemeinsamer Sohn sehen sich das Feuerwerk zum Ende der Canadian National Exhibition an: „[T]he fireworks [...] wrote bright signatures across the sky. Then the particles of fire fell back into the lake like rain."[868] Die Vereinigung von Feuer- und Wassersymbolik in Kombination mit dem Bild der in den Himmel gezeichneten Signatur legt hierbei nahe, dass Noman eine höhere Bewusstheitsstufe erreicht und seine Identität gefunden hat. „[L]ife has returned to normal"[869] ist Kalis abschließender Kommentar.

Die Schwierigkeiten der Rückkehr des Helden in seine Gesellschaft bleiben in Nomans Fall aus. Sämtliche Fragen, mit denen der Held nach Campbell konfrontiert ist – „How render back into light-world language the speech-defying pronouncements of the dark? How represent on a two-dimensional form, or in a three-dimensional image a multi-dimensional meaning?"[870] – stellt Noman sich nicht. Und selbst wenn Nomans verschlüsselte Erkenntnis des „other country [...] inside this one" durch die Reporterin als Stimme an die Öffentlichkeit gebracht wird, so erfährt der Leser die Reaktion der Gesellschaft auf die Botschaft nicht.

„What, now, is the result of the miraculous passage and return?"[871] ist die Frage, die sich nach der Rückkehr des Helden stellt. Für Noman kann sie auf seine persönliche Individuation bezogen wie folgt beantwortet werden: Er hat es geschafft, sich von seiner Obsession mit der Vergangenheit zu lösen. Nach dem

866 MacEwen, *Noman's Land* 137.
867 MacEwen, *Noman's Land* 138.
868 MacEwen, *Noman's Land* 138.
869 MacEwen, *Noman's Land* 128.
870 Vgl. S. 159f, „Die Herausforderung der Rückkehr".
871 Campbell 238

totalen Verlust seiner Identität hat er zu sich selbst – „home“[872] – gefunden. Dieses Zuhause ist „the other country“ im Inneren, das er auf seiner Reise erfahren hat – „wondrous“[873], „exciting and mysterious“[874], „beautiful“[875]. Er ist bereit, sein Leben in einer neuen Bewusstseinsebene weiter zu führen, „alternative futures” liegen bereit. Er fühlt sich „painfully, magnificently alive”[876]. Das Adjektiv “painfully” deutet einerseits auf die hinter ihm liegende „Folge kleiner Schreie” sowie auf die vor ihm liegende, immer noch andauernde Einsamkeit hin: Noman hat das isolierende Erleben des Unbewussten und das Alleinsein mit dem Selbst erfahren und unterscheidet sich dadurch von seinen Mitmenschen.[877]

Sharp beschreibt diese Art der Individuation als „circular odyssey“: „[A] spiral journey, where the aim is to get back to where you started, but knowing where you’ve been.”[878] Ziel hierbei ist die Entwicklung von Persönlichkeit: „[B]eing yourself, becoming yourself“, „introspection“, „confidence“, „the affirmation of who one is“[879]. Dass Noman dies erreicht hat, wird deutlich. Dass „the other country” für seine neu erlangte Individualität, sein gefundenes Selbst und sein erweitertes Bewusstsein steht, wird von Noman bestätigt indem er beide Begriffe gleichsetzt und von seiner Suche „in the self, in that other country”[880] berichtet. Nomans zirkuläre Odyssee, seine erfolgreiche Individuation sowie das Entwickeln seiner bewussten Persönlichkeit werden stärker betont in einer früheren Version von Nomans Ankunft an Land, die sich in Manuskripten und Entwürfen zu *Noman’s Land* findet:

> [H]is fingers reached out and he made contact with the land. He was an explorer who had discovered <u>a new</u> country and he would claim it in the name of all that was holy and real, and it would become the <u>kingdom of consciousness</u>. He stood up out of the water very slowly, and a great roar came out of the crowd and cameras clicked all around him. He stood half naked and wet and shivering, remembering that this was how he had emerged from the forest at Kingsmere more than a year before – but this time he was not lost. […] He knew that if he stood on his feet much longer he would probably faint; before the darkness folded over him he vowed that for ever after he would make sure he knew who he was before he fell asleep.[881]

872 MacEwen, *Noman’s Land* 137.
873 MacEwen, *Noman’s Land* 137.
874 MacEwen, *Noman’s Land* 136.
875 MacEwen, *Noman’s Land* 138.
876 MacEwen, *Noman’s Land* 136.
877 von Franz, *C.G. Jung* 201.
878 Sharp, *Digesting Jung* 63.
879 Sharp, *Digesting Jung* 63.
880 MacEwen, *Noman’s Land* 135.
881 MacEwen, *Papers, 1955-1988*, Box 20, Folder 20:9. Die Unterstreichungen sind aus dem Original übernommen.

MacEwens Freund und Verleger Barry Callaghan unterstreicht in der von ihm herausgegebenen Sammlung *Toronto Stories* zwar „the healing waters of the lake“[882]. Er gibt ihr allerdings trotzdem den Titel *This Ain't No Healing Town* und sammelt in erster Linie Geschichten, die die dunkle, destruktive Seite Torontos zeigen. Für Noman stellt sich die Situation anders dar: Sein Verlassen des Kingsmere Waldes der Gatineau Hills für die ihm bekannte Metropole Toronto als Ort seiner Quest bewährt sich, für ihn ist Toronto der heilende Ort und der See tatsächlich „healing waters".

Inwiefern sich Nomans Selbstfindung allerdings doch auf eine allgemeinere Ebene heben lässt, und inwieweit sein Finden des „other country“ als Botschaft an seine Gesellschaft gesehen werden kann, soll unter „Nomans Heldenfahrt als kanadische Quest“ (S. 242ff) besprochen werden.

3. Archetypen in „Noman“ und *Noman's Land*

3.1. Grey Owl

a) „He was only looking for his soul“ – Grey Owl als Spiegelbild Nomans

Ein Jahr vor seiner Seedurchschwimmung „begegnet“ Noman Grey Owl. Grey Owl (1888-1938) ist einer der zwiespältigsten Charaktere der kanadischen Geschichte. Oft bezeichnet als „Canada's best known Indian"[883] wird er bekannt als „one of Canada's earliest conservationists"[884], der seine lukrative Tätigkeit als *trapper* aufgibt und eine Kehrtwendung durchläuft: Er reist durch das Land, steht in Veröffentlichungen, Reden, Vorträgen für Natur, Wildnis sowie Tiere ein und fordert ihren Schutz vor „man's greed and folly"[885]. Bücher und Filme über Natur und Leben in der Wildnis zählen zu seinem Werk. Zur Ikone wird er als „beaver man“: Als Beauftragter des Dominion Park Service teilt er seine Hütte mit zahmen Bibern und dokumentiert seine Erfahrungen und Beobachtungen in dieser Wohngemeinschaft. Internationalen Bekanntheitsgrad erlangt er durch Reisen nach Großbritannien und in die USA im Rahmen seiner „crusade

882 Barry Callaghan, Hg. *This Ain't No Healing Town* (Toronto: Exile Editions, 1995) 9f.

883 Donald B. Smith, „Foreword", *Grey Owl. The Many Faces of Archie Belaney*, Jane Billinghurst (New York: Kodansha International, 1999) viii-ix, siehe viii.

884 Yousuf Karsh, *Canadians* (Toronto: University of Toronto Press, 1978) 68.

885 Karsh 68.

for conservation“[886]. Erst nach Grey Owls Tod entdeckt Kanada, dass sein gesamtes Lebenswerk auf einer falschen Identität aufbaut und dass sich hinter dem „thoroughbred Indian“ in Wirklichkeit der Brite Archibald Belaney verbirgt.[887] Die öffentliche Meinung über den englischen *Native Indian* ist bis heute zwiegespalten. So ist er einerseits als „the gaudy imposter“ in die Annalen eingegangen, andererseits werden seine Errungenschaften bezüglich der kanadischen Natur und Wildnis als bahnbrechend angesehen (siehe „Grey Owl als Prophet“, S. 239ff).

Noman lernt Grey Owl durch Gedichte eines „obscure Kanadian poet“[888] über denselben kennen, die Kali zitiert. Ergänzt wird das Kapitel durch Szenen aus der Beziehung zwischen Grey Owl und seiner Gattin Anahareo. Noman trifft Grey Owl so nicht in persona, sondern auf literarischer Ebene. Durch die Wahl des Titels „An Evening with Grey Owl“[889] wird jedoch die Illusion eines wirklichen Treffens nahegelegt. Die Auszüge aus Grey Owls und Anahareos Leben beziehen sich vornehmlich auf die Traditionen der *Native People* Kanadas. So lautet eine Episode:

> They spoke of how at puberty Indian boys would enter the manitou world by fasting, and how this journey inward was a journey *into* the real world, not away from it. In dreams they would discover their personal manitou, their protector, and an elder might discover a boy's secret name in one of his own dreams, in the mighty reality of the spirit world. Some might call this the unconscious, but in truth it was the kingdom of consciousness. Within the tree was the Tree, within the world, the World.[890]

In diesem Zitat wird deutlich, dass der „Evening with Grey Owl“ Noman den Spiegel seiner eigenen Situation vorhält. Die Initiation, die das Zitat erwähnt, ist eine Parallele zu Nomans Individuationsquest. Der letzte Satz des Zitats stellt eine direkte Anspielung auf Nomans Leitsatz und Erkenntnis dar: „There's another country […] inside this one.“[891] Auch in anderen Punkten kann Grey Owl als Spiegelbild Nomans gesehen werden: Beide sind verbunden mit der Suche nach Identität und Namen, beide kennen die Herausforderung, das wahre Selbst zu finden, beide tragen allerdings auch das Konzept der Maske und der

---

886 Smith viii.

887 Karsh 68.

888 MacEwen, *Noman's Land* 74ff. Dieser „obscure Kanadian poet“ ist MacEwen selbst; was Kali rezitiert sind die in *Afterworlds* veröffentlichten Gedichte „Manitou Poem“ (71), „Grey Owl's Poem“ (72) und „The Names“ (73), vgl. Gwendolyn MacEwen, *Afterworlds* (Toronto: McClelland and Steward, 1987).

889 MacEwen, *Noman's Land* 74f.

890 MacEwen, *Noman's Land* 76.

891 MacEwen, *Noman's Land* 135.

angenommenen Persönlichkeit in sich. Dass sowohl Kali als auch Noman diese Parallele bemerken, zeigt ihr Gedankenaustausch. Kali bemerkt: „Anahareo wrote about her life with Grey Owl. She says, 'When, finally, I was convinced that Archie was English, I had the awful feeling that for all those years I had been married to a ghost – that Archie never really existed.'" Nomans Antwort darauf lautet: „How unfair of her [...]. How awfully unfair. Of course he existed. As surely as you or I. He was only looking for his soul, or for God, or whatever."[892] Beide sehen Nomans Situation in Grey Owl. Erkennbar in seiner Abwehrhaltung gegenüber Anahareos Äußerung zeigt Noman allerdings, dass ihm nicht klar ist, was sein Individuationsprozess für Kali bedeutet – ein Thema, das unter „Kali" (215ff) diskutiert werden soll.

b) „Helpful Fraud" - Grey Owl als Trickster

Grey Owl fungiert in Nomans Quest als Trickster-Archetyp. „Imposter"[893] ist eines der Grey Owl am häufigsten zugeschriebenen Worte, und zugleich eine Charaktereigenschaft, die dem Trickster eigen ist. Brumlik nennt diesen daher auch „die Figur des archetypischen Betrügers"[894]. Auch Jung schreibt dem Trickster die „Tendenz zu listigen, teils amüsanten, teils bösartigen [...] Streichen" sowie „Verwandlungsfähigkeit"[895] zu – eine Vorgabe, die Grey Owl im übertragenen Sinne durch sein „Lebenswerk" erfüllt. Im Bezug auf die Verwandlungsfähigkeit vermerkt die Trickster-Literatur einerseits die Fähigkeit der Vortäuschung einer Identität bzw. der Verkleidung seiner selbst: „[H]e can disguise himself. He can encrypt his own image, distort it, cover it up."[896] Lewis Hyde bezeichnet diese Eigenschaft als „creative lying"[897]. „[G]rotestke[...] Skurrilität"[898] ist in diesem Zusammenhang ein weiteres Merkmal, das der Trickster Jung zufolge verkörpert. Andererseits wird das Nachahmen einer Identität als Fähigkeit des Tricksters erwähnt. „That's my way, coyote, not your way"[899], nennt Hyde das entsprechende Kapitel seiner Analyse der mythischen Tricksterfigur, und charakterisiert: „[O]ne of trickster's name is 'imitator' [...].

892 MacEwen, *Noman's Land* 78.

893 Anahareo, *Devil in Deerskins. My Life with Grey Owl* (Don Mills: PaperJacks, 1972) 170.

894 Brumlik 74.

895 Jung, *Archetypen* 160.

896 Lewis Hyde, *Trickster Makes This World. Mischief, Myth, and Art* (New York: Farrar, Straus and Giroux, 1998) 51.

897 Hyde 45.

898 Jung, *Archetypen* 166.

899 Hyde 39.

[I]mitation is part of his power."[900] Auf verallgemeinernder Ebene unterstreicht Barbara Babcock-Abrahams die problematische Beziehung des Tricksters zur Realität: „[The trickster] tends to confound the distinction between illusion and reality, if not deny it altogether."[901]

Gerade die Fähigkeit des Tricksters zur Imitation ist in Grey Owl verkörpert, baut er doch seine internationale Bekanntheit auf einer nachgeahmten Identität auf.[902] Einen gewissen Beigeschmack von Groteske und Skurrilität kann man seiner Lebensgeschichte nicht absprechen.[903] Das Zusammenspiel von „folly and guile, cleverness and recklessness"[904], das Beebe dem Trickster zuschreibt, findet sich in Grey Owl ebenso. Unter angenommener Identität geht Grey Owl nicht nur in die Annalen Kanadas ein, sondern erlangt auch internationale Berühmtheit inklusive Verbindungen zu den wichtigsten politischen Vertretern Großbritanniens und Kanadas.[905] Die geschickte „Wahl" seiner neuen Identität entspricht einem weiteren Charakteristikum des Tricksters, der laut Jung „die Widerspiegelung einer früheren, elementaren Bewußtseinsstufe"[906] ist. Die Tatsache, dass Grey Owl sich für seine Wahlidentität in das Areal der *Native People* begibt, die von Jung an vielen Stellen als Beispiel für eine Gesellschaft in

---

900 Hyde 42f; vgl auch Barbara Babcock-Abrahams, „'A Tolerated Margin of Mess': The Trickster and His Tales Reconsidered", *Journal of the Folkore Institute* 11.3 (1975): 147-186, siehe 176.

901 Babcock-Abrahams 155.

902 Sämtliche Variationen Grey Owls konstruierter Identität zu nennen, würde den Rahmen dieser Arbeit sprengen. Zumeist gibt er sich als Sohn einer Apache-Mutter und eines schottischen Vaters aus, erklärt, in den USA aufgewachsen und in Mexiko geboren zu sein, schreibt sogar autobiographische Essays, in denen er seinen indianischen Ursprung belegt. Je nach Gegenüber ändert er Details seiner Geschichte, vgl. Jane Billinghurst, *Grey Owl. The Many Faces of Archie Belaney* (New York: Kodansha International, 1999) 16 und 80.

903 Vgl. beispielsweise die Anekdoten über Grey Owls Aufrechterhalten eines indianischen Äußeren: Mit Henna färbt er seine Haare und seine Haut. „He worked hard to form his features into a stern, Indian-looking face", erwähnt Billinghurst (44). Während seinen Tourneen benutzt er „a sun lamp to keep his skin tanned" (Billinghurst 131). Sein unstimmiges Erscheinungbild ist auf einigen Bildprotraits deutlich zu erkennen (siehe Billinghurst 130).

904 Russel M. Brown und Donna A. Bennett, „Magnus Eisengrim: The Shadow of the Trickster in the Novels of Robertson Davies", *Jungian Literary Criticism*, Hg. Richard P. Sugg (Evanston, Illinois: Northwestern University Press, 1992) 285-301, siehe 286.

905 Er verkehrt u.a. mit dem Generalgouverneur sowie dem Premierminister Kanadas und wird zu einem Vortrag in den Buckingham Palace eingeladen (Billinghurst 107 sowie 129).

906 Jung, *Archetypen* 164f.

einer elementaren, primitiven Bewusstseinsstufe genannt werden, deckt diesen Punkt symbolisch ab.

Eine letzte Charaktereigenschaft des Tricksters kann Jung zufolge ein pueriler, inferiorer Charakter sein, der im Falle Grey Owls durchaus in seinen berühmt-berüchtigten Alkoholexzessen erkennbar ist. Die Referenzen hierzu sind reichhaltig.[907]

Der Trickster hat allerdings nicht nur negative Eigenschaften, sondern ist ein bipolarer Charakter – „trickster/culture-hero coincidence“[908] nennt Babcock-Abrahams seinen Dualismus. Auch Jung unterstreicht seine „Annäherung an die Gestalt eines Heilbringers“[909].

Diese Bipolarität spiegelt sich zunächst in dem Effekt, den der Trickster auf seine Umwelt hat. Sein Betrügertum übt Faszination aus, hinterlässt die Betroffenen aber in „bewilderment and helpless rage”[910]. Folglich teilt der Trickster die Beteiligten in „warring camps”[911] bezüglich der Meinung seines Werks. Die öffentliche Meinung über Grey Owl spiegelt dementsprechend bis heute den

---

907 Jung, *Archetypen* 166. Billinghurst erwähnt, dass Grey Owl generell den Ruf eines „troublemaker” (36) hat und für „drunk and disorderly behaviour” (44) bekannt ist. Als sein Ruf sich in Regierungskreisen herumspricht, kostet seine Alkoholsucht ihn die Möglichkeit auf finanzielle Unterstützung für ein geplantes Filmprojekt (111, vgl. auch Karsh 68). Es lassen sich zudem weitere Parallelen zwischen Grey Owl und der Tricksterfigur finden. Babcock-Abrahams erwähnt als zusätzliche Eigenschaften des Tricksters: „[T]ricksters [...] tend to inhabit [...] open public places [...]; have an enormous libido [...]; [...] are associated with mirrors [...]; are generally amoral [...]; despite their endless propensity to copulate, find their most abiding form of relationship with the feminine in a mother or grandmother bond” (159f). Durch seine Residenz im Prince Albert National Park ist Grey Owl Bewohner öffentlichen Raums (Billinghurst 124). Seine Libido sowie seine Tendenz zu amoralischem Verhalten vereinen sich in seiner Polygamie: Grey Owl ist insgesamt vier Mal verheiratet, meist mit mehreren Frauen gleichzeitig (Billinghurst 26 und 29, Anahareo 189). Dass er Frau und Kinder verlässt, interpretiert Billinghurst als seine Natur: „Archie, ever the wanderer“ (Billinghurst 6). Permanente Wanderschaft ist ein weiteres Trickster-Charakteristikum (Babcock-Abrahams 159). Grey Owls Verbindung zu Spiegeln wird in Nomans Quest dadurch deutlich, dass er als Spiegelbild des Helden fungiert. Sein „mother or grandmother bond“ zeigt sich in der Tatsache, dass er in einem reinen Frauenhaushalt aufgewächst, zu dem er während seiner gesamten Karriere Kontakt hat. Bis zu seinem Tod sind seine Tanten und seine Mutter die einzigen, die Grey Owls wahre Identität kennen (Billinghurst 6 und 129).

908 Babcock-Abrahams 162.

909 Jung, *Archetypen* 159.

910 John Beebe, „The Trickster in the Arts”, *Jungian Literary Criticism*, Hg. Richard P. Sugg (Evanston, Illinois: Northwestern University Press, 1992) 302-312, siehe 303.

911 Beebe 307.

Gegensatz „Betrüger“ und „Heilbringer“ wieder. Thomas R. Everitts Artikel „Helpful Fraud“ verdeutlicht dies, wenn der Autor zum Schluss kommt: „It is quite easy to both love and hate him.“[912] Jane Billinghurst zufolge ist es gerade die Mischung von Aufrichtigkeit und Intrige, die Grey Owl in der kollektiven Erinnerung hält.[913]

Diese Verortung in der Mitte ist ein weiteres Trickster-Merkmal. „Trickster is the mythic embodiment of ambiguitiy and ambivalence, doubleness and duplicity, contradiction and paradox”[914], schreibt Hyde. Häufig wird er daher in der Trickster-Literatur mit dem Begriff des Randes in Verbindung gebracht. „[He] characterizes the peculiar unity of the liminal: that which is neither this nor that, and yet is both”, definiert Victor Turner und verortet ihn im generellen „betwixt-and-between”[915]. Grey Owls Eigenschaft als Grenzbewohner ergibt sich ebenso durch seine angenommene Identität, die ihn einerseits dem Lager der *Native People*, andererseits dem Lager der europäischen Einwanderer zugehörig macht und für seine Rolle innerhalb der Entwicklung kanadischer Identität eine große Bedeutung hat.

Die Wirkung des Tricksters ist letztlich allerdings positiv zu bewerten: „If [...] the trickster succeeds in shocking or confusing us out of our complacency, he does this that we may see anew and thereby manage to survive the world.”[916] Genau dies ist der Effekt, den Jung als heilbringende Eigenschaft und als psychotherapeutische Wirkung des Tricksters beschreibt. Ein Teilaspekt der Wir-

---

912 Thomas R. Everitt, „The Helpful Fraud“, *January Magazine*, 12.04.2011 <http://januarymagazine.com/nonfiction/greyowl.html>.

913 Billinghurst 135. Die öffentliche Diskussion zu Grey Owl ist direkt nach seinem Tod und der Enthüllung seiner wahren Identität auf ihrem Höhepunkt. Wissen um seine wahre Herkunft haben zu Lebzeiten nur wenige. Bemerkenswert ist allerdings deren Unterstützung im Aufrechterhalten von Grey Owls Fassade. Billinghurst schreibt beispielsweise über seinen Kontakt mit „wirklichen” *Native People*: „The Indians knew he wasn’t really one of them but did not expose him because they appreciated his efforts on their behalf. As for Grey Owl, he seemed to believe that they were convinced of his authenticity” (116f). Eine ähnliche Reaktion findet sich in den Medien: Bestimmte Zeitungsagenturen haben Informationen über Grey Owls wahre Identität, die Enthüllung hätte allerdings Grey Owls Leistungen für die kanadische Natur zunichte gemacht (Billinghurst 121). Erst nach Grey Owls Tod kommt es daher zur Veröffentlichung, die das Land in Lager aufteilt: „A media uproar ensued in which the merits of the man and his message were hotly debated. Was his crusade to save the wilderness he loved any less sincere because he was not the man he claimed to be?” (Billinghurst 135).

914 Hyde 7.

915 Zitiert in Babcock-Abrahams 161; vgl. Hyde 130.

916 Beebe 311

kung des Tricksters ist, dass er „den frühen intellektuellen und moralischen Tiefstand dem höher entwickelten Individuum unter die Augen [hält], damit man nicht vergesse, wie das Gestern aussah."[917] Grey Owls Abkehr vom Trappertum und seine Rückbesinnung auf die Lehren der ursprünglichen Bevölkerung Kanadas bewirken genau dies. Thomas Belmonte beschreibt den Trickster zusammenfassend als „a prophet who guides to deeper truths."[918] Auf Grey Owl als prophetischen Trickster im kanadischen Kontext soll unter „Grey Owl als Prophet" (S. 239ff) eingegangen werden.

3.2. William Lyon Mackenzie King

a) „He has the answer" – Mackenzie Kings Geist

Etwa zur Zeit der Bekanntschaft mit Grey Owl tritt eine andere symbolische Figur in Nomans Quest auf. Jubelas erinnert sich:

> 'Jube,' he says, 'help me, I'm looking for King. 'Which King?' I says, humouring him. 'Mackenzie King. I saw him in a dream last night. Short fat little man with a brown suit and little dog. I said: *You can't be a ghost, I don't believe in you.* He said: *Don't you think this country is old enough to be haunted? Don't you think I'm important enough to be a ghost? Come and find me, I'll tell you everything, I'll show you how to survive here.* He has the answer,' he says, and I had to stop myself from asking what is the question.[919]

„What happens next is crazy"[920], fasst Jubelas die folgenden Wochen zusammen: Besessen von der Idee, „the king" zu finden, jagt Noman durch die gesamte Stadt – begleitet von Jubelas. Die Verfolgungsjagd führt sie von dem skurrilen Kaufhaus Honest Ed's zu den Exhibition Grounds der Canadian National Exhibition, von Torontos Stadtschloss Casa Loma zur „Tom Tomson Hall"[921], vom CN Tower zur Sports Hall of Fame.

Bemerkenswert ist, dass die Phrase, die Noman zur Fahndung benutzt – „Short fat little man with a brown suit and little dog"[922] – von Kali stammt. Di-

917 Jung, *Archetypen* 171.

918 Thomas Belmonte, „The Trickster and the Sacred Clown: Revealing the Logic of the Unspeakable", *C.G. Jung and the Humanities*, Hg. Karin Barnaby und Pellegrino D'Acierno (Princeton, New Jersey: Princeton University Press, 1990) 45-66, siehe 45.

919 MacEwen, *Noman's Land* 67.

920 MacEwen, *Noman's Land* 67.

921 MacEwen, *Noman's Land* 70. Hierbei handelt es sich um einen Fehler in *Noman's Land*: Die Konzerthalle heißt korrekt Roy Thomson Hall (vgl. http://www.roythomson.com/, 20.03.2011).

922 MacEwen, *Noman's Land* 67.

rekt nachdem Kali Noman im Wald der Gatineau Hills auffindet, fordert Noman Informationen über Kingsmere ein. „[It] was the residence of Prime Minister Willian Lyon Mackenzie King. Short, fat little man with a brown suit and a little dog"[923], erklärt Kali.

Nomans Suche nach Mackenzie King versinnbildlicht Jacobis Phrase des „langwierigen und mühsamen Suchens" (s.o.). Mehrere Monate verfolgt Noman Mackenzie Kings Geist; als „wild pursuit"[924] bezeichnet Jubelas die Verfolgungsjagd. Erschwerend hinzu kommt, dass „the king" nur für Noman sichtbar ist. Nomans Suche wird daher von seinen Freunden als „wahnsinnig" verbucht.[925]

Um die Weihnachtszeit begegnet Noman schließlich einem „mysterious hooded man"[926], dem er zum Ontariosee folgt. Die Verfolgung scheint intendiert, der Vermummte schreitet voran und schaut sich regelmäßig nach dem Verfolger um. Am Ontariosee angekommen, entledigt sich der mysteriöse Fremde seiner Verkleidung, enthüllt einen braunen Anzug sowie einen kleinen Hund und begrüßt Noman: „So […] it seems that you have found me." „How do I survive here?", stößt Noman mit der für ihn relevanten Frage vor. „By embracing the loneliness", ist Kings Antwort. „You already have survived. And by being an explorer. The exploration of this country hasn't ended; it never will. Each time you go further into the interior, you find another country."[927] Ebenso mysteriös wie das Auftauchen von Mackenzie Kings Geist ist auch dessen Abschied: Unmittelbar nach seiner Antwort verschwindet er auf einer Eisscholle im See. Noman versteht diese Antwort zunächst nicht und wirft ihm falsche Versprechen vor. Die letzten Worte Kings sind: „I have not cheated you. I have given you something to look for. […] Don't insult me, I'm old enough to be your father. […] It will all be clear to you […]. Have patience."[928] Die Erkenntnis, die Noman schließlich aus dem Treffen mit „the king" zieht, ist die Bestätigung seines Plans zur Durchschwimmungs des Sees: „This figure […] had led

---

923 MacEwen, *Noman's Land* 15.

924 MacEwen, *Noman's Land* 68.

925 Jubelas berichtet: „[Noman is] looking straight ahead at something only he can see, I sure as Hell can't see anything except chaos, then he starts elbowing his way through the crowds and it's obvious he's on the trail for the king" (68). Ibrahims Nacherzählung hört sich ähnlich an: „When winter came, and we walked through the cold December streets, he would often stop dead in his shoes and stare off into space […]. Once, in a moment of quiet frenzy, he attacked a large snowbank with his hands and demolished it, convinced that there was some 'king' hiding beneath it" (90).

926 MacEwen, *Noman's Land* 102.

927 MacEwen, *Noman's Land* 103.

928 MacEwen, *Noman's Land* 103.

him to the lake. Sooner or later everything led to the lake. He would remember."[929]

Die Bedeutung des Treffens Nomans mit „the king" wird nicht nur durch die lange Zeit des Suchens unterstrichen, sondern auch durch den Weg zum Treffpunkt mit dem Archetypen. Nomans Wandern zum Ontariosee bewegt sich – parallel zum Zauberwald, den der Held auf seiner Quest stereotyp durchschreitet – im Bereich des Zauberhaft-Symbolischen. Auf dem Weg zum See passiert Noman beispielsweise folgende „insane intersection":

> The craziest intersection in the city is where King and Queen and Roncesvalles meet in a mad jumble of streetcar tracks which have been ripped up and rearranged a hundred times in the past. Finally, somehow, one street subtly becomes another. It is hard to tell what happens exactly – Queen devours King? Roncesvalles surrenders to King?[930]

Hinzu kommt, dass das gesamte Treffen zwischen Mackenzie Kings Geist und Noman in einem Schneesturm stattfindet, der zu dem mysteriösen Szenario beiträgt: „The white of the snow in the air merged with the white of the shoreline, so when Noman got to the bottom of the curved bridge there was no more horizon. The sky and the lake were one."[931]

Dem Schneesturm kommt in der Suche nach und der Begegnung mit „the king" symbolische Bedeutung zu. Bereits kurz nach seiner Ankunft in Toronto taucht die Verbindung zwischen Schneesturm und Nomans Quest zum ersten Mal auf. Nach seiner Wiedergeburt im Gatineau Wald wird Noman krank und zerreißt im Fiebertraum sein Kopfkissen: „[W]hen he saw the lost feathers floating in the air he declared that his mind was a cloud, a snowstorm."[932] Nomans Treffen mit King nehmen seine Freunde nur als tagelanges Verschwinden um Weihnachten wahr. Woran sich jedoch alle betroffenen Charaktere erinnern, ist der starke Schneesturm, der Nomans Verschwinden begleitet. Als „whiteout" wird derselbe bezeichnet: „The storm, some said, held all the terror of a waking dream."[933]

---

929 MacEwen, *Noman's Land* 104.

930 MacEwen, *Noman's Land* 119. Micallef bestätigt dies: „This corner of Parkdale, where Queen, King, Roncesvalles and the Queensway terminate in an impossible urban tangle of streetcar tracks and wires, is the most dramatic end of Toronto", vgl. Shawn Micallef, *Stroll. Psychogeographic Tours of Toronto* (Toronto: Coach House Books, 2010) 123.

931 MacEwen, *Noman's Land* 102.

932 MacEwen, *Noman's Land* 13.

933 MacEwen, *Noman's Land* 101. Die hier bereits etablierte Verbindung zum Unbewussten und zur Identitätsfindung wird in der folgenden Beschreibung der Situation weitergeführt: „Office papers fluttered on tree branches – important papers maybe:

Für Noman verschärft sich die Erfahrung des Treffens mit „the king" im Schneesturm dadurch, dass er nach dem Abschied des Archetypen eine Asthmaattacke erleidet, die ihn fast tötet.[934] Nach tagelangem Verschwinden findet Ibrahim ihn am Weihnachtsabend um Luft ringend in seiner Wohnung auf. „White", japst Noman, „everything white, the sky and the lake all white, no division, no horizon, nothing..."[935] Später erklärt er Ibrahim: „It is as though the storm outside is also inside. [...] The white folds in around you, it has become dry ice which imprisons you. There is no exit for the body or the soul."[936] Diese Aussagen spielen sowohl auf den Bereich Physis und seinen Asthmaanfall an als auch auf den Bereich Psyche und seine Erfahrung mit Mackenzie King im Schneesturm. Die folgende Reaktion Nomans bezieht sich auf die Fortsetzung seiner Quest, Mackenzie Kings Botschaft, den See und seine Pläne:

> '[T]here's something else,' he said, 'inside the storm, inside the white, the thrilling centre, the core of absolute quiet, it's this that I must reach.' He looked out the window to the lake which lay beneath the white sheet of the blizzard and which I visualized now as a huge organ, a lung, dark and diseased.[937]

Der einzige Weg für ihn, dieses Innere seiner selbst zu finden und Entdecker zu sein, ist die Durchschwimmung des Sees. So kann Nomans Beinahe-Tod im Schneesturm einerseits als *foreshadowing* zu seinem Beinahe-Tod während der Durchschwimmung des Ontariosees gedeutet werden. Diese Verbindung stellt Ibrahim heraus, wenn er über den Asthmaanfall Nomans reflektiert: „Was it not terrible to be drowning without water? And he was drowning without water, he who was a swimmer."[938] Nach Überstehen des Beinahe-Tods und Sinnieren über Mackenzie Kings Botschaft ist Noman allerdings ebenso in der Lage, das Positive an dem Element, das ihn beinahe das Leben gekostet hätte, zu erkennen und

---

birth certi-ficates, marriage licenses, records of being, all impaled on the tree by the wind, all bizarre advertisements. The wind stripped everything and everyone of its identity, and no man knew who he was or where he belonged" (102). Referenzen zu diesem Sturm finden sich in zwei weiteren Kapiteln in *Noman's Land*. „He disappeared before Christmas [...] and a great blizzard descended upon the city. [...] It was as though the whole world was turning in upon itself and choking out its own life", erinnert sich Ibrahim in „Footprints on the ceiling" (95). Kalis Erinnerung aus „Nightchild" beziehen sich auf den Weihnachtsabend: „Outside the window, the visible absence of Noman, the stark white streets of Xmas" (121). Sie schildert ebenso die Situation bei Nomans Rückkehr am Weihnachtsmorgen: „It was the end of the terrible storm that had gone on for days" (121).

934 MacEwen, *Noman's Land* 95f.

935 MacEwen, *Noman's Land* 95.

936 MacEwen, *Noman's Land* 97.

937 MacEwen, *Noman's Land* 98.

938 MacEwen, *Noman's Land* 96.

teilt Kali mit: „If you look long enough [...] you will see that the snow is every colour of the spectrum." Diese Aussage Nomans findet sich in dem Gedicht „White is Every Colour" aus *The Shadow Maker* wieder, das Schnee ebenfalls als „something beautiful / and multi-coloured"[939] bezeichnet und als dessen Opfer sich die Sprecherin sieht. Die Gefahr des Schnees sowie Nomans neu entdeckte Faszination für Schnee spiegeln sich ebenso in der Kurzgeschichte „Snow" aus *Noman* wider, in der der südeuropäische Einwanderer Grigori seiner Besessenheit und Unerfahrenheit mit dem unbekannten Element erliegt. Beide stellen den Schnee als numinose und gefährliche Materie, gleichzeitig aber Element des zu erforschenden Inneren im Individuationsprozess dar. Auch Jung deutet auf die Bedeutung des Schnees für den Individuationsprozess hin, indem er die Farbe Weiß als Symbol für die zukünftige Welt, Schwarz hingegen als Symbol für Verirrung und Verlorenheit des Menschen bezeichnet.[940]

b) „[F]urther into the interior" – Mackenzie King als Alter Weiser

Mackenzie King erscheint in *Noman's Land* als Archetyp des Alten Weisen. Der Alte Weise ist ein Symbol des Selbst und steht für Sinn, Weisheit und Ganzheit.[941] Er tritt daher typischerweise als überlegene Gestalt auf, beispielsweise als „hero, king, prophet, or savior"[942] bzw. als „Magier, Arzt, Priester, Lehrer, Professor, Großvater oder als irgendwelche Person, die Autorität besitzt."[943] Von Franz fügt den Politiker als häufige Erscheinungsform des Alten Weisen hinzu.[944] Eine weitere Variation des Alten Weisen ist die Vaterfigur, meist verbunden mit Überzeugungen, Verboten und Ratschlägen.[945] Gelegentlich, so unterstreicht Jung, „ist es auch ein ‚eigentlicher' Geist, nämlich der eines Verstorbenen, der diese Rolle spielt."[946] Der Charakter Mackenzie Kings in *Noman's Land* verkörpert all diese Erscheinungsformen: Er erscheint Noman erstmals im Traum als klassischem Areal der Archetypen. Noman verfolgt fortan den Geist des verstorbenen Politikers, der durch seinen Namen auch in die Kategorie „König" fällt und durch seine Bezeichnung als „the king" während der Suche als

---

939 MacEwen, *The Shadow-Maker* 3. Das Gedicht findet sich bezeichnenderweise im Kapitel „Holy Terrors".

940 Jung, *Gesammelte Werke* 14,1 242 sowie 250.

941 Jung, *Archetypen* 35 und *Gesammelte Werke* 9,1 231; vgl. auch Snider 19.

942 von Franz, „Der Individuationsprozess" 196.

943 Jung, *Gesammelte Werke* 9,1 231; vgl. auch Schmitt 213f.

944 von Franz, „Der Individuationsprozess" 200. Von Franz erwähnt, dass bei Männern Winston Churchill und bei Frauen Eleanor Roosevelt sowie Königin Elizabeth II. typische Verkörperungen des Alten Weisen bzw. der Großen Mutter sind.

945 Jung, *Symbole der Wandlung* 425, *Gesammelte Werke* 9,1 230.

946 Jung, *Gesammelte Werke* 9,1 231; vgl. auch Schmitt 214.

überlegene, Autorität verkörpernde Gestalt erscheint. Die Vaterfigur etabliert „the king“ selbst, indem er Noman hinweist: „I'm old enough to be your father.“[947]

Neben der Autorität und Überlegenheit unterstreicht Jung die Numinosität des Alten Weisen. Er beschreibt ihn als Figur, „die aus dem dunkeln Hintergrund auftaucht und von der bewußten Persönlichkeit Besitz ergreift.“[948] Die Besessenheit, die Mackenzie Kings Geist in Noman bewirkt, wird in dessen mehrere Monate andauernder Verfolgungsjagd durch Toronto ersichtlich und durch die Unverständlichkeit der Freunde betont, die in Nomans Suche mehr Wahnsinn denn Sinn sehen.

Überlegenheit erlangt der Alte Weise allerdings nicht nur qua Position, sondern „vom Bilde des [alten Weisen] gehen Aussagen, Handlungen, Tendenzen, Antriebe, Meinungen usw. aus, denen man das Attribut ‚geistig' wohl nicht verwehren kann.“[949] Jung schreibt ihm so „einerseits Wissen, Erkenntnis, Überlegung, Weisheit, Klugheit und Intuition, andererseits auch moralische Eigenschaften, wie Wohlwollen und Hilfsbereitschaft“[950] zu. Folglich tritt der Alte Weise immer dann auf, wenn der Held sich in einer ausweglosen Situation befindet. Er durchschaut die Lage des Helden und weiß Informationen zu beschaffen, die diesem weiterhelfen.[951] Das Auftreten des Alten Weisen ist daher „oft durch die fast formelhaft erscheinende Frage nach dem ‚Woher' und ‚Wohin' begleitet“[952], und er hat die Tendenz, „Überlegung zu veranlassen“[953]. Schmitt unterstreicht, dass es eine Eigenschaft des Alten Weisen ist, die moralischen Fähigkeiten der Menschen zu prüfen und seine Gaben von dieser Probe abhängig zu machen.[954]

Auch diese Liste an Eigenschaften findet sich in Mackenzie King: Bevor er sich Noman zeigt, stellt er ihn durch monatelanges Warten sowie durch das Verfolgen seiner Spur durch ganz Toronto auf die Probe. Dass die Verzögerung des Treffens und die Verfolgungsjagd geplant sind, zeigt Kings Geist durch Sicher-

947 MacEwen, *Noman's Land* 103. Eine Referenz zu Mackenzie King als Vaterfigur findet sich ebenso in den Manuskripten und Entwürfen zu *Noman's Land*, wo MacEwen als Alternative für das Kapitel „The Mysterious Hooded Man“, in dem Noman und „the king“ sich treffen, den Titel „Noman comes unto the Father“ vorsieht (MacEwen, *Papers, 1955-1988*, Box 19).

948 Schmitt 212.

949 Jung, *Gesammelte Werke* 9,1 230.

950 Jung, *Gesammelte Werke* 9,1 238.

951 Jung, *Gesammelte Werke* 9,1 232f.

952 Schmitt 216.

953 Jung, *Gesammelte Werke* 9,1 236.

954 Schmitt 215.

stellen, dass Noman ihm in den Schneesturm folgt, sowie durch seine Begrüßung Nomans („So […] it seems that you have found me“[955]). Die Frage, die Noman dem Alten Weisen stellt, ist zwar nicht auf ein „Woher” oder „Wohin” gerichtet, die Antwort, Noman müsse sich weiter ins Innere begeben und das andere Land finden, deutet allerdings sehr wohl in diese Richtung. King attestiert Noman ebenso, dass er einen Großteil seiner Quest schon durchstanden habe: „You already have survived.“[956] Das lange Warten und Suchen sowie die bisher durchstandene Einsamkeit zahlen sich nun aus, und das Treffen kommt in der Quest zu einem Zeitpunkt, an dem Noman der Bestätigung bedarf. So ist seine neue Fokussierung auf sein Projekt der Seedurchschwimmung als „clue to what we must do to be saved“[957] des Alten Weisen zu betrachten. Da Noman sich allerdings zunächst um eine ausführliche Antwort betrogen fühlt, steht Mackenzie King ebenso für die Veranlassung von Überlegung: Erst nach einer Reflexionsphase kann Noman die Botschaft des Geistes deuten. Auffällig ist hier wiederum, dass die Botschaft Mackenzie Kings sehr ähnlich der Thematik von *The Shadow-Maker* ist. Die Aufforderung an Noman, weiterhin ein geduldiger Entdecker zu sein, korrespondiert in Wortwahl und Thematik mit „The Discovery“, „Dark Pines Under Water“ und anderen Gedichten. Durch diese Parallele wird deutlich, dass Kings Botschaft sich auf das Unbewusste bezieht und Noman dazu ermutigt, weiter in sich zu schauen.

Der Alte Weise ist allerdings nicht nur ein wohlwollender, hilfsbereiter Charakter, sondern beinhaltet ebenso Aspekte der Zweideutigkeit. Auf diese Eigenschaft Mackenzie Kings soll in „Mackenzie King als ‚real Kanadian‘“ (S. 244ff) eingegangen werden. Es kann allerdings vorweggenommen werden, dass ein Anzeichen der Zweideutigkeit „unerwartetes Auftauchen und […] ebenso plötzliches, spurloses Verschwinden, ohne Abschied zu nehmen“[958] ist. Diese Eigenschaft findet sich auch bei Mackenzie King, der – kaum von Noman aufgefunden und noch während des laufenden Gespräches – im Schneesturm und in Lake Ontario verschwindet.

955 MacEwen, *Noman's Land* 103.
956 MacEwen, *Noman's Land* 103.
957 Campbell 101.
958 Schmitt 216.

3.3. „The Nightchild"

a) „[T]he uncanny child" – Nomans Sohn

Ein weiterer wichtiger Charakter in *Noman's Land* ist der 13-jährige Sohn Kalis und Nomans. Signifikant ist, dass der Leser den Namen des Kindes nicht erfährt; durchweg wird der Junge „the child" bzw. „nightchild" genannt – sogar von seiner Mutter Kali. Als „a haunted little kid, a real loner"[959] und als „the uncanny child"[960] bezeichnet sie ihren Sohn ebenso. Diese Namen ergeben sich aus den Eigenschaften und dem Erscheinungsbild des Kindes. „[An] awful pale little face", „feverishly bright eyes", „[a] wide, mocking smile"[961] sowie „wild, cruel laughter"[962] werden ihm zugeschrieben. Unheimlich scheint sein Verhalten: „[The] child laughed and vanished"[963], „[h]e just stared and grinned"[964] und „[he left in] a swift, strangely unchildlike stride"[965], heißt es. Kali fügt über die unheimlichen Fähigkeiten bzw. Eigenschaften des Jungen zu: „The nightchild knows everything; he knows what time it is down to the last minute without consulting a clock, he knows everybody's secrets, he knows the outcome of every major sports event, he knows when the price of gold will drop."[966]

Die Affinität des „nightchild" zur Nacht zeigt sich durch seine Vorliebe, nachts durch die Straßen zu wandeln. Auch metaphorisch ist die Nacht der Wirkungsbereich des Jungen: „[H]e was Darth Vader when all the boys were Skywalker because he preferred the dark side of everything."[967] Diese Aussage deutet auf das Dasein des Jungen als „a real loner" hin, das an anderer Stelle ausgeführt wird: „His loneliness was something that shone from him like light. It was an exquisite loneliness, almost refined. It was a gift; he had been born with it, and it was something that the world could never take from him. He possessed nothing but this thrilling loneliness, and he guarded it with a passion."[968]

Noman beschreibt „the nightchild" als „horrible, and luminous"[969]. Neben den ungewöhnlichen Charaktereigenschaften des Jungen ist dies auf die Beziehung zwischen beiden zurückzuführen. Das erste Treffen zwischen „the night-

959 MacEwen, *Noman's Land* 37.
960 MacEwen, *Noman's Land* 113.
961 MacEwen, *Noman's Land* 39
962 MacEwen, *Noman's Land* 41.
963 MacEwen, *Noman's Land* 39.
964 MacEwen, *Noman's Land* 37.
965 MacEwen, *Noman's Land* 40f.
966 MacEwen, *Noman's Land* 113.
967 MacEwen, *Noman's Land* 32f.
968 MacEwen, *Noman's Land* 32.
969 MacEwen, *Noman's Land* 37.

child“ und Noman wird dem Leser via *flashback* des Jungen mitgeteilt und datiert auf die Zeit vor Nomans Wiedergeburt in Kingsmere, in der Noman – laut Kali – zwar verschwunden, aber sehr aktiv ist: Auf einer Geburtstagsfeier sieht der Junge einen Magier – Noman – , der in ihm die Faszination für Magie weckt: „[H]e was the only one in the room who understood what the magician was really doing. […] The other kids laughed, and he hated them. Magic was not a laughing matter, magic was dead serious.“[970] Willens seine neue Leidenschaft zu vertiefen bietet der Junge dem Magier nach der Darstellung seine Hilfe an, wird aber rau zurückgewiesen. In dem Jungen führt dies eine identitätsbildende Reaktion herbei: „It was then that the sky cracked into a thousand pieces and fell onto the child's head. […] [N]othing would ever be the same again. Life, he decided then and there, was a big lie."[971] Der Junge reagiert seinem Alter entsprechend mit Trotz, stiehlt den Zauberstab des Magiers und verschwindet. Zu dem Zeitpunkt, als Noman – unter Anmesie – seine Quest in Toronto beginnt, hat „the nightchild“ den Zauberstab noch immer in seinem Besitz und erkennt im neuen Begleiter seiner Mutter den Magier, dem dieser eigentlich gehört. Aufgrund seiner Amnesie kann Noman sich an diese Vorgeschichte nicht erinnern.

„The nightchild“ ist Noman allerdings noch in einem anderen Punkt überlegen. Direkt nach Nomans Wiederankunft in Toronto verheimlicht Kali Noman die Existenz seines Sohnes. Dieser durchschaut die Situation allerdings von Anfang an und beginnt, seinen Wissensvorsprung auszunutzen: „[He] began to follow Noman around everywhere, taunting him and playing beastly tricks on him, relishing his secret knowledge."[972]

Noman leidet unter der Verfolgung des Kindes: „The child burned in his head“[973], beklagt er die Alpträume, die „the nightchild“ getreu seines Namens nächtens in ihm verursacht. Zwischen Tag und Nacht, Wachsein und Schlaf, Bewusstsein und Unbewusstem finden auch die Treffen zwischen „nightchild“ und Noman statt: „Whenever Noman saw the boy, day was just turning into night, so it was neither one thing nor the other but a place in space and time that belonged to the two of them alone. The place had its own rules, its own laws. And there were always fireworks."[974] Dass die Begegnungen zwischen beiden voller Reibung sind, drückt Kali in ihrer Interpretation der Treffen aus: „Noman

970 MacEwen, *Noman's Land* 33.

971 Der Ursprung des Namens „nightchild“ wird dementsprechend folgermaßen erklärt: „It was all because of the rich kid's birthday party. The night of the magician“ (MacEwen, *Noman's Land* 33).

972 MacEwen, *Noman's Land* 113.

973 MacEwen, *Noman's Land* 40.

974 MacEwen, *Noman's Land* 35.

told me that whenever they encountered one another it was […] some dawn or dusk when day and night had each other in a stranglehold that seemed to go on forever.“[975] Nachdem Noman erfährt, dass „the nightchild“ sein Sohn ist, kommt es zum Höhepunkt der „Magic Wars“[976]. Der Junge macht Noman unsichtbar, was für Noman nicht nur die Überschreitung einer Grenze, sondern auch Gefahr bedeutet: „He's discovered his darker powers.“[977] Noman rächt sich durch Anwendung seiner magischen Kräfte indem er den Jungen beim Schlittschuhlaufen auf Lake Ontario einbrechen lässt. Obwohl dieser sich anfangs wehrt, rettet Noman den Jungen aus dem eiskalten Wasser, und Vater und Sohn freunden sich über die Themen Magie und Zauberei an. Kalis Abschlusskommentar über die Beziehung zwischen Noman und „the nightchild" fällt positiv aus:

> Noman and the child get along quite well, that is, they have stopped trying to annihilate each other, although occasionally the child still tries to set him on fire. He gave Noman his wand back […] and in return Noman is transferring esoteric knowledge and power to him by degrees. They take long walks together and Noman teaches him mysteries and secrets which they think I do not know. […] Just yesterday they went into the forest to practise bending time and to dream up their real names.[978]

b) „[I]nfernal, monstrous, and sadistic“ – „The nightchild“ als Kind-Archetyp

„The nightchild“ verkörpert in *Noman's Land* den Kindarchetypus. Der Archetypus wurde unter „‚Dream One', ‚Dream Two', ‚Dream Three'“ (S. 87ff) bereits charakterisiert. An dieser Stelle sollen einige Ergänzungen vorgenommen werden, die für den Charakter „nightchild“ relevant sind.

Ungewöhnlich und auffallend philosophisch-mysteriös ist bereits das Kind in „Dream Three: The Child“, und parellel dazu ist auch die Unnatürlichkeit des „nightchild“ offensichtlich. Jung betont, dass es sich bei der Ausgestaltung des Kind-Archetypus um kein natürliches, menschliches Kind handelt, sondern dass das archetypische Kind „als […] klar erkennbares Symbol“ erscheint.[979] Seine Symbolhaftigkeit wird in *Noman's Land* dadurch unterstrichen, dass der Name des Jungen nicht erwähnt wird und er lediglich als „the child“, „the boy“ oder „nightchild“ auftritt.[980]

975 MacEwen, *Noman's Land* 113.

976 Vgl. MacEwen, *Noman's Land* 32ff.

977 MacEwen, *Noman's Land* 117.

978 MacEwen, *Noman's Land* 128.

979 Jung, *Traumanalyse* 201; Schmitt 239.

980 Jung erwähnt explizit, der Kindarchetypus trete sehr häufig als Sohn oder Tochter auf, was bei Noman ebenso der Fall ist (Jung, *Archetypen* 115; vgl. auch Schmitt 239).

Bezüglich der Unheimlichkeit des „nightchild“ sowie der Boshaftigkeit gegenüber Noman ist anzumerken, dass Jung das Unheil anrichtende und Tricks spielende Kind als eine Version des Kindarchetypus erwähnt: „Seine Taten sind ebenso wunderbar oder monströs wie seine Natur.“[981] Renaldo J. Maduro und Joseph B. Wheelwright umschreiben eine mögliche Version des Kindarchetypus als „infernal, monstrous, and sadistic“[982] – eine Beschreibung, die auf den Jungen aus *Noman's Land* zutreffend scheint. Bemerkenswert ist, dass Jung als eine Charaktereigenschaft dieser Version des Kindes durchtriebenes Lachen nennt[983], was sich im „wide, mocking smile” sowie im „wild, cruel laughter“ des „nightchild“ spiegelt (s.o.).

Eine weitere Eigenschaft des Kind-Archetypus ist, dass er als „überlegene menschliche Figur“[984] auftritt, d.h. Einsicht in Inhalte hat, die andere nicht haben. Aufgrund von Nomans Amnesie ist der Junge ihm bezüglich gewisser Aspekte seiner Vergangenheit im Voraus, insbesondere durch seine Kenntnis über Nomans Vaterschaft. Die Überlegenheit des Kindarchetypus kann sich allerdings auch anders darstellen. Schmitt erwähnt, dass das Kind „etwas besitz[en kann], was dem Helden gehört.“[985] Zum einen ist hier der Zauberstab zu nennen, zum anderen die magischen Fähigkeiten des „nightchild“ gegen Ende der „Magic Wars“. Noman erwähnt, dass der Junge nun gelernt habe „[how] to bend light“, was eine starke Ähnlichkeit zur Tätigkeit des „bending time“ aufweist, die Noman ausübt. Das Kind hat sich allerdings nicht nur Nomans Kenntnisse angeeignet, sondern ist auch von Natur aus „ein Wesen voll okkulter, zauberischer Eigenschaft [...], ausgerüstet mit magischen Kenntnissen und Kräften“[986].

Schließlich verfügt der Junge über eine weitere Gabe, über die Noman in dieser Intensität nicht verfügt und die den Jungen überlegen macht: „[T]he nightchild“ besitzt Einsamkeit als „a gift [...] he had been born with“[987]. Einsamkeit ist einer der Aspekte, die eine wahre Herausforderung für Noman darstellen, weshalb auch Mackenzie Kings Ratschlag an ihn lautet, er könne überleben „by embracing the loneliness“[988].

---

981 Zitiert in Schmitt 239; vgl. Jung, *Traumanalyse* 223.

982 Maduro und Wheelwright 185.

983 Jung, *Traumanalyse* 223.

984 von Franz, „Der Individuationsprozess“ 196; vgl Jung, *Traumanalyse* 220f sowie Schmitt 238.

985 Schmitt 282.

986 Zitiert in Schmitt 212.

987 MacEwen, *Noman's Land* 128.

988 MacEwen, *Noman's Land* 103.

Schließlich schreibt von Franz dem Kindarchetypus zu, dass er „den natürlichen Menschen buchstäblich ‚bedrückt'"[989], was im Falle Noman in Form der Verfolgung des Helden durch das Kind deutlich wird. So fällt beispielsweise Jubelas, während er Nomans Suche nach Kings Geist begleitet, auf: „If he wasn't chasing the king, he was chasing the kid – or was the kid chasing him?"[990] Die bedrückende Wirkung des Kindes wird auch dadurch deutlich, dass es Einzug in Nomans Träume hält und damit tatsächlich zum Archetyp wird.[991] Die Tatsache, dass der Junge sich in Nomans Bewusstsein „brennt", deutet einerseits auf die Numinosität und Energie des Archetypen hin, andererseits auf das „Feuer des Bewusstseins", dass die Auseinandersetzung mit demselben bewirken kann.[992] Zusätzlich umschließt die „brennende Eigenschaft" des Jungen noch ein weiteres Merkmal des Kindarchetypus, das bereits erwähnt wurde: Das Kind tritt als als „Kulturbringer" auf und ist daher häufig mit „hilfreichen Kulturfaktoren" kombiniert. Die „brennende Eigenschaft", die Noman in seinen Träumen erfährt, wird von Jung als Begleiterscheinung des Kindarchetypus genannt: „Als Erleuchter, das heißt als Bewußtseinsvermehrer, besieg[t] [er] die Dunkelheit, nämlich den früheren unbewußten Zustand."[993] Die Kopplung „nightchild"/Feuer wird auch im Bezug auf die Begegnungen zwischen Kind und Noman erwähnt, die immer von Feuerwerk begleitet sind.

Als weitere positive Eigenschaft repräsentiert das Kind den Drang, „sich selber zu verwirklichen"[994] sowie „Gänze" und „Vollständigkeit"[995]. Es zeigt an, „dass sich eine zukünftige Wandlung der Persönlichkeit vorbereitet"[996]. In diesem Zusammenhang hat „the nightchild" Kali zufolge die Fähigkeit, die Zukunft vorherzusagen (s.o.). Dies äußert sich darin, dass der Junge Nomans finale Aufgabe der Seedurchschwimmung und Todeserfahrung durch beinahes Ertrinken antizipiert: „I knew I wouldn't drown down there", klärt er Noman nach seinem Einbruch in den See während der „Magic Wars" auf. „Don't you know how hard it is to drown? [...] Your body diverts blood from your arms and legs and holds

---

989 von Franz, „Der Individuationsprozess" 218.

990 MacEwen, *Noman's Land* 70.

991 Dieser Aspekt der Bekanntschaft mit „the nightchild" wird dadurch unterstrichten, dass MacEwen als alternativen Titel für das Kapitel „Nightchild" in den Manuskripten zu *Noman's Land* die Überschrift „Daymares. Meeting [the child] by day." vermerkt (MacEwen, *Papers, 1955-1988*, Box 20, Folder 20:2).

992 Vgl. MacEwen, *Noman's Land* 40: „The child burned in his head."

993 Zitiert in Schmitt 239.

994 Jung, *Archetypen* 126.

995 Jung, *Archetypen* 123; vgl. Brumlik 73.

996 Christoffel 65.

it in reserve to protect your heart and brain. Suspended animation"[997], erläutert der Junge und definiert somit den Mechanismus, der auch Noman vor dem Ertrinken rettet (vgl. „Nomans Todeserfahrung", S. 181f).

In Nomans Fall ist vor allem eine Funktion relevant, die Schmitt dem Kindarchetypus zuschreibt. Als „Vermittler von Vergangenem und Zukünftigem"[998] kommt dem Kind auch in Bezug auf Nomans Quest eine Mediatorfunktion zu. Anfangs auf der Suche nach seiner Vergangenheit überkommt er seinen Fokus hierauf und wendet sich der Zukunft zu, die das Metier des Kindes ist. Die letzte Information, die der Leser über Nomans Leben nach seiner Durchschwimmung des Ontariosees vernimmt, ist, dass die Beziehung zwischen Noman und „nightchild" gut ist und dass sie gemeinsame Aktivitäten wahrnehmen.[999] Auch der letzte Paragraph in *Noman's Land* erwähnt, dass Kali, Noman und der Junge in Harmonie das Feuerwerk der Canadian National Exhibition anschauen: „The particles of fire fell back into the lake like rain."[1000] Gerade letztes Zitat greift einmal mehr die Verbindung zwischen Kind und Feuer sowie die Verbindung zwischen Noman und Lake Ontario auf. Die Zusammenführung aller vier Elemente in familiärer Harmonie suggeriert die Versöhnung mit dem Kindarchetypen und das Fortschreiten von Nomans Individuation.

4. „[E]verybody claimed him" – Noman als Archetyp

Die Ursprungsidee des Werkes *Saturnalia* als dem gedanklichen Prototyp zu *Noman* ist, „a wonderfully complex game"[1001] zu kreieren. Diese Eigenschaft hat sich in *Noman* erhalten – einerseits im Hinblick auf die multiperspektivische Erzählweise, andererseits im Hinblick auf die Charakterkonstellation, die im Folgenden analysiert werden soll. Der Fokus soll dabei auf der Bedeutung Nomans für die anderen Charaktere der Kurzgeschichtensammlung liegen. Der grundlegende Kern der Rolle Nomans ist hierbei bereits in der Überschrift angedeutet, die aus Jubelas' Mund stammt: „[E]verybody claimed him"[1002].

997 MacEwen, *Noman's Land* 122.
998 Schmitt 238.
999 MacEwen, *Noman's Land* 128.
1000 MacEwen, *Noman's Land* 138.
1001 Sullivan, *Shadow Maker* 157.
1002 MacEwen, *Noman's Land* 91

4.1. Jubelas and Omphale

a) „[T]urning the world upside down“ – Jubelas/Omphale und Noman

Nomans Eigenschaft, Einfluss auf andere auszuüben, wurde bereits als dessen besondere Begabung erwähnt. „He himself *did* nothing, but he made it all happen”[1003], wurde Jubelas in diesem Zusammenhang zitiert. Er stellt gleichzeitig die Figur dar, die den Einfluss Nomans am stärksten verdeutlicht.

Die erste signifikante und symbolische Änderung, die Noman in Jubelas bewirkt, ist die Annahme eines neuen Namens bereits beim ersten Treffen. „[Noman] said we should have names that told something about what we were like”, erläutert er. Noman erteilt dem Ehepaar daraufhin Namen, die für ihn selbst Bedeutung haben: „My name for instance – Jubelas – reminded him of Rome and jubilees.”[1004] Jubelas benutzt fortan ausschließlich diese neuen Namen, sowohl für sich selbst als auch für seine Gattin.

Über seine weiteren Erfahrungen mit Noman schließt er an: „Funny things started to happen to me after I knew Noman. I got to feeling half nuts and nervous all the time. [...] Noman made me think.” [1005] Jubelas listet auf, was er unter „[f]unny things” versteht: „Things started to look different to me”[1006], „I got to wandering around alone”, „I was alone, more alone than I'd ever been in my life.”[1007]

Hinzu kommt die widersprüchliche Beziehung, die Jubelas und Noman verbindet. Einerseits stellt Nomans Identität Jubelas vor ein Rätsel, andererseits geht – trotz der scheinbaren Distanz – eine intensive Anziehungskraft von dem Unbekannten aus. „I was really attached to him“, reflektiert Jubelas. Und: „He could have been my own son, he gave me that feeling.”[1008] Jubelas ist sich der Wirkung Nomans bewusst; wiederholt erwähnt er ihm gegenüber das Gefühl „[of] going nuts“.

Nach Nomans scheinbarem Tod ein Resümee aus der Bekanntschaft mit ihm ziehend, urteilt Jubelas: „[H]e wrecked your life. I used to live for real; I believed everything. Now nothing's real.”[1009] Das Resultat der Noman-Episode für Jubelas (und Omphale) ist der Rückzug aus Toronto auf das Land und die Eröff-

1003 MacEwen, „Noman” 88.
1004 MacEwen, „Noman” 84.
1005 MacEwen, „Noman” 90.
1006 MacEwen, „Noman” 92.
1007 MacEwen, „Noman” 96.
1008 MacEwen, „Noman” 90.
1009 MacEwen, „Noman” 84

nung einer Bienenzucht – die Rückkehr zu einem Plan, der bereits vor Erscheinen Nomans geboren wurde.

Wenn der Leser Jubelas in *Noman's Land* wieder trifft, scheint er mit seinem Leben zufrieden. Die vergangenen 13 Jahre betrachtend fasst Jubelas das Verlassen der Metropole und die Eröffnung der Bienenfarm als „dream come true“[1010] zusammen. Während der ersten Momente in Jubelas Berichterstattung ist einerseits auffällig, dass er sich selbst weiterhin als Jubelas und seine Gattin als Omphale bezeichnet – trotz der negativen Erfahrungen mit dem Namensgeber Noman. Dessen Einfluss aus der ersten Episode ihrer Begegnung hat demnach langwährende Spuren hinterlassen. Andererseits ist eine abweisende Haltung Jubelas' gegenüber Noman bemerkbar. Nahezu aggressiv verteidigt Jubelas im Nachhinein seine Rolle im „mock death“ Nomans, indem er betont: „I know he didn't really [die on us], what do you take me for, an idiot?“[1011] Auffällig sind auch wiederholte ironisch-provozierende Reaktionen auf Äußerungen Nomans, die ebenso Jubelas' angenommene Überlegenheit zu unterstreichen suchen.[1012] Mit fortschreitendem Kontakt zu Noman erliegt Jubelas allerdings dessen Einfluss wieder: „[H]e was turning the world upside down just like before, and then I knew the old madness had begun again. Where I lose myself and end up somewhere inside his head.”[1013]

Der Einfluss Nomans auf Jubelas wird vor allem in der gemeinsamen Suche nach Mackenzie Kings Geist deutlich. Der Absurdität der Suche nach „the king“ ist Jubelas sich im Nachhinein bewusst. „You're wondering why I put up with all this“, gesteht er dem Leser ein und rechtfertigt sich weiter: „Sure, I wanted to escape from him, but [...] he's a Black Hole. His mind is a Black Hole and nothing escapes a Black Hole, not even light.”[1014] Während seines Kontaktes mit Noman bekommt Jubelas eine Einsicht, die seine Erfahrung vor dem „mock death” widerspiegelt:

> Being with Noman makes you more alone than you've ever been because everything bounces off of him, and you yourself bounce off of him like he's a mirror and all he's there for is to throw you back on yourself. [...] When you're with him you're

---

1010 MacEwen, *Noman's Land* 61.

1011 MacEwen, *Noman's Land* 61.

1012 Beispielsweise kommentiert Jubelas Nomans Verhaltensweise („This was him alright” 62; „This is how he talks” 63) und Gesprächsbeiträge („You don't say” 62; „Naturally. What else.” 71).

1013 MacEwen, *Noman's Land* 66.

1014 MacEwen, *Noman's Land* 71.

> on your own. He gets off scot free and leaves your brain looking like the first floor of Honest Ed's.[1015]

Wie bereits in seiner ersten Begegnung ist der Kontakt zu Noman eine Anstrengung für Jubelas. Dieses Mal bricht er die Verbindung als Konsequenz allerdings ab, kehrt zu seiner Bienenfarm zurück und verschwindet für den Rest der Handlung. „Finally I couldn't stand it any longer, I could feel myself going unglued"[1016], rechtfertigt er sich. Auch dieses Mal ist die Begegnung mit Noman allerdings nicht spurlos an Jubelas vorbeigegangen:

> Now there's this awful loneliness and this longing for something I can't name. I'm unsatisfied all the time. […] Why do I want answers when I don't even have questions. […] I'm not laughing much these days. Everything's screwed up and I can't concentrate. […] [M]y brain's in this place where what's real and what's not real meet or don't meet depending on how you look at it.[1017]

Die Nachhaltigkeit von Nomans Einfluss zeigt Jubelas' abschließende Beschreibung der Bienen, die er zu Beginn des Kapitels noch als Lebenstraum bezeichnet: „The bees are all acting very strangely and some of the little bastards have started to sting which they didn't do before, like they're all losing their minds too, all ten thousands of them."[1018] Jubelas zuvor geregeltes Leben ist in Aufruhr.

Noman wendet seine außergewöhnliche Gabe auch auf Jubelas' Gattin Omphale an. Bereits beim ersten Treffen mit Noman bemerkt Jubelas Omphales Faszination von Noman: „Omphale, I could tell, was off in another world, listening to the stranger."[1019] In der Folgezeit ist Omphales Beziehung zu Noman geprägt durch ihre mütterliche Ausrichtung. „Omph was in pretty bad shape those days too, and she kept telling me about how she dreamed she had given miraculous birth to Noman"[1020], erläutert Jubelas. Diese Muttergefühle setzen sich fort. Im Moment von Nomans Scheintod beobachtet Jubelas „how Omph

---

1015 MacEwen, *Noman's Land* 69. Das Erdgeschoss des Kaufhauses Honest Ed's ist ein Symbol für Chaos. Dort finden sich „red and blue Yugoslavian pots, iron frying pans, ashtray with maple leaves on them, skewers, skillets, strainers, broilers, basters, steamers, poachers and things that slice boiled eggs. […] Egg separators, beer mugs, toasters, toothpicks, towels, the world is full of things" (68); vgl. auch Fußnote 1266.

1016 MacEwen, *Noman's Land* 72.

1017 MacEwen, *Noman's Land* 72f.

1018 MacEwen, *Noman's Land* 73.

1019 MacEwen, „Noman" 86. Im Gegensatz zu Jubelas hat Omphale keine eigene Stimme in der Geschichte um Noman. Jegliche Erfahrungen ihrerseits stammen entweder aus dem Munde Jubelas' oder Kalis.

1020 MacEwen, „Noman" 97.

was holding her stomach as if she'd miscarried."[1021] Im Nachhinein sieht sie sich als Teilschuldige an Nomans Tod: „Omphale said: *I miscarried him.*“[1022] Bei Nomans Rückkehr spielt Omphale kaum mehr eine Rolle. Die wenige Information im Bezug auf Noman bewegt sich allerdings weiterhin in mütterlichen Gefilden. Eine Szene ist in diesem Zusammenhang exemplarisch nennenswert: Nach einer Zahnoperation Nomans kann Omphale aus Sorge nicht schlafen. „[S]he got up and got dressed and took a cab to Noman's apartment, and slipped a shiny brand-new quarter under his door“[1023], berichtet Jubelas. Ihre Darbietung als Zahnfee bei einem Mann über 50 zeigt einerseits ihre übertriebenen mütterlichen Gefühle für Noman, andererseits den Fakt, dass Nomans Einfluss auf das Ehepaar als außerordentliche Kraft anzusehen ist.

b) „[M]ore or less human“ – Noman als Archetyp

Dass der Held „more or less human“ ist, wurde erwähnt. Auf Omphale und Jubelas scheint Noman archetypische Wirkung zu haben. Im Falle Jubelas fällt zunächst das numinose Charisma Nomans auf, dem Jubelas nicht entgehen kann. Er scheint dem neuen Bekannten willenlos ausgeliefert. Die Numinosität Nomans drückt auch die väterliche Nähe aus, die Jubelas trotz Nomans Aura des Fremden zu ihm verspürt. Obwohl die erneute Begegnung mit Noman nach dem inszenierten Tod wesentlich reflektierter von Jubelas wahrgenommen wird, wirkt dessen Numinosität dennoch auf ihn. Deutlich wird dies vor allem in der Verfolgungsjagd auf der Suche nach Kings Geist. Dieselbe Anziehungkraft, die Noman „the king“ verfolgen lässt, strahlt dieser selbst auf Jubelas aus.[1024]

Dass Jubelas durch den archetypischen Noman eine neue Bewusstseinsebene erreicht, findet sich an vielen Stellen belegt. Den Eindruck, die Kontrolle über sich selbst zu verlieren, erwähnt Jubelas wiederholt durch Ausdruck des Gefühls, wahnsinnig zu werden. Hierzu zählt für Jubelas, einen neuen Blick auf bisher Bekanntes zu haben und mit Gedanken konfrontiert zu sein, die vorher irrelevant waren, ihn aber zu einer besseren Kenntnis seiner selbst führen.

1021 MacEwen, „Noman" 100.

1022 MacEwen, „Noman" 83.

1023 MacEwen, *Noman's Land* 98.

1024 MacEwen, *Noman's Land* 71. Ein weiterer Punkt, der Noman als Archetypen ausweist, ist seine unter Fußnote 1012 angedeutete Ausdrucksweise. Jung führt die Ausdrucksweise als Archetypencharakteristikum an: „Die Archetypen reden pathetisch und sogar schwülstig. Der Stil ihrer Sprache ist mir peinlich und geht gegen mein Gefühl, wie wenn jemand mit Nägeln an einer Gipswand oder mit dem Messer auf dem Teller kratzt“ (zitiert in Balmer 115).

Die Einsamkeit als Kennzeichen der Individuation erfährt Jubelas in beiden Episoden mit Noman. In „Noman“ beginnt er seine eigene Quest indem er durch die Straßen Torontos zieht – „alone, more alone than I'd ever been in my life.”[1025] Vor allem Jubelas' Erklärung für seine Einsamkeit in *Noman's Land* deutet einmal mehr auf die Rolle Nomans als Individuationsauslöser hin: „[H]e's a mirror and all he's there for is to throw you back on yourself.“ [1026] Der Spiegel als Symbol des Selbst wurde im Zusammenhang mit *The Shadow-Maker* sowie im Zusammenhang mit Grey Owl bereits besprochen.

Nomans Wirkung resultiert nach der Begegnung in „Noman“ in der Traumerfüllung Jubelas' und dem Rückzug aufs Land, was als Selbstfindung gesehen werden kann. Nach dem zweiten Treffen in *Noman's Land* findet sich kein abschließendes Ergebnis für Jubelas: Er realisiert, dass sein bisheriges Selbst sich auflöst, verspürt „loneliness and [...] longing for something I can't name“ [1027] und ist unzufrieden mit seiner Situation. Es scheint, als sei Noman nochmals der Anstoß für das Erklimmen einer neuen Bewusstseinsstufe gewesen. Der Prozess ist in Jubelas allerdings noch nicht abgeschlossen.

Der Einfluss Nomans auf Omphale ist weniger facettenreich dargestellt. Offensichtlich ist, dass Omphale Jubelas' Angezogenheit durch Noman teilt, was durch ihre starken Muttergefühle ausgedrückt wird. Allerdings ist der Rückzug in die Bienenzucht ein gemeinsam von Jubelas und Omphale gehegter Lebenswunsch und kann daher auch in Omphales Fall als Selbstfindung gedeutet werden.

Aus Jubelas und Omphales Perspektive trägt Noman demnach archetypische Charakterzüge. Dass der Held der Quest numinose Wirkung auf ihn begleitende Charaktere ausübt, wird auch von Jung erwähnt: „[Der Held] stellt das unbewußte Selbst des Menschen dar, und dieses erweist sich empirisch als die Summe und der Inbegriff aller Archetypen.“[1028] Andere zu beeinflussen kann somit als eine der Stationen auf der langen Fahrt des Helden gesehen werden.

c) „[R]elease of Jubelas and Omphale” – Nomans inszenierter Tod

Nomans inszenierter Tod und das Saturnalienfest haben symbolische Bedeutung für Jubelas (und Omphale) und sollen im Folgenden näher betrachtet werden.

Als Kali den symoblischen Tod Nomans vorschlägt, sieht sie darin zunächst nur Vorteile für Noman – Omphale und Jubelas sollen lediglich Publikum sein. Als sie jedoch Noman in *Noman's Land* über seine Vergangenheit aufklärt, er-

---

1025 MacEwen, „Noman” 96.
1026 MacEwen, *Noman's Land* 69.
1027 MacEwen, *Noman's Land* 72f.
1028 Jung, *Symbole der Wandlung* 426.

wähnt sie: „Some people think you're dead; it's easier for them to deal with you when you're dead."[1029] Dass diese Anspielung auf Jubelas und Omphale zielt, ergibt sich aus der oben geschilderten Beziehung zwischen dem Paar und Noman. Vom ersten Moment an lässt Jubelas die Beeinflussung Nomans zu, gibt seine Eigenständigkeit auf und erlaubt Noman, das Ruder zu übernehmen. In Zeiten von Unbehagen während seiner Erfahrung mit der neuen Bewusstseinsebene ist Noman derjenige, den er zu Hilfe ruft.[1030] Auch Omphale erliegt obsessiv-mütterlicher Sorge um Noman. Kali bezeichnet die Beziehung zwischen Noman, Jubelas und Omphale als „strange game" und attestiert die Veränderung, die in den Freunden vorgeht: „Omphale, haunted by dreams of virgin births on Bay Street, [...] Jube, turned hairy and antediluvian and afraid."[1031] Beide haben sich demnach in eine Abhängigkeit von Noman begeben, die sie verstört – obwohl sie eine neue Richtung bzw. Bereicherung in ihrem Leben verursacht. Der „mock death" Nomans kann neben seiner Funktion in der Quest Nomans als geplanter Akt zur Auflösung der Beziehung Noman-Jubelas/Omphale gesehen werden.

Der gewählten Form des Saturnalienfestes kommt insofern Bedeutung zu, als dass das als Vorbild dienende römische Fest einen Rollentausch beinhaltet: Genau wie an diesem Tag Herren ihren Sklaven dienen mussten, kehrt Noman von seiner Führerrolle im Bezug auf Jubelas und Omphale ab, verhindert jedoch gleichzeitig durch seinen „mock death" einen möglichen Rückfall in die ursprüngliche Konstellation.[1032] Jubelas und Omphale sind folglich gezwungen, ihr Leben ohne Nomans Hilfe, dafür jedoch auf einer neuen Bewusstseinsebene weiterzuführen. Zukunftsweisende Bedeutung scheint allerdings in den neuen Namen zu liegen: Die Tatsache, dass Omphale eine Leidenschaft für das antike Rom hegt und Jubelas von Noman ein Name zugewiesen wird, der „Rome and jubilees" verkörpert, scheint für eine bessere Harmonie des Paares zu stehen.[1033] Rückgreifend auf die Bedeutung des Saturnalienfests, das im römischen Kalender als fröhlichstes Fest des Jahres gilt und durchweg eine positive Konnotation hat, scheint Nomans Saturnalienfest eine „Wiederbelebung" der Verbindung Jubelas-Omphale zu veranlassen.[1034]

1029 MacEwen, *Noman's Land* 23.

1030 „Noman, Noman!", ruft er verzweifelt, als er auf seinen einsamen Streifzügen durch die Stadt in eine Lage kommt, die ihn überfordert (MacEwen, „Noman" 96).

1031 MacEwen, „Noman" 107.

1032 M.C. Howartson, Hg. *Reclams Lexikon der Antike* (Stuttgart: Reclam, 1996) 578; vgl. auch Bartley, *Invocations* 99 sowie Hyde, 234.

1033 MacEwen, „Noman" 84 und 98.

1034 Howartson 578.

Auch Bartley betont den positiven Effekt für Jubelas und Omphale. Für die gesamte Zeit der Bekanntschaft stellt sie fest: „To say that Jubelas is baffled by Noman is an understatement."[1035] Bartley zufolge gibt es ebenso nur einen Ausweg aus dieser Situation: „Noman 'dies' during the mock ceremony, thereby freeing [...] Jubelas from the last structures of false reality."[1036] Bartley erklärt bezüglich der Beziehung Noman-Omphale/Jubelas weiter: „Noman is linked with Saturn, the alchemical god of devouring who in Greek and Roman mythology eats his own children. Under the spell of a potion administered by the goddess Metis (Prudence), Saturn later disgorged his children in an act which is akin to Noman's active and passive release of Jubelas and Omphale."[1037]

d) „[T]he regressive tie to the past" – Nomans Loslösung von Jubelas und Omphale

Darauf, dass das Saturnalienfest auch eine symbolische Bedeutung für Noman hat, weist Omphales Name hin. „I'm not so sure about the name he gave my wife – Omphale – because I found out that it has some connection with belly-button"[1038], merkt Jubelas an. Als Omphalos, griechisch für Nabel, wird ein Stein im Apollon-Tempel von Delphi bezeichnet, der als Mittelpunkt der Welt und als kultische Verbindung zwischen Unterwelt, Erde und Himmel galt.[1039] Durch den Namen Omphalos schreibt Noman Jubelas' Gattin als Nabel der Welt nicht nur mütterliche Attribute zu, sondern inszeniert sie gleichzeitig als Zentrum für seine oben bereits erwähnte kosmische Tätigkeit.[1040]

Die Namensgebung ist im Hinblick auf Omphale und Jubelas relevant, wurde doch bereits erwähnt, dass die Kenntnis des Namens mit Macht einher geht. Die Verleihung eines Namens suggeriert folglich Macht über die Träger bzw. Instrumentalisierung derselben. So betont auch Jung: „Den Namen geben, heißt daher, Macht geben, eine bestimmte Persönlichkeit oder Seele verleihen."[1041] Diese Instrumentalisierung ist ab dem ersten Treffen mit Noman deutlich: Omphale fühlt sich als Mutter Nomans, Jubelas hegt väterliche Gefühle für ihn. Der „mock death" steht daher nicht nur für die Loslösung Jubelas' und Omphales von Noman, sondern ebenso für Nomans Loslösung von seinen „Leiheltern".

1035 Bartley, *Invocations* 96.

1036 Bartley, *Invocations* 98f.

1037 Bartley, *Invocations* 99.

1038 MacEwen, „Noman" 84.

1039 P.W. Hartmann, „Omphalos", *Das große Kunstlexikon*, 01.02.2011 <http://www.beyars.com/kunstlexikon/lexikon_6504.html>.

1040 Die Relevanz des „World Navel" für die Heldenfahrt erwähnt auch Campbell (51).

1041 Jung, *Symbole der Wandlung* 234.

Ganz im Sinne von Sharp löst sich Noman von Bindungen und Familie als „the regressive tie to the past"[1042], um mit der Quest zu beginnen. Äußert Jubelas daher bei der ersten Begegnung mit Noman den Eindruck „we were accompanying *him*, not the other way around" (s.o.), steckt in dieser Vermutung mehr Wahrheit, als es auf den ersten Blick scheint. Jubelas und Omphale begleiten Noman auf den ersten Stationen seiner beginnenden Quest und verstärken durch seine Loslösung von ihnen das Opfer, das der Held erbringt, um sich selbst zu finden.

Davey und Bartley erweitern diesen Aspekt um eine Nuance. Beide schreiben Omphale ob ihres Namens mütterliche Eigenschaften zu. In Jubelas sehen sie Charakteristika, die bisher nicht erwähnt wurden: „Jubelas [...] seems so named because he is a shallow-minded enthusiast who finds almost anything to be as 'fascinating' as the film *Lawrence of Arabia*"[1043], schreibt Davey. „[Jubelas's] narrative is, at times, hilarious. The character of Jubelas seems to epitomize a dying breed of people who are enthusiastic about everything, astute about nothing, and irresistibly funny because they try so hard not to be", erläutert Bartley.[1044] Dies führt dazu, dass Noman sich nicht nur von quasi-familiären Bindungen löst, sondern auf einer abstrakteren Ebene Loslösung „from the mundane and predictable world, as represented by the shallow Jubelas and the maternal Omphale"[1045] erreicht. „[T]hus [he is] able to 'rise again' above the mundane and motherly to seek a new 'future'"[1046], schließt Davey.

4.2. Kali

Kalis Beziehung zu Noman ist anderer Natur als dessen Verbindung zu Jubelas und Omphale. Kali und Noman werden zum Liebespaar, sie lernt den Helden von einer persönlicheren Seite kennen und ist vor allem in „Noman" diejenige, die einen Informationsvorsprung vor Jubelas und Omphale genießt. Einen problemlosen Umgang mit Nomans Person schließt dies allerdings nicht ein. Die Unfassbarkeit als Charaktereigenschaft Nomans wird in erster Linie durch Kali be-

---

1042 Sharp, *Digesting Jung* 73.

1043 Davey, „The Secret of Alchemy" 55.

1044 Bartley, *Invocations* 96. Mehrere Beispiele für diese Eigenschaft Jubelas' finden sich im Text. Auf ihren Wanderungen durch Toronto begegnen Noman und Jubelas beispielsweise einem Straßenprediger, der verkündet: „I am Alpha and Omega!" Jubelas beobachtet: „Noman seemed to know who Alpha and Omega were which is how I came to abandon my first theory that Noman was Castilian, and decided once and for all he had to be Greek" (MacEwen, „Noman" 88).

1045 Bartley, *Invocations* 102.

1046 Davey, „The Secret of Alchemy" 55.

legt. „This plural being with his many lives"[1047], nennt sie ihn. Alle Metaphern, die sie zu seiner Beschreibung anbringt, stehen für Unbeständigkeit und Fragmentierung: *„A kaleidoscope, a collage, [...] his life a room composed of sliding panels and doors."*[1048] Bemerkungen zur Unbeständigkeit und Undefinierbarkeit seines Charakters äußert Kali auch im Dialog mit Noman: „You had a thousand pasts"[1049], klärt sie ihn vor dem Hintergrund seiner Amnesie in *Noman's Land* auf: „You were always inventing yourself."[1050] Nomans Wandlungsfähigkeit muss Kali zu Beginn ihrer Beziehung selbst erfahren: Noman gibt vor, „Fremder" zu sein und unter Sprachproblemen zu leiden, worauf Kali ihm Englischstunden erteilt – bis sie in einem Redefluss Nomans bemerkt, dass Englisch seine Muttersprache ist. Als Resultat ihrer Negativerfahrungen mit dem neuen Bekannten lernt Kali zunehmend, mit seiner schwierigen Persönlichkeit umzugehen. Leidet sie anfangs noch unter der Undefinierbarkeit Nomans, lernt sie mehr und mehr seine Eigenart kennen. „Noman who, like the devil, was always a perfect gentleman", weiß sie ihn in *Noman's Land* bereits einzuschätzen, und redet reflektiert über seinen Wanderdrang, indem sie erklärt: „[He] performs his endless disappearing acts, but always returns after huge lengths of time with his dazzling smile." [1051] Im Bezug auf die rationale Analyse Nomans hat Kali demnach eine Entwicklung durchlaufen und kann seine Eigenheiten einschätzen.

Im Hinblick auf den Einfluss, den Noman auf Kali auslöst, zeigt sich die Situation anders. Kalis Äußerungen ähneln in dieser Hinsicht denen Jubelas: „Noman, you're losing my mind"[1052], beklagt sie. Ebenso wie der „mock death" ein traumatisches Erlebnis für Jubelas und Omphale darstellt, ist Nomans Verschwinden durch den Torbogen ein signifikantes Erlebnis für Kali. Und ebenso wie im Falle Jubelas ist Kalis Verhalten gegenüber Noman beim Wiedersehen in *Noman's Land* wesentlich vorsichtiger. Sie sieht ihre Erfahrung mit Noman als essentiellen Teil ihres Lebens an, der sie zu sich selbst finden lässt: „Nowadays when I get bored [...] I mentally list a few images or incidents to stir my blood back into being, such as: The existence of the Loch-Ness monster. The burning of the Alexandrian libraries. [...] The meaning of Noman."[1053] Auffällig ist hierbei, dass die Vergleiche, die sie zu Noman zieht, von Jung'scher Individuationssymbolik durchsetzt sind: Das Feuer als Symbol der Bewusstwerdung und der Drachen als Symbol des Selbst wurden im Zusammenhang mit *The Shadow-*

1047 MacEwen, *Noman's Land* 111.
1048 MacEwen, *Noman's Land* 14.
1049 MacEwen, *Noman's Land* 23.
1050 MacEwen, *Noman's Land* 24.
1051 MacEwen, *Noman's Land* 111.
1052 MacEwen, „Noman" 110.
1053 MacEwen, „Noman" 103f.

Maker erwähnt. Auch für Kali scheint Noman demnach eine archetypische Wirkung zu haben, die ihre Individuation beeinflusst.

Kali weiß ebenso, was sie beim Wiedersehen mit Noman erwartet: „[S]plendid chaos once again.“[1054] Der Kombination „splendid chaos“ wohnt einerseits die Nähe zum Paradoxon als Eigenschaft der Erfahrung mit dem Unbewussten bei[1055], andererseits die Einsicht, dass es sich nicht nur um eine negative Erfahrung handeln wird. Nomans Rolle in Kalis Selbstfindung soll im Folgenden thematisiert werden.

a) „[M]agisch komplizierte Beziehungen“ – Vereinigung in „Noman“

Nach ihrer Begegnung in „Noman“ werden Kali und Noman ein Liebespaar. Das die Beziehung für Kali weitaus mehr als körperliche Vereinigung bedeutet, zeigen ihre Kommentare: „We dove into each other”, erinnert sie sich, „each speaking his own separate savage tongue. [...] And our limbs, changing, moving, wrote out new alphabets in the darkness, formed new constellations.”[1056] Für Kali beinhaltet die Vereinigung mit Noman das Schaffen einer Einheit. Nach der Liebesepisode sieht sie den Boden mit Kleidungstücken bedeckt – „inner ones, outer ones“[1057]. Die sexuelle Vereinigung bedeutet für Kali demnach eine Offenbarung tiefster innerer Inhalte, sie strebt die Fusion ihrer Identität mit der Nomans an. Dass diese Erfahrung mit Vorgängen des Unbewussten verbunden ist und letztlich Kalis Selbstfindung beeinflusst, bestätigt sich durch ihren Vergleich der Liebesnacht mit einem schon bekannten Themenfeld: „[We compared] the maps of our bodies“, reflektiert sie. „New trails broken in the forest, old signposts no longer used, footprints of animals who come in the night, places of fire, places of water, portages, hills.”[1058] Die Verbindung zu den Gedichten aus *The Shadow-Maker*[1059] drängt sich auf, und es zeigt sich eine große Ähnlichkeit zwischen der Beziehung lyrisches Ich-*male Muse* und der Beziehung Kali-Noman. Ebenso wie die Sprecherin den Eindruck hat, ihre *male Muse* nicht dauerhaft halten zu können, scheinen auch Kalis Anforderungen an die Beziehung mit Noman nur in ihrem Wunschdenken zu bestehen. Wie die *male Muse* der Sprecherin in *The Shadow-Maker* kann Noman als Kalis Animus betrachtet werden, auch hier in Form des Geliebten nach

1054 MacEwen, *Noman's Land* 111f.

1055 Vgl. „Holy Terrors“.

1056 MacEwen, „Noman” 113.

1057 MacEwen, „Noman” 114.

1058 MacEwen, „Noman” 114.

1059 Beispielsweise zu „Dark Pines Under Water“, „The Discovery“, „The Portage“.

Schmitts Kategorisierung.[1060] Wieder handelt es sich um eine „magisch komplizierte Beziehung“[1061], die durch eine Animusprojektion entsteht. Diese Sichtweise unterstützt auch Bartley, die Noman als „recognizable manifestation of MacEwen's Muse“ bzw. als „[t]he Muse incarnate“[1062] bezeichnet. Im Vergleich zu *The Shadow-Maker* weist die Beziehung zu Noman allerdings verschärfte Umstände auf. Während die Sprecherin in *The Shadow-Maker* die Vereinigungsproblematik in Gefilden des Unbewusst-Abstrakten durchlebt, ist Noman für Kali ein realer und greifbarer Charakter – dazu einer, der im Rahmen seiner Quest Interesse daran hat, sich von allen einengenden Bindungen, zu denen auch Kali gehört, zu lösen und sich selbst zu finden. Dieser Befreiungsdrang Nomans, den Hendersen als „Transzendenz“ bezeichnet und als typische Begleiterscheinung des Individuationsprozesses betont[1063], wirkt dem Vereinigungsdrang Kalis entgegen. Individuationstechnisch gesehen ist es die Aufgabe Kalis, sich von ihrem Animus freizumachen und ihn in ihr Selbst zu integrieren. Kalis Versuche, Erfolge und Misserfolge, diese Aufgabe zu bewältigen, zeigen sich im Handlungsverlauf.

Ein erster Hinweis hierauf ist eine Beobachtung, die Kali unmittelbar vor einer Liebesnacht mit Noman macht. Sie sieht ein junges Liebespaar auf der Straße und beschreibt: „They looked so frail and vulnerable; they made you feel as if you wanted to carry them across the street, call a cab, feed them. They could have been so easily run over. They were prone to all the hazards of the world. They should have carried white canes like the blind.”[1064] Diese Brüchigkeit der Liebe ist ein *foreshadowing* zu Kalis zukünftigen Erfahrungen der Brüchigkeit ihrer eigenen Erwartungen bezüglich Noman.

Ein weiterer Hinweis auf die divergierenden Ansprüche Nomans und Kalis ist ihre Beschreibung des tanzenden Noman. „[A]s he danced and flew, his body broke into alphabets”[1065], beobachtet sie. Sie etabliert damit einerseits eine Verbindung zu einer eigenen Aussage Nomans, nicht nur „*Alpha and Omega*”, son-

---

1060 Schmitt 201. Der Tenor der Gedichte „Song for a Stranger“ , „The Return“ sowie „The Wings“ korrespondiert so mit Nomans und Kalis Beziehung: Kali leidet unter den periodischen Steifzügen Nomans, kann seine Rückkehr nicht vorhersagen und weiß nicht einmal seinen „wahren“ Namen. Sie ist – wie die Sprecherin in „The Return“ – „left with an empty name“. Dennoch versuchen Sprecherin und Kali sich an den Partner/Animus anzupassen.

1061 Jung, *Archetypen* 32.

1062 Bartley, *Invocations* 89 sowie 97.

1063 Henderson 157.

1064 MacEwen, „Noman” 112.

1065 MacEwen, „Noman” 111.

dern „the whole alphabet”[1066] und damit wandlungsfähig zu sein. Andererseits wird durch Kalis Beschreibung klar, dass sie sich nur in (körperlicher) Vereinigung mit Noman in die Lage versetzt sieht „[to write] out new alphabets in the darkness, [to form] new constellations”[1067], während Noman sich durch seinen einsamen Tanz alleine in Alphabetmodus bringt.

Auf die Vereinigungsproblematik mit Noman deutet auch ein Traum hin, in dem Kali ihren Geliebten als „the captain of an ancient ship“ sieht – „and all the oarsmen had his face”[1068]. *Noman* enthält die Kurzgeschichte „The Oarsman and the Seamstress“, die diesen Traum und die Vereinigungsproblematik näher beleuchtet.

b) „I'll stow away” - „The Oarsman und the Seamstress“

Die Erzählerin der Geschichte verspürt den Drang, aus einem Stück dunkelrotem Samt ein Kleid für sich zu nähen: „She thought if she didn't get the dress started that day she'd go mad. Or maybe she wouldn't, which would be worse.”[1069] Ihr Partner ist währenddessen im Schlaf versunken. Um den Samtstoff zu verarbeiten, benutzt sie ein altes Muster – „incredibly complicated“[1070]. Die Kleidungsstücke, die die Näherin bisher geschneidert hat, waren nicht sehr ergiebig: „[A]ll the dresses she made had a habit of falling apart after a couple of weeks.“[1071] Aus dieser Eigenschaft ihrer Kleidungsstücke ergibt sich ihr Projekt: „[S]he'd dreamed for many years of one day creating the ultimate dress, something she could wear forever and ever”[1072]. Von den Gedanken über ihr Nähprojekt wandert ihre Aufmerksamkeit auf den schlafenden Partner. „She cannot possess him”, weiß sie, und genießt es daher, ihn während des Schlafens zu beobachten: „[I]t was then that she could enjoy the illusion of actually knowing him.”[1073] Als Grund für die fehlende Vertrautheit führt die Näherin „his *otherness*” an.[1074] „He was rowing in the galley of the great Byzantine ship”[1075], spekuliert sie über seinen Traum. Angeregt durch diese Vorstellung entschließt sie, nicht für sich, sondern für ihn ein Kleidungsstück zu nähen, stellt jedoch fest, dass sie hierfür kein passendes Muster besitzt. Sie startet den Versuch, ohne

1066 MacEwen, „Noman” 89.
1067 MacEwen, „Noman” 113.
1068 MacEwen, „Noman” 109.
1069 MacEwen, „The Oarsman and the Seamstress” 47.
1070 MacEwen, „The Oarsman and the Seamstress” 47.
1071 MacEwen, „The Oarsman and the Seamstress” 47.
1072 MacEwen, „The Oarsman and the Seamstress” 47.
1073 MacEwen, „The Oarsman and the Seamstress” 48.
1074 MacEwen, „The Oarsman and the Seamstress” 48.
1075 MacEwen, „The Oarsman and the Seamstress” 50.

Muster zu arbeiten, beginnt Maß an ihm zu nehmen, und ist fasziniert von seinem Körper. Schließlich bemerkt sie: „[I]f she tried to sew anything today she'd go mad. Or maybe she wouldn't, which would be worse."[1076] Von sämtlichen Nähprojekten ablassend ergreift sie das Stück Stoff, entledigt sich ihrer Kleidung und umhüllt sich und den schlafenden Geliebten mit dem Samt. „*Is there room for a woman on your ship? [...] I'll stow away*", flüstert sie ins Ohr des Partners: „*Take me with you.*"[1077]

Dass es sich auf einer tieferen Ebene um den Individuationprozess der Näherin handelt, zeigt ihre Beschreibung des Nähprojekts. Nähen verbindet sie mit „madness", „[to] go mad" betrachtet sie als ihr eigentliches Ziel. Die Erfahrung der „madness" schildern sowohl Jubelas als auch Kali als Nebeneffekt ihres Weges zum Selbst.[1078] Als Symbol für die Arbeit an ihrem Selbst kann auch das Nähprojekt der Näherin betrachtet werden: Immer wieder schneidert sie – auf ihre Maße passend – dasselbe Kleid. Der Wunsch, „the ultimate dress" zu schneidern, stellt den Drang dar, mit sich selbst eins zu sein und ein Werk zu erschaffen, was „forever and ever" Gültigkeit erhält.[1079] So ist es auch diesmal ihre Intention, an ihrem eigenen Projekt zu schneidern. Sie wird aber von der Anziehungskraft des Partners wortwörtlich übermannt. Rational ist sie sich dessen Anziehungsfaktoren und deren Risiken bewusst. Sie kennt seine „otherness" sowie ihren Drang, ihn besitzen zu wollen; sie weiß auch um die Unmöglichkeit dieser Begierde. Trotzdem ist sie von seiner Andersheit fasziniert und findet ihn spirituell-kreativ stimulierend, indem sie seine Körperform als „lyrical line" be-

---

1076 MacEwen, „The Oarsman and the Seamstress" 51.

1077 MacEwen, „The Oarsman and the Seamstress" 51.

1078 Davey sieht „madness" als typisches Charaktermerkmal der Protagonisten in MacEwens Fiktion: „[A]ll deal with the nature of [...] the ‚unspeakable' and the way to its apprehension. [...] [K]nowledge is discoverable through inverse means. [...] It can be attained in apparent madness [...]. Sanity, on the other hand, can blind one's eyes to the divine fire. [...] Knowledge comes to those who seek sanity in insanity, intelligence in darkness, who seek the universe within themselves" („The Secret of Alchemy" 58).

1079 Das Motiv des Nähens aus psychologischen Gründen benutzt MacEwen auch an anderen Stellen. Die Sprecherin in „Meditation of a Seamstress (1)" erklärt: „When it's all too much to handle / and the green seams of the world start fraying, / I drink white wine and sew / like it was going out of style; / [...] / and hour after hour / on the venerable Singer / I make strong strong seams for my dresses / and my world", vgl. Gwendolyn MacEwen, *The Armies of the Moon* (Toronto: Macmillan, 1972) 8. Direkt mit ihrer Selbstfindung verbunden sieht die Sprecherin ihr Nähen in „Meditations of a Seamstress (2)": „I dream impossible clothes which will confess me / and fall apart miraculous as the Red Sea / to reveal to you the stunning contours of my / mind" (*The Armies of the Moon* 10).

zeichnet.[1080] Obwohl sie merkt, dass sie für die Andersheit des Partners nicht ausgestattet ist – sie hat kein Muster für „ihn“ –, versucht sie dennoch, sich an seine Gestalt anzupassen. Als dieses Vorhaben nicht gelingt und die Inkompatibilität sie scheitern lässt, gibt sie sämtliche Nähprojekte auf und benutzt das Stück Samt, um von außen eine umhüllende Verbindung zwischen sich und dem Partner herzustellen. Trotz rationaler Kenntnis des Risikos investiert sie sämtliche Rohstoffe und Energie in die Herstellung dieser Verbindung.[1081] Dieses Aufgeben der Arbeit an ihrem Selbst sogar noch übertreffend, bittet sie den Partner um Mitnahme in seine Sphäre und ist gewillt, ihr Selbst als „stow away“ völlig unterzuordnen und zu verstecken.

Die fabelhafte Überschrift der Geschichte hebt diese auf das Niveau der Allgemeingültigkeit und ermöglicht eine Übertragbarkeit auf Kali und Noman. Die Tatsache, dass der Ruderer – obwohl während der gesamten Geschichte passiv – den ersten Platz in der Überschrift einnimmt, deutet auf seine dominante Rolle im Leben der Näherin hin. Dass diese Konstellation zwischen Näherin und Ruderer in die Kategorie „obsessive Liebe“ fällt und der Beziehung zwischen lyrischem Ich und *male Muse* in *The Shadow-Maker* sehr ähnlich ist, wird in Bartleys Interpretation der Kurzgeschichte deutlich:

> The state of ‘otherness’ is both inviolate and exotic: as in the earlier lover-Muse poems, it is a quality which MacEwen reveres. The seamstress continues to measure her material while musing on the dream fantasies of her companion until his physical presence finally begins to overpower her. She is captivated by his body [...]. She is frustrated by her inability to ‘possess’ him, and by the impossibility of accompanying him in the sleep [...]. Longing to unite her body and spirit with his by crossing over the boundary of his altered consciousness, she eventually abandons her activity and her state of wakefulness.[1082]

1080 MacEwen, „The Oarsman and the Seamstress” 50. Dies korrespondiert mit der „infinite and sterile curve“, mit der sich das lyrische Ich in „The Shadow-Maker“ selbst versieht. Ebenso spiegelt sich hierin der Kontakt, den das lyrische Ich zu ihrem Animus in „The Hollow“ sucht, um den kreativen Prozess in Gang zu bringen. „I never wrote from here before / but then I laid my head / in the hollow of your flesh / and heard unborn cities speaking“ (vgl. „Der Animus“, S. 104ff).

1081 „The shapeless but exquisite velvet becomes a symbol of [...] her hope for unity”, bemerkt auch Bartley (*Invocations* 75ff).

1082 Bartley 75ff. Der schlafende Geliebte und die Unteilbarkeit des Traumes sind Motive, die sich in MacEwens Werk wiederholen. Bartley liest diesbezüglich „The Oarsman und the Seamstress“ als Einheit mit den Gedichten „Hypnos“ (*The Armies of the Moon* 57) und „The Vaccuum Cleaner Dream“ (*The Armies of the Moon* 18). „He lies there in a wilderness of sheets / and his body inhabits strange spaces, [...] / it offers me no entry and no alibi. / [...] He celebrates the birthdays of his dreams / and does not know I ponder / how I might join him there”, beschreibt die Sprecherin in „Hypnos” eine

So stellen sowohl Kalis Beziehung zu Noman als auch die Beziehung der Näherin zu dem Ruderer – parallel zu der Konstellation lyrisches Ich-*male Muse* in *The Shadow-Maker* – den Versuch dar, eine bedeutungsvolle Verbindung mit dem männlichen Partner als Verkörperung des Animus zu erreichen, die allerdings aufgrund der Unfassbarkeit, der Eigenständigkeit und der Andersartigkeit desselben nicht gelingt. Zu vermerken ist, dass hinsichtlich der angesprochenen männlichen Partner eine Steigerung erfolgt. Handelt sich bei der *male Muse* um eine Figur, die nur in der Wahrnehmungsphäre der Sprecherin existiert, ist Noman bereits ein greifbarer Charakter, der jedoch eine animusähnliche Persönlichkeit hat. Über den Partner der Näherin lernt der Leser nichts, die Vereinigungsproblematik wird lediglich aus der Sicht der Erzählerin geschildert. Die Entwicklung von unplastischer *male Muse* über Noman hin zum passiven, schlafenden Partner suggeriert, dass das Scheitern der Syzygie ein Phänomen ist, unter dem vor allem die Frau in der Partnerschaft leidet. Sie sieht sich vor die Herausforderung gestellt, ihre Animusprojektion hinter sich zu lassen und sich auf ihr Selbst zu konzentrieren – eine Aufgabe, die der Näherin nicht gelingt und mit der auch Kali nach dem Wiedersehen mit Noman in *Noman's Land* kämpft.

c) „[Y]ou cannot possess him" – Vereinigung in *Noman's Land*

Dass Kali Noman – trotz seines plötzlichen Verschwindens durch den Kingsmere-Torbogen und trotz der Zwischenperiode von 13 Jahren – noch immer als ihren Partner betrachtet, erläutert sie in einer Reflexion über die Zeit von Nomans Abwesenheit: „Let me tell you of the kind of love that endures absences. Even defines itself by absences, thrives on absences. Let me assure you that thirteen years without him had the same *texture* as a day, and it was of little consequence how many moons passed, how many breaths."[1083] Die Intensität der Beziehung rekapituliert Kali als sie Noman im Wald von Kingsmere aufliest. „*We ploughed through each other's lives [...] leaving these furrows a mile wide,*

ähnliche Situation wie die Näherin. Der schlafende Liebhaber taucht ein weiteres Mal in „The Vacuum Cleaner Dream" auf: „I dreamt I was vacuuming the universe / and everything got sucked / into my blind machine", berichtet das lyrische Ich. „And when I opened the bag / to empty it I found: / [...] the sleeping body of my love." Harding-Russell unterstreicht das Motiv des schlafenden Liebhabers in „The Nine Arcana of the Kings" (*The Armies of the Moon* 63), das die Liebesbeziehung zwischen dem ägyptischen Königspaar Smenkhare und Meritaton schildert. In der letzten Strophe von „Arcanum Seven: The Return" verlangt die Partnerin von ihrem schlafenden Liebhaber, „that he tell her 'all the things [he] saw'", vgl. Gillian Harding-Russell, „Gwendolyn MacEwen's 'The Nine Arcana of the Kings' as Creative Myth and Paradigm", *English Studies in Canada* XIV, 2 (1988): 204-217, siehe 213.

1083 MacEwen, *Noman's Land* 112.

these great gashes in each other's souls"[1084], erinnert sie sich und deutet durch das Bild des Furchen hinterlassenden Pflugs an, dass sich die Beziehung und Nomans Verschwinden auch schmerzhaft auf sie ausgewirkt haben. Während Kali sich der Intensität der Beziehung und der Wirkung auf ihr Inneres bewusst ist, kann Noman sich aufgrund seiner Amnesie weder an die Beziehung noch an ihre Auswirkungen auf ihn erinnern, was das Problem der Vereinigung für Kali verstärkt. Wie angedeutet scheint Kali – wie auch Jubelas – beim Wiedersehen mit Noman rationaler und kontrollierter mit ihm umgehen zu können; es scheint als hätte auch sie einen Entwicklungsprozess durchlaufen.

Ihre Gedanken über das Wiedersehen mit Noman lassen annehmen, dass sie eine gesunde Einstellung zum Zusammenspiel in einer Beziehung hat[1085]: „Time had served us well", erläutert sie,

> preserving our selves, our separate identities, leaving us free to introduce each other to our separate, complementary worlds. Neither of us has ever claimed to 'know' the other, the idea is distasteful to us both. We offer each other the priceless gift of our own mystery – for what more do we have to give, finally, than the enigma of our selves? What can we 'know' of one another? Nothing. Men doodle differently than women; women make circles and arcs and men make arrows and knives. Closer to the mystery we cannot come, nor do we want to.[1086]

Allerdings schwingt ebenso der Eindruck mit, dass Kali sich selbst von ihren Theorien überzeugen muss. Dieser Eindruck der Selbstüberredung findet sich auch an anderen Stellen. Als ihre Liebesbeziehung wieder erweckt, schlägt Noman vor: „Let's not learn too much about anything, [...] especially about each other." „Fine", stimmt Kali zu. „My sentiments exactly."[1087] An anderer Stelle revidiert sie allerdings diese Abmachung und hintergeht sie damit: „So I do not want to know him but to know what he is not", definiert sie, „all the people he is not, all the places he can't be found. The contours of his absences. I define him only by default."[1088] Offensichtlich wird Kalis Selbstüberredungskunst wenig später, wenn sie ein Liebesgedicht rezitiert, das folgende Zeilen enthält: „With

1084 MacEwen, *Noman's Land* 14.

1085 Gesund im Sinne von frei von Obsession nach Sullivans und dem „Demon lover" nach Haules Definition, vgl. „Obsessive Liebe als Stufe des Individuationsprozesses" (S. 122ff).

1086 MacEwen, *Noman's Land* 112f.

1087 MacEwen, *Noman's Land* 114. Dass Noman auch vor seiner Amnesie nicht über seine Vergangenheit redet wurde erwähnt. Hendersen unterstreicht die Verschwiegenheit als Eigenart des animusartigen Geliebten: „Oft darf die Heldin keine Fragen an ihren geheimnisumwobenen Liebhaber stellen, oder sie darf sich mit ihm nur in der Dunkelheit treffen" (von Franz, „Der Individuationsprozess" 193).

1088 MacEwen, *Noman's Land* 113.

me no one is ever lonely / your soul has come into the centre of my soul / never to go away / I (and now I tell you my name) / I take your soul". Dass die Aussage dieses Gedichtes nicht auf die Beziehung zwischen Noman und ihr passt, muss sich Kali in Erinnerung rufen, indem sie mantra-artig wiederholt: „But he possesses himself, you cannot possess him, you can not possess anything, I told myself. You've got to relinquish your hold on everything to discover what is truly yours."[1089]

Weitere Anzeichen der Vereinigungsproblematik von Kalis Seite zeigen sich mit Fortentwicklung der Beziehung zu Noman. Parallel zu ihrem Sinnieren über Beziehungen in „Noman" denkt Kali auch in *Noman's Land* nach einer Nacht mit ihrem Partner über die Natur der Liebe nach:

> You could have blown us over with a single breath, we were that delicate. We were as insubstantial as air. Strange that no one is born knowing how to love. It is a tremendous task requiring great courage, a dynamic surrender to one's real being. The only heroes on earth are the lovers. In love we *achieve* one another. It is a great victory, a terrible blow to the angel of death. They should give a standing ovation to the world's lovers, offer them the Nobel Prize.[1090]

Wieder wird der Eindruck erweckt, dass Liebe eine nahezu unerfüllbare Aufgabe ist.

d) „[The] broken necklace" – Die Auflösung der sexuellen Vereinigung

Die unerfüllte Begierde nach Vereinigung wird in dieser Liebesnacht durch zwei weitere Aspekte verdeutlicht. Bevor Kali Noman empfängt, schmückt sie sich mit einer Perlenkette. „[W]e had just invented the world […]. It was infinitely beautiful […], we were stupid with love"[1091], denkt sie nach dem Liebesakt, bemerkt dann aber „the string of blue beads against a white sheet."[1092] Das Bild der zerrissenen Kette nach dem Liebesakt taucht in MacEwens Werk an zwei weiteren Stellen auf. In *King of Egypt, King of Dreams* wird die Hochzeitsnacht des Paares Meritaton und Smenkhare aus Sicht der Ehefrau wie folgt geschildert:

> [W]e were man and woman lost in the great bed which had become the world. […] And you […] roughly ripped the collar of beads and flowers from my throat and threw it across the room where it fell in a hundred pieces. […] And when our bodies came together it was heaven descending upon earth and creating night. […] The next

1089 MacEwen, *Noman's Land* 117f.
1090 MacEwen, *Noman's Land* 118.
1091 MacEwen, *Noman's Land* 118f.
1092 MacEwen, *Noman's Land* 119.

morning your soul, like a new alien body, throbbed within mine. And across the room was a sea of beads from my broken collar.[1093]

Was in *King of Egypt, King of Dreams* noch als Bild der Leidenschaft gedeutet werden kann, erhält in „The Nine Arcana of the Kings“, das ebenso die Beziehung Meritaton-Smenkhare schildert, eine negative Konnotation.[1094] Auch hierin schildert die Prinzessin den Liebesakt und sagt, dass der Prinz „in the evenings [...] / [...] lay upon me / like a long broken necklace which had fallen / from my throat.“ Die zerrissene Halskette dieser Szene zeigt keine leidenschaftliche Ursache; hier bleibt ein unharmonischer Beigeschmack. Dies stellt auch Gillian Harding-Russell fest: „Instead of unity in diversity, the broken necklace describes the state of their separation.“[1095] Gleich ist den Bildern der zerrissenen Kette nach dem Liebesakt die Wahrnehmung aus weiblicher Sicht und die Konnotation der zerbrochenen Verbindung nach der Auflösung der sexuellen Vereinigung mit dem Partner.[1096]

In Kalis Fall ist in diesem Zusammenhang bemerkenswert, dass Noman nach dem Liebesakt unsichtbar ist, da „the nightchild“ ihn körperlos gezaubert hat. „Noman was not there“[1097], muss Kali feststellen. So hat sich nach dem Liebesakt für Kali nicht nur die Vereinigung aufgelöst, sondern ebenso ihr Partner, was einmal mehr dessen Unfassbarkeit und die Desillusionierung Kalis belegt.

Sowohl Bartley als auch Harding-Russell erkennen die Wichtigkeit der sexuellen Vereinigung in der Beziehung Kali-Noman, sehen diese aber als Neustart: „The sexual union of Noman and Kali is analogous to the process of alchemy: it begins with destruction and ends with the formation of new harmonies. Through suffering, the lovers gain new possibilities”[1098], schreibt Bartley. Auch Harding-Russell vertritt: „An initial state of disharmony is apparently necessary in the procreative and creative processes; thus separation and differentiation precede integration in a new whole.“[1099] Diesem Ansatz, dass die Abfolge von Vereinigung und Trennung der harmonische Start in eine neue, funktionierende Ganzheit aus den zwei Partnern ist, muss widersprochen werden. Der Ein-

---

1093 MacEwen, *King of Egypt, King of Dreams* (Toronto: Macmillan, 1971) 271.

1094 MacEwen, *The Armies of the Moon* 63ff; vgl. Harding-Russell, „The Nine Arcana of the Kings“ 205.

1095 Harding-Russell, „The Nine Arcana of the Kings“ 209.

1096 Henderson überträgt diese Situation auf die Perspektive des Helden der Odyssee und merkt an, dass dieser sich generell in sexueller Vereinigung „nicht gerade als Held fühlen kann“ und durch die Gefahr der Emotion droht, seine heldenhafte Rolle zu verlieren. Abwehrhaltung ist das Resultat (136).

1097 MacEwen, *Noman's Land* 119.

1098 Bartley, *Invocations* 103.

1099 Harding-Russell, „The Nine Arcana of the Kings“ 209.

druck, der nach Kalis und Nomans Liebesspiel bleibt und sich durch deren gesamte Beziehung zieht, ist der der zerissenen Halskette.

e) „[O]nly […] by one man, alone" – Nomans Individuation als Konkurrenz

Dass die Syzygienproblematik trotz Kalis scheinbarer Entwicklung im Laufe von Nomans Odyssee präsent ist, deutet bereits ein Hinweis zu Beginn der Kurzgeschichtensammlung an. Nachdem Kali Noman im Wald von Kingsmere aufgelesen hat, übernachtet er einige Nächte in ihrem Haus „under a dark red cover that felt like heavy ancient velvet"[1100] – derselbe Stoff also, der der Näherin als Vereinigungshilfe mit ihrem Ruderer dient und so die Vereinigungsproblematik von „The Oarsman and the Seamstress" präsent hält. Die Tatsache, dass Kali Kostümdesignerin ist, lässt ebenso auf eine Verbindung zur Näherin schließen.[1101] Bedeutungsträchtig ist der rote Samtstoff in diesem Zusammenhang, da Noman sich aus dem die Syzygie von außen zusammenhaltenden Instrument auf seine Odyssee begibt, denn Kalis Wohnung ist Startpunkt seiner Quest. Damit wird ein bereits erwähnter Aspekt weitergeführt: Nomans Individuation ist Konkurrenz für die Vereinigung, die Kali anstrebt.

Kalis Selbstüberredungsmanöver bezüglich der Distanz zu Noman werden ergänzt durch ihre Reaktion auf seine Individuationsaktivitäten. Sowohl in „Noman" als auch in *Noman's Land* wird Kalis Faszination von Indien hervorgehoben. Vor allem „[i]n moments of […] distress" überkommt sie das Reisefieber, sie verschiebt den Aufbruch aber immer wieder – unter Anführung unüberzeugender Gründe.[1102] Zu bemerken ist, dass Kali – Jubelas Beobachtungen zufolge – nach der Bekanntschaft mit Noman gänzlich von diesem Plan abkommt. „[I]t was obvious that Kali had forgotten all about India"[1103], berichtet er. Vor dem Hintergrund Indiens als stereotypem Selbstfindungsland bedeutet Kalis Aufgabe ihrer Reisepläne, dass sie ihre Erfüllung nun in der Vereinigung mit Noman, nicht in sich selbst sucht. Ebenso, wie sie Selbstüberredungsmanöver begeht, hält sich Kali allerdings die Option Indien offen, um im Notfall einen Fluchtweg zu haben.

1100 MacEwen, *Noman's Land* 13.

1101 MacEwen, *Noman's Land* 22.

1102 MacEwen, *Noman's Land* 15. Die Gründe sind beispielsweise: „[S]he couldn't decide which of her [31 satin] shirts to take, so she didn't go" bzw. „[S]he couldn't leave the country because she didn't have a good enough photograph for a passport" (MacEwen, „Noman" 84).

1103 MacEwen, „Noman" 86.

In zwei Fällen, in denen Nomans Individuation voranschreitet, begibt sie sich auf diesen imaginären Fluchtweg. Als Noman sein Vorhaben der Seedurchschwimmung verkündet und feiert, plant Kali „*Next year I'm going to India.*"[1104] Selbiges Szenario wiederholt sich, als Noman eine Kostprobe seines charakteristischen Tanzes gibt. Dies stellt sich aus Kalis Perspektive wie folgt dar:

> Noman climbed onto the stage [...] and danced a spectacular *zembekiko*, that tragic, brooding, fiery, hilarious, difficult dance, that dance of life and death where one circles around oneself, seeking one's centre in the centre of the dance, that dance which can only be performed properly by one man, alone.[1105]

Kali kann nicht Teil dieser Selbstfindung Nomans sein, der Tanz wirkt der Vereinigung entgegen. Warwick hebt diesen einsamen Moment hervor, indem sie in ihrem Aufsatz „To Seek a Single Symmetry" auf die Selbstfindungsfunktion des Tanzes in MacEwens Werk eingeht. Als Basis dient ihr MacEwens Gedicht „The Absolute Dance", das die Funktion von Nomans Tanz wie folgt zu umschreiben scheint: „[S]omething sustains us / between the crib and the crypt [...] / the dance which is the synthesis."[1106] Warwick betont, dass der Tanz als Synthese „dancing alone"[1107] impliziert. Noman entzieht sich so durch den Selbstfindungstanz Kalis Wirkungsbereich, und Kali schmiedet erneut den Plan: „*Next year*, I thought, *I am going to India*"[1108].

Überraschend ist, dass trotz all dieser Hinweise auf die Vereinigungsprobleme Nomans Odyssee in Kalis Sinne zu enden scheint. Das letzte Bild der Kurzgeschichtensammlung vermittelt Familienidylle. Ob Kalis Selbstüberredungsmanöver ein Ende haben, ist allerdings fraglich.

f) „Queen Goddess of the World" – Kalis Rolle in Nomans Quest

Neben der Parallele zu „The Oarsman and the Seamstress" greift MacEwen in Hinblick auf Kali und Noman auch auf das Paar Kali und Siva als Referenz zurück. Als Noman beim ersten Treffen den Namen seiner neuen Bekanntschaft erfragt, antwortet diese ihm: „What do you *want* it to be?" Noman legt sich auf

1104 MacEwen, *Noman's Land* 66.

1105 MacEwen, *Noman's Land* 124.

1106 Zitiert in Warwick 23.

1107 Warwick 23

1108 MacEwen, *Noman's Land* 124. Die Relevanz des Tanzes für Noman unterstreicht auch Bartley, indem sie ihr Kapitel über Noman „The Dancer: Noman" nennt (*Invocations* 87). Interessant ist in diesem Zusammenhang auch folgender Dialog Nomans mit Jubelas, der die Verbindung zwischen Nomans Tanzen und seiner Individuation zeigt. Jubelas erzählt: „'Dance for me!' I cried. 'No.' 'What's wrong – afraid you can't start?' I said. 'No,' he said. 'Afraid I can't stop'" (MacEwen, „Noman" 93).

den Namen der hinduistischen Gottheit Kali fest.[1109] Eine Verbindung zu dieser ist vorhanden: Der Name bedeutet „Die Schwarze" und Referenzen des Charakters Kali zur Farbe Schwarz ziehen sich durch den gesamten Text.[1110] Eine weitere Verbindung Kalis zur hinduistischen Gottheit ist ihr Plan, nach Indien auszuwandern. Noman scheint so die Persönlichkeit Kalis treffend benannt zu haben, was darin resultiert, dass Kali die hinduistische Göttin als einen Aspekt ihres Selbstbildes betrachtet.[1111] Den Gott Siva beginnt Kali folglich in Noman zu sehen. Vor allem während seiner privaten Tanzdarbietungen bemerkt sie: „*Siva*, I thought."[1112]

Siva ist neben Brahma und Visnu eine der Hauptgottheiten des Hinduismus.[1113] Er ist eine Doppelnatur: Er vertritt „Abschreckung und Wohlwollen"[1114], wird als „[g]ütig und unheilvoll, meditativ und ekstatisch"[1115] charakterisiert und als „einer der gegensätzlichsten Götter des Pantheons"[1116] bezeichnet. Seine widersprüchlichen Hauptavatare sind „Weltzerstörer, Asket und Liebhaber"[1117]. Neben diesen Erscheinungsformen ist als weiterer wichtiger Avatar Sivas der kosmische Tänzer zu nennen.[1118] Mit Hinblick auf die Verbindung Noman-Siva ist vor allem eine Betrachtung dieses Avatars interessant.

Nach hinduistischer Mythologie zerstört Siva in seinem kosmischen Tanz die Welt, um sie anschließend wieder neu zu errichten: „Er ist der große Befreier, der alte Formen abbricht und dadurch Energie für neues Wachstum frei-

---

1109 MacEwen, „Noman" 104.

1110 So trägt Kali nur schwarze Kleidung (MacEwen, „Noman" 84). Vgl. auch folgende Beschreibungen Jubelas': „Kali threw back her black head" (83); „[s]he sat there with a funny smile on her mouth, her black dress growing blacker" (86); „Kali came gliding down in her black skis" (95). Auch Kali selbst bringt sich mit der Farbe Schwarz in Verbindung: „I used to sip Bloody Marys and smile blackly at Omphale" (107).

1111 MacEwen, *Noman's Land* 15. „Then I am Kali", bestätigt sie Nomans Wahl (MacEwen, „Noman" 104) und benutzt den Namen fortan für sich selbst: „This is Kali here", begrüßt sie den Leser in *Noman's Land* (111).

1112 MacEwen, „Noman" 111; vgl. auch 109.

1113 In der Literatur findet sich ebenso die Schreibweise Shiva. In Anlehnung an „Noman" und *Noman's Land* wird im Folgenden die dort benutzte Schreibweise Siva verwandt. Anzumerken ist, dass es den Rahmen dieser Arbeit sprengen würde, Siva im Detail zu besprechen. Die folgenden Seiten sollen lediglich einen knappen Überblick bilden.

1114 Eva Rudy Jansen, *Die Bildersprache des Hinduismus* (Havelte: Binkey Kok Publications, 2004) 107.

1115 Hans Wolfgang Schumann, *Die großen Götter Indiens* (München: Heinrich Hugendubel Verlag, 2004) 100.

1116 Johanna Buß, *Hinduismus* (Weinheim: Wiley-Vch Verlag, 2009) 124.

1117 Buß 124.

1118 Zu weiteren Avataren Sivas siehe Schumann 101 sowie Jansen 108.

setzt."[1119] Siva steht so für den Kreislauf der Zerstörung und Erschöpfung der Welt und für die ewige Bewegung des Universums. Er ist nicht nur „Endzeitbringer" und „Vorbereiter einer neuen Welt"[1120], sondern als „Meister der Vergangenheit, Gegenwart und Zukunft" auch „Herr der Zeit"[1121]. Gerade diesen Aspekt der Zerstörung und Wiederherstellung unterstreicht Bartley in Nomans Tanz als Zeichen für seine *male Muse*-Eigenschaft: „The potential energy of Noman strengthens his significance as a Muse figure; his ritualistic dance becomes symbolic of destruction and creation."[1122]

Die Darstellung des kosmischen Tänzers ist ein dynamischer Aspekt Sivas. Sein Avatar des Asketen stellt eine statische Ausgestaltung dar. Als solcher hat Siva alle Emotionen abgeworfen und ruht in sich selbst. Gerade an der Darstellung Sivas als Asket zeigt sich wiederum deutlich seine Doppelnatur, denn ein Symbol, das ebenso untrennbar mit Siva verbunden ist, ist der phallusartige *lingam*. Das Phallussymbol steht einerseits für die schöpferische Kraft Sivas, andererseits jedoch auch „für den erotischen Aspekt als unermüdlicher potenter Liebhaber."[1123] Der *lingam* bildet das Zentrum und Allerheiligste jeden Siva-Tempels und wird oft auf einem Sockel platziert, der „zu einem weiblichen Genitale (yoni)" ausgestaltet ist.[1124] Diese Darstellung von *lingam* und *yoni* deutet „die Polarität männlich und weiblich […] an, ohne die kein Geschöpf und keine Schöpfung zustande kommt"[1125], gleichzeitig aber auch „die Verschmelzung von Männlichem und Weiblichem"[1126]. Diese Symbolik setzt sich fort in Siva und seinen Partnerinnen. Johanna Buß stellt das Konzept der Devi (Göttin) vor, die wie Siva selbst, „sowohl wohlwollende, sanfte Gottheit sein als auch wild und grausam toben [kann]."[1127]

Die „Göttin in ihrer sanften Form"[1128] ist Sivas Gattin Parvati. Sie wird beschrieben als die friedliche, wohlwollende Weltmutter, die Leben schenkt bzw.

1119 Jansen 111; vgl. Buß 124 und Schuman 113. Die positive Aussicht auf Neuschöpfung nach der Zerstörung drücken Darstellungen Sivas durch eine Handhaltung aus, die in der hinduistischen Ikonensprache „Fürchte nicht" ausdrückt (Campbell 128). Dieses Attribut des tanzenden Siva etabliert eine direkte Verbindung zu *The Shadow-Maker* und der Individuationsthematik: „Have no fear […]" wird das Kapitel „The Unspeakable" eingeleitet.

1120 Schumann 101.

1121 Schumann 115.

1122 Bartley, *Invocations* 98.

1123 Buß 125; vgl. Jansen 107.

1124 Schumann 108.

1125 Schumann 109; siehe auch Jansen 119f.

1126 Jansen 119.

1127 Buß 125.

1128 Buß 1.

als „die gezähmte Weiblichkeit" und „Idealbild einer Ehefrau"[1129]. Siva und Parvati werden oft zusammen gezeigt. „Unverkennbar ist die Ehe glücklich", urteilt Hans Wolfgang Schumann, „denn oft werden Siva und Parvati eng umschlungen und sich liebkosend dargestellt."[1130] Auch Eva Rudy Jansen erwähnt Geschichten um oftmals monatelanges Liebesspiel des Götterpaares.[1131] Mehr denn als Liebespartner werden Siva und Parvati in einigen Interpretationen als Symbiose dargestellt: Beide ergänzen bzw. ersetzen sich und symbolisieren zusammen „das zwiefältige Wesen des einen Absoluten."[1132]

Kali – eine andere Erscheinungsform der Devi – ist „die Göttin in ihrer grausigen Form."[1133] Sie wird beschrieben als Gegenpol des gebärenden und nährenden Aspektes der Weltmutter Parvati. Sie ist zerstörerisch und sendet tödliche Krankheiten aus, sie hat blutdürstige Züge und ihre Farbe ist schwarz bzw. dunkel. Obwohl sie als Partnerin Sivas bezeichnet wird, ist Kali unverheiratet und eigenständig. In der Literatur werden dementsprechend keine gemeinsamen Darstellungen von Kali und Siva erwähnt.[1134]

Die Parallelen zwischen der Gottheit Siva und dem unstetigen, zeitbesessenen, tanzenden Noman, der durch seine Individuation eine alte Welt zerstört und eine neue erschafft, sind deutlich. Eine detaillierte Betrachtung Kalis scheint allerdings sinnvoll. Dadurch, dass Noman seine Partnerin Kali tauft, schreibt er ihr – ähnlich wie Jubelas und Omphale – eine Rolle in seiner Quest zu.

Campbell erwähnt als eine mögliche Aufgabe, die der Held auf seiner Reise durchlaufen muss, die Station „Meeting with the Goddess"[1135]. Hierbei handelt es sich um die Herausforderung schlechthin: „The ultimate adventure, when all the barriers and ogres have been overcome, is commonly represented as a mystical marriage […] of the triumphant hero-soul with the Queen Goddess of the World."[1136] Diese Göttin ist Campbell zufolge übermenschlich:

> Her couch-and-throne is there, in a grove of wish-fulfilling trees. […] [S]he is the world creatix, ever mother, ever virgin. She encompasses the encompassing, nourishes the nourishing, and is the life of everything that lives. She is also the death of everything that dies. The whole round of existence is accomplished within her sway,

---

1129 Buß 125; siehe auch Schumann 117f.

1130 Schumann 103.

1131 Jansen 117.

1132 Jansen 117.

1133 Buß 1.

1134 Jansen 135; Schumann 121f; Buß 126.

1135 Campbell 109. Diese Station kann in der Heldenfahrt als Variation des Kampfes mit der Mutter erscheinen.

1136 Campbell 109.

> from birth, through adolescence, maturity, and senescence, to the grave. [...] Thus she unites the 'good' and the 'bad,' exhibiting the two modes of the remembered mother, not as personal only, but as universal.[1137]

Als typisches Beispiel für diesen Archetypen nennt Campbell „Kali, the Black One"[1138]. Um dies zu belegen, analysiert Campbell eine typische Darstellung Kalis:

> [T]he Hindu goddess Kali [...] is shown standing on the prostrate form of the god Shiva [...]. She brandishes the sword of death, i.e., spiritual discipline. The blood-dripping human head [she is holding in her hand] tells the devotee that he that loseth his life for her sake shall find it. The gestures of 'fear not' and 'bestowing boons' teach that she protects her children, that the pairs of opposites of the universal agony are not what they seem, and that for one centered in eternity the phantasmagoria of temporal 'goods' and 'evils' is but a reflex of the mind [...].[1139]

Campbell erklärt die Rolle der Frau, respektive der Göttin, im Individuationsprozess des Helden wie folgt: „[I]n the picture language of mythology, [woman] represents the totality of what can be known. The hero is the one who comes to know. [...] Woman is the guide to the sublime acme of sensuous adventure."[1140]

Dass Noman für seine Partnerin ausgerechnet den Namen der hinduistischen Göttin aussucht, weist darauf hin, dass sie eine entsprechende Rolle in dessen Individuationsprozess einnimmt. Betrachtet man allerdings die Beschreibungen der Gottheiten Kali und Parvati, so fällt auf, dass der Charakter Kali viel eher auf die Rolle der Parvati passt denn auf die Beschreibung „der Schwarzen". Entspricht zwar ihr Kleidungsstil der schwarzen bzw. dunklen Hautfarbe ihrer Namensgeberein, so zeigt sich Kali doch keinesfalls in grausiger Form. Sie erscheint nicht zerstörerisch oder erschreckend, hat keine blutdürstigen Züge und verursacht kein Leid. Die plakative Phrase „fleischgewordene Kraft der Vernichtung" [1141] erfüllt die Kali in Nomans Umfeld auf keinen Fall. Sie ist sanft, wohlwollend und friedlich, hat als Mutter eines Kindes lebensspendende Eigenschaft, und scheint viel eher das „Idealbild einer Ehefrau"[1142] zu verkörpern: In „Noman" und *Noman's Land* nimmt Kali sich des Helden an, gewährt ihm Unterschlupf und Kost und sorgt für ihn.

Auch im Bezug auf die weitere Entwicklung der Beziehung zu Noman zeigen sich Parvati-Charakteristika in Kali. Das Umschlungensein und Liebkosen

1137 Campbell 114.
1138 Campbell 115.
1139 Campbell 170, vgl. hierzu auch *Nachtmeerfahrten*.
1140 Campbell 116.
1141 Jansen 135.
1142 Buß 125.

Parvatis und Shivas und deren gemeinsame Darstellungen spiegeln sich in den Liebesnächten Kalis und Nomans – bis hin zu dem Monate andauernden Liebesspiel, den „long sieges", die Kali erwähnt (s.o.). Auch die Symbiose, die Parvati und Siva in einigen hinduistischen Interpretationen zugeschrieben wird, zeigt sich in *Noman's Land*. Wiederholt wird erwähnt, dass Siva ohne den Gegenpart Parvati „nichts vermag" und „machtlos" ist.[1143] Im Falle Kali-Noman trifft dies vor allem im Bezug auf die Quest des Helden zu: Kali tritt auf als die Weltmutter-Göttin, die die Totalität des Wissens repräsentiert. Noman ist der Erkundende, allerdings auf Kali als Führerin angewiesen.[1144] Sowohl in „Noman" als auch in *Noman's Land* ist Kali diejenige, die Noman seinen Namen und damit durch Anlehnung an Odysseus metaphorisch gesehen die Aufgabe der Quest gibt. Bereits vor Beginn Nomans eigentlicher Odyssee tritt Kali als Führerin und als Wissensquelle auf. Sie ist diejenige, die Noman mit Jubelas und Omphale bekannt macht und sein Identitätsspiel unterstützt. Sie schlägt Noman den „mock death" als Lösung all seiner Probleme vor. Kein Wunder also, dass die Selbstvorstellung Kalis ihre Verbindung zu Nomans Selbstfindung ausdrückt: „I shall begin with myself who am colubrine", erfährt der Leser zu Beginn ihres Erzählteils, „and who he named Kali. (*Kundalini*, he said once, as if I lay coiled like the magic serpent at the base of his spine.)"[1145] Kali definiert sich nicht nur als die von Noman Benannte und setzt sich durch das Bild der Schlange mit einem Symbol des Selbst gleich. Der Begriff Kundalini gehört ebenso in den Wirkungsbereich von Kali/Parvati. Als eine Form der Devi verfügt jeder Mensch nach bestimmten hinduistischen Auslegungen über die sogenannte Kundalini-Kraft, die am unteren Ende der Wirbelsäule ruht und symbolisch als schlafende Schlange dargestellt wird. Die Erweckung dieser Kraft und ihre korrekte Leitung durch den Körper des Menschen kann zum Erreichen einer höheren Bewusstseinsebene führen.[1146] Die Tatsache, dass Noman Kali als „Kundalini" benennt, und das Aufgreifen dieser Bezeichnung durch Kali deuten auf das Zusammenarbeiten beider in Nomans Individuationsprozess hin.

Kali begleitet Noman zu all seinen Stationen in „Noman", und ihre Rolle als Wissensquelle wird besonders deutlich in *Noman's Land*. Von dem Zeitpunkt an, ab dem sie Noman im Wald von Kingsmere aufliest, hat sie eine Leitrolle. Aufgrund seiner Amnesie ist sie einerseits sein Referenzwerk, das zumindest Teile seiner verlorenen Vergangenheit füllen kann. „Tell me everything"[1147], bittet Noman Kali sein verlorenes Gedächtnis zu beleuchten. Andererseits über-

---

1143 Schumann 122 sowie 118.

1144 Campbell 116.

1145 MacEwen, „Noman" 104.

1146 Buß 220.

1147 MacEwen, *Noman's Land* 23.

nimmt sie eine signifikante Rolle in dessen Quest: Sie ist es, die ihn nach Toronto und damit zum Ort seiner Odyssee bringt. „Toronto. Unless you have some other place in mind“[1148], bestimmt sie und deutet durch die Wortwahl bereits auf die Relevanz des Ortes für Nomans Individuation hin. Auch der Beginn von Nomans Selbstfindungsodyssee ist stark durch Kali geprägt. Ihre Wohnung ist der Startpunkt der Quest, und sie ist diejenige, die ihm letzte Tipps für seinen Aufbruch gibt. Besonders signifikant ist, dass Kali Noman die Phrase mit auf den Weg gibt, die schließlich seine Erkenntnis wird: „There is another country, you know, and it's inside this one.“[1149]

Während seiner Odyssee nimmt Kali allerdings eine weitere wichtige Funktion für Noman ein: „I am his fixed point, his sundial; with me he can watch the shadow of himself turning and returning to the same position. I am his compass, I am his sanity."[1150] Unter Verwendung von Individuationsterminologie („shadow“, „turning“, „sun“) stellt Kali sich als Orientierungspunkt in Nomans Quest dar. Gleichzeitig sieht sie sich als aktive Helferin, als Kompass und Richtungsweiser, schließlich sogar als sein Weg aus dem „Wahnsinn“ des Individuationsprozesses.

Als weitere Funktion Kalis ist hinzuzufügen, dass sie über eine Verbindung zu den symbolischen Figuren verfügt, die Noman während seiner Quest trifft. Sie macht ihn mit Grey Owl bekannt, erklärt ihm, wer Mackenzie King ist und ist Mutter des „nightchild“. Als Kennerin von Nomans Labyrinth Toronto zeigt sie dem Helden die Stadt. Ein besonderer Ort befindet sich in Torontos High Park: „[H]e went to where Kali had told him there was a magic triple-trunked tree called the Wishing Tree where as a child she had sat and, so she told him, dreamed up the world.“[1151] Auffällig ist in diesem Zusammenhang die Parallele zu Campbells Charakterisierung der Weltmutter-Göttin, der ihr Habitat als „a grove of wish-fulfilling trees“ und sie selbst als „the world creatix"[1152] beschreibt. Somit wird einmal mehr Kalis Funktion der Weltmutter-Göttin für Noman unterstrichen.

Campbell erwähnt allerdings auch, dass die Weltmutter-Göttin positive und negative Aspekte verkörpert. Durch ihre Bekanntschaft ist der Held gezwungen, beide Seiten als Naturgesetz kennenzulernen, und erreicht so eine höhere Bewusstseinebene.[1153] Der Charakter Kali steht lediglich für die gute Seite der Weltmutter-Göttin Kali/Parvati. Ihr Name symbolisiert durch die Assoziationen,

---

1148 MacEwen, *Noman's Land* 12.
1149 MacEwen, *Noman's Land* 15 und 138.
1150 MacEwen, *Noman's Land* 112.
1151 MacEwen, *Noman's Land* 44.
1152 Campbell 114.
1153 Campbell 114.

die mit der hinduistischen Göttin Kali verbunden sind, allerdings auch die grausame Seite der Göttin. Durch Kali deckt Noman so die komplette Herausforderung der Station „Meeting the Goddess“ ab. Kali ist jedoch nicht das ultimative Abenteuer des Helden; sie birgt keine unangenehmen Erfahrungen oder Krisen für Noman – im Gegenteil. Dass Noman seine neue Bekanntschaft mit dem Namen Kali versieht, scheint daher nicht nur ihre Instrumentalisierung für seinen Individuationsprozess zu sein, sondern ebenso ein kluger Zug, der dem Helden Arbeit erspart.

Auch wenn sie Noman auffordert, einen passenden Namen für sie zu bestimmen und sich fortan mit der zugeschriebenen Rolle identifiziert, macht sich nach einiger Zeit Frustration in Kali breit. Im Hinblick auf ihre Rolle entwickelt sich Enttäuschung und sie wird ihrer Aufgabe als Referenzwerk für Nomans Vergangenheit überdrüssig: „No more“, wehrt sie eine seiner Fragen über die Zeit vor seiner Amnesie ab. „You were always inventing yourself; now you can do it again.“[1154]

Dass Noman als Heroesgestalt und kosmischer Tänzer ebenso kein Partner nach ihren Vorstellungen ist, wurde erwähnt. Eine Vereinigung Kalis und Nomans nach dem Schema Siva-Parvati findet nicht statt. Der Vergleich Nomans mit Siva, der sich in Kalis Gedanken vollzieht, verschärft die Vereinigungsproblematik und wirkt im Bezug auf seine widersprüchlichen Avatare als *self-fulfilling prophecy*. Sivas Eigenschaft als Asket, dem Weisheit, Seelenfrieden und Weltentsagung Hauptziele sind, Partnerschaft hingegen ein Hindernis der Erreichung dieser Ziele, spiegelt sich in Nomans Bitte „Let’s not learn too much about anything, […] especially about each other”[1155] – ein Zustand, zu dem Kali sich selbst überreden muss. Sivas erotischer Aspekt und Eigenschaft als Liebhaber spiegelt sich zwar in den „long siege[s]“, aus diesen kann Kali allerdings keine dauerhafte Erfüllung ziehen.[1156]

1154 MacEwen, *Noman's Land* 24.

1155 MacEwen, *Noman's Land* 114., Vgl. auch Hyde, der Siva beschreibt als „a male deity who avoids dependence by containing himself, by self-restraint” (342).

1156 Davey, „The Secret of Alchemy” 55. Davey sieht Siva als Leitmotiv der Kurzgeschichtensammlung *Noman*. Er hebt hervor, dass gerade im Liebesspiel ein anderer Avatar Sivas zutage kommt: „Noman clearly fulfills in the story the role of Siva, the creative destroyer. […] When Noman and Kali finally make love, she reports: ‘We emerged from the night beaten and bruised, as if we’d come out of a den of lions, or had become gladiators, bloody and victorious after the games. My loins were broken; armies had marched over them and crushed them into sand’” („The Secret of Alchemy” 55). Nomans Rolle als Zerstörer sieht auch Bartley vor allem im Liebesspiel begründet, das sie als „strange combination of annihilation and release” beschreibt (102).

Aus Nomans Perspektive ist Kali im Hinblick auf Vereinigung ein passender Name für seine Partnerin. Eine anhaltende Vereinigung mit ihrem animusartigen Auserwählten kann sie nicht erreichen: Sie ist daher – wie ihre Namensgeberin – (zwangsläufig) unverheiratet und eigenständig, fungiert aber trotzdem als nährend-beschützende, leitende und konstante Ergänzung zu Noman. Bezogen auf Nomans Odyssee stellt Kali die Penelope dar, über die Laurens van der Post sagt: „[S]he is perhaps the greatest personification yet of the soul constant in man."[1157] Welche Last die Rolle der Penelope jedoch birgt, was jahrelanges Unterstützen und mentales Begleiten für die Personifikation der „soul constant" bzw. des – wie Kali es nennt – „fixed point"[1158] heißt, schildert Margaret Atwood aus Penelopes Perspektive in *The Penelopiad*, in der bereits der Titel des betreffenden Kapitels Bände spricht: „Waiting."[1159]

g) „[T]he persistent drive for Eros" – Kali als Frau?

Wie erwähnt formieren sich als Resultat der Kritik an Jungs Lehre die Post-Jung'schen Studien, zu denen auch die Jung'sche Feministische Theorie zu zählen ist. „[T]o let women's fiction suggest its own archetypal patterns"[1160], ist das Ziel der Bewegung; die Forderungen sind die Revision und Reformulierung Jung'scher Theorie aus weiblicher Perspektive und die Entwicklung archetypischer Muster, die auf weiblicher Erfahrung basieren. Im Bezug auf Quest-Literatur analysiert die Reihe feministischer Jung-Kritikerinnen die Geschichten von Heldinnen, die sich auf eine Odyssee begeben. „[W]omen's rebirth literature" nennt Schreier Rupprecht die Quest-Literatur der Frau, deren Indivi-

---

1157 van der Post 164.

1158 MacEwen, *Noman's Land* 112.

1159 Siehe Margaret Atwood, *The Penelopiad* (Edinburgh: Canongate Books Ltd., 2005) 81ff: Kapitel XII, „Waiting". Ein ähnlicher Perspektivenwechsel findet sich als neuere Version des Zeitreisen-Motivs in *The Time Traveler's Wife*, Reg. Robert Schwentke, DVD, Warner Home Video, 2010.

1160 Pratt, *Dancing with Goddesses* xii; Denkanstöße bieten auch Karen Elias-Button, „Journey into an Archetype: The Dark Mother in Contemporary Women's Poetry", Hg. Richard P. Sugg (Evanston, Illinois: Northwestern University Press, 1992) 355-367, Estella Lauter und Carol Schreier Rupprecht, „Introduction", *Feminist Archetypal Theory. Interdisciplinary Re-Visions of Jungian Thought*, Hg. Estella Lauter und Carol Schreier Rupprecht (Knoxville: University of Tennessee Press, 1985) 3-22, Schreier Rupprecht „Enlightening Shadows" 279 und Pratt, *Archetypal Patterns in Women's Fiction* 6. Im Folgenden sollen lediglich einige Gedankenanstöße in dieser Richtung erfolgen. Der Fokus liegt auf der traditionellen Jung-Kritik (vgl. „Erkenntnisinteresse und Textkorpus", S. 27ff); eine Post-Jung'sche Analyse von Nomans Quest würde eine eigenständige wissenschaftliche Arbeit erforderlich machen.

duationsstationen sich deutlich vom männlichen Modell unterscheiden – nicht nur im Ablauf, sondern auch in der Ausgestaltung der einzelnen Schritte.[1161]

Ein weiterer kritikwürdiger Aspekt ist Pratt zufolge die vorherrschende Ansicht, „[that] women must subordinate their love and work to male priorities.“[1162] Die Frau, so betont Pratt, habe allerdings in ihrer Individuation andere Bedürfnisse als der Mann. Als Beispiel nennt sie „the persistent drive for Eros", den sie definiert als „the drive toward union with significant other persons in our world in relation to whom we discover our own self-fulfillment"[1163]. Dies äußert sich einerseits im Bezug auf die sexuelle Beziehung zwischen Mann und Frau, andererseits im Bezug auf kommunikatives Verhalten. Ideale Partnerschaft impliziert für die Frau Pratt zufolge absolute Öffnung: „It is a situation of total emotional vulnerability. Therefore it must be not only the incorporation of the other, but an *exchange* of selves. Anything short of a mutual exchange will hurt one or the other party."[1164] Auch wenn romantische Liebe unter Jung'schen Literaturkritikerinnen als „opiate that dulls a woman's self-determination“ gesehen wird, so findet sich dennoch die Forderung, die Eros-Erfahrung als notwendiges und rechtmäßiges Bedürfnis der Frau zu betrachten.[1165]

1161 Schreier Rupprecht, „Enlightening Shadows“ 288. Pratt nennt folgende Schritte der Heldinnen-Quest: „Phase 1: Splitting off from family, husbands, lovers [...] Phase 2: The green-world guide or token [...] Phase 3: The Green-world lover [...] Phase 4: Confrontation with parental figures [...] Phase 5: The plunge into the unconscious" (*Archetypal Patterns in Women's Fiction* 137ff). Wiederholt wird betont, dass der Held nach seiner Quest zurück in die Gesellschaft eintritt, während „a woman's return to society with a whole new self is doomed to failure“ (Schreier Rupprecht, „Enlightening Shadows“ 288). Daraus ergibt sich als Grundproblem: „[W]omen's rebirth literature casts its heroes out of the social community rather than, as in men's rebirth literature, elevating them to the status of hero" (Pratt, „Spinning Among Fields" 103). Der Grund dafür liegt im Resultat der Individuation: „Women's rebirth journeys [...] create transformed, androgynous, and powerful human personalities out of socially devalued beings“ (Pratt, *Archetypal Patterns in Women's Fiction* 142). Während Androgynität als Verinnerlichung weiblicher Komponenten im Helden sozial anerkannt bzw. erwünscht ist, macht sie die Heldin zur „fearfully odd creature" und sozialen Außenseiterin (Pratt, „Spinning Among Fields" 102). Die erfolgreiche Heldin wird also nicht von der Gesellschaft aufgenommen und gilt nicht als Vorreiter einer neuen Generation, sondern sie lebt am Rande der Gesellschaft weiter. Es entsteht ein Konflikt zwischen „a girl's desire for authenticity and her society's desire for her femininity“ (Pratt, *Archetypal Patterns in Women's Fiction* 35).

1162 Pratt, *Archetypal Patterns in Women's Fiction* 80.

1163 Pratt, *Archetypal Patterns in Women's Fiction* 74.

1164 Pratt, *Archetypal Patterns in Women's Fiction* 77.

1165 Pratt, *Archetypal Patterns in Women's Fiction* 84.

Betrachtet man Kali, so lässt sich feststellen, dass es sich bei ihr nicht um eine Heldin auf der Suche nach ihrem Selbst handelt. Für ihre Quest wählt MacEwen einen männlichen Helden. Das Augenmerk liegt so nicht auf der Entwicklung der Frau entsprechend ihrer *gender*-spezifischen Anlagen und Bedürfnisse. Die Auswahl eines männlichen Helden notieren auch Kritiker in MacEwens Werk – sogar als weiteres Markenzeichen der Autorin: Als „usually male"[1166] bezeichnet Tom Marshall MacEwens Protagonisten, als „almost invariably male"[1167] bezeichnet sie Atwood.

Kali als wichtigster Frauencharakter der Kurzgeschichten scheint zudem viel eher einem Charakterbild zu entsprechen, das unter seiner Weiblichkeit leidet, anstatt diese in Form einer Reise zum Selbst auszuleben. Sie tritt zwar als Quelle des Wissens auf, ordnet sich aber trotzdem Nomans Odyssee unter und nimmt – bewusst – die Rolle der Penelope ein, die einem traditionellen Frauenbild entspricht. Kali leidet unter ihren Bedürfnissen und versucht, diese auf Nomans Forderungen hin zu unterdrücken und ihn – trotz ihres Bedürfnisses nach Beziehung – loszulassen. Dies wird auch deutlich im Bezug auf den Aspekt der Kommunikation. Zunächst redet Noman nicht über seine Vergangenheit, dann hat er keine Vergangenheit. „[A]n *exchange* of selves" findet also nicht statt, Kali bleibt frustriert und sich von Nomans Forderungen überzeugend zurück. Ein „*de*mythologizing, divesting patriarchal myths of their power and efficacy in order to allow women's experience to surface and be heard"[1168] findet daher nicht statt. Kali versucht vielmehr ihren Drang nach Beziehung an patriarchalische Normen anzupassen. Die Kali in *Noman's Land* resultiert somit nicht in einem freien, unabhängigen Frauencharakter, der seine genuin vorhandenen Anlagen auslebt. Sie erzieht die Leserschaft vielmehr zu Anpassung an die männliche Norm.[1169]

1166 Tom Marshall, „Several Takes on Gwendolyn MacEwen", *Quarry* 38.1 (1989): 76-83, siehe 81.

1167 Atwood, „Introduction: The Early Years" xf. Historisch betrachtet ist die Wahl des männlichen Protagonisten Atwood zufolge nicht überraschend: „The role available to women at the time lacked energy; and if what interested you was magic, risk, and exploration, rather than, say, quiet contemplation in the garden between meals, the choice of a male voice was almost inevitable. MacEwen wanted to be out on the sharp edge with the boys, not back in the kitchen with the girls" (Atwood, „Introduction: The Early Years" xi).

1168 Elias-Button 356.

1169 Als Folge der von der Gesellschaft geforderten Unterordnung „[of] their love and work to male priorities" ergibt sich für die Frau der Eindruck eines „double bind". Diese Situation bezeichnet Pratt als Archetyp: „On the one hand she experiences Eros as an aspect of her natural maturation; on the other hand such an experience for a

Diese Haltung Kalis zeigt den Unterschied zwischen traditioneller Jung'scher Literaturkritik und feministischer Archetypenkritik: Traditionell gesehen steht sie für die Frau, die ihren Animus integrieren muss indem sie lernt, ihn und seine Eigenschaften zu akzeptieren – was Kali versucht. Feministisch betrachtet stünde Kali für die Frau, die von ihrem Partner unterdrückt wird und deren Aufgabe es ist, ihre Individuationsquest anzutreten – was Kali zwar durch ihren Aufbruch nach Indien andenkt, aber nicht tut.

Anzufügen ist ebenso, dass – parallel zu der ausbleibenden Rückkehr des Helden in seine Gesellschaft – eine *closure* bezüglich Kali ausbleibt. Der Leser erfährt, wie sich der Konflikt um Nomans verlorene Identität löst, nicht aber, wie sich Kalis Konflikt zwischen ihren Bedürfnissen und der Realität ihrer Beziehung zu Noman entwickelt.

Wie erwähnt vermittelt das letzte Bild der Geschichte Familienidylle und Harmonie. Betrachtet man allerdings Kalis Äußerungen bezüglich Nomans Versöhnung mit „the nightchild", so lässt sich erahnen, dass der Konflikt nicht beendet ist. Nachdem Noman seinen Sohn im Eis einbrechen lässt und ihn anschließend rettet, denkt Kali: „When the boy's head broke through the water I felt a sensation which to my shock was one of relief coupled with an absurd sort of *jealousy*. It was only much later that I realized that Noman had given him, with this terrible baptism, a sort of second, greater birth."[1170] Im anschließenden Gespräch, in dem Noman erklärt, „teaching him a lesson" sei der Grund für den inszenierten Unfall gewesen, zeigt Kali eine ähnliche Reaktion: „It's not fair [...]. Women give birth to a child's body, but men give birth to its soul. A mother teaches him how to tie his shoes, and a father teaches him astronomy or ma-gic. It's not fair."[1171] Selbige Regung scheint mitzuklingen, wenn Kali über die gemeinsamen Aktivitäten von Vater und Sohn berichtet: „They take long walks together and Noman teaches him mysteries and secrets which they think I do not know."[1172] Kali scheint an dieser Stelle unter ihrer Penelope-Rolle zu leiden: Nach 13-jähriger alleiniger Elternschaft kommt der Wandernde zurück und übernimmt die Vaterrolle, was Kali als Degradierung bzw. Konkurrenz versteht. Die Versöhung zwischen Vater und Sohn ist zwar ein wichtiger Schritt, aus Kalis Perspektive aber nicht problemfrei.

Zusammenfassend kann so Gedankengut im feministischen Sinne in Kali festgestellt werden, aber eine Reaktion bzw. eine Handlung Kalis findet nicht statt. Die ausbleibende *closure* im Bezug auf die Figur Kali kann aber – parallel

---

woman is considered 'unnatural'" (*Archetypal Patterns in Women's Fiction* 80f). Kalis Kampf gegen ihre Gefühle repräsentiert diesen Archetyp.

1170 MacEwen, *Noman's Land* 122.

1171 MacEwen, *Noman's Land* 123.

1172 MacEwen, *Noman's Land* 128.

zur ausbleibenden Rückkehr des Helden in die Gesellschaft – als Botschaft in sich verstanden werden und eröffnet Tore zur weiteren Interpretation.

4.3. „[W]onderfully complex" – Zusammenfassung: Noman als „stranger"

Allein die zahlreichen Querverweise innerhalb der vorangehenden Analysen und Interpretationen zeigen, dass MacEwens Zielsetzung, die Geschichte um Noman „wonderfully complex" zu gestalten, erreicht ist. Beide Kurzgeschichtenbände sind derselben Zielgruppe gewidmet: „[T]o all the strangers in Kanada." Der Begriff des Fremden findet sich auf verschiedenen Ebenen in Nomans Quest vertreten:

Er ist Sinnbild für all die Menschen, die sich selbst fremd sind. Nomans Odyssee steht für die Suchreise nach dem Selbst, die sich über die Stationen der archetypischen Quest erstreckt, Suchen und Finden im Labyrinth Toronto einschließt und Bekanntschaft, Dialog sowie Versöhnung mit symbolischen Figuren beinhaltet. Die symbolischen Figuren erscheinen dabei in der Reihenfolge, die auch Jung erwähnt: Grey Owl als Spiegelbild bzw. Symbol des Selbst erscheint zuerst, gefolgt von Mackenzie King als dem Alten Weisen und „the nightchild" als dem Kind. Ebenfalls ist eine zunehmende Numinosität der Archetypen festzustellen – ein weiteres Charakteristikum der Abfolge der symbolischen Figuren nach Jung[1173]: Grey Owls Auftreten ist indirekt und kurz; Mackenzie King löst eine mehrmonatige Obsession und Verfolgungsjagd aus; die größte Herausforderung für Noman stellt der Kampf mit „the nightchild" dar. Durch Kommunikation bzw. Versöhnung mit jedem der Archetypen – mit der Ausnahme von Grey Owl – wird Noman auf seiner Suche nach sich selbst einen Schritt weitergebracht. Letztendlich erfüllen die symbolischen Figuren daher ihre Wirkung, „nicht mehr zurück, sondern vorwärts zu einem noch nicht erreichten Ziel"[1174] zu weisen. Insbesondere Mackenzie King steht für diesen zukunftsweisenden Charakter, da er Noman „something to look for" gibt. Im finalen Kampf mit der großen Mutter gibt Noman endgültig seine Konzentration auf die verlorene Vergangenheit auf und fokussiert sich auf den Neustart in dem „country [...] inside". Noman vollzieht damit den essentiellen Prozess „of dissolving, transcending, or transmuting the infantile images of our personal past"[1175].

1173 Schmitt 152ff.

1174 Jung, *Archetypen* 129.

1175 Campbell 101.

Noman beschreibt seine Quest in ihrer Essenz auch als „the only way I knew to come home“[1176] – in anderen Worten: als sein Weg, die Rolle des Fremden abzulegen und eins mit sich zu werden. Ausgespart wird in der Geschichte um Noman das Szenario seines „Heimkommens“ und die Weitergabe seiner Erkenntnis an andere „Fremde“, was allerdings Thema des folgenden Kapitels sein soll.

Der Begriff „stranger“ trägt auch große Bedeutung für Nomans Beziehungen zu den anderen Charakteren der Kurzgeschichten. Gerade diese Ebene der Handlung ist es, die den Kurzgeschichtenkanon „wonderfully complex“ macht. In beiden Kurzgeschichtenbänden wird Noman von den Charakteren als „stranger“ bezeichnet und bis zum Ende bleibt für Omphale und Jubelas sowie für Kali Wahrheit in dieser Bezeichnung.[1177]

Absurderweise verleiht Noman allen bisher besprochenen Charakteren eine Rolle in seinem Psychodrama und macht sie damit zu Vertrauten bzw. Instrumenten seiner Quest. Auch Bartley bemerkt:

> Each of these narrators, whose names are given to them by the hero, enjoys a strange relationship with the mysterious Noman who, in turn, is given his name by Kali […]. Nicknaming and gameplaying with names become, in fact, minor fascinations throughout the story, but ultimately lead to the contemplation of larger mysteries.[1178]

Auf die Charaktere wiederum wirkt Noman archetypisch: Er ist numinos und faszinierend, er setzt Energie frei, verändert die Charaktere und bewirkt neue Gedankengänge. Vor allem auf Jubelas – und zu einem gewissen Grade auch Kali – löst er genau die „suggestive Anziehungskraft“ aus, der er selbst im Falle Mackenzie Kings unterliegt. Er ist – Jung zufolge – eine Mana-Persönlichkeit.[1179] Er ist ebenso der einzige, der keinen „wahren Namen“ hat und folglich von keinem der anderen Charaktere beherrscht wird. Die Tatsache, dass Jubelas und Ibrahim Schwierigkeiten haben, die Person Nomans überhaupt zu fassen und zu versprachlichen, reiht ihn in den Bereich des Unbeschreibbaren und damit in das Areal der Archetypen ein. Die Unfassbarkeit und Undefinierbarkeit Nomans verkörpert Jubelas ebenso durch seine nicht enden wollenden

---

1176 MacEwen, *Noman's Land* 137.

1177 Wenn Jubelas Noman beispielsweise zu ersten Mal trifft und ihn Kali vorstellen will, steht er vor folgendem Problem: „I felt awkward because, not knowing his name, I couldn't introduce the stranger to her“ (MacEwen, „Noman“ 85). Kali lädt Noman zu Beginn von *Noman's Land* mit denselben Worten in ihre Wohnung ein: „Come in then, stranger“ (MacEwen, *Noman's Land* 10).

1178 Bartley, *Invocations* 95.

1179 Schmitt 212.

Vermutungen über Nomans Herkunft. Wie der Archetyp eine Form ist, die mit Inhalt gefüllt wird, scheint dies auch der Fall für Noman zu sein.[1180]

In dem Notizbuch, das MacEwen während der Schaffenszeit von *Noman* und *Noman's Land* führt, steht unter der Überschrift „Jung" Folgendes zum Thema Archetyp vermerkt:

> An archetype can seize hold of the ego + [force] it to act as it – the archetype – wills. A man can then take on archetypal dimensions and [cause] corresponding effects, he can appear in the place of God, so that it is not only possible but quite sensible for other men to act towards him as they act towards God.[1181]

Dieses Zitat erklärt und bestätigt Nomans Einfluss auf die ihn umgebenden Charaktere sowie deren Verhalten. Nomans archetypische Eigenschaft kann allerdings ebenso im Zusammenhang mit seinem Heldencharakter gesehen werden. Jung beschreibt den Helden als übermenschlich, denn „[er] stellt das unbewusste Selbst des Menschen dar, und dieses erweist sich empirisch als die Summe und der Inbegriff aller Archetypen"[1182]. Somit dient der Held als Projektionsfläche für sämtliche Archetypen, die seiner Umwelt im Individuationsprozess helfen. Im Falle von Jubelas, Omphale und Kali ist dies klar ersichtlich.

Relevant ist in diesem Zusammenhang ebenso eine Aussage über MacEwens Schreibintention:

1180 Weitere Textstellen unterstreichen Nomans Archetypencharakter: Als Antwort auf eine von Jubelas' frustrierten Äußerungen ob der seltsamen Beziehung zwischen ihm und Noman entgegnet letzterer: „For all you know I may not be here at all. How do you know I'm here? Maybe you invented me, maybe I never existed" (MacEwen, *Noman's Land* 71). Noman reiht sich hierdurch selbst in die Kategorie „imaginäres Phänomen" ein und gibt vor, eine individuell wahrgenommene Erscheinung zu sein, wie sie im Individuationsprozess auftritt. Signifikant ist in diesem Zusammenhang ebenso die letzte Station in Nomans Quest und seine Konfrontation mit dem Tod, die sich von „herkömmlichen" Heldenmythen in einem zentralen Punkt unterscheidet: Nomans Leben ist nicht lediglich durch äußere Umstände in Gefahr, es ist ebenso sein Ziel, der Kraft des Ontariosees nachzugeben und sich zu ertränken. Sein Freitod will allerdings nicht gelingen. Nach kurzer Reflexion versteht er die Umstände: „He knew that he was immortal, he knew it with absolute certainty. He had always been here, and always would be." Wie der Archetyp ist er zeitlos, immerwährend und unzerstörbar. Der Hohn dieser Tatsache wird Noman klar und drückt das Merkmal des Archetypen aus, in verschiedenen Ausgestaltungen wieder und wieder zu kehren: „What a colossal irony – he couldn't die now when he tried, he who had ‚died' so many times in the past" (MacEwen, *Noman's Land* 135).

1181 MacEwen, *Papers, 1955-1988*, Box 1, Notizbuch „'Dreams/Visions/Musings; the sixties, seventies, and eighties' Notebook and additional notes."

1182 Jung, *Symbole der Wandlung* 426.

> I am concerned with finding relationships between what we call the ‚real' world and that other world which consists of dream, fantasy and myth. I've never felt that these ‘two worlds' are as separate as one might think, and in fact my poetry as well as my life seem to occupy a place – you might call it a kind of no-man's land – between the two.[1183]

Dieses „no-man's land" erleben die Charaktere während sie Noman auf seiner Quest begleiten und durch Noman ihre eigene Individuationsreise starten. Der Titel „Noman's Land" bezeichnet daher das „noman's land" mehrerer Charaktere der Kurzgeschichtensammlung.

Auch strukturell gesehen folgt die Handlung in „Noman" bzw. *Noman's Land* – wie bereits in *The Shadow-Maker* – der Individuationssymbolik. Zur Quaternität bemerkt Jung, dass diese auch durch „vier einzelne […] Personen […], welche durch ihre Anordnung oder sinngemäß aufeinander bezogen sind"[1184], ausgedrückt werden kann. In der Charakterkonstellation Noman, Kali, Jubelas und Omphale ist dies offensichtlich.

5. Nomans Heldenfahrt als kanadische Quest

„[T]he other country" steht nicht nur für das Selbst Nomans, sondern auch für das Land Kanada – repräsentiert durch die Stadt Toronto –, in dem Nomans Selbstfindung stattfindet. „Kali, this is the most exotic country in the world"[1185], weiß Noman am Ende seiner Quest. Zu Beginn seiner Odyssee in Toronto ist sein Urteil über das Land wesentlich negativer: „[H]e thought he would die here in this loneliest of countries."[1186]

Nicht nur Noman sieht Kanada allerdings in einem negativen Licht. Auch andere Charaktere äußern sich kritisch über „that strange country behind the Maple Leaf"[1187]. „Ah, what a country. No ghosts, no history, no past. No humour, no mystery, no magic. Just this cold, this emptiness", ist das Urteil des Griechen Spiros Ikaris, den Noman bei seinen Streifzügen durch Toronto trifft.[1188]

1183 Zitiert in John Robert Colombo, *Rhymes and Reasons* (Toronto & Montres: Holt, Rinehart and Winston of Canada, 1971) 65.

1184 Schmitt 249.

1185 MacEwen, *Noman's Land* 125.

1186 MacEwen, *Noman's Land* 25.

1187 MacEwen, *Noman's Land* 40.

1188 MacEwen, *Noman's Land* 26. Eine ähnliche Meinung drückt Nomans syrischer Freund Ibrahim aus: „You know nothing of death and therefore nothing of life! I come from a fiery people, a tragic people, a people who live in pictures of black and white,

Nomans Begegnungen mit und in Kanada sind Thema des folgenden Kapitels. Die Entwicklung seiner Angst, der kanadischen Einsamkeit zu erliegen, bis hin zu seiner Wahrnehmung Kanadas als „the most exotic country in the world" soll im Folgenden untersucht werden, ein zweiter Blick soll auf seine Quest und ihren kanadischen Hintergrund geworfen werden. Thema sollen in diesem Rahmen zunächst die Archetypen sein, die Noman auf seiner Quest begegnen. Diese sollen auf ihren symbolischen Wert vor dem Hintergrund der kanadischen Kultur und Geschichte untersucht werden.

5.1. Kanadische Archetypen

a) „[D]ecades ahead" – Grey Owl als Prophet

„[B]eaver man", „[an] Englishman's re-invention of himself"[1189] und „enigmatic personage"[1190] sind nicht die einzigen Schlagworte, die sich in Verbindung mit Grey Owl wiederholen. In die Annalen Kanadas ist er ebenso eingegangen als „one of the most famous Canadians of his day"[1191] sowie als „world-famous naturalist, writer, and lecturer"[1192], der vor allem durch seine Wandlung vom *trapper* zum Schutzpatron des Bibers plakativ für die Bewahrung der Natur steht. Seine Beschreibung als „[w]onderful [...] gift to the beginning of the con-

---

not grey like you North Americans. We love and weep and kill and get killed and sing and dance and overthrow our governments. Can you understand this?" (90).

1189 Smith viii.

1190 Margaret Atwood, *Strange Things. The Malevolent North in Canadian Literature* (Oxford: Clarendon Press, 1995) 35.

1191 Brian Bethune, „Grey Owl", *Maclean's* 04.10.1999, The Canadian Encyclopedia, 12.04.2011 <http://www.thecanadianencyclopedia.com/index.cfm?PgNm=TCE&Params=M1ARTM0012020>.

1192 Atwood, *Strange Things* 35. Die Beliebtheit seiner Bücher über das Leben in der Wildnis und die Schönheit der Natur zeigt sich – laut Billinghurst – auf der ersten kanadischen Buchmesse 1936: „No other author equalled Grey Owl for crowd appeal" (117). Die Tatsache, dass eine Bronzeplakette mit Grey Owls Portrait jahrelang die Fassade des Verlagshauses Macmillan schmückt, unterstreicht seine Rolle auf dem literarischen Markt, vgl. John Robert Colombo, *Canadian Literary Landmarks* (Willowdale, ON: Hounslow Press, 1984) 186. Selbst Northrop Frye erwähnt in seiner berühmten „Conclusion to a Literary History of Canada" die Popularität Grey Owls, vgl. Northrop Frye, *The Bush Garden. Essays on the Canadian Imagination* (Toronto: Anansi, 1971) 239. Seit 2000 sind seine Bücher unter dem Titel *The Collected Works of Grey Owl: Three Complete and Unabridged Canadian Classics* veröffentlicht.

servationist movement in Canada"[1193] ist daher eine Bewertung, die man ebenso in der Literatur zu Grey Owl findet. Letzte Aussage spielt auf eine Entwicklung an, die parallel zu Grey Owls Publikationen in Kanada einsetzt: Das System der kanadischen Nationalparks wird mit ausgehendem 19. Jahrhundert eingeführt. In Grey Owl erkennen die Verantworlichen „a powerful spokesperson for its cause"[1194]. National Parks Canada profitiert allerdings nicht nur von Grey Owl, sondern die Verbindung zwischen beiden ermöglicht diesem auch, seine öffentliche Persona klarer zu umreißen: „The newly minted Grey Owl found his niche"[1195]. Den Stellenwert Grey Owls für die kanadische Natur fasst Brian Bethune zusammen, wenn er den „englischen Ureinwohner" als Entdecker im übertragenen Sinne und Pate kanadischer Identität bezeichnet: „He was the first to get it right – our uniqueness, our wonderful forests and rivers, what we were doing wrong – the first to tell mainstream Canada, 'Remember you belong to Nature, not it to you.'"[1196] Wie sehr diese Einstellung, die sich noch heute in der Philosophie der kanadischen Nationalparks spiegelt, zum Selbstverständnis Kanadas beigetragen hat, zeigt jüngst das „National Parks Project" – eine Hommage an Kanadas Parks in Wort, Bild und Noten u.a. mit dem Ziel, daran zu erinnern, dass „Canada's cultural imagination is shaped by the wilderness that defines our identity."[1197] Gemäß der von Babcock-Abrahams erwähnten „coincidence of a trickster *and* a culture-hero"[1198] kann Grey Owl so als Kulturbringer bezeichnet werden. Er beschafft zwar keine Grundgüter wie Feuer oder

---

1193 Everitt. Die Bandbreite Grey Owls versinnbildlicht die Dokumentation der CBC „Grey Owl: Trapper, Conservationist, Author, Fraud" aus dem Jahre 1972, vgl. *CBC Digital Archives*, 12.04. 2011 <http://archives.cbc.ca/environment/environmental_protection/clips/12551/>.

1194 Billinghurst 80; vgl. auch 71.

1195 Billinghurst 76.

1196 Bethune. Der Artikel betont Grey Owls bleibenden Einfluss im „conservationist movement" Kanadas: Nach dem Zweiten Weltkrieg und dem einsetzendem Wirtschaftswachstum verschwindet die Bedeutung der kanadischen Wildnis aus dem öffentlichen Bewusstsein; das Revival, das in den 1960ern einsetzt, wird nicht zuletzt durch Grey Owl und seine Veröffentlichungen inspiriert.

1197 „National Parks Project" [„About NPP"], *National Parks Project*, 16.04.2011 <http://www.nationalparksproject.ca/#/about>. Die Verbindung der kanadischen Identität mit den National Parks betont ebenso die Veröffentlichung „The History of Canada's National Parks: Their Evolution and Contribution towards Canadian Identity". Parks Canada als Herausgeber erwähnen hier explizit die Verbindung zwischen Grey Owls Publikationen und „Canadian's awareness and understanding of wilderness and natural conservation issues" (siehe *Teacher Resource Centre*, 12.04.2011 <http://www.pc.gc.ca/apprendre-learn/prof/itm2-crp-trc/pdf/evolution_e.pdf>).

1198 Babcock-Abrahams 161f.

Nahrung, trägt aber zur Definition der kanadischen Kultur und damit zur Identitätsbildung Kanadas als jungem Land auf der Suche nach sich selbst bei.

Es ist bemerkenswert, dass sich in der Sekundärliteratur wiederholte Male die Aussage findet, Grey Owls erfolgreicher Kampf für die kanadische Natur und Wildnis sei nur durch seine angenommene Identität möglich gewesen. Vor allem Bethune stellt die Abhängigkeit seiner Wirkung von seiner Fähigkeit des „creative lying" heraus – versehen mit einer Anekdote, die den Leser über die Missgeschicke des Tricksters Schmunzeln lässt und seinen charakteristischen Unterhaltungswert belegt:

> [W]hat gained him a hearing in the first place was his assumed identity as an exotic noble savage, buttressed by his compelling storytelling power, itself polished through years of lying. His real upbringing provided him with his graceful prose. Grey Owl may have looked and sounded Indian, at least to urban audiences, but he wrote like the Hastings Grammar School graduate he was. (Only one contemporary critic noticed Grey Owl's rarified English, however, and enraged Belaney – who could not admit the truth – by suggesting the untutored native had had the aid of a ghostwriter.)[1199]

Eine weitere auffällige Parallele zwischen Grey Owls Wirkung und der Trickster-Figur ist der zukunftsweisende Charakter: „Trickster" – so Hyde – „is among other things the gatekeeper who opens the door into the next world."[1200] Der Vorhersehungskunst des Tricksters widmet Hyde ein Kapitel und leitet ein: „There is [...] the suggestion that tricksters have a touch of the prophet about them."[1201] Nahezu jeder Autor, der sich Grey Owls Biographie widmet, schließt mit dessen zukunftsweisender Wirkung. „[D]ecades ahead" verortet Everitt Grey Owl und erläutert: „In describing his views on nature, one finds it hard to believe it was written in the 1930s and not yesterday."[1202] Billinghurst bewertet seine Ziele als „issues [...] that only today are being given widespread attention."[1203] Yousuf Karsh sieht Grey Owl als Propheten, Atwood bezeichnet ihn als „well in advance of [his] time"[1204].

1199 Bethune.

1200 Hyde 159.

1201 Hyde 283ff.

1202 Everitt; vgl. Grant MacEwan, „Foreword", *Devil in Deerskins. My Life with Grey Owl*, Anahareo (Don Mills: PaperJacks, 1972) v-vi, siehe vi.

1203 Billinghurst 135. In ihrem Kapitel „A Message for the World" argumentiert Billinghurst, dass „[Grey Owl's] views are as relevant today as they were when he promoted them in the 1930s" (39).

1204 Karsh, 68; Atwood, *Strange Things* 45.

b) „[A] deeply rooted collective dream" – Margaret Atwoods „Grey Owl Syndrome"

Gerade durch Margaret Atwood erhält Grey Owls Auftauchen in Nomans Quest noch eine weitere Funktion. In ihrer Veröffentlichung *Strange Things* versucht Atwood, die „*terra incognita*"[1205] kanadische Literatur zu definieren – nicht mit Fokus auf die klischeebesetzten Aspekte „the North, or the wilderness, or snow, or bears"[1206], sondern mit Blick auf „the more *outré* menu items to be found in Canadian literature"[1207]. Grey Owl ist für Atwood eines dieser Phänomene, und MacEwens *Noman's Land* ist nicht das einzige literarische Werk, in dem Grey Owl ein Gastauftritt zufällt. „[T]hat curious phenomenon, the desire among non-Natives to turn themselves into Natives"[1208] ist vielmehr ein wiederkehrendes Motiv, das Atwood „The Grey Owl Syndrome" nennt. In ihrer Analyse der Bedeutung Grey Owls für MacEwen wird einerseits die Analogie zwischen Grey Owl und Noman deutlich, andererseits findet sich Grey Owls Rolle als Trickster belegt:

> Gwendolyn MacEwen [...] was fascinated all her life with explorers who left their home bases and wrecked themselves in foreign territories, and with [...] shape-changers, and those who concealed their identities or went through the world in disguise. [Grey Owl] was a natural for MacEwen, for whom tricksters and illusionists – those who live in two realities – are not emblems of the ersatz, the phoney, but true expressions of human doubleness, of two-handedness, of a sometimes tragic but always necessary duality. For MacEwen, Grey Owl is a quester in search of himself, a doomed hero who renders himself alien both to his original homeland and to his adopted space.[1209]

Kurios ist allerdings, dass Atwood sich hierbei lediglich auf MacEwens Gedicht „Grey Owl's Poem" aus dem Band *Afterworlds* bezieht. Sein Auftauchen in *Noman's Land* wird nicht erwähnt. Der Grey Owl aus Nomans Quest liefert jedoch Antworten auf eine Reihe von Fragen, die Atwood im Bezug auf das „Grey Owl Syndrome" stellt: „Why did they do it? [...] What was it that the Indians

---

1205 Atwood, *Strange Things* 2.

1206 Atwood, *Strange Things* 5.

1207 Atwood, *Strange Things* 3.

1208 Atwood, *Strange Things* 35.

1209 Atwood, *Strange Things* 57f . Atwood zufolge findet sich ein Syndrom solcher Art nicht nur in der kanadischen Literatur: „[T]here are some analogues in other colonial or post-colonial countries". Als ein Beispiel erwähnt sie „especially – Englishmen who wished to become Arabs" (*Strange Things* 38). Gemeint ist hiermit T.E. Lawrence, der von MacEwen auserkorene „chosen twin", dem sie sich in ihrem Gedichtband *The T.E. Lawrence Poems* widmet, vgl. Gwendolyn MacEwen, *The T.E. Lawrence Poems* (Oakville: Mosaic Press, 1982).

had – or were thought to have – that the imitators wanted?“[1210] „He claimed that only the natives had a memory”, heißt es in „An Evening with Grey Owl”:

> [T]he white man suffered from a permanent amnesia brought about by his first glimpse of vast and horrifying expanses of snow. [Anahareo] did not know that he was speaking of himself, nor did she know that he was jealous of her; he could see them out on the lake – her ancestors – rippling over the water in their delicate ghostly canoes all silver around the edges. He wanted to claim these ancestors for his own.[1211]

Erwähnt Atwood *Noman's Land* auch nicht, so scheint ihre abschließende Bewertung des Stellenwertes Grey Owls im kanadischen Kanon dennoch auf seine Rolle in *Noman's Land* zu passen, sieht sie doch „Grey Owl's longing for unity with the land, his wish to claim it as homeland, and his desire for cultural authenticity”[1212] als Grund für den literarischen Erfolg seiner Figur.

Atwoods Ansicht nach ist das Grey Owl Syndrom allerdings kein Krankheitsbild, das lediglich im literarischen Genre zu verorten ist, sondern ein „deeply rooted collective dream”[1213] Kanadas: „[L]ike it or not, the wish to be Native, at least spiritually, will probably not go away; it is too firmly ingrained in the culture, and in so far as there is such a thing as a Canadian cultural heritage, the long-standing white-into-Indian project is part of it.”[1214]

Der Begriff des kollektiven Traumes führt zurück zu Jungs Theorie. Der Trickster wird generell als „*kollektive Schattenfigur*“ bezeichnet und ist die

---

1210 Atwood, *Strange Things* 37. Eine Antwort, die Atwood auf diese Frage selbst gibt, ist: „[A]s the age of the explorers receded […], living like the Natives in order to survive in the wilderness was translated into living like the Natives in the wilderness in order to survive. Survive what? The advancing decadence, greed, and rapacious cruelty of white civilization, that's what. This is the subtext of the live[…] and work of […] Grey Owl” (*Strange Things* 44). Eine andere Erklärung ist: „[T]he North had become a fetish among those who no longer lived in it but were eager to prove their authenticity and manhood by stepping back into it” (*Strange Things* 49). In der kritischen Literatur finden sich weitere Erklärungsansätze: „The fascination that the mock Indian writer / naturalist ‘Grey Owl’ was to work on the public in subsequent decades […] can be traced not only to the author's physiognomy and life-style but also to the continued public willingness to accept picturesque versions of wilderness life and native people as empirical realities”, schreibt beispielsweise New (110).

1211 MacEwen, *Noman's Land* 75.

1212 Atwood, *Strange Things* 58.

1213 Atwood, *Strange Things* 51.

1214 Atwood, *Strange Things* 60.

Summe „aller individuellen inferioren Charaktereigenschaften“[1215] bzw. aller verdrängten Inhalte einer Gesellschaft. Grey Owl, „unity with the land, [...] homeland, [...] cultural authenticity” ersehnend und sich selbst Identität, Gedächtnis und Vorfahren erschaffend, um die „permanent amnesia“ des Lebens in Kanada abzuwenden, kann so als Kollektiv-Schatten der kanadischen Gesellschaft gesehen werden.[1216] Große Bedeutung fällt seiner Leistung als „Kulturbringer“ und Stifter kanadischer Identität zu.

Dass Grey Owl als ein Spiegelbild Nomans fungiert, kann nochmals unterstrichen werden: Beiden gemein ist die (Gefahr der) Amnesie, beide suchen nach Identität und Erinnerung, für beide ist das „Kanadisch sein“ eine Herausforderung und die Suche nach dem Selbst im kanadischen Kontext das Ziel. Grey Owl ist Noman allerdings einen Schritt voraus, denn er – ebenso „quester in search of himself”[1217] – hat die Lösung zu seiner Identitätsfrage bereits in seiner kreierten Persona gefunden und seine Botschaft an die Welt übermittelt. Nomans gewählter Weg ist zwar nicht der des „white-into-Indian“ und sein Ziel ist nicht die Wildnis. Am Ende von *Noman's Land* schafft aber auch er den Weg vom unter Amnesie leidenden Fremden zum Individuum, das Kanada Heimat nennt.

Bezogen auf seine Funktion in Nomans Quest bleibt zu erwähnen, dass der Trickster eigentlich eine mythologische Figur bzw. ein literarischer Charakter ist. Bei Grey Owl handelt es sich allerdings um eine reale Person, die MacEwen für Nomans Quest instrumentalisiert. Hyde erläutert, dass der Trickster kein Mensch ist, dass aber Menschen „trickster moment”[1218] zeigen können. Als prominente Beispiele erwähnt er u.a. Allan Ginsberg und Pablo Picasso. Grey Owl als kanadische Version des Tricksters kann hier durchaus angeschlossen werden.[1219]

1215 Jung zitiert in Schmitt 165; vgl. Andrew Samuels, Bani Shorter und Fred Plaut, „Trickster”, *Jungian Literary Criticism*, Hg. Richard P. Sugg (Evanston, Illinois: Northwestern University Press, 1992) 273-274, siehe 274.

1216 Schmitt erwähnt, dass die kollektive Schattenfigur in den differenzierten, individualisierten Gesellschaften der Neuzeit typischerweise durch eine soziale bzw. ethnische Gruppe repräsentiert wird. Jung selbst nennt als Beispiel hierfür das Verhältnis zwischen US-Amerikanern und der Urbevölkerung des Kontinents (165). Grey Owl als kollektiver Schatten Kanadas folgt diesem Beispiel.

1217 Atwood, *Strange Things* 57f.

1218 Vgl. Hyde 271.

1219 Grey Owl zählt heute zum kollektiven Gedächtnis Kanadas. Yousuf Karshs bekanntes Portrait aus seinem Bildband *Canadians* zeugt vom Ikonencharakter Grey Owls. Neben mehreren Biographien stellt Sir Richard Attenboroughs Film *Grey Owl* seine Lebensgeschichte dar. Von dem kanadischen Institut Historica-Dominion wird Grey Owl

c) „[O]utward normal, but inside […] full of secrets" – Mackenzie King als „real Kanadian"

Als „the tenth Prime Minister of Canada and the country's most curious citizen"[1220] bezeichnet John Robert Colombo Mackenzie King und umreißt damit die Kontroverse, unter der King in die Geschichte Kanadas eingegangen ist. Die posthume Entdeckung und Veröffentlichung von Mackenzie Kings Tagebüchern enthüllt – ähnlich wie im Falle Grey Owl – die wahre Identität des „apparently proper and colourless" Premierministers.[1221] „An era had ended. The search for the real Mackenzie King has just begun"[1222], urteilt Biograph P.C. Stacey über Mackenzie Kings Tod. Diese Anmerkungen beziehen sich in erster Linie auf seine Affinität zum Spiritualismus, deren Enthüllung die Kontroverse um seine Stellung in der Geschichte des Landes entfacht. Als harmlosere spirituelle Obsessionen erwähnt das Tagebuch Kings Glauben an mystische Zahlenkombinationen und die Abstimmung täglicher Aktivitäten mit denselben.[1223] Als bedenklich betrachtet die Nation allerdings Kings Kommunikation mit der Totenwelt, die bis ins Detail in den Tagebüchern nachzuverfolgen und laut Stacey zeitweise sogar als „main interest of his life"[1224] zu bezeichnen ist. Eine Leistung Kings ist

als „part of our heritage" bezeichnet und ist Thema einer „Heritage Minute"-Dokumentation, vgl. The Historica-Dominion Institute, „Grey Owl", *Heritage Minutes*, 17.04.2011 <http://www.historica-dominion.ca/content/heritage-minutes/grey-owl>. „In any case, the story of Grey Owl is as unique and interesting a Canadian story as there ever was", schreibt Everitt über das Nachleben Grey Owls.

1220 John Robert Colombo, *Mackenzie King's Ghost* (Willowdale, ON: Hounslow Press, 1991) 75. Zitate, die auf den kuriosen Charakter des kanadischen Premierministers anspielen, finden sich in nahezu jeder Veröffentlichung über ihn: „[T]o the end he kept his secret", schließt Hutchison in seiner Biographie über King, vgl. Bruce Hutchison, *The Incredible Canadian* (Don Mills: Oxford University Press, 2011) 5. Karsh redet von „the secret garden of emotion, obsession, and even sheer fantasy that blossomed beneath a Calvinist exterior" (90). „Mackenzie King has continued to intrigue Canadians", schreibt Neatby, vgl. H. Blair Neatby, „William Lyon Mackenzie King", *The Canadian Encyclopedia*, 10.05.2011 <http://www.thecanadianencyclopedia.com/articles/william-lyon-mackenzie-king>.

1221 Neatby.

1222 „P.C. Stacey explores King's fascinating diaries", 30.11.1976, *CBC Digital Archives*, 10.05.2011 <http://archives.cbc.ca/politics/prime_ministers/clips/7255/>.

1223 P.C. Stacey, *A Very Double Life* (Toronto: Macmillan, 1976) 162 und 176. Als weitere ungeahnte Eigentümlichkeiten des Premierministers stellt Stacey seine innige Beziehung zu seinen Haustieren (139ff) und seiner Mutter (67ff) dar.

1224 Stacey 166. King dokumentiert in seinen Tagebüchern Gespräche mit verstorbenen Familienmitgliedern wie seiner Mutter und seinem Großvater William Lyon Mackenzie sowie mit Personen historischer Bedeutsamkeit wie seinem politischen Va-

„his capacity for keeping his curious private affairs separate from his public career"[1225], was ihm Stacey zufolge zu Lebzeiten mit Erfolg gelingt.

Die Kontroverse um die Bewertung der historischen Bedeutung Mackenzie Kings hält bis heute an. King geht nicht nur als geheimnisvoll-spiritueller „Muttersohn" in die Annalen ein, sondern wird mit ausgehendem 20. Jahrhundert in J. L. Granatsteins und Norman Hillmers *Prime Ministers: Ranking Canada's Leaders* auch von einer Delegation kanadischer Historiker und Politikwissenschaftler auf Platz eins der Anführer des Landes gewählt.[1226] Als nachhaltige Leistungen Kings bezeichnen Granatstein und Hillmer: „[H]e maintained co-operation between French and English Canadians, cut the tights bonds to the British Empire, established the welfare state, and, above all, provided superb leadership to a strong Canada through the Second World War."[1227] Granatstein und Hillmer betonen parallel zu seinen Leistungen auch seine Unzulänglichkeiten: „Up close, King's actions – and King himself – were often unimpressive."[1228] Gerade seine Durchschnittlichkeit ist nach Ansicht der Autoren Grund für seine Popularität: „King was said to understand Canadians so well because he was perfectly representative of the country, the repository of all our inadequacies and insecurities."[1229]

Andere Experten sind sehr kritisch hinsichtlich Granatsteins und Hillmers Ranking. „[A] certifiable nut", „strange bird" und „blemish" sind Beschreibungen, die Mackenzie King in diesem Zusammenhang zukommen.[1230] Die Bedeutung Kings für die Geschichte Kanadas bleibt umstritten.

---

ter Sir Wilfrid Laurier, King George V, Leonardo da Vinci und Lorenzo de'Medici (Stacey 181 und 188).

1225 Stacey 143. Wenn Kali dem ignoranten Noman die Person Mackenzie Kings zu erklären versucht, schließt sie all diese verborgenen Seiten in ihr Charakterbild mit ein: „Prime Minister William Lyon Mackenzie King. Short, fat little man with a brown suit and a little dog. If you study a picture of him it's like studying a snowbank: opaque, inscrutable. He communicated telepathically with his dog, employed mediums to contact his dead mother, and made no important decisions unless the hands of a clock or watch formed a propitious angle" (MacEwen, *Noman's Land* 15).

1226 J. L. Granatstein und Norman Hillmer, *Prime Ministers. Ranking Canada's Leaders* (Toronto: HarperCollins, 1999) 9.

1227 Granatstein und Hillmer 83.

1228 Granatstein und Hillmer 84.

1229 Granatstein und Hillmer 3. Vgl. Craig Brown, *The Illustrated History of Canada* (Toronto: Key Porter Books, 2007) 443ff sowie Karsh 90, Ferguson 340, New 129f.

1230 Vgl. die Beiträge „King's diaries released" sowie „Best PM in history" im CBC-Dossier „Mackenzie King: Public Life, Private Man", siehe *CBC Digital Archives*, 12.05.2011 <http://archives.cbc.ca/politics/ prime_ministers/topics/1276/>.

Dass der Alte Weise, den Mackenzie King in Noman verkörpert, nicht nur ein wohlwollender, hilfsbereiter Charakter, sondern ein bipolarer, „elfischer“ Archetyp ist, wurde angedeutet.[1231] Die Kontroverse um Mackenzie Kings Status passt so zu dem Archetypen, den er in Nomans Quest repräsentiert.

King hat allerdings nicht nur in der Geschichte des Landes seine Spuren hinterlassen. W.H. New beschreibt ihn als „icon inside Canadian culture”:

> [He] became the subject of literature as well as of historical treatise [,] [...] embodiment[...] of shared cultural predicaments, representative[...] of cultural value, legend[...] of a later time if not of [his] own, myth[...] of persistence and circumstance. [He] became stories, in other words, and stopped being [a] documentable person[...] alone.[1232]

Was konkret hiermit gemeint ist, führt Margaret Atwood aus:

> [I]n real life, it was anglophone culture at its most yawn-inducing – that is, Toronto in the 1930s and 1940s – that produced Mackenzie King. King was the longest reigning Prime Minister in our history and a walking synonym for dullness, but he was discovered post-mortem to have been governing the country through his dead mother, whom he believed had taken up residence in his dog. As one of Robertson Davies's characters remarks, 'Mackenzie King rules Canada because he himself is the embodiment of Canada – cold and cautious on the outside, dowdy and pussy in every overt action, but inside a mass of intuition and dark intimations.' Boringness, in anglophone Canadian literature and even sometimes in life, is often a disguise concealing dark doings in the cellar.[1233]

Roy MacGregor bezeichnet King in diesem Zusammenhang als „the classic Canadian hero.“[1234] MacEwen selbst greift diese Rolle Mackenzie Kings auf. In den Manuskripten zu *Noman's Land* vermerkt sie handschriftlich: „King is the

---

1231 Jung, *Gesammelte Werke* 9,1 221 sowie 231; vgl auch Schmitt 283.

1232 New 47. Einige Beispiele der literarischen Verwendung sind Heather Robertson Romane *Willie: A Romance* und *Lily: A Rhapsodie in Red* sowie F.R. Scotts Gedicht „W.L.M.K.”.

1233 Atwood, *Strange Things* 63ff. Atwood zitiert an dieser Stelle Robertson Davies' *Fifth Business*, in dem King ob seiner politischen Leistungen ebenso als Symbol eines unabhängigen Kanadas inszeniert wird, vgl. Roberston Davies, *The Deptford Trilogy* (Markham, ON: Penguin Books, 1983) 369ff. Zu dem Kontrast graues, langweiliges Äußeres versus aufregend-mysteriöses Innenleben ist anzumerken, dass Mackenzie King scheinbar bewusst seine öffentliche Persona als unauffällig inszeniert. Karsh erinnert sich: „Above all he was anxious to discourage the slightest animation or brightness in his personality because, I suppose, it contradicted the grey, colourless legend of his own making, the legend of solemn wisdom, compassion, and reliability” (90).

1234 Roy MacGregor, *Canadians. A Portrait of a Country and its People* (Toronto: Penguin Canada, 2007) 45.

real Kanadian – quiet outside, mad inside“ bzw. „the Kanadian embodied Canadian psyche – outward normal, but inside mad – full of secrets“[1235].

Kings Rat an Noman, dass das Überleben nur möglich sei „by being an explorer“, ist demnach nicht nur auf die Individuation des Protagonisten und dessen Selbst bezogen, sondern auch auf seine kanadische Identität. Kings Prüfung Nomans, in der er ihn monatelang durch Toronto treibt, ist ein erster Schritt in diese Richtung: Während der Verfolgung Kings lernt Noman die Charakteristika Torontos sowie das mythische Potential der Stadt kennen und ist am Ende seiner Quest der Überzeugung, „the most exotic country“ gefunden zu haben (siehe „Toronto in Nomans Quest“, S. 256ff). Mackenzie Kings Botschaft scheint – parallel zu seiner Persönlichkeit – zu sein: „[T]he dull gray surface of Canada is an illusion, […] there are more subtle and startling landscapes to explore underneath and inside.“[1236]

d) „[O]ld enough to be haunted“ – Mackenzie King als kanadischer Geist

Neben seiner Funktion als Alter Weiser übernimmt Mackenzie King eine weitere wichtige Rolle. „As to ghosts and spirits, they appear totally banished from Canada. This is too matter-of-fact a country for such supernaturals to visit”, schreibt Catherine Parr Traill 1836 und spricht damit ein vermeintliches Defizit an, das die kanadische Identität nachhaltig prägt.[1237] 1962 bringt Earle Birney die kanadische Geisterlosigkeit in seinem Gedicht „Can.Lit.“ auf den Punkt: „[I]t’s only by our lack of ghosts / we’re haunted“ – Zeilen, die in den Zitatschatz der kanadischen Literatur(geschichte) eingehen.[1238] In *Noman’s Land* finden sich diese Zeilen vertreten durch den griechischen Einwanderer Spiros Ikaris: „You Kanadians, you haven’t suffered. We Greeks are haunted by our dead. […] There are no ghosts here because there is no past.“[1239] Mackenzie Kings Erscheinen in Noman steht hiermit in unmittelbarem Zusammenhang: „Macken-

---

1235 MacEwen, *Papers, 1955-1988*, Box 20, Folder 20:1 sowie 20:4. Die Unterstreichungen sind aus dem Original übernommen.

1236 Bartley, *Invocations* 13.

1237 Cynthia Sugars, „Phantom Nation: English-Canadian Literature and the Desire for Ghosts”, *Zeitschrift für Kanada-Studien* 31. Jahrgang 2011 / Heft 2: 58-77, siehe 59.

1238 Margaret Atwood, Hg. *The New Oxford Book of Canadian Verse in English* (Don Mills: Oxford University Press, 1982) 116; vgl. Colombo, *Mackenzie King’s Ghost* 2 sowie Sugars. Siehe auch Rosenthal, die über die Situation heute sagt: „A lot of criticism in Canada is concerned with the ghosts of the nation”, vgl. Caroline Rosenthal, *New York and Toronto Novels after Postmodernism. Explorations of the Urban* (Rochester, NY: Camden House, 2011) 268.

1239 MacEwen, *Noman’s Land* 26.

zie King. I saw him in a dream last night", berichtet Noman. „I said: *You can't be a ghost, I don't believe in you*. He said: *Don't you think this country is old enough to be haunted? Don't you think I'm important enough to be a ghost*."[1240] Die Begegnung Nomans mit Mackenzie King löst nicht nur Nomans Suche durch Toronto aus, sondern schreibt auch einem kanadischen Geist die Führungsrolle zu. *Noman's Land* scheint daher eine Auffassung zu vertreten, auf der auch John Robert Colombos Anthologie kanadischer Geistererscheinungen basiert: „The argument that Canada is too young a country to have hosts of ghosts is hoary with age."[1241]

Mackenzie King kommt in Colombos Sammlung eine tragende Rolle zu. *Mackenzie King's Ghost* ist der Titel derselben, und der größte Teil der Sammlung beschreibt das Erscheinen von Mackenzie Kings Geist auf seinem Anwesen Kingsmere nach seinem Tod.[1242] Die Relevanz dieser Geistererscheinungen für die Identität und Kultur Kanadas sowie die Wichtigkeit der Sammlung derselben nach Colombos Vorbild fasst Atwood wie folgt zusammen:

> The digging up of ancestors, calling up of ghosts, and exposure of skeletons in the closet which are so evident in many cultural areas [...] have numerous motivations, but one of them surely is a search for reassurance. We want to be sure that the ancestors, ghosts, and skeletons really are there, that as a culture we are not as flat and lacking in resonance as we were once led to believe.[1243]

Cynthia Sugars erwähnt das Nichtvorhandensein von Geistern als eine Ursache für die „historical amnesia" Kanadas (siehe dazu auch „Das Fehlen des eigenen Mythos", S. 272ff).[1244] Dass Nomans Amnesie gerade durch den Geist Mackenzie Kings kuriert wird, dessen Fleisch-und-Blut-Vorbild ihn ob seines Doppel- und Nachlebens geradezu für seine Rolle als literarischen Geist prä-

1240 MacEwen, *Noman's Land* 67.

1241 Colombo, *Mackenzie King's Ghost* 2. Colombo erhofft durch seine Anthologie von „first-person, eye-witness accounts [...] as fact, not fiction" (1) Kanada von seiner Geisterlosigkeit zu befreien: „[T]here are ghosts and spirits (or at least experiences of them) that are indigenously our own. They cry out for recognition" (8).

1242 Colombo, *Mackenzie King's Ghost* 8. Auf dieses Ereignis scheint Noman anzuspielen, wenn er Kali vor ihrem gemeinsamen Besuch von Kingsmere warnt: „It's haunted though – do you mind?" (MacEwen, „Noman" 119). Ebenso wird das Ereignis bis zum heutigen Tage als Werbemittel für Kingsmere Estate eingesetzt: Angeboten werden mitternächtliche „ghost walks", bei denen den Besuchern Geister von Weggefährten Mackenzie Kings begegnen (siehe http://www.canadascapital.gc.ca/bins/ncc_web_content_page.asp?cid=16302-22559-22674-24073-126185&lang=1&bhcp=1, 24.06.2011).

1243 Atwood, „Canadian Monsters" 100.

1244 Sugars, „Phantom Nation" 62ff.

destiniert, ist ein wichtiger Schritt in der Genese der kanadischen historischen Amnesie.

Dass der Mythos Mackenzie King zukunftsfähig ist und als identitätsstiftender kanadischer Mythos fungieren kann, wird deutlich durch den Charakter Ibrahim. Nomans Freund ist Syrer und nicht kanadisch sozialisiert. Über Nomans Suche nach Mackenzie Kings Geist urteilt Ibrahim: „It seems he had a fantasy about this king because he had been lost and severely injured in a place called Kingsmere, the king's own forest. I understood this to be some sort of Kanadian fairy tale."[1245] Aus der Sicht eines Außenstehenden, der nicht zum kanadischen Kulturraum gehört, stellt sich die Geschichte als kanadisches Märchen dar, das als folkloristische Erzählform eng an Identität und Mythos eines Volkes gebunden ist. Nomans Jagd nach Mackenzie Kings Geist wirkt auf diese Weise Mythen bildend und damit identitätsstiftend.

e) „[J]ust Kanadian"? – „The nightchild" als kanadisches Kind

Dass „the nightchild" eine besondere Bedeutung in Nomans Labyrinth Toronto hat, wird während dessen Quest dadurch deutlich, dass – laut Jubelas Aussage – „there was this kid [...] who kept following us around, [...] who was there every time you turned around"[1246]. Das Kind ist „all over the city", die Stadt ist sein Territorium.[1247] Auch zwischen Kind und Kanada finden sich Verbindungen. So begegnet der Junge Noman anfangs ausschließlich an besonderen kanadischen Tagen: „The first time was the Twenty-Fourth of May."[1248] Der an diesem Tag zelebrierte Victory Day ist – trotz kolonialer Ursprünge – eine kanadische Tradition.[1249] „The child's next visitation was on Kanada Day"[1250], dem kanadischen Unabhängigkeitstag, der am 1. Juli begangen wird. Die Feierlichkeiten in der Hauptstadt werden in *Noman's Land* wie folgt dargestellt:

> *Ottawa.* The whole world is on stage in a thousand costumes. Norwegians lean into the wind, impervious to the rain and chill. Armenians dance in a mad swirl of colours. The flags of a thousand nations lose control. 'China!' screams the

1245 MacEwen, *Noman's Land* 90.

1246 MacEwen, *Noman's Land* 70.

1247 MacEwen, *Noman's Land* 70. Umso größer ist die symbolische Bedeutung, wenn „the nightchild" in den Ontariosee einbricht und dort zu ertrinken droht. Dieser ist Nomans Revier.

1248 MacEwen, *Noman's Land* 36.

1249 vgl. „20 Things You Didn't Know about Victoria Day", *City News Toronto* 19.05.2008, 25.05.2011 <http://www.citytv.com/toronto/citynews/news/local/article/1843--20-things-you-didnt-know-about-victoria-day>.

1250 MacEwen, *Noman's Land* 38.

> announcer, and China makes a brief appearance. 'Taiwan!' and Taiwan emerges like magic from behind the Maple Leaf. 'Scotland! Denmark! Lithuania! Germany! Finland! France! Switzerland! Austria![1251]

Angeregt durch das Spektakel der Einwanderernationen erkundigt sich Noman über „the nightchild“: „What nationality is the kid we saw?“ „Oh nothing, I guess he's just Kanadian”, ist Kalis Antwort. Im Vergleich zu den schillernden Nationalitäten ist das kanadische Kind nichts Besonderes. Dass die Phrase „just Kanadian“ auf den Jungen keinesweg zutrifft, wurde in „The Nightchild“ (S. 201ff) ausgeführt. Er ist ein besonderes Kind mit besonderen Eigenschaften; wie auch das Land Kanada steht er für die Individualität unter der Oberfläche. Diese Intention wird vor allem durch ein Detail deutlich, das MacEwen in dem Ma-nuskript zu *Noman's Land* einfügt, in der finalen Version allerdings streicht: Der Junge trägt dort den Namen Claude; „Clod; I spell it with an 'o'“, merkt Kali an.[1252] Wie „Kanada“, das im gesamten Werk mit „K“ geschrieben wird, gehört „the nightchild“ dem magisch-mysteriösen Areal an, was die bewusst inkorrekte Schreibung seines Namens symbolisiert (siehe dazu „Nomans Quest als ‚Massentraum'“, S. 298ff).

In diesem Zusammenhang kommt dem Kind als „Antizipation einer erst werdenden Bewusstseinslage“[1253] eine übertragene, neue Bedeutung zu: Nicht nur im Bezug auf Nomans Individuationsprozess verkörpert es „potentielle Zukunft“[1254], sondern ebenso im Bezug auf die Selbstfindung Kanadas. Es ist zwar „nur“ kanadischer Herkunft, steht aber für Magie, Besonderheit und Andersartigkeit und verkörpert mythisch-exotisches Potential. Es gehört dem „most exotic country“ Kanada, dem Land „inside this one“ an, das Noman erst am Ende seiner Quest findet. Das Kind fungiert somit als Vorreiter einer neuen Generation[1255] – der Generation nämlich, die das Potential Kanadas verkörpert und die Suche in der Fremde hinter sich lässt.

Hieraus begründet sich auch die Einsamkeit des Kindes: Der Erste einer neuen Generation löst sich von den Ursprüngen und begibt sich auf einen neuen Weg. „[D]ie Verlassenheit ist daher notwendige Bedingung, nicht nur Begleiterscheinung“[1256], betont Jung in diesem Zusammenhang. Im Umkehrschluss erklärt dies auch die Eigenschaft Kanadas als „lonliest country in the world“:

1251 MacEwen, *Noman's Land* 38.

1252 MacEwen, *Papers, 1955-1988*, Box 20, Folder 20:2. Passend zur Rolle des „nightchild“ in Nomans Individuation heißt das entsprechende Kapitel in den Manuskripten „Daymares. Meeting with Claude by day“.

1253 Jung zitiert in Brumlik 71.

1254 Jung zitiert in Schmitt 238.

1255 Jung, *Archetypen* 113.

1256 Jung, *Archetypen* 124.

Nach jahrhundertelanger Kolonialgeschichte ein eigenes Bewusstsein auszubilden, erfordert die Loslösung von den Ursprüngen. Einsamkeit ist auch hierfür Bedingung. Die Bedeutung des Kindes als „Kulturbringer“ erhält vor diesem kanadischen Hintergrund damit eine übertragene Bedeutung.

Die zukunftsweisende Rolle des „nightchild“ bestätigt Kali, wenn sie mit Noman über die Geschehnisse vor seinem symbolischen Tod redet: „Thirteen years ago at Kingsmere I asked you to come with me, under the arch. *Let's move into time*, I said. And you didn't come – why?” fordert dieser eine Erklärung für Kalis Verhalten in Kingsmere und erfährt: „I didn't have to [...]. I already contained the future.”[1257]

5.2. „The city was full of surprises“– Toronto in Nomans Quest

Neben den kanadischen Archetypen ist auch der Schauplatz von Nomans Quest eine erneute Betrachtung im Kontext kanadischer Individuation wert. Der Held der Quest zeichnet zunächst kein besonders schmeichelhaftes Bild von Toronto: „The city had no winged sphinx at its entrance, no riddle and no reward”[1258], urteilt Samuel als junge Version Nomans, als er die Stadt zum ersten Mal betritt. Er drückt damit seine Enttäuschung darüber aus, dass die typischen Charakteristika einer Großstadt, wie Geschichte, Geschichten und Mythos, auf Toronto nicht zutreffen.[1259]

Als Symbol für fehlende Vergangenheit und Mythos sieht Noman während seiner Odyssee in Toronto wiederholt den CN Tower:

> There was something decidedly obscene about it; it was a sort of Up Yours to the rest of the world. It was not, as some thought, a monument to the future, but to the past. He hated it. Towers could only diminish and humiliate you. (He'd read that when it was completed, some workmen had celebrated the event by pissing from the absolute top, all over the metropolis.)[1260]

An anderer Stelle erklärt Noman, dass der Turm auf ihn inauthentisch wirkt:

> He gazed at the Tower – tallest free-standing structure in the world – and it shimmered in the gray air, a monument to nothing [...]. *They didn't know who they were, so they came and build these big cities in the wilderness. They still found it*

1257 MacEwen, *Noman's Land* 123.

1258 MacEwen, „Day of Twelve Princes” 42.

1259 Dies spiegelt das Urteil des griechischen Einwanderers über Kanada wieder, vgl. S. 238.

1260 MacEwen, *Noman's Land* 49.

empty, so they stuck up this tower in the emptiness. They were so lonely they didn't even know it, maybe even lonelier than me.[1261]

Mit diesen Äußerungen widerlegt Noman unbeabsichtigt die Mythen- und Geschichtslosigkeit Torontos und des CN Towers. Die vom Turm urinierenden Bauarbeiter sind in die Kategorie *urban legend* einzuordnen und gehören somit zu Torontos Geschichteninventar.[1262] Selbst Nomans Erklärungsansatz der Erschaffung des Turmes beinhaltet kausale Zusammenhänge, bestätigt damit das Vorhandensein von Toronto-/Kanada-Geschichte und verleiht dem CN Tower Authentizität. Dass gerade der verachtete CN Tower Nomans Durchschwimmung des Sees zum Erfolg führt, kann er zu diesem Zeitpunkt nicht wissen: Während eines Gewitters verliert Noman die Orientierung und nutzt den Turm als Kompass. Obwohl von Noman degradiert als „monument [...] to the past" wird der CN Tower zum Wegweiser in seine Zukunft. Er führt den Helden „home"[1263] sowie in „the other country"[1264] und erhält in Nomans Quest und Individuation somit eine Leitfunktion.

Nomans kritische Betrachtungsweise des prominentesten Symbols Torontos ist jedoch nur eine Meinung, die sich in seiner Quest findet. „The city was full of surprises"[1265], wird das Eintreten des Helden in das Labyrinth Torontos kommentiert und die Stadt bzw. ihr Charakter in ein wesentlich positiveres Licht gerückt. Einige dieser „Überraschungen" sowie ihre Bedeutung für Toronto bzw. Kanada sollen im Folgenden kurz dargestellt werden.

a) „Come in and get lost" – Honest Ed's

Das Kaufhaus Honest Ed's ist der Startpunkt für Nomans Suche nach Mackenzie Kings Geist.[1266] Als Station in Nomans Quest scheint Honest Ed's

---

1261 MacEwen, *Noman's Land* 21.

1262 Vgl. Michael J. Doucet, „The Anatomy of an Urban Legend: Toronto's Multicultural Reputation", *Ceris. The Ontario Metropolis Centre*, 10.01.2012 <http://ceris.metropolis.net/virtual%20library/other/doucet3.html> für eine Definition des Begriffs urban legend (2f).

1263 MacEwen, *Noman's Land* 137.

1264 MacEwen, *Noman's Land* 129ff.

1265 MacEwen, *Noman's Land* 52.

1266 „Honest Ed's is this huge crazy bargain store", beschreibt Jubelas das Geschäft und trifft damit nur zum Teil den Charakter des Ortes (MacEwen, *Noman's Land* 67; vgl. auch Fußnote 1015). Honest Ed's umfasst einen kompletten Block in Torontos Annex-Viertel. Bekannt ist das Kaufhaus nicht nur für seine Niedrigpreise, sein außergewöhnliches Warenangebot und seine Größe, sondern auch für sein Design. Als „Quirky Kitsch and Odd Beauty" betitelt der entsprechende Eintrag auf einer Blog-Seite der Stadt das Etablissement, vgl. Derek Flack, „Honest Ed's Is Quirky Kitsch and Odd

prädestiniert, verkünden doch die Reklameschilder an der Leuchtfassade u.a. „Come in and get lost“ und „Searching can lead to great discoveries“ – ein passender Ort für Noman also, der auf der Suche nach seinem verloreren Selbst ist.[1267] Honest Ed's ist allerdings nicht nur relevant für Noman, sondern auch Jubelas macht eine wichtige Erfahrung dort, die durch die spezifische Kundschaft des Kaufhauses bedingt ist. „[L]ittle old Chinese ladies line up for hours to be the first in and then go surging up and down the creaky old stairs and milling around the counters like bees in a giant beehive", berichtet Jubelas, „[t]he place is a Tower of Babel, it's awful, we're probably the only English-speaking people there, suddenly I know what it feels like to be in a minority."[1268] Die Erfahrung, die Jubelas an dieser Stelle macht, teilt er mit einigen anderen Charakteren aus *Noman's Land*: Durch den Kontakt mit der internationalen Einwanderermenge Torontos nimmt er seine eigene Identität wahr (vgl. hierzu „Ibrahim und Noman“, S. 264ff). Die Rolle des Kaufhauses als Symbol des multikulturellen Charakters der Stadt attestiert auch Pico Iyer, der Honest Ed's als „landmark in the history of Toronto immigration" beschreibt: „[W]hat [Honest Ed's] seemed to be offering was a version of the classic immigrant tale – the American Dream – with Canadian trimmings."[1269] Der Fokus auf den multikulturellen Charakter Torontos setzt sich in der nächsten Überraschung, die Noman widerfährt, fort.

b) „[A] city of carnivals“ – Torontos multikultureller Charakter

Der Begriff Multikulturalismus und die Stadt Toronto scheinen untrennbar miteinander verbunden. Toronto rühmt sich damit, die multikulturellste Stadt der

---

Beauty in a Toronto Landmark“, *BlogTO* 24.11.2009, 31.05.2011 <http://www.blogto.com/city/2009/11/honest_eds_is_quirky_kitsch_and_odd_beauty_in_a_toronto_landmark>. Ob der charakteristischen Fassade, die in Las Vegas-Manier Kunden anlockt, beschreibt Iyer Honest Ed's als „showpiece of the city“, vgl. Pico Iyer, *The Global Soul. Jet-lag, Shopping Malls and the Search for Home* (London: Bloomsbury, 2000) 143. Als „landmark“, „icon“ oder „legend“ Torontos wird Honest Ed's immer wieder bezeichnet und reiht sich selbst in diese Kategorie ein: „New York has Macy's, London has Harrods, […] and Toronto has Honest Ed's" (siehe http://honesteds.sites.toronto.com/, 31.05.2011).

1267 Heute liegt auf der gegenüberliegenden Seite von Honest Ed's die Bar „Amnesia“. In der Tat ist diese Ecke offenbar „Noman's Land“.

1268 MacEwen, *Noman's Land* 67f. In einer früheren Version dieser Szene werden neben den chinesischen Einwanderern auch „lots of Jamaicans and Europeans and Orientals in the line-up“ erwähnt, was die internationale Einwanderermenge noch deutlicher darstellt (MacEwen, *Papers, 1955-1988*, Box 20, Folder 20:4).

1269 Iyer 141.

Welt zu sein.[1270] „[T]he city was a city of carnivals", lernt auch Noman in diesem Zusammenhang während seiner Odyssee in Toronto: „Turn any corner and sooner or later someone would come at you beating a drum or dancing and singing."[1271]

Bei seinem Gang durch die Stadt stößt Noman auf das Caravan-Festival als eines dieser multikulturellen Feste, das den traditionellen Gerichten der verschiedenen in Toronto ansässigen Nationen gewidmet ist und Noman typisch kanadisch erscheint:

> Some buildings had signs on them saying JERUSALEM, CAIRO, ATHENS and so on. [...] You could start off the day with ordinary cornflakes, watch native dancers twirl and beat drums all morning, have a lunch of Lebanese falafel, buy Russian embroidery and Spanish dolls in the afternoon, have Italian pasta and Brio for dinner, take in Ukrainian dances in the evening and wind up with Chinese food at midnight, having seen only one or two token Anglo-Saxons all day. You had no idea whose country you were in; it was perfectly Kanadian.[1272]

Nomans Kennenlernen des multikulturellen Toronto setzt sich fort in seinen Erkundungen im griechischen Viertel der Stadt im Kapitel „A Horse of a Different Colour"[1273]. Noman trifft den Griechen und Shopbesitzer Spiros Ikaris, der ihm – aus seiner Perspektive – die Unterschiede zwischen seiner Heimat Griechenland und Kanada darlegt. Das Gespräch mit Spiros, das griechische Flair des

1270 Der Fokus auf Multikulturalismus spiegelt sich in den Werbe-Slogans, die die Stadt in den vergangenen Jahren veröffentlich hat, und die von „Expect the World" über „The World at Home" und „World within a City" bis hin zu „Diversity – Our Strength" reichen (Doucet 1f). Dass der Stolz auf den multikulturellen Charakter sich auf die Mythenbildung Torontos auswirkt, zeigt Doucet, indem er die immer wieder zitierte Aussage, die UN habe Toronto zur multikulturellsten Stadt der Welt erklärt, als *urban legend* entlarvt. Auch ohne offizielles Zugeständnis kommt Doucet zu dem Schluss, dass „[w]ithout question, Toronto is [...] one of the most diverse urban centres in the world" (2). Ebenso Iyer behandelt seine Erfahrungen in Toronto unter dem Schlagwort „The Multiculture" und sieht in der Stadt das Ziel seiner Suche nach der ultimative globalen Stadt (121).

1271 MacEwen, *Noman's Land* 19.

1272 MacEwen, *Noman's Land* 19. vgl. Robert Fulford, „Caravan's Meltdown", *The National Post* 25.06.2005, 15.06.2011 <http://www.robertfulford.com/2005-06-25-caravan.html>. Zu erwähnen ist, dass das Caravan-Festival 2003 zum letzten Mal stattfindet. Ebenso anzufügen ist, dass das Festival in der heutigen Multikulturalismus-Diskussion nicht kritikfrei betrachtet wird (vgl. Fulford, „Caravan's Meltdown").

1273 MacEwen, *Noman's Land* 26ff. „Toronto remains a city of neighbourhoods because it is a city of ethnic communities", betont Doucet (13). Harris widmet der „City of Neighbourhoods" ein Kapitel (117f) und erläutert: „Toronto's neighbourhoods help define our sense of urban identity" (125). Nomans Streifzüge durch die Viertel Torontos greifen dieses Merkmal der Stadt auf.

Viertels sowie die zurückkehrenden Kindheitserinnerungen an seine Einkäufe im Geschäft des neuen Bekannten bewirken schließlich, dass Noman seine magischen Fähigkeiten ausweitet und den den fehlenden Zauber Kanadas beklagenden Griechen mit einem Zaubertrick beglückt: Entsprechend der Überschrift des Kapitels lässt Noman „[a] huge horse, purple as the distant mountains of Crete at sunset“[1274] erscheinen. Wortwörtlich steht die Kapitelüberschrift so für das magisch-zauberhafte Potential Kanadas und widerlegt Spiros' Ansicht, dass Kanada „etwas ganz anderes“ als sein Heimatland Griechenland ist.[1275]

Signifikant ist in diesem Zusammenhang die Tatsache, dass Noman sich in *Greek Town* zum ersten Mal bewusst wieder seiner Vergangenheit erinnert. Im übertragenen Sinne kann so geschlossen werden, dass der multikulturelle Faktor Spiros die Selbstfindung des Kanadiers Noman bewirkt und Noman sich so – wie Jubelas – seiner Identität durch die multikulturelle Erfahrung bewusst wird.

c) „Inside is the mystery“ – Henry Moores „The Archer”

Ein weiteres Merkmal der Stadt, das Noman auf seiner Quest findet, ist Henry Moores Skulptur „Three Way Piece No. 2” – „The Archer” –, die sich auf dem Nathan Philips Square vor Torontos New City Hall befindet: „He headed across the square to where Henry Moore's Archer was slowly acquiring its splendid patina, turning green with age and doing so with great dignity.”[1276] Bei seinem ersten Blick auf das Kunstwerk überkommt Noman eine Welle der Erinnerung: „I have the most extraordinary feeling that I *know* this thing. [...] I feel like I *know* it, it's almost as though I've been *inside* it [...]. I'm the only man in this city who's seen it from the inside.” Ein Obdachloser, der Nomans Selbstgespräch überhört, kommentiert: „Nobody likes this thing, they just get used to it, that's all. Piece of crap if you ask me.” „*The Archer* turned an imperceptively

---

1274 MacEwen, *Noman's Land* 31.

1275 MacEwen, *Noman's Land* 50. Auch der jährlich stattfindenden „West Indian Caribana parade” begegnet Noman zufälllig (50f). Traditionell ist der Sun King, „a great golden disc about ten feet in diameter“, der Anführer dieser Parade. Der Sonnenkönig, dem Noman begegnet, ist von den Strapazen der Parade erschöpft – „so exhausted that he couldn't pull himself around the corner, and one side of his marvellous disc collided with a popcorn cart“. Noman bietet seine Hilfe an: „Very slowly he pulled the Sun around the corner.“ Einmal mehr wird aufgezeigt, dass Begegnungen jenseits der Realität und magische Erfahrungen auch in Toronto möglich sind. Die Bedeutung des Ca-ribana-Festivals und ähnlicher Veranstaltungen für das multikulturelle Toronto unterstreicht Doucet: „The fact that Toronto celebrates its multiculturalism, through almost countless festivals and other cultural events, is both highly symbolic and quite unusual among world cities“ (8; vgl. auch Harris 193).

1276 MacEwen, *Noman's Land* 52.

darker shade of green", ist die Reaktion des Kunstwerks auf Nomans Aussagen.[1277] Schließlich weiß Noman seine Erstbegegnung mit „The Archer" genauer einzuordnen:

> I *was* inside of it once. [...] See down at the bottom where it says H. NOACK – BERLIN? Well that's the name of the foundry in Germany where they cast Moore's stuff – and I was there. [...] I visited the foundry, and since I knew something about welding, one of the workers let me crawl in through the square hole in the piece and weld a couple of seams inside. [...] Inside is the mystery.[1278]

Nomans Weg in das Innere der Skulptur sowie seine Erkenntis „Inside is the mystery" sind Parallelen zu der Weisheit, die er am Ende seiner Quest erlangt. Seine Begegnung mit Henry Moores Skulptur stellt somit ein *foreshadowing* des Schatzes am Ende der Quest dar. Ein Symbol des mysteriös-mythischen Potentials des „Archer" ist die Patina, die sich auf der Skulptur bildet. Wiederholt betont MacEwen diese Spur des Alterns im Bezug auf „The Archer" und scheint damit auszudrücken, dass die Entwicklung eines landeseigenen Mythos Zeit bedarf. Die Patina ist das Symbol dieser vergehenden Zeit.[1279]

Interessant ist in diesem Zusammenhang vor allem die Geschichte der Skulptur, die den Effekt der verstreichende Zeit zeigt. Hinter der Aussage des Obdachlosen, dass „The Archer" keine beliebte Skulptur sei, verbirgt sich eine Kontroverse um das Kunstwerk, die in die Annalen Torontos eingegangen ist. 1958 gewinnt der finnische Architekt Viljo Revell den Wettbewerb um den Bau des neuen Rathauses für Toronto. Revell schätzt das Werk Henry Moores und empfiehlt der Stadt, eine seiner Skulpturen für die New City Hall zu erwerben. Moore bietet der Stadt „The Archer" an. Es entfacht sich eine Kontroverse um das moderne Kunstwerk und dessen Finanzierung – „[O]ne of the great Toronto controversies of the day"[1280], titelt Robert Fulford. „The Archer" wird „the most talked about work of art in the history of the city."[1281] Während der damalige

---

1277 MacEwen, *Noman's Land* 52.

1278 MacEwen, *Noman's Land* 60.

1279 Die Verbindung zwischen Alter und Patina findet sich auch in einem früheren Entwurf zu Noman: „[T]he Moore [...] stood across the square, slowly turning green with age, its inevitable patina" (MacEwen, *Papers, 1955-1988*, Box 20, Folder 20:4).

1280 Robert Fulford, *Accidental City. The Transformation of Toronto* (New York: Houghton Mifflin Company, 1995) 9.

1281 Art Gallery of Ontario, „Henry Moore Sculpture Centre", *Exhibitions*, 22.07.10 <http://www.ago.net/henry-moore-sculpture-centre> ; vgl. auch City of Toronto, „The Archer by Henry Moore", *Toronto City Hall Tour*, 21.07.2010 <http://www.toronto.ca/city_hall_tour/archer.htm>. Gallerie 250 der Art Gallery of Ontario in Toronto ist Henry Moore gewidmet und informiert unter der Leitfrage „Why the Archer?" über diese Kontroverse. Alle Informationen entstammen im Fol-

Bürgermeister Philip Givens sich für Henry Moores „Archer“ einsetzt, sind viele andere Mitglieder des Stadtrates gegen die Investition.[1282] Man befürchtet einerseits, dass der Großteil der Bürger Torontos kein Verständnis für die abstrakte Skulptur hat. Man befürchtet andererseits, dass kanadische Künstler sich benachteiligt fühlen; schließlich ist Moore ein britischer Bildhauer. Der Stadtrat beschließt letztendlich, keine Steuergelder für „The Archer“ zu verwenden, woraufhin Bürgermeister Givens den Kauf über Privatspenden finanziert.

Äußerst interessant ist, dass John Robert Colombo fast zwanzig Jahre nach der Enthüllung der Skulptur in seinem Band *Canadian Literary Landmarks* über den Platz vor der New City Hall schreibt: „A favourite is Henry Moore's sculpture 'Three Way Piece No. 2 (The Archer)' erected in 1966.”[1283] Der Obdachlose behält scheinbar Recht: „[T]hey [...] get used to it.“ Die erwähnte Patina kann ebenso als Symbol für die zunehmende Akzeptanz der Skulptur durch verstreichende Zeit gesehen werden, vollzieht „The Archer“ sein Altern und Eingrünen doch „with great dignity”[1284]. Colombo ergänzend betont auch Fulford, dass die Figur sich zu einem „icon“[1285] entwickelt hat, das im kollektiven Gedächtnis der Stadt verwurzelt ist. So ist mit der Verwendung des „Archer“ ein Teil der Stadtgeschichte in Noman verewigt. Ebenso wird die Natur und Relevanz der Zeit als eines von Nomans Hauptanliegen integriert: Bedeutung entwickelt sich erst durch Zeit.

Bemerkenswert ist, dass Henry Moore in Hinblick auf C.G. Jung und die Archetypenlehre besondere Bedeutung zukommt. Wiederholt wird Moore in

---

genden dieser Ausstellung, wenn nicht anders gekennzeichnet. Eine Zusammenfassung der „Archer-Kontroverse“ liefert auch Fulford, *Accidental City* 9ff.

1282 „The Archer will be Givens' Triumph or Givens' Folly“, titelt Robert Fulford im *Toronto Daily Star* (11.06.1966, siehe Gallerie 250). Die Skulptur wird im Oktober 1966 enthüllt. Für Givens Karriere erweist sie sich als „Folly“: Er verliert seine Kandidatur zur Wiederwahl in das Bürgermeisteramt. Für die Stadt selbst erweist sich Givens' Entscheidung als „Triumph“: „The battle over *The Archer* [...] forged an emotional connection between Moore and Toronto”, beschreibt Fulford (*Accidental City* 11). 1974 schenkt Moore der Art Gallery of Ontario 200 seiner Kunstwerke, das Henry Moore Sculpture Centre wird eröffnet und beinhaltet mittlerweise mehr als 900 Skulpturen und Zeichnungen des britischen Künstlers. Nach eigener Aussage ist die AGO „internationally [known] for its extraordinary and extensive collection of Henry Moore works“ (AGO, „Henry Moore Sculpture Centre”). „It's the most important collection of Henry Moore's work anywhere”, steigert Fulford (*Accidental City* 9). Die Entstehung des Moore-Zentrums der AGO ist für ihn eines der zufälligen Ereignisse, das zur „Accidental City” Toronto führt.

1283 Colombo, *Canadian Literary Landmarks* 184.

1284 MacEwen, *Noman's Land* 52.

1285 Fulford, *Accidental City* 7 und 178.

Jung'scher Literatur als einziger zeitgenössischer Bildhauer erwähnt, der in einer symbolkargen Zeit Gebrauch von Symbolen in Jung'schem Sinne macht. Vor allem Erich Neumann zeigt in seinem Werk *Die archetypische Welt Henry Moores* den Zusammenhang zwischen den Skulpturen des Künstlers und der Analytischen Psychologie (siehe dazu auch „Weltanbindung durch Archetypen", S. 297f).[1286]

Zusammengefasst wird die Beschreibung Samuels „no winged sphinx [...], no riddle and no reward" widerlegt: Toronto kann sich zwar nicht mit antiken Städten bzw. Stätten messen. Die Quest stellt für Noman aber dennoch ein Rätsel dar, an dessen Ende in Form der Erkenntnis Belohnung erfolgt. Die Stadt dient hierbei als magisches Areal, und die Sphinx wird ersetzt durch rätsel- und zauberhafte Wesen kanadischer Natur, wie Mackenzie Kings Geist. „The city was full of surprises"[1287], wird Toronto als *setting* von Nomans Quest charakterisiert und alle Sehenswürdigkeiten, die Noman passiert, werden zu relevanten Stationen für seine Selbstfindung: Honest Ed's wird dargestellt als Ort des Mul-

---

1286 Vgl. van der Post 65 sowie Martin 178. Als zentralen Archetpyen, um den sich das Lebenswerk Moores dreht, sieht Neumann das „Große Weibliche" bzw. die „Große Mutter", vgl. Erich Neumann, *Die archetypische Welt Henry Moores* (Zürich und Stuttgart: Rascher Verlag, 1961) 112. „Daß Moore in der Ausbreitung seines großen, durch Jahrzehnte sich entfaltenden Werkes seinem zentralen Thema, dem Archetyp des Weiblichen, treu geblieben ist, hat ihm die skulpturelle Gestaltung einer Symbol-Wirklichkeit möglich gemacht, die in ihrer inhaltlichen ebenso wie formalen Vielseitigkeit in der Kunst aller Zeiten einzigartig ist", beschreibt Neumann (130). Interessant ist in diesem Zusammenhang ein Blick auf die Arbeitsweise Moores. Bei der Verarbeitung natürlicher Materialien zieht Moore die Beschaffenheit des Rohmaterials in die Gestaltung seiner Figuren mit ein und kreiert aus ihrer Maserung bzw. Schichtung das Kunstwerk. „Es handelt sich bei Moore [...] um die – geglückte – Bemühung [...] durch eine entsprechende Annäherung an das Wesen des Naturhaften den Stein oder das Holz gewissermaßen ‚von innen her', von seiner eigenen Mitte aus, zu erfassen und zur Gestaltung zu bringen. [...] Dem ‚Von außen her' des Plastikers, dem Begriff der ‚Bearbeitung' [...] steht hier eine andersartige Haltung des Künstlers gegenüber. Für ihn ist in der Materie ihre Herkunft von der kreatorischen Mater noch so lebendig, dass er fast nur wie Hebammendienste leistend ihr hilft, die in der Materie angelegte Intention zu verwirklichen" (29f). Das Resultat dieser Vorgehensweise ist Neumann zufolge die Erschaffung des Numinosen in der Skulptur und die Kreation kollektiver Kunst. Dass Noman das „inside" der Moore-Skulptur kennt, sie von innen heraus (mit-) erschaffen hat und mit der Erkenntnis schließt, dass im verborgenen Innenleben das eigentlich Mysterium liegt, entspricht so Moores Arbeitsprozess und Philosophie. Es zeigt gleichzeitig, dass Noman den Prozess zur Erschaffung von Numinosität und Mythos kennt.

1287 MacEwen, *Noman's Land* 52.

tikulturalismus, aber gleichzeitig als ein verwunschener Ort, an dem Geister erscheinen. Das griechische Flair von Spiros Ikaris' Viertel erscheint als magischer Ort, an dem Noman seine Zauberkünste ausweitet. Henry Moores „Archer“ ermöglicht einen Blick in das mythische Innenleben der Stadtgeschichte, greift Nomans Anliegen der Natur der Zeit auf und ermöglicht ihm eine erste Erkenntnis der Relevanz des Inneren. Verstärkt wird diese Erfahrung dadurch, dass Noman durch die Begegnung mit den Sehenswürdigkeiten Torontos seine Erinnerung wieder findet und eine Verbindung zu seiner Vergangenheit herstellen kann. Die Stadt wird somit geschichtsfähig und widerlegt Spiros Ikaris' Vorwurf „no history, no past“[1288].

d) „[I]nstant history“ versus „emptiness” – Kingsmere und Toronto

Dass Noman Kingsmere und den Wald der Gatineau Hills verlässt um seine Quest in Toronto zu vollziehen, und dass seine Amnesie es ihm ermöglicht, die ihm bekannte Stadt von einer neuen Seite zu betrachen, wurde erwähnt. Ebenso wurde erwähnt, dass Nomans Rückkehr nach Toronto eine Abkehr vom archetypischen Muster der Quest ist, das ein fremdes Land bzw. unbekanntes Areal als Platzhalter für das Unbewusste vorsieht. Eine Abkehr vom Quest-Muster kann Campbell zufolge wichtig für die Deutung des Beispiels sein.[1289] Eine Betrachtung des Ortes Kingsmere kann Aufschluss über die genauere Bedeutung der Variation in *Noman's Land* geben.

Der Charakter des Ortes wurde bereits erwähnt: Premierminister Mackenzie King sammelt auf seiner Parkanlage Kingsmere Fragmente alter Gebäude und setzt sie in ruinenähnlichen Arrangements zusammen. Einige der Ruinen haben historischen Ursprung; Stacey berichtet, dass King Teile des alten kanadischen Parlamentsgebäudes, das 1916 in einem Feuer zerstört wird, sowie Steine der Westminster Hall nach deren Zerbombung im 2. Weltkrieg besitzt.[1290] Insofern kann man der National Capital Commission zustimmen, wenn sie in Kingsmere Kings Drang „to connect his home, Canada, to his European origins” sieht.[1291]

1288 MacEwen, *Noman's Land* 30. Weitere Charakteristika der Stadt, die Noman auf seiner Quest kennen lernt, sind das Kaufhaus Eaton's, das Areal der Canadian National Ex-hibition sowie das Badehaus Sunnyside Baths. All diese Orte im Detail zu betrachten, würde den Rahmen dieser Arbeit sprengen. Bemerkt sei allerdings, dass alle denselben Effekt haben: Sie dienen entweder dazu, Nomans Erinnerung zu wecken, oder spielen mit der Stadtgeschichte und tragen dadurch zur Mythologisierung der Stadt bei.

1289 Campbell 38.

1290 Stacey 128f.

1291 National Capital Commission, „Kingsmere”, *Discover the Capital*, 16.06.2011 <http://www.canadascapital. gc.ca/bins/ncc_web_content_page.asp?cid=16297-16299-10170-49685-49721-49723&lang=1m>.

Die Kuriosität des Ortes heben Kritiker allerdings immer wieder hervor. „[H]e [...] gathered broken stones from anywhere and somehow put them together in the semblance of order [...] yet [...] the emptiness remained"[1292], beschreibt Bruce Hutchison. Sullivan interpretiert: „[T]he grotesque naivety of his me-nagerie of pseudo-classical arches filched from British banks and churches and set against the backdrop of raw wilderness expressed such a misguided longing for an appropriated cultural identity, while distorting the beauty of the wilderness itself."[1293] MacEwen selbst urteilt nach einem Besuch der Gatineau Hills: „All I know is Kingsmere is absolutely haunted."[1294]

Was sich hinter diesem Eindruck verbirgt, erfährt der Leser in der Kurzgeschichte „Kingsmere“[1295]. Die architektonischen Arrangements Kings werden dort als „synthetic ruins“[1296] beschrieben und spiegeln Hutchisons Beschreibung der Leere wider: „You look through a classic arch and see, not Athens, nor Rome nor even Palmyra, but the green Gatineau hills of Kanada. You wonder if the landscape protests these borrowed histories, these imported ruins. You wonder if the stones and pillars and arches rest easy here."[1297] Im Zusammenhang mit Nomans „First Threshold" wurde der Ort Kingsmere als elektrisch aufgeladen beschrieben – ein Charakteristikum, das auch der Sprecher in „Kingsmere“ vermerkt:

> Something isn't right. Into whose future are you moving? [...] You have spotted one very large arch at the far end of the field, and for a second you have an intense, blinding perception of the real nature of the place. This stone on stone, this reconstruction of a past that was never yours, this synthetic history. Only the furtive trees are real. [...] Here there is a tension between past and future, a tension so real it's almost tangible; it lives in the stone, it crackles like electricity among the leaves. He tried to transplant Europe, to bring it here among the stark trees and silent trails but *There, beyond the arch, is the forest.* [...] You have only to pass under the arch to be free, to be away from this place, but you watch the arch and grow afraid, for the arch is watching you. The little King [...] [is] watching you. And all the trees are silently screaming.[1298]

Eine ähnliche Meinung vertritt Kali, als sie Noman die Eigenschaften des Ortes seiner Wiedergeburt erklärt: „Zap – instant history. [...] He tried to decorate the

1292 Hutchison, *The Incredible Canadian* 449.
1293 Sullivan, *Shadow Maker* 157.
1294 Zitiert in Sullivan, *Shadow Maker* 260.
1295 MacEwen, *Noman* 52ff.
1296 MacEwen, „Kingsmere" 53.
1297 MacEwen, „Kingsmere" 54.
1298 MacEwen, „Kingsmere" 54.

present with relics from the past, and ended up creating a time-warp. The ruins don't belong in that landscape, the landscape rejects them."[1299]

In beiden Auszügen wird deutlich, dass Kingsmere als Verbindung zwischen Kings Heimat Kanada und seinen europäischen Ursprüngen unharmonisch und inauthentisch ist: Es ist eine synthetische, keine gewachsene, eigene Geschichte. Die Frage des Sprechers, ob die Umgebung die „geliehene Geschichte" annehme, beantwortet der Text selbst: „[A]ll the trees are silently screaming", „the landscape rejects".

Als Repräsentant des Unbewussten und als außergewöhnlicher Ort ist Kingsmere überzeugend und eignet sich als Ort der symbolischen Wiedergeburt und der „First Threshold". Kingsmere ist ebenso merkwürdig wie sein Besitzer. Die spätere Rolle Mackenzie Kings für Nomans Quest wird daher an diesem Ort bereits angedeutet: „The little King [...] [is] watching you."[1300] Die Flucht Nomans aus dem Wald der Gatineau Hills ist ebenso bereits im Durchschreiten des Torbogens enthalten: „You have only to pass under the arch to be free, to be away from this place." Ziel ist, die inauthentisch-konstruierte Geschichte und Identität Kingsmeres hinter sich zu lassen. Bevor Noman schließlich den Torbogen durchschreitet, spiegelt Kalis Besorgnis die Frage des Sprechers in „Kingsmere": „Noman, what are we doing here? [...] Whose past have we stolen? Into whose future are we moving?" „[O]ur own, of course"[1301] als Nomans Antwort gibt als Richtung die Konzentration auf eine Zukunft vor, die eine wahre, authentische Geschichte verbunden mit einem eigenen Mythos realisiert.

Hutchison sieht Kingmere nicht nur als eine themenparkartige Anlage, sondern als Essenz des kanadischen Identitätsproblems, personifiziert durch Mackenzie King: „These walls bounded and defined the Canadian paradox in King and in his people. By their synthetic antiquity they revealed a radical in politics who, in life's essentials, was a conservative, a prophet who preached the future but was anchored in the past, a nationalist pulled by the geography of Canada yet never free of history's tug across the sea."[1302] Eine Quest, die das Ziel hat, eine authentische, zukunftsorientierte Identität zu schaffen, muss sich somit aus Kings Gatineau Hills hinaus in ein authentisches Areal bewegen und die „geliehene Geschichte" Kingsmeres hinter sich lassen.

Noman's Land suggeriert, dass die Stadt Toronto ein solches Areal ist. Die Gründung der Stadt scheint auf ein ebensolches Identitätsproblem zurückzugehen: „*They didn't know who they were, so they came and build these big cities in*

1299 MacEwen, *Noman's Land* 15.

1300 Vgl. hierzu Kalis Beschreibung Mackenzie Kings als „[s]hort fat little man with a brown suit" (MacEwen, *Noman's Land* 67).

1301 MacEwen, „Noman" 120.

1302 Hutchison, *The Incredible Canadian* 449.

the wilderness."[1303] Im Gegensatz zum konstruierten Kingsmere ist Toronto allerdings ein authentischer Ort, der aus dem Versuch der Identitätschaffung entstanden ist. Vor dem Hintergrund dieses Zitats kann Toronto tatsächlich unbekanntes Terrain repräsentieren: Die Stadt ist kulturelles „Noman's Land", gegründet, aber immer noch leer und ohne Bedeutung. Hier kann Noman authentisch-kanadischen Archetypen begegnen und die Sehenswürdigkeiten und Eigenheiten der Stadt kennen lernen. Hier kann er erfahren, dass die Suche nach dem „country inside" nicht aufhört. In diesem Labyrinth kann Noman seine Identität als Kanadier finden und realisieren, dass dies „the most exotic country" ist. Toronto ist somit – bezogen auf den kanadischen Kontext – tatsächlich „a new zone of experience"[1304]. Auch Davey sieht in dem Torbogen, der Noman von Kingsmere wegführt, „an archway into the real"[1305]. Somit ist das archetypische Muster des Heldenmythos nicht nur dem Handlungsort und der Kultur angepasst, sondern schafft – parallel zur Bewusstheit des Helden – deren Bewusstheit.[1306] Toronto sowie Kanada sind kulturelles „Noman's Land" und bekommen durch Nomans Quest Bedeutung.

5.3. „[T]he only real foreigner" – Noman im kanadischen Kontext

a) „[T]he awful truth" – Noman als Kanadier

Im Rahmen des „wonderfully complex game"[1307] der Charakterkonstellation ist ein zweiter Blick auf Noman und seine Wechselwirkung mit anderen Charakteren im kanadischen Kontext relevant.

Ein Grund des Rätselratens um Nomans Wurzeln ist die Annahme, dass ein schillerndes Individuum wie er kein Kanadier sein kann. Bereits nach dem ersten Treffen ist Jubelas sich sicher, dass der neue Freund fremder Herkunft ist. Auffällig in Jubelas' Rätselraten ist dessen Abwertung der eigenen Kultur. „[T]he white nothing", nennt Jubelas Kanada in diesem Zusammenhang, und die eigene Herkunft ist minderwertig im Vergleich zum Fremden: „He was so damned debonair. […] I always felt so clumsy and Kanadian. Like [a] little tug-

1303 MacEwen, *Noman's Land* 21.

1304 Campbell 82.

1305 Davey, „The Secret of Alchemy" 53.

1306 Campbell erwähnt die Anpassung des archetypischen Musters an den Handlungsort und die dort vorherrschenden Kultur und Landschaft als eine Variation der Quest (246).

1307 Sullivan, *Shadow Maker* 157.

boat […] with [a] sign inside that [says] it [is] only qualified to navigate in Minor Waters."[1308] Eine ähnliche Überzeugung vertritt auch Kali, wenn sie anfangs über Nomans Herkunft grübelt, „for somehow it was incongruous that he could have worn so beautiful a coat, or danced so well in Kanada."[1309] Die Enthüllung seiner wahren Identität führt zu einer Perspektivenänderung in Kali: „But alas, I finally learned the awful truth. Noman was Kanadian."[1310] Die Faszination, die Kali zuvor für den neuen Liebhaber verspürt, schwindet, und er ist plötzlich nicht mehr so exotisch: „I had intended to cook up a storm of ethnic dishes, just for him. My fridge was stuffed with insane food […]. [F]inally […] I threw a can of pork and beans into a saucepan."[1311]

Seine offenbar nicht-kanadische Natur erkennt Noman nach seiner Wiedergeburt in den Gatineau Hills auch in sich selbst: „He was fairly tall, with a lean and muscular build […]. Dark auburn hair, eyes that changed colour, nationality uncertain."[1312] Er nimmt sich selbst als Fremden wahr. Dieses Empfinden setzt sich in seinen ersten Tagen in Kanada bzw. Toronto fort – obwohl ihm zu diesem Zeitpunkt seine Identität bereits bekannt ist. „I'm more foreign than you and I'm Kanadian", erklärt er dem griechischen Shopbesitzer. „Maybe I'm the only real foreigner here."[1313]

Diesen kritisch-nachdenklichen Blick auf das eigene Land und dessen Unfähigkeit, sich selbst zu definieren, äußert Noman bereits an diversen anderen Stellen vor seiner Quest. „Kanada […]. Like a great blank sheet in the world's diary. Who'll make the first entry?"[1314], philosophiert er über die Identität des Landes.

Dass Noman allerdings das Potential hat, das „country inside" zu finden, kommt von Anfang an zum Ausdruck. „He was so interested in everything that was going on around him. That proved he was foreign, all right"[1315], bemerkt Jubelas bei den ersten Treffen und unterstreicht damit die als merkwürdig betrachtete Verhaltensweise, sich für kanadisches Umfeld bzw. Kultur zu interessieren. Auch seine vorgetäuschten sprachlichen Schwierigkeiten deuten auf die Essenz seiner Quest hin. Nachdem Kali Englisch als seine Muttersprache entdeckt, beschreibt Noman als sein Ziel der Englischstunden: „I just wanted to

1308 MacEwen, „Noman" 91.
1309 MacEwen, „Noman" 107.
1310 MacEwen, „Noman" 105.
1311 MacEwen, „Noman" 106.
1312 MacEwen, *Noman's Land* 16.
1313 MacEwen, *Noman's Land* 29.
1314 MacEwen, „Noman" 87.
1315 MacEwen, „Noman" 86.

learn it all over again."[1316] Diese Wiederentdeckung bekannten Stoffes ist ein *foreshadowing* zu Nomans Selbstsuche. Seine gesamte Quest steht im Hinblick auf den kanadischen Kontext unter dem Motto „all over again" und ermöglicht ihm einen revidierten Blick auf Kanada als „other country".

b) „East confronts West" – Ibrahim und Noman

Obwohl während des Großteils seiner Quest als Fremder in Kanada erscheinend, beweist Noman in seiner Beziehung zu dem Einwanderer Ibrahim seine kanadische Herkunft und tritt als Vertreter des Landes auf, dessen Essenz er zu diesem Zeitpunkt selbst noch nicht verstanden hat.

Der aus Syrien stammende Ibrahim fasst seine Erfahrung in Kanada unter dem Schlagwort „East confronts West"[1317] zusammen. In den banalsten Alltagssituationen ist er mit seiner Fremdheit konfrontiert und versucht, die kanadische Kultur für sich zu analysieren.

Ibrahims kulturelle Schwierigkeiten betrachtend revidiert Noman seine eigene Situation: „Ibrahim, my fine and Arab friend, [...] you have just showed me that perhaps there is someone in this country who is more foreign than me."[1318] Um das Leben in Kanada zu bewältigen und sich mit dem kanadischen Alltag zu arrangieren, erteilt Noman Ibrahim einen Rat, der die Erkenntnis seiner Quest spiegelt: „Look, the past is a clamour of voices, the Old World wails in your head like the songs of those singers you listen to. You must find your way into the New World."[1319] Noman ist als Lehrmeister in seiner Beziehung zu Ibrahim somit sich selbst voraus, indem er dem Freund einen Rat gibt, dessen tieferer Sinn ihm selbst erst nach der Seedurchschwimmung bewusst wird. Wie auch schon im Falle Jubelas', Omphales und Kalis löst Noman die Selbstfindung Ibrahims aus. „I must stop this", sagt dieser sich folglich, „I must lose myself to find myself. [...] I must merge with people, cohabit and amalgamate. [...] Down with the past, up with the future."[1320]

Nomans Beziehung zu Ibrahim zeigt ihn nicht nur sich selbst voraus. Deutlich wird auch Nomans Identität als Kanadier: Oft konfrontiert mit den traditionellen Ansichten des Freundes nimmt Noman die Rolle des Verteidigers der ka-

---

1316 MacEwen, „Noman" 106.

1317 MacEwen, *Noman's Land* 86.

1318 MacEwen, *Noman's Land* 89.

1319 MacEwen, *Noman's Land* 99.

1320 MacEwen, *Noman's Land* 90. Die kanadische Einwanderungspolitik im Zusammenhang mit Schlagwörtern wie Immigration als Trauma bzw. tabula rasa eröffnet hier weitere Perspektiven, denen an dieser Stelle nicht nachgegangen werden soll.

nadischen (bzw. westlichen) Lebensweise ein.[1321] Die Tatsache, dass die kanadische Kultur von Ibrahim als fremd empfunden und von Noman verteidigt bzw. erklärt wird, zeigt, dass sie vorhanden ist – wenn auch nicht in den Augen der Kanadier selbst, so doch in den Augen der Einwanderer. Durch den Kontakt mit Ibrahim ist es Noman so möglich, seine eigene Kultur kennen zu lernen.[1322] Wenn Noman zu Spiros Ikaris sagt, „I'm more foreign than you and I'm Kanadian"[1323], spielt er auf genau diese Situation an. Für den Einwanderer ist es ob seiner Distanz einfacher, die Essenz des fremden Landes auszumachen, als für den Einheimischen: „An ant walking across a printed page can't read the words."[1324] Kali, die im Laufe von Nomans Quest so oft als der eigentliche Experte auftritt, hat auch diesmal diese Erfahrung schon vor Noman gemacht:

> Strange, or not so strange, that all my early lovers were foreigners, that I went with them partly so I could see this country through the eyes of immigrants. [...] [M]e the native leading them back to their lands while they revealed to me the many Kanadas mirrored in their eyes. Then came Noman, more foreign than anyone because he did not come from outside, but from inside this land.[1325]

Nomans Quest etabliert somit einerseits symbolische Orte und Figuren, die über ihre Bedeutung in der Selbstfindung des Helden Relevanz in der psychologischen Situation Kanadas erhalten. Andererseits ist die Stadt Toronto nicht nur reines *setting,* sondern ihre Eigenschaften verhelfen Noman, die Belohnung am Ende der Quest zu erlangen. MacEwen „kanadisiert" somit Campbells Quest-Muster. Auf die Bedeutung von *Noman* und *Noman's Land* für die kanadische Psyche soll im folgenden Kapitel eingegangen werden.

1321 Bemerkenswert ist, dass Ibrahim Noman als „Kanadian" betrachtet, während alle anderen Charaktere ihn als Fremden wahrnehmen. Nomans Plan der Seedurchschwimmung führt Ibrahim ebenso auf dessen Kanadiertum zurück: „It's the kind of monstrous idea that this country gives birth to. Like those madmen who walk on tightropes over Niagara Falls or fling themselves over the edge in barrels. A northern madness, a madness born of desperation and anemia" (98).

1322 Dies spiegelt somit die Erfahrung, die Jubelas in Honest Ed's macht, siehe „Honest Ed's" (S. 253f).

1323 MacEwen, *Noman's Land* 29.

1324 MacEwen, „Noman" 106.

1325 MacEwen, *Noman's Land* 99. MacEwens Verwendung der multikulturellen Erfahrung in Kanada bezeichnet Sullivan als bahnbrechend. „[MacEwen] was the next stage, she was already interested in the diversity of Canadian culture. She wasn't interested in WASP-Canadian culture", sagt sie, MacEwen im Vergleich zu anderen Autoren zum Zeitpunkt der Publikation von *Noman's Land* betrachtend (Persönliches Interview, 13.08.2009).

5.4. „[T]he strangers in Kanada" – Nomans Quest als Spiegel der kanadischen Psyche

Die Individuation des Protagonisten ist nur ein Ziel in Nomans Quest. Der Anstoß der Identitätsfindung Kanadas durch Darstellung neurotischer Aspekte der kanadischen Psyche und Andeutung möglicher Wege zur Genese ist ein weiteres. Durch beide Prosawerke ziehen sich Motive, die von der kritischen Literatur als Merkmale der kanadischen Psyche – gespiegelt u.a. in kanadischer Literatur – genannt werden. Diese neurotischen Eigenschaften Kanadas sowie die angedeuteten Wege aus dieser Kondition sollen im Folgenden besprochen werden.

a) Neurose:
„[T]hat elusive beast" – Die Suche nach der kanadischen Identität

Die kanadische Identität wird bis heute als „Problem" empfunden, und Debatten darüber, wie diese Identität beschaffen sei, sind nach wie vor aktuell. Die Referenzen hierzu sind endlos: MacGregor redet von „this slippery thing called Canada" und der „Great Canadian Identity Crisis".[1326] David Ketterer stellt „[a] notorious Canadian lack of identity"[1327] fest, Robert Wright beschreibt die Frage der kanadischen Identität als Besessenheit.[1328] Gerade Letzteres ist eine Tatsache, die sich in Iyers und MacGregors langen Listen von Werken widerspiegelt, die sich der Suche nach bzw. dem Versuch der Definition der kanadischen Identität widmen.[1329]

Auffällig ist, dass viele dieser Werke Fragen aufwerfen, die sich auch in der Geschichte um Noman widerspiegeln. So bemerkt beispielsweise James Foley: „Whoever searches for a Canadian identity cannot avoid an encounter with a multitude of duplicities and contradictions. Does Canada actually have an identity of its own or does it mirror some foreign identity? [...] Is identity rooted in the past or in the future [?]"[1330]. Nomans Identität, die einerseits fremd erscheint, andererseits kanadisch ist, spiegelt diese grundlegende Frage. Sein Pendeln zwischen Vergangenheit und Zukunft macht den Hauptaspekt seiner Quest aus. Nomans Erkenntnis der niemals endenden Suche nach dem „country within"

1326 MacGregor 20 und 63.

1327 David Ketterer, *Canadian Science Fiction and Fantasy* (Bloomington & Indianapolis: Indiana University Press, 1992) 58.

1328 Robert Wright, *Nationalism, Culture and the Canadian Question* (Toronto: Canadian Scholars' Press, 2004) 9.

1329 Vgl. MacGregor 65 sowie Iyer 163.

1330 James Foley, Hg. *The Search for Identity* (Toronto: Macmillan, 1976) 1.

findet sich hingegen in Hutchisons folgender Aussage: „There is the hard, silent, and unyielding core of Canada, the final mystery which, like all the other things that matter in life, like life itself, is forever inexpressible."[1331] Bezeichnend ist in diesem Zusammenhang, dass der letzte Beitrag in Foleys 1976 zusammengestellter Sammlung *The Search for Identity*, der als Ausblick für die Zukunft der kanadischen Identität dient, MacEwens „The Discovery" ist. Die Essenz des Gedichtes spiegelt die Erkenntnis Nomans wieder: „do not imagine that the exploration ever / ends"[1332]. Interessant ist ebenso, dass Northrop Frye über den historischen Ursprung „[of] our famous problem of identity" schreibt: „To feel 'Canadian' was to feel part of a no-man's-land with huge rivers, lakes, and islands that very few Canadians had ever seen."[1333] Nomans Quest in diesem „no-man's-land" scheint passend.

Auch wenn ein Großteil der Literatur zur kanadischen Frage aus den Jahren 1960-70 stammt, ist das Thema keines der Vergangenheit. Werke, die der Definition der kanadischen Identität auf den Grund gehen, erfreuen sich auch im 21. Jahrhundert beachtlicher Belietbheit. Ryan Edwardsons *Canadian Content. Culture and the Quest for Nationhood* thematisiert mit dem Begriff Quest das noch immer aktive Suchen nach der kanadischen Identität. Cynthia Sugars liefert mit *Unhomely States* einen Überblick über die verschiedenen Facetten der Debatte. Sherrill Grace hebt in *On the Art of Being Canadian* die aktuelle Relevanz der Thematik hervor und führt die Suche nach der kanadischen Identität als Thema des 21. Jahrhunderts weiter. Auf ihre Leitfragen „How does one *be* Canadian? What qualifies as 'being Canadian'?"[1334] findet Grace keine Antwort. Sie beschreibt die Suche nach der kanadischen Identität als „work in progress": „[A]lways changing, adapting, revising, revisiting its histories; always contesting and redrawing cartographic and cultural boundaries; as always, and productively, unfinished."[1335] Auch diese Einsicht korrespondiert mit Nomans Erkenntnis am Ende seiner Quest –, und *Noman's Land* scheint zeitlos in seiner Thematik sowie seiner Nachricht „to all the strangers in Kanada", denen das

---

1331 Bruce Hutchison, „The Canadian Personality", *The Search for Identity*, Hg. James Foley (Toronto: Macmillan, 1976) 3-10, siehe 9. MacGregor betrachtet Hutchison als Experten bzgl. der Frage der kanadischen Identität: „Some might even say he invented us" (18).

1332 Foley 116.

1333 Frye, *The Bush Garden* 220.

1334 Sherrill Grace, *On the Art of Being Canadian* (Vancouver: University of British Columbia Press, 2009) 7.

1335 Grace, *On the Art of Being Canadian* 154.

Land ein Rätsel ist.[1336] William Frenchs Zusammenfassung der Erfahrung Nomans scheint daher damals wie heute passend: „So here we go again, on another restless quest for that elusive beast, the Canadian Identity.“[1337]

b) „[T]he Woody Allen of Nations” – Kanadas niedriges Selbstwertgefühl

Eng verbunden mit der Suche nach der kanadischen Identität ist die eigene Unterschätzung. Als kanadische Charaktereigenschaft stellt Hutchison heraus: „Self-depreciation is our great national habit.“[1338] Auch Iyer spricht von „Canada's proverbial lack of confidence”[1339]. Den Ursprung hiervon sieht Stephen Henighan in der Geschichte und Lage Kanadas, „first as a British colony and a country oriented towards Great Britain, then, after 1945, as a neighbour of the most powerful nation on earth“[1340]. Die Nation psychologisierend redet MacGregor in diesem Zusammenhang vom kanadischen Minderwertigkeitskomplex und bemerkt in Anlehnung an die Personifikation des Neurotikers: „No wonder we get called [...] the Woody Allen of Nations.“[1341] Die Neurose als Kondition Kanadas bestätigt sich in Rückbezug auf Jung, beschreibt dieser diesen Zustand doch als Entfremdung des Ich vom Selbst bzw. als Entfremdung des Selbst von der Welt. Vor allem im Hinblick auf die von Henighan hervorgehobene lange britische Anbindung und Abgrenzung von den USA können beide Variationen im Falle Kanada als zutreffend angesehen werden.

Der Minderwertigkeitskomplex Kanadas wird in *Noman's Land* in der Beschreibung des „nightchild“ als „just Kanadian“ und in Jubelas Gefühl, „clumsy and Kanadian“ zu sein, deutlich. Die abschätzige Wahrnehmung „just Kanadian“ sieht MacGregor auch in Grey Owl widergespiegelt: „The lecture circuit required persona as much as product, and so it's hardly surprising that so many

1336 Der Begriff des Fremden taucht in diesem Zusammenhang auch in anderen Werken des kanadischen Kanons auf. „No wonder I felt like a stranger in my own land”, beklagt der Erzähler Dunstan Ramsey im Bezug auf Kanada in Robertson Davies *Fifth Business* (Davies 172). Auch Susanna Moodie hält in *Roughing it in the Bush* fest: „I felt that I was a stranger in a strange land” (zitiert in Groß, Klooß und Nischik 45). Margaret Atwoods Phrase „home ground, foreign territory“ (*Surfacing* 7) wurde in diesem Zusammenhang bereits erwähnt. MacEwens Widmung kann auch als Anspielung auf diese literarischen Erfahrungen verstanden werden.

1337 French.

1338 Hutchison, „The Canadian Personality” 6ff.

1339 Iyer 161.

1340 Stephen Henighan, *When Words Deny the World. The Reshaping of Canadian Writing* (Erin: The Porcupine's Quill, 2002) 135.

1341 MacGregor 41.

of the early known Canadian writers weren't at all who they said they were."[1342] Als Kanadier findet man kein Gehör, als „Fremder" sehr wohl. Die neurotische Unverbundenheit mit der eigenen Identität findet sich auch während Nomans Streifzügen durch die Stadt. Nach seinem Besuch des multikulturellen Caravan-Festivals und der Erfahrung der schillernden anderen Kulturen fühlt Noman sich einsam und verloren. Die kanadische Kultur scheint ihm gesichts- und geschichtslos und bietet ihm keinen Referenzrahmen, über den er sich definieren kann.

Die Einsamkeit ist auch Bestandteil der Lehre, die Mackenzie Kings Geist Noman erteilt: „How do I survive here?", fragt Noman den Alten Weisen. „By embracing the loneliness"[1343], ist dessen Antwort. Hält man sich das Umarmen als liebevolle Geste vor Augen, so scheint Mackenzie Kings Rat zu sein, die eigene Identität für das zu mögen, was sie (nicht) ist, anstatt sich mit anderen Kulturen zu vergleichen und an der vermeintlichen Unzulänglichkeit zu verzweifeln. Die Wichtigkeit, die MacEwen dieser Nachricht beimisst, findet sich in den Manuskripten zu *Noman's Land* auch als handschriftlicher Vermerk: „You become Kanadian by embracing the loneliness."[1344] Die Anerkennung des Kanadischen als Teil seines Selbst ist in Nomans Fall vor allem durch Kennenlernen und Akzeptanz des „nightchild" als seinen eigenen Sohn symbolisiert. Am Ende seiner Quest gelingt es Noman, sich mit diesem Teil auszusöhnen. Die Widmung „to all the strangers" kann vor diesem Hintergrund als Ausdruck der Unverbundenheit mit der eigenen Kultur betrachtet werden. Nomans Quest richtet sich so an die Bewohner der Nation, die unter dieser Neurose leiden.

Im Zusammenhang mit dem niedrigen kanadischen Selbstwertgefühl greift Northrop Frye den Archetypen des Kindes auf: „Canada developed with the bewilderment of a neglected child, preoccupied with trying to define its own identity, alternately bumptious and diffident about its own achievements. Adolescent dreams of glory haunt the Canadian consciousness (and unconsciousness)". Als einen dieser jugendlichen Träume sieht er „[t]he myth of the hero brought up in the forest retreat, awaiting the moment when his giant strength will be fully grown and he can emerge into the world."[1345] Nomans Quest kann als Verwirklichung dieser Vorstellung und als Kanadas Reifungsprozess betrachtet werden, bei dem das Land gleichsam zum (selbst-) bewussten Erwachsenen wird.

1342 MacGregor 133.

1343 MacEwen, *Noman's Land* 103.

1344 MacEwen, *Papers, 1955-1988*, Box 20, Folder 20:2. Auch Hutchison spricht der kanadischen Nation diese Eigenschaft zu: „[W]e are a lonely people" („The Canadian Personality" 7).

1345 Frye, *The Bush Garden* 221.

c) „No Name is My Name" – Die Amnesie Kanadas

In den 1970er Jahren sieht Hutchison das Nichtvorhandensein einer Identität und das Fehlen von spezifischer Erinnerung als Bestandteil der Identität Kanadas:

> [Y]ou might almost say that we have constructed a national character by refusing to construct one. The great void almost becomes a solid thing, the vacuum begins to take on substance, the national silence begins to speak in a clear Canadian voice. We have taken a *nothing* – our pathological horror of expression – and erected a *something* which distinguishes us from all other people.[1346]

Parallel zur kanadischen Identitätsfrage findet sich eine Vielzahl von Referenzen zur kanadischen Amnesie: Cynthia Sugars redet von der kanadischen „historical amnesia"[1347]. Harris moniert im Bezug auf die fehlende Anerkennung der eigenen Literatur „cultural amnesia" bzw. „literary amnesia"[1348]. Ein interessantes Beispiel der kanadischen Amnesie schildert Robert Kroetsch, der in seinem Essay „No Name Is My Name" „resistance to a speakable name" in der kanadischen Literatur feststellt: „The interest in the question of identity speaks its presence in a curious way. That presence announces itself as an absence. Or, more specifically, one of the peculiarities of this new literature is the recurrence of major fictional characters who have no names."[1349]

Noman leidet einerseits an „historical amnesia" und kann sich weder seiner persönlichen Herkunft noch der Geschichte seines Landes entsinnen. Nomans Amnesie kommt allerdings eine tragende Rolle zu: Der Verlust seiner Erinnerung und seiner Identität sind Anlass für seine Quest, die ihm wiederum das Kennenlernen Kanadas ermöglicht. Nur durch Nomans Rückkehr in den Zustand völliger kultureller Leere und Unvoreingenommenheit kann er das Land als interessant und „exotisch" wahrnehmen. So bemerkt auch Gillam: „The key to Noman's strategy is that he is an outsider."[1350]

Noman verkörpert andererseits die Namenlosigkeit: Selbst am Ende seiner Quest, nachdem zumindest Aspekte seiner Vergangenheit zu ihm zurückgekehrt sind und er seine Identität (wieder-) gefunden hat, hat er keinen Namen. Diese Namenlosigkeit symbolisiert einerseits den Neustart Nomans. Kroetsch misst der „resistance to a speakable name" allerdings auch eine weiterreichende Bedeutung zu, wobei nicht zuletzt der Vergleich zu Homers *Odyssee* Parallelen zu Noman nahelegt:

1346 Hutchison, „The Canadian Personality" 8.

1347 Sugars, „Phantom Nation" 62ff.

1348 Harris 29ff.

1349 Robert Kroetsch, *The Lovely Treachery of Words. Essays Selected and New* (Don Mills: Oxford University Press, 1989) 41.

1350 Gillam 12.

> The Canadian writer in English must speak a new culture not with new names but with an abundance of names inherited from Britain and the United States. […] The problem then is not so much that of knowing one's identity as it is than of how to relate the newly evolving identity to its inherited or 'given' names. And the first technique might be simply to hold those names in suspension, to let the identity speak itself out of a willed namelessness. […] To avoid a name does not […] deprive one of an identity; indeed, it may offer a plurality of identities. [...] [W]e might even lay claim to a certain virtue in our ability to withhold and deceive. In a wilful misremembering of Homer's Odysseus we might say, ambiguously, proudly, tauntingly, no name is *my* name![1351]

In vielerlei Hinsicht ist Noman so der archetypische Kanadier bzw. „Kanada incarnate"[1352]: Er steht einerseits für die historische Amnesie seiner Landsleute und verkörpert somit die Gesichts- und Geschichtslosigkeit seiner Nation.[1353] Er ist andererseits der namenlose Erkunder, der sich von sämtlichen inauthentischen Vorformulierungen freimacht und den Kern Kanadas sucht. In Anlehnung an Jung kann man sagen, dass Nomans Amnesieleiden „archetypisch, das heißt kollektiv" ist: Er leidet „nicht mehr an sich selber […], sondern vielmehr am Geist seiner Zeit. Er leidet an einer objektiven, unpersönlichen Ursache, nämlich an seinem kollektiven Unbewussten, das er mit allen gemeinsam hat"[1354] – Jung zufolge ein typisches Merkmal für den Helden der Quest. MacEwens Widmung der Noman-Bände richtet sich somit auch an die namenlosen, amnetischen, erkundenden Fremden des Landes.[1355]

d) „Trapped ancestors" – Das Fehlen des eigenen Mythos

Die Amnesie hat eine Folgewirkung, die in der kritischen Literatur als ein weiterer kanadischer Komplex genannt wird. Als ein Grund für die kanadische Identi-

---

1351 Kroetsch 50f.

1352 Atwood, „Canadian Monsters" 112; vgl. Sullivan, „Introduction: The Later Years" ix. Als „perfect Canadian" bezeichnet French Noman in diesem Zusammenhang.

1353 Diese Rolle bestätigt MacEwen: „[Y]our protagonist suffers from amnesia. Are you paralleling that with the Canadian experience?" wird sie in einem Interview gefragt und bestätigt: „I suppose ultimately I am" (Daurio und Zizis 1).

1354 Jung, *Symbole der Wandlung* 375.

1355 Jung merkt hierzu an: „Es muß wohl typische Mythen geben, die recht eigentlich die Instrumente zur völkerpsychologischen Komplexbearbeitung sind. Jacob Burckhardt scheint dies geahnt zu haben, als er einmal sagte, daß jeder Grieche der klassischen Zeit ein Stück Ödipus in sich trug, wie jeder Deutsche ein Stück Faust" (*Symbole der Wandlung* 54). Auf den kanadischen Kontext übertragen trägt so jeder Kanadier idealerweise ein Stück des amnetisch-erkundenden Noman in sich (siehe hierzu auch „Noman und *Noman's Land* als visionäres Kunstwerk ohne explizite Botschaft", S. 305).

tätskrise wird das Fehlen eines nationalen Mythos genannt. Der Mythos hat für die Identität einer Nation große Bedeutung, handelt es sich doch um „narratives which human beings take to be crucial to their understanding of their world“[1356]. In seiner Einführung zum Begriff Mythos betont Lawrence Coupe: „Both for society at large and for the individual, this story-generating function seems irreplaceable. The individual finds meaning in his life by making of his life a story set within a larger social and cosmic story.”[1357] Das Fehlen eines nationalen Mythos ist auf die kanadische Amnesie und das angenommene Nicht-Vorhandensein einer relevanten eigenen Vergangenheit zurückzuführen. „Canadians, unlike Americans, have always had difficulty mythologizing their own past“[1358], betont MacGregor. Henighan redet von der kanadischen Unfähigkeit, Geschichte kreativ und mythologisierend zu verarbeiten.[1359] Das Fehlen eines die Welt erklärenden Mythos führt Jung zufolge zu Unverbundenheit mit der Welt, Wurzellosigkeit und Uneinssein, kurz: zur Neurose.[1360] Vor allem van der Post unterstreicht, dass der Mythos eines Landes aus einer Nation selbst entspringen und an Psyche, Kultur und Gegebenheiten des jeweiligen Volkes angepasst sein muss.[1361] Ein Aspekt des fehlenden Mythos wurde in Form der kanadischen Geisterlosigkeit bereits angesprochen.

Die Geschichten um Noman liefern zwar keinen komplexen Mythos, der Welterklärungspotential besitzt und die Lücke im kanadischen Kanon schließt.[1362] Was MacEwen allerdings leistet, ist ein kreatives, mythologisierendes Verarbeiten von Teilen der kanadischen Vergangenheit. Durch die Inszenierung der kanadischen Ikonen Mackenzie King und Grey Owl als Archetypen, durch die Auswahl des pseudo-historischen Kingsmere als Szenario sowie durch Anspielungen auf die Stadtgeschichte Torontos wird die Vergangenheit Kanadas in Literatur umgewandelt und erhält dadurch mythische Züge, die ein Muster für nationale Individuation liefern.[1363]

1356 Coupe 4.

1357 Coupe 5f.

1358 MacGregor 130.

1359 Henighan 173.

1360 Jung, *Gesammelte Werke* 7 125.

1361 van der Post 203.

1362 Vgl. hierzu Coupe, der eine Liste von Charakteristika zusammenstellt, die Mythen definieren (1ff); siehe ebenso Lauter, *Women als Mythmakers* 1ff.

1363 Hierzu gehören im Bezug auf Toronto beispielsweise die *urban legends*, die Kontroverse um „The Archer“ sowie die Verwendung Marilyn Bells als Model für Nomans Seedurchschwimmung. Eine bemerkenswerte Leistung MacEwens ist in diesem Zusammenhang das optimale Ausschöpfen der Charakteristika der historischen Persönlichkeiten. Ob ihrer Biographie sind Grey Owl und Mackenzie King prädestiniert als kanadischer Trickster bzw. Alter Weiser. Sullivan unterstreicht diese Leistung, wenn

Der Notwendigkeit dieser Vorgehensweise scheint sich Noman bewusst, wenn er Kali vor Beginn seiner Quest erklärt: „Let's become masters of time, let's *move into* time!“ Auf Kalis Nachfrage, ob das Ziel darin bestehe, „[t]o pave the way for our descendants“, erklärt Noman: „No […]. For our *ancestors*. They're the ones who are trapped.“[1364] Der Weg in die Zukunft führt Noman zufolge somit über die Vergangenheit. Die Ahnen der Nation können dadurch befreit werden, dass sie in seiner Quest bewusst gemacht werden, als Wegweiser fungieren und ihr Wissen für Nomans kanadische Selbstfindung Relevanz erhält. Nomans Handeln scheint sein Vorbild in der folgenden Aussage Jungs zur Notwendigkeit der Verbindung mit der eigenen Vergangenheit zu finden:

> Man is not born every day. He is once born in a specific historical setting with specific historical qualities. And therefore he is only complete when he has a relation to these things. It's just as if you were born without eyes and ears when you are growing up with no connection to the past.[1365]

Diese Funktion, die Lücke zwischen Gegenwart und Vergangenheit zu schließen und die Entfremdung zur eigenen Geschichte zu minimieren, sieht auch William Toye wenn er über *Noman* sagt: „[H]ere the protean quality of MacEwen's talent takes full flight as her vision of 'Kanada' whirls in a mythological carousel whose turning unites us with every temporal past and every spatial present."[1366]

---

sie sagt: „[N]obody else has Mackenzie King's pseudo-ruins in their novel“ (Persönliches Interview, 13.08.2009). Sowohl Mackenzie King als auch Grey Owl fallen unter Sherill Graces Definition der „iconic figure“. In ihrem Werk *On the Art of Being Canadian* unterstreicht Grace die Rolle ikonischer Figuren für die Identitätsfindung Kanadas (106ff).

1364 Vgl. hierzu auch die Gedanken Grey Owls zu „ancestors“ und „authenticity“, der diese ebenso als essentiell für die Formung seiner Identität betrachtet, vgl. „Atwoods ‚Grey Owl Syndrome'“ (S. 241ff). Grey Owls Rolle als kollektive Schattenfigur wird damit unterstrichen. MacEwen selbst beschreibt sich dementsprechend an anderer Stelle als „citizen of a country with no ancient history containing my ancestors", vgl. „PCR Interview with Gwendolyn MacEwen", *Poetry Canada Review* 4:3 (Spring 1983): 8.

1365 *The World Within: C.G. Jung in His Own Words*, Reg. Suzanne Wagner, DVD, Kino International, 2008. Interessant ist hier auch der Titel der Dokumentation: Während Jung die Phrase „The World Within“ auf das Unbewusste bezieht, ist Nomans Spezialität das „country within“ – eine weitere Bestätigung seiner Relevanz für die kanadische Identität.

1366 Toye 297; vgl. hierzu Rowlands Kapitel „Jung, Art, and Creation Myths: Art Transforming Consciousness in History" (*Jung in the Humanities* 59ff): „Art heals consciousness by […] reconnecting [creation myths] to our collective reality, understood as present time psychically imbued with the past. In fact, to Jung, art

e) „[A] future of our own“ – Vergangenheit und Zukunft in Kanada

Zusätzlich zur Amnesie findet sich bezüglich der Vergangenheit ein weiteres Problem in der kanadischen Psyche. Hutchison beschreibt seine Landsleute als „a people who […] are inarticulate about their direction for the future."[1367] D. G. Jones unterstreicht denselben Aspekt wenn er über die kanadische Attitüde sagt: „[T]he past is to be preserved whereas the future is to be resisted."[1368] MacEwen selbst attestiert die kanadische Tendenz in der Vergangenheit zu verharren in einem Interview, in dem sie charakterisiert: „Canadians are not really living in the present at all. […] We are not really comfortable in the present."[1369]

Noman spiegelt diese Schwäche wider. Sein ursprünglicher Plan vor Beginn seiner Quest schließt Vergangenheit und Zukunft ein: „Let's possess the future as surely as we possess the past!“, teilt er Kali vor seinem symbolischen Tod in Kingsmere seinen Plan mit. Seine beginnende Quest in Toronto beschränkt sich allerdings ausschließlich auf seine Vergangenheit und seine verlorene Identität. „I'm only interested in the past. Don't waste your time on the future. […] I don't want the future“, verkündet Noman dementsprechend bei seinem Besuch einer Wahrsagerin.[1370] Im Bezug auf die „trapped ancestors“ macht diese Orientierung auf die Vergangenheit zunächst Sinn. Mit fortschreitender Quest erweist sich Nomans Suche nach seiner Vergangenheit allerdings als unbefriedigend. Parallel zu seiner zunehmenden Erkenntnis beginnt er, seinen Fokus zu verlagern, und weiß nach seiner Seedurchschwimmung: „[H]e was entering the most exciting and mysterious country in the world, with his past behind him and his alternative futures lying in wait ahead."[1371]

---

materializes the past into imagination, which is to say, provides an embodiment of past consciousness that spiritualizes matter" (61).

1367 Foley 1.

1368 D.G. Jones, *Butterfly on Rock. A Study of Themes and Images in Canadian Literature* (Toronto: University of Toronto Press, 1970) 14.

1369 Meyer und O'Riordan 100.

1370 MacEwen, *Noman's Land* 56.

1371 MacEwen, „Noman“ 110. Nomans Erkenntnis im Bezug auf Vergangenheit und Zukunft zusammenfassend bemerkt French: „Noman finally rids himself of his obsession with his past by swimming Lake Ontario. As he approaches the Toronto shoreline, he re-invents the discovery of the country and claims it in the name of all that is wondrous and real, an exotic country with a shimmering future." Interessanterweise hat Jubelas, der – wie erwähnt – als Vertreter des Mondänen betrachtet werden kann, diese Erkenntnis schon früher: „The past is over and done with and there's nothing to be gained from dwelling on it, […] history marches forward and time waits for no man'" (*Noman's Land* 66). Durch das Wortspiel um Nomans Namen kommt Jubelas' Äußerung philosophischer Wert zu.

Zwei Ereignisse führen Noman zu dieser Abwendung von der Vergangenheit: Einerseits ist der Ortswechsel vom pseudo-historischen Kingsmere in die authentische Stadt Toronto Voraussetzung für Nomans Erkenntnis. So kommt ihm der Gedanke „[to] possess the future as surely as we possess the past“ auf dem Rückweg nach Toronto nach Kalis und Nomans erstem Ausflug nach Kingsmere.[1372] Generell beschreibt Ihab Hassan die Stadt als Ort der Zukunft per se: „[A]s a frame of choices and possibilities, the city enacts our sense of the future."[1373] Auch Burton Pike betont die Bedeutung der Stadt im Bezug auf verschiedene Zeitperspektiven: „On the one hand there is the visible city of streets and buildings, frozen forms of energy fixed at different times in the past and around which the busy kinetic energy of the present swirls. On the other hand there are the subconscious currents arising in the minds of the city's living inhabitants from this combination of past and present."[1374] Auch in dieser Hinsicht ist Toronto demnach ein passendes Labyrinth für Noman.

Ein weiteres Symbol in Nomans Weg zur Zukunft ist der CN Tower, der ihm während seiner Seedurchschwimmung Orientierung bietet. Wie erwähnt muss er seine zuvor gehegte Einstellung zum CN Tower als „not [...] a monument to the future, but to the past" revidieren, steht der Tower doch nun für das Ende seiner Quest und seine persönliche Zukunft. Vor diesem Hintergrund ist die Bedeutung, die der CN Tower seit seiner Fertigstellung erlangt hat, interessant. Harris schreibt dem CN Tower ebenso eine Leitrolle zu – nicht nur im geographischen Sinne: „[I]ts coordinates are useful for far more than guiding us when we stumble out of an unfamiliar subway station. It also reminds us of our identity: a city striving for recognition on the world stage. Its architectural clumsiness mirrors our own."[1375] Shawn Micallef sieht das Bauwerk als „local icon“ und „unmistakably Toronto". Der CN Tower ist für ihn Teil des kollektiven Bewusstseins Torontos: „We would be as lost and just as freaked out without our concrete compass as New Yorkers were when the World-Trade Center catastrophically disappeared from their lives, leaving that city's citizens guessing at where the tip of Manhattan was and, consequently, where they were, both

1372 MacEwen, *Noman's Land* 110.

1373 Ihab Hassan, „Cities of the Mind, Urban Words: The Dematerialization of Metropolis in Contemporary American Fiction", *Literature and the Urban Experience. Essays on the City and Literature*, Hg. Michael C. Jaye und Ann Chalmers Watts (New Brunswick, NJ: Rutgers University Press, 1981) 93-112, siehe 96.

1374 Burton Pike, *The Image of the City in Modern Literature* (Princeton, NJ: Princeton University Press, 1981) 4.

1375 Zitiert in Micallef 57. Jubelas' Assoziation „clumsy and Kanadian" scheint sich hierin zu spiegeln.

physically and existentially."[1376] Fulford sieht den CN Tower als „symbol of the city's collective achievements, the absurd embodiment of Toronto dreams, the most powerful public work of art in Canada."[1377] „Like the Eiffel Tower", fährt er fort,

> the CN Tower used the most sophisticated engineering of its time mainly to demonstrate its own importance; it's an exercise in self-assertion, a spectacular case of tower for tower's sake. Yet in a sense it's an altogether appropriate emblem for the Toronto that has been recreated during the last thirty years. [...] [The tower] is one structure that speaks eloquently of the place and time in which it was built. In the 1970s the city was struggling to shake off the dowdy self-image that was part of its heritage as a colonial city perpetually living in someone else's shadow: too British to be American, too American to be British, and too cosmopolitan to be properly Canadian.[1378]

Insbesondere Fulfords Anmerkungen zeigen, dass der CN Tower ursprünglich zwar durchaus als Ausdruck von „Einsamkeit" gedeutet werden kann. Nomans Annahme ist damit zumindest teilweise Recht zu geben: *„They didn't know who they were, so they came and build these big cities in the wilderness. They still found it empty, so they stuck up this tower in the emptiness. They were so lonely they didn't even know it."*[1379] Im Zusammenhang mit den og. Neurosen kann der CN Tower aber auch als Symbol für die kanadische Selbstfindung gesehen werden: Errichtet aus dem Bewusstsein eines Minderwertigkeitskomplexes um Anerkennung zu erreichen und Identität zu konstruieren ist er somit ein symbolträchtiges, authentisch-kanadisches Bauwerk.

Die Relevanz des CN Towers bestätigen verschiedene Autoren, indem sie ihm dieselbe wegweisende Funktion zuschreiben, die dieser auch in Nomans Quest hat. So schreibt Micallef im Rahmen seiner *Psychogeographic Walks* in Toronto: „Wherever we are in Toronto, we can either see or sort of feel the tower's position and proximity to us. It's the compass that lets us know where we are."[1380] Eine herausragende Rolle schreibt Harris dem Bauwerk zu, das für sie die „most visible urban muse" Torontos ist:

> Even when we turn our backs upon it, the CN Tower remains a sly presence in our photographs and narratives. [...] The tower is Toronto's tallest tale, resonating like a

1376 Micallef 57; vgl. auch 55.

1377 Fulford, *Accidental City* 17.

1378 Fulford, *Accidental City* 18.

1379 MacEwen, *Noman's Land* 21.

1380 Micallef 54. „Within the city, it never leaves us", schreibt Fulford (*Accidental City* 17).

> frequency between the real and the imagined city and joining them into fragments of a textual map of Toronto that is continually redefined and redrawn.[1381]

Nomans Beurteilung des Towers als „monument to nothing" wird somit von vielen Stimmen widerlegt.[1382]

Als Kompass während Nomans Seedurchschwimmung kommt dem CN Tower so als Symbol der Selbstfindung und Zukunftgerichtetheit Torontos große symbolische Bedeutung zu. In Anlehnung an Noman und seine Weggefährtin kommt Davey zu dem Schluss: „MacEwen appears to want us to see Noman and Kali as contemporary Siva and Kali, as contemporary iconoclasts and innovators whose destruction of the Canadian past paradoxically creates the possibility of a future."[1383] Ebenso Mary Reid sieht in MacEwens Werk „[a] necessity for moving forward – growing towards the future with anticipation, rather than remaining stuck in one place."[1384] Nomans Freizeitbeschäftigung des „bending time" bekommt vor diesem Hintergrund Relevanz.

Besonders signifikant ist in diesem Zusammenhang, dass MacEwen ursprünglich als Epigraph für *Noman's Land* ein Exzerpt aus einer Rezension William Frenchs zu *Noman* vorgesehen hat: „It's a symbolic act, signifying

---

1381 Harris 109. Ein literarisches Produkt jüngster Zeit, das den CN Tower als urbane Muse besingt, ist der Song „Concrete Heart" der Great Lake Swimmers (*The Legion Sessions*, Audio CD, Vancouver: Nettwerk Records, 2010). Musik und Text sind inspiriert durch Michael McClellands und Graeme Stewarts *Concrete Toronto: A Guide to Concrete Architecture from the Fifties to the Seventies* (Toronto: Coach House Press, 2007).

1382 Durch seinen jahrelangen Rekord als höchste freistehende Struktur der Welt ist der CN Tower für Toronto und Kanada in weiterer Funktion ein Weg, sich an den Rest der Welt anzubinden und Toronto zur „world class"-Stadt zu machen. Auch Nomans Bezeichnung des CN Towers als „Up Yours to the rest of the world" ist somit nicht gerechtfertigt. Micallef beschreibt Toronto (und Kanada) als „ever worried about being world class" (18). Auch er erwähnt die Funktion des CN Tower in diesem Zusammenhang: „[I]ts world's-best status was a matter of civic and national pride [...]. The CN Tower gave all Canadians bragging rights" (54). Über die Tatsache, dass Toronto 2009 diesen Rekord an Dubai abtritt, schreibt Harris: „At one time the CN Tower was the centre of our identity, a signal that Toronto had achieved something worthy of the world's notice. [...] [P]erhaps we can afford to be gracious to the tower's usurpers – especially those like Burj Khalifa, because what is Dubai but a city much like Toronto was in 1976: brash, youthful, a work in progress, eager to make its mark and thereby prove itself a 'world-class' city" (115). Micallef vertritt dieselbe Ansicht: „Dubai can have that record. From the looks of it, they're even more insecure than Toronto is" (57).

1383 Davey, „The Secret of Alchemy" 56.

1384 Reid 51.

leaving behind our borrowed past and stepping into a future of our own."[1385] Durch die Erwägung dieses Epigraphs wird der Fokus auf das Finden einer eigenen Zukunft durch Nomans Quest einmal mehr betont.

Nomans Quest stellt somit nicht nur die kanadische Neurose dar, sondern beinhaltet auch Wege der Genese. Die Zukunftsorientierung ist einer dieser Wege. Weitere Heilungsansätze sollen im Folgenden analysiert werden.

f) Genese: „By being an explorer" – Die Unendlichkeit der Suche

Überleben in Kanada ist nach Mackenzie King nur durch Entdeckertum möglich: „The exploration of this country hasn't ended; it never will. Each time you go further into the interior, you find another country."[1386] Nach der Seedurchschwimmung ist ein erster Erfolg Nomans seine Selbstwahrnehmung als „explorer who had discovered a new country and he claimed it in the name of all that was wondrous and real."[1387]

Entdecken und Erforschen bzw. Kartographie und Namensgebung gelten als wichtige Themen der kanadischen Literatur.[1388] In diesem Zusammenhang ist Northrop Frye zu erwähnen, der die kanadische Literaturwissenschaft durch die Frage nach dem „Where is here?" maßgeblich beeinflusst hat. Margaret Atwood, die diesen Gedanken in ihrem thematischen Überblick kanadischer Literatur *Survival* aufgreift, scheint Nomans Situation regelrecht zusammenzufassen:

> [W]hen you are here and don't know where you are because you've misplaced your landmarks or bearings, then [...] you are simply lost. [...] Canada is an unknown territory for the people who live in it. [...] I'm talking about Canada as a state of mind, as the space you inhabit not just with your body but with your head. It's that kind of space in which we find ourselves lost. What a lost person needs is a map of the territory, with his own position marked on it so he can see where he is in relation to everything else. [...] For the members of a country or a culture, shared knowledge of their place, their here, is not a luxury but a necessity. Without that knowledge we will not survive.[1389]

Kroetsch erklärt den Drang des Benennens in der Literatur mit der relativen Jugend des Landes: „Writers in a new place conceive of themselves profoundly as

---

1385 „Magic Galore. A Review of Noman, Oberon Press, 1972." *The Globe and Mail*. 26. Sept. 1972 (siehe MacEwen, Papers, 1955-1988, Box 20).

1386 MacEwen, *Noman's Land* 103.

1387 MacEwen, *Noman's Land* 137.

1388 Vgl. Löschnigg und Löschnigg 16 sowie Groß, Klooß und Nischik 171.

1389 Margaret Atwood, *Survival. A Thematic Guide to Canadian Literature* (Toronto: House of Anansi Press, 1972) 18; siehe 113ff für mehr Anmerkungen zum Thema „Explorers".

namers. They name in order to give focus and definition. They name to create boundaries. They name to establish identity. Canadian writing is the writing of a new place."[1390] Letztendlich ist dies verbunden mit der von Jung vertretenen „uralt primitiven Annahme", dass der, der den Namen kennt, Macht über dessen Träger erhält.[1391] In Kombination verleihen diese Ausführungen zu Entdecken und Benennen der Widmung „to all strangers" eine neue Bedeutungsfacette: Noman ist der Fremde, der das Land erkundet und benennt. Nomans Rolle im kanadischen Selbstfindungsprozess, im Benennen und Karthographieren unterstreicht Kali, wenn sie seine Wirkung zusammenfasst: „*Wherever you are* [...] *the landscape is revised.*"[1392] Die Widmung „to all the strangers" weitet sich so aus auf alle Entdecker Kanadas/in Kanada aus.

Nomans Quest fällt allerdings nicht unter das „Canadian pattern of the exploration", das Atwood in *Survival* beschreibt. Atwood zufolge ist die typisch kanadische Erkundung erfolglos, da der Entdecker entweder stirbt oder das einzige Ergebnis „the impossibility of discovery" ist.[1393] Nomans Erkenntnis ist zwar auch die Unmöglichkeit der endgültigen Entdeckung: „Each time you go further into the interior, you find another country." Dies ist allerdings nicht als Misserfolg zu werten, sondern als Erkenntnis der Individuation als unendlichem Prozess. Sich auf diese kanadische Individuationsreise einzulassen, ist der erste Schritt aus der kollektiven Neurose. Interessant ist in diesem Zusammenhang, dass Nomans Quest sich nahtlos an *Survival* anschließt. Atwood schließt ihren *Thematic Guide to Canadian Literature* mit den Fragen: „Have we survived? If so, what happens after survival?"[1394] Die Antwort hierauf findet sich in Nomans Gespräch mit Mackenzie King: „You [...] have survived." Kings Ratschläge für die folgenden Herausforderungen sind „embrac[e] the loneliness" und „be[...] an explorer"[1395].

1390 Kroetsch 41. Löschnigg und Löschnigg sehen das Thema der Kartographie bedingt in der Größe des Landes: „[D]ie ordnende Tätigkeit des Kartographen [erscheint] als Symbol für die gedankliche Bewältigung der schier unendlichen Dimensionen des Landes" (16); Klooß sieht die Benennung des vorgefundenen Raumes als eine „literarische Variante des mapping": „Im Rückbegriff auf ein linguistisches Zeichensystem [...] wird der bis dato nur real, nicht aber abstrakt vorhandene Ort im ‚verbalen Schöpfungsakt' endgültig fixiert", vgl. Wolfgang Klooß, „Die englischsprachige Literatur", *Kanada. Eine inderdisziplinäre Einführung*, Hg. Hans Braun und Wolfgang Klooß (Trier: Wissenschaftlicher Verlag Trier, 1992) 169-192, siehe 171f.

1391 Jung, *Gesammelte Werke* 13 352.

1392 MacEwen, „Noman" 115.

1393 Atwood, *Survival* 114.

1394 Atwood, *Survival* 246.

1395 MacEwen, *Noman's Land* 103.

g) „[S]patial being", „symbolic spaces" und „the city within the city" – Noman als Stadtbewohner

„This is very much a Toronto novel"[1396], bemerkt French über *Noman's Land*. Gillam beschreibt Nomans Erfahrungen als Wiederentdeckung Torontos.[1397] Mit der bewussten Auswahl Torontos als Schauplatz und der Etikettierung von *Noman's Land* als Stadtroman scheint ein Blick auf die *urban fiction* Kanadas sinnvoll.[1398]

Douglas Ivison und Justin D. Edwards stellen in der Einführung zu *Downtown Canada: Writing Canadian Cities* eine Problematik in der kanadischen Literaturlandschaft fest. „Canada is an urban country", betonen sie; 80% der Bevölkerung lebt in Städten. Allerdings: „Rather than acknowledging Canada's status as an urban society, [...] the city is not yet truly accepted as Canadian."[1399] Plastischer drückt es MacGregor aus, wenn er über Kanada schreibt: „It is a country that sells the outdoors and fresh air and nature and wilderness to those outside its borders – yet today it is the most urbanized modern nation in the world."[1400] Caroline Rosenthal bezeichnet diese Erkenntnis als „new truism in Canadian criticism"[1401].

1396 French.

1397 Gillam 12.

1398 Rosenthal definiert *urban fiction* wie folgt: „[T]he city has to be more than the mere setting or backdrop for the plot and its characters in urban fiction. First [...] I would claim, the city must still inform the mode of representation in some way; second, urban space must be a vital means in creating the characters as well as the plot; and third, the specific urban condition in some way must be an underlying discourse of the text. Contemporary urban fictions no longer use the city as a synecdoche for the human condition but rather look at specific forms of urban living and in their texts often correlate identity formation processes with the making of urban space" (2). Nomans Quest fällt somit in diese Kategorie.

1399 Douglas Ivison und Justin D. Edwards, „Introduction: Writing Canadian Cities", *Downtown Canada. Writing Canadian Cities*, Hg. Justin D. Edwards (Toronto: University of Toronto Press, 2005) 3-13, siehe 3f; vgl. Walter Pache, „Urban Writing", *Encyclopedia of Literature in Canada*, Hg. William H. New (Toronto: University of Toronto Press, 2002) 1148-1156 sowie MacGregor 13 und 287.

1400 MacGregor 14; MacGregor bezeichnet den Unterscheid zwischen Stadt und Land als „The New Two Solitudes" – „composed of the vast majority who live in cities and the increasingly small minority who do not" (253ff).

1401 Rosenthal 5. Interessanterweise bezeichnet Ickstadt diese Tatsache bereits 1991 als „a matter of critical consensus", vgl. Heinz Ickstadt, „The City in English Canadian and US-American Literature", *Zeitschrift der Gesellschaft für Kanadastudien* 11 (1991): 163-173, siehe 163. Vgl. Rosenthal 5ff für einen Vergleich zwischen kanadischer und

Beeinflusst durch Northrop Fryes Vorstellung der kanadischen „garrison mentality"[1402], Margaret Atwoods *Survival* und die Werke anderer Kritiker der 1960er/70er Jahre ist die prominente Vorstellung der kanadischen Identität in Literatur und Literaturkritik geprägt durch „rural areas, or the small town" sowie „wilderness and nordicity"[1403]. „This privileging of the wilderness and nordicity as defining characteristics of Canadian identity not only fails to recognize the lived experiences of the vast majority of Canadians, but also distances Canadian readers from their literature", beschreiben Ivison und Edwards das Problem.[1404] Die Folge ist nicht nur Distanz zu und Entfremdung von der Literatur des Landes; die Autoren stellen auch fest, dass verhältnismäßig wenig *urban fiction* produziert wird, und dass der vorhandenen Stadtliteratur mehr Aufmerksamkeit geschenkt werden muss, „if Canadian literature is to seem more relevant to those of us living and reading in cities."[1405] Ziel der Autoren ist demnach das Herausstellen des Urbanen als „central figure of the Canadian landscape" und die Analyse von Stadt und Stadtbewohnern als „important elements in the complex relationship between nation and identity in the Canadian scene"[1406].

Noman's Land als Toronto-Roman wird dieser Rolle gerecht. Die Stadt dient hier nicht nur als Schauplatz und Hintergrund, sondern als fruchtbarer Bo-

---

US-amerikanischer Stadtliteratur, sowie 22ff für die Repräsentation der Stadt in kanadischer Literatur.

1402 Frye, *The Bush Garden* 225.

1403 Ivison und Edwards 6f.

1404 Ivison und Edwards 7; vgl. Ickstadt 169. Ivison und Edwards erläutern: „No longer are we content to engage in thematic studies which privilege the wilderness, rural areas, or the small town as the place upon which Canadian identity is constructed. Instead we seek to bridge the gap that exists between the lived experiences of most Canadians, who overwhelmingly live in urban environments, and the public mythology of Canada and critical production on Canadian literature and culture, which has, until recently, largely focused on rural and wilderness spaces and small towns. […] Canada is an urban country, yet this fact has often been elided from our public discourse, our national mythologies, and critical discussions about Canadian literature and culture" (5f). Zur Wichtigkeit der Stadtliteratur siehe auch Eva-Marie Kröller, „The City as Anthology", *Canadian Literature* 169 (2001): 5-10.

1405 Ivison und Edwards 8. „[T]he city novel can hardly be regarded as a genre in Canadian literature", schreibt hierzu auch Ickstadt (164). Ursachen der literarischen und literaturkritischen Vernachlässigung der Stadtliteratur werden zumeist in der Kolonialgeschichte Kanadas gesehen (siehe Pache 1149, Ivison und Edwards 12 sowie Ickstadt 168). Interessant ist Ickstadts Argumentation, der betont, dass Kanada bereits in den 1920er Jahren eine urbane Nation ist, und der den Trend zur fiktionalen Flucht in die Wildnis als „evidence more of city than of nature consciousness" betrachtet: „The dream of Nature is a dream of city dwellers" (164).

1406 Ivison und Edwards 13.

den für Nomans Individuation. Im Hinblick auf die Rolle des *setting* betont Snider: „Individuation does not, however, require separating oneself from and disdaining society; rather, it helps the person to realize his or her own particular uniqueness in his or her own particular environment.“[1407] Am Ende seiner Quest erreicht Noman nicht nur diese Selbstfindung innerhalb seiner Umgebung, sondern der Nebeneffekt seiner Quest ist auch die Definition derselben. Der Verlauf der Quest führt Noman und den Leser als dessen Begleiter zur (Wieder-) Entdeckung Torontos und somit zur Bewusstmachung des Stadtraumes. Nomans Quest formt die verschiedenen Spielstätten Torontos in symbolischen Raum um. Rosenthal definiert diesen als „spaces in which a nation sees its myth, narratives, and beliefs most accurately represented and reproduced; spaces that have held a specific importance for a nation's self-conceptualization; spaces that have functioned as spatial metanarratives and that [...] inform a nation's image of itself“[1408]. Moores „The Archer“ und der CN Tower wurden in diesem Zusammenhang erwähnt. Aus dem „space in which we find ourselves lost“[1409], den Atwood noch in *Survival* benennt, wird ein bedeutungsträchtiger Ort für die Identität der Nation, ein „distinct place“[1410]; aus „[f]oreign territory“ wird „home ground“[1411].

1407 Snider 11.

1408 Rosenthal 5; vgl. auch Rosenthal 11: „Cities are neither isolated nor self-evident places but are embedded in the history of space and of spatiality in the respective national culture. In contrast to a physical view of space, the notion of spatiality emphasizes that space is not primordial or naturally given but is instead produced in social practises.” Rosenthal orientiert ihre Studie *New York and Toronto Novels after Postmodernism* an den Theorien Henri Lefèbvres, Michel Foucaults und Edward Sojas (49ff). All diese Theorien können als Weiterführung der vorliegenden Studie gewinnbringend auf Nomans Quest angewandt werden. Weitere Konzepte, die in diesem Zusammenhang zusätzliche Interpretationsmöglichkeiten bieten, sind die von Hurm erwähnten „cognitive maps“, vgl. Gerd Hurm, *Fragmented Urban Images* (Frankfurt: Peter Lang, 1991) 67, sowie Mark Kingwells Überlegungen in *Concrete Reveries. Consciousness and the City* (Toronto: Penguin, 2008).

1409 Atwood, Survival 18.

1410 Rosenthal 14.

1411 Vgl. Margaret Atwoods vielzitiertes Paradoxon „home ground, foreign territory” als Essenz der kanadischen Identitätsproblematik (*Surfacing* 7). Interessant ist in diesem Zusammenhang, dass MacEwen als alternativen Titel für Nomans Quest „Spacewalk” in den Manuskripten erwähnt (MacEwen, *Papers, 1955-1988*, Box 19): Noman kann als *flaneur* gesehen werden. „[T]he flaneur finds himself propelled by the ancient motive of discovery, and waits for an unconscious drive to emanate from the goal and enthral him. He doesn't know the points of arrival – the urban destinations – in advance; he keys his itinerary to the soul of the city. [...] [The flaneur] allow[s] himself to wander through the city, looking for what he did not yet know would touch his

Als ein Charakteristikum der Stadtbewohner generell stellt Pike fest: „In daily life most urbanites go about in the city concentrating on their immediate business; they swim in the urban ocean without being particularly aware of it."[1412] Noman, durch seine Quest zum aktiven und bewussten Stadtbewohner geworden, schafft hier Abhilfe und ist „spatial being" in Edward Sojas Sinn:

> [W]e are becoming consciously aware of ourselves as intrinsically spatial beings, continuously engaged in the collective activity of producing spaces and places, territories and regions, environments and habitats [...]. On the one hand, our actions and thoughts shape the spaces around us, but at the same time the larger collectively or socially produced spaces and places within which we live also shape our actions and thoughts in ways that we are only beginning to understand.[1413]

Toronto wird im Hinblick auf die kanadische Identität zum Symbol der Zivilisation und Kultur, und die Umwandlung der Stadtrealität in literarische Form schafft „alternative urban spaces, mythologizing"[1414]. Pike betont in diesem Zusammenhang: „If one of the writer's functions is to give voice to aspects of culture which are fragmentary perceptions, or preconscious or perhaps even unconscious feelings in the mind of the citizen, then the city is one of the most

---

psyche", beschreibt Luigi Zoja in „The Remorse of the Sedentary", *Psyche and the City*, Hg. Thomas Singer (New Orleans: Spring Journal, 2010) 395-402, siehe 396f. Er erhebt den *flaneur* zum Archetypen und definiert: "[T]he verb flaner means to be tossed among times as well as places – that is, crossing present with past in an 'anamnestic intoxication'". Ziel des *flaneur* ist, „the city's unconscious" zu entdecken (398f). Noman durchwandert Toronto zwar nicht völlig ziellos; er lässt sich aber dennoch beeinflusst von „anamnestic intoxication" treiben und findet dabei im Bezug auf Raum und Geschichte die Besonderheiten Torontos. Die Leistung des *flaneur*, das bisher Unbewusste bewusst zu machen, trifft auf Noman zu. Vor allem Harris' Gedanken zum Flanieren in der Stadt finden sich in Noman, dessen Erinnerung zu ihm zurückkommt, während er bestimmte Orte besucht: „Even when our walking appears aimless, we play with the city's narratives, rewriting them with every step. [...] [W]e begin to respond with our own stories, new narratives that alternately coincide with, challenge, add colour to and reconsider the experience of place" (121f). Vgl. hierzu auch Micallef sowie Rosenthal (65f). Die Rolle Nomans als *flaneur* eröffnet weitere Deutungsmöglichkeiten.

1412 Pike 9.

1413 Soja zitiert in Ivison und Edwards 6.

1414 Pache 1148 sowie Pike 26; vgl. hierzu auch Elton, die in Anlehnung an Lewis Mumford schreibt: „The historian Lewis Mumford writes that the city is, along with language, humanity's greatest work of art. 'Mind takes form in the city; and in turn, urban forms condition the mind'", vgl. Sarah Elton, Hg. *City of Words. Toronto through her Writers' Eyes* (Toronto: Cormorant Books, 2009) xviii. Diese Wechselwirkung zwischen Stadt und Individuum wird in Nomans Quest deutlich.

important metaphors at his command."[1415] Dies hat vor allem Relevanz im Hinblick auf die bewusste Abwendung Nomans von der synthetischen Realität Kingsmeres und seine Hinwendung zu Toronto als authentischem Lebensraum. MacEwen schreibt in *Noman* und *Noman's Land* nicht nur einzelne Punkte der Stadt, sondern die Erfahrung Toronto an sich in das Bewusstsein der Leserschaft.[1416]

Gerade vor dem Hintergrund von Pikes Darstellung der Stadtbewohner, die unbewusst durch den Ozean der Stadt schwimmen, kommt der Widmung „[t]o all the strangers" neue Bedeutung zu: Das Werk spricht alle Stadtbewohner an, die Fremde in ihrer Umgebung sind. Betrachtet man in diesem Zusammenhang Thomas Kirschs Aussage, dass die Beziehung zwischen der Stadt und ihren Bewohnern analog zur Beziehung zwischen Ich und Bewusstsein ist, dann leistet Noman hier wirklich Entdecker-Arbeit.[1417]

Im Bezug auf MacEwen ist an dieser Stelle zu unterstreichen, dass sie in einer Zeit, in der „rural areas, or the small town", „wilderness and nordicity" als Charakteristika der kanadischen Literatur und Identität geradezu propagiert werden, die Stadt als Schauplatz wählt und ihre Bedeutung für die kanadische Selbstfindung unterstreicht. In dieser Betonung der Bedeutung der Stadt für die Identitätsbildung ist MacEwen damit ihrer Zeit voraus.[1418] „Before [Michael]

1415 Pike 7.

1416 Zum Thema Bewusstmachung der Stadt und Mythologisierung wird im Bezug auf Toronto als bahnbrechend immer wieder Michael Ondaatjes Roman *In the Skin of a Lion* bezeichnet, der Torontos Prince Edward/Bloor Street Viaduct der kollektiven Wahrnehmung bewusst macht und symbolischen Raum kreiert (Micallef 135). Zur Bedeutung von *In the Skin of a Lion* vgl. auch Elton xvf und Ickstadt 170f. Erst in neuerer Zeit wird die Bedeutung dieser „literary landmarks" und ihrer Autoren von der Stadt Toronto öffentlich gewürdigt. So wurde jüngst das Bloor Street Viaduct im Rahmen des „Project Bookmark Canada" mit einem Exzerpt aus Ondaatjes Roman versehen, das dem Betrachter erlaubt „to stand in the place where the scene takes place, right in the footsteps of the characters", vgl. Kiley Turner, „Calling All Readers: Where Are Canada's Literary Landmarks?", *Canadian Bookshelf* 03.11.2010, 08.01.2012 <http://canadianbookshelf.com/Blog/2010/11/03/Calling-All-Readers-Where-Are-Canada-s-Literary-Landmarks>. Bedauerlich ist, dass John Robert Colombos Buch *Canadian Literary Landmarks*, in dem der Autor die literarische Bedeutung von Orten und Sehenswürdigkeiten analysiert, bereits vor der Veröffentlichung von *Noman's Land* fertiggestellt wird. Nomans Quest hätte viele weitere Einträge ermöglicht. Über den CN Tower schreibt Colombo beispielsweise: „It was opened in 1976 but has yet to impress writers" (179).

1417 Thomas Kirsch, „Foreword", *Psyche and the City*, Hg. Thomas Singer (New Orleans: Spring Journal, 2010) ix-x, siehe ix.

1418 Die 1960er/70er Jahre sind für die Entwicklung der kanadischen Identität – wie erwähnt – eine wichtige Zeit. Ein bedeutungsvolles Ereignis ist das „Centennial Year"

Ondaatje [...], Gwen was one of the first to occupy Toronto as an imaginative space", bestätigt Sullivan MacEwens unterschätzte Rolle in diesem Zusammenhang.[1419]

Im Bezug auf die Stadtliteratur Torontos hat die Forderung von *Downtown Toronto* Resonanz gefunden: In neuerer Zeit sind fünf Werke erschienen, die Toronto und die Rolle der Toronto-Literatur für die Identität der Stadt thematisieren – vier davon datieren aus den vergangenen vier Jahren.[1420] Zu erwähnen

---

1967, das in einer nationalistischen Stimmung resultiert (McGregor 62). Im Bezug auf die Literatur des Landes bezeichnen Groß, Klooß und Nischik die 1960er /70er Jahre als „Elisabethantisches Zeitalter" bzw. als „Canadian Renaissance" (260). Sullivan beschreibt die Zeitspanne als „foundation years of the literary nationalism that would dominate Canadian writing for the next decade" (*Red Shoes* 200). Die Überzeugung, dass Literatur für die Entwicklung nationaler Identität unerlässlich ist, verbreitet sich. Die kanadische Regierung beginnt folglich, Literatur und Künste verstärkt zu unterstützen. Der renommierte Governor General's Award, der Canada Council und diverse Förderprogramme haben ihren Ursprung in dieser Zeit. Die Erfolge von Northrop Fryes Theorien sowie Atwoods *Survival* und die Dominanz der „thematic guides" sind hier zu verorten und beeinflussen die entstehende kanadische Literatur maßgeblich. Groß, Klooß und Nischik führen aus: „Im Kontext der literarischen Renaissance der 1960er und 70er Jahre ist es innerhalb der kanadischen Literaturkritik zeitweilig üblich, kanadische Literatur vor allem in Bezug auf die Definition kanadischer Selbstbefindlichkeit zu sehen; eine patriotische Identifikation erfolgt hier nicht so sehr über formale und stilistische Aspekte der Literatur, sondern über eine als typisch kanadische empfundene Thematik" (243). Vgl. auch New 131-33; Groß, Klooß und Nischik 115; Löschnigg und Löschnigg 9.

1419 Zitiert in Val Ross, „Canada as Myth and Magic in Persona", *The Globe and Mail* 10.10.1995: D1; vgl. auch Fußnote 1416. Bezogen auf die Veröffentlichung von *Noman* fügt der Autor hinzu: „This, in the Canada of 1973, was a revolutionary act." Vgl. Rosenthal, die über Stadtliteratur in ihrer 2011 veröffentlichten Studie sagt: „The Canadian imagination is just discovering the city, and it will be interesting to see whether this is triggering new approaches to urban space as well as new aesthetic paradigms" (25). An anderer Stelle bezeichnet Rosenthal die Fokussierung auf kanadische *urban fiction* als a „new and long overdue project" (35).

1420 Das Leitmotiv in John Bentley Mays *Emerald City* (Toronto: Penguin, 1994) ist die Stadt, in die sich Dorothy in *The Wizard of Oz* versetzt sieht. Mays sieht Toronto als Äquivalent dieser Zauberstadt; sein Ziel ist, die „Emerald City" Toronto für den Leser zugänglich zu machen. Amy Lavender Harris' *Imagining Toronto* und Sarah Eltons *City of Words* widerlegen, dass wenig an Stadt-Literatur vorhanden ist. Parallel zur Darstellung Torontos in der Literatur ist Ziel beider Werke die Bewusstmachung der Stadt und ihrer Besonderheiten. Micallef erkundet in *Stroll. Psychogeographic Tours of Toronto* die Stadt als *flaneur* – ebenso mit dem Ansatz, Unbewusstes bewusst zu machen. Caroline Rosenthals *New York and Toronto Novels after Postmodernism* verist, dass MacEwens *Noman* und *Noman's Land* lediglich in Amy Lavender Harris' *Imagining Toronto* genannt werden. Harris räumt beiden Werken dafür aber einen bemerkenswerten Stellenwert ein.

Harris betont zwar den reichen Fundus an Toronto-Literatur, unterstreicht aber ebenso, dass derselbe bislang unterschätzt ist. In diesem Zusammenhang spricht sie von „Toronto's literary amnesia"[1421] und sieht ihre Studie als „Cure for Cultural Amnesia"[1422] für die Stadt. Ihre Vorgehensweise beschreibt sie als Wanderung „into the city within the city":

> Beginning with the familiar terrain – the ravines, downtown towers, neighbourhoods and inhabitants who give shape to Toronto – [*Imagining Toronto*] ventures deep into the imagined city, dowsing for meaning in literary representations of Toronto as its inhabitants experience and narrate it.[1423]

Als Resultat dieses Weges sieht Harris die literarische Persönlichkeit der Stadt. Neben dieser literarischen Präsenz ist es aber auch die Identität der Stadt, die Harris zu formen sucht:

> Toronto's ongoing struggle to recover from its cultural amnesia provides the perfect opportunity to determine our own identity and cultural principles, to decide – at long last – what Toronto really stands for. We might begin by acknowledging that the truest representations of Toronto are found not in official plans, tourism campaigns or corporate bids for 'world class' status but rather in the unflinching commitment of writers to imagining Toronto as it is and might become. The city's literary texts [...] represent the only reliable map to the city within the city, the city at the centre of the map.[1424]

Das Bild der „city within the city" übernimmt sie dabei von MacEwen; Nomans Erkenntnis am Ende seiner Quest wird zum Wegweiser in Harris' Quest nach der Suche der Identität Torontos im Labyrinth der Literatur: „Like [...] Gwendolyn MacEwen in *Noman's Land*, this book seeks to map the city within the city."[1425] Noman liefert Harris allerdings nicht nur die Richtung zur „city

gleicht ausgewählte *urban fiction* der USA und Kanadas vor soziohistorischem Hintergrund.

1421 Harris 29; vgl. auch Harris, 296f.

1422 Siehe Harris 14ff. Diese Amnesie Torontos artikuliert Fagan, wenn er schreibt: „[T]his city, unlike New York and Montreal, has created no myth" bzw. „[T]his is a city without memory [...] There is a saying that without memory there is no past, and without past no identity", vgl. Cary Fagan, *City Hall and Mrs. God* (Stratford, ON: Mercury Press/Aya Press, 1990) 9 und 21.

1423 Harris 13.

1424 Harris 31.

1425 Harris 22. Neben MacEwen beruft Harris sich auf Robert Charles, der in seinem Gedicht „The Inner Inner City" dasselbe Bild verwendet (22). Harris' „Imagining Toronto Project" trägt folglich den Slogan „A journey to the city at the centre of the map", vgl.

within the city", sondern auch das „Heilmittel" gegen Torontos literarische und kulturelle Amnesie:

> [H]ow do we learn to remember who we are in this city? We keep reaching for something, looking for a map that will lead us reliably into the deepest recesses of the city within the city. Like MacEwen's Noman, we seek signposts [...] that will help us navigate the unmarked pathways toward the inner inner city. It is only as we tell stories about it that the city begins to grow solid around us.[1426]

Harris unterstreicht die Relevanz der Noman-Kurzgeschichten, indem sie dieselben als Vorreiter für ihr Projekt beschreibt:

> Gwendolyn MacEwen engages directly within the problem of cultural forgetting in her story collections *Noman* and *Noman's Land.* [...] To MacEwen, Toronto's amnesia seemed rooted in the absence of a shared cultural mythology, and so she sought to remedy this deficiency by revisiting familiar Toronto locations and events.[1427]

Demselben Weg folgt Harris auf ihrer Suche nach der literarischen Identität Torontos.

h) „[A] thing that Noman can provide" – Verzaubertes Toronto und verzaubertes Kanada

Nomans Wirkung auf Toronto bezeichnet die Jung'sche Theorie als *enchantment*. Der entgegengesetzte Zustand *disenchantment* ist definiert als „destruction of oneness with the world" bzw. „dissociation from the world", zumeist bedingt durch Intellektualisierung und Rationalisierung. *Disentchantment* resultiert in

---

Amy Lavender Harris, *Imagining Toronto*, 26.08.2011 <http://imagining-toronto.com/>.

1426 Harris 32. Bemerkenswert ist in diesem Zusammenhang, dass Harris ihre Entdeckungsreise in die „city within the city" an dem Ort startet, den Noman für seinen symbolischen Tod und damit den Beginn seiner Quest auswählt: Die *ravine* unter dem Bloor Street Viaduct ist für Harris der Mittelpunkt der Stadt, „the centre of the map" (32). Auch Fulford hebt die Bedeutung der *ravines* für Toronto hervor, indem er ihnen mit „The Hidden City" ein Kapitel widmet (*Accidental City* 35ff). Die *ravines* sind für ihn „quintessentially Torontonian":„The ravines are to Toronto what canals are to Venice and hills are to San Francisco. They are the heart of the city's emotional geography, and understanding of Toronto requires an understanding of the ravines" (*Accidental City* 37). Der *ravine* unter dem Bloor Street Viaduct als Schauplatz für Nomans symbolischen Tod kommt somit symbolische Bedeutung im Hinblick auf die Identitätsfindung Torontos zu.

1427 Harris 21.

„soullessness, rootlessness“ und ist ein Begleiter der Neurose.[1428] Die Heilung dieses Zustandes kann durch *re-enchantment* erreicht werden. Dies setzt voraus, dass das *disenchantment* bewusst gemacht und die Verbindung mit der Welt wieder hergestellt wird. *Enchantment* ist demnach definiert als „the feeling of oneness with the world, the bliss of being, the beauty of the world“ und kann erreicht werden durch Verbindung mit dem Unbewussten und Mythologisierung der Welt.

Beim Flanieren durch die Stadt erfährt Noman *enchantment*:

> He began walking around everywhere [...]. [I]t was a charmed life. Often he'd find himself on some unknown street, staring in disbelief as suddenly everything before his eyes began to shimmer and glow with a frightening radiance. The hallucinatory presence of things. The trees, the grass, the sidewalk seemed on the brink of confessing to him and him alone their luminous secrets. Confronting the miraculous, he could only shake his head and whisper *look at this, look at this.*[1429]

Nach der absoluten Unkenntnis des Landes und der Stadt, in denen er sich befindet, und dem verzweifelten Gefühl der Einsamkeit, endet Nomans Seedurchschwimmung mit der Erkenntnis: „God, the world is beautiful.“[1430] In Thomas Singers Sinn kann Noman somit als „mystic man“ bezeichnet werden, der eine „unifying *participation mystique*“ durchläuft: „All is One and one is part of all.“[1431] Dieser Zustand wird vor allem deutlich wenn Noman nach der Seedurchschwimmung wieder Land betritt: „He forgot all [...] when his fingers reached out and touched the land. He didn't know where his fingers ended and the land began.“[1432]

Parallel zur Bewusstwerdung erreicht Noman nicht nur *enchantment* für sich, sondern verzaubert Torontos und Kanada auch für den Leser. Alltägliche Erfahrungen wie der Besuch eines Kaufhauses, der Spaziergang in einem Viertel Torontos oder die Betrachung einer Skulptur werden Teil mythischer Erzählungen. Dies ist ein Charaktermerkmal, das MacEwens Werk immer wieder zugeschrieben wird: „[E]veryday objects and occurences are imagined on mythical and universal scales“[1433], und der kanadische Alltag wird zum „potentially

---

1428 Wolfgang Giegerich, „The Disenchantment Complex: C.G. Jung and the modern world“, *Enchantment and Disenchantment: The Psyche in Transformation*, Regional Conference of the International Association for Jungian Studies, University of London, 15.07.2011.

1429 MacEwen, *Noman's Land* 19f.

1430 MacEwen, *Noman's Land* 138.

1431 Thomas Singer (Hg.), *Psyche and the City* (New Orleans: Spring Journal, Inc., 2010) 405.

1432 MacEwen, *Noman's Land* 136f.

1433 Reid 37.

magic place"[1434]. „The literary city mythologizes the city it represents"[1435], schreibt Batia Boe Stolar über den generellen Gebrauch der Stadt in der Literatur, und dieser Punkt kann für Nomans Toronto als zutreffend betrachtet werden.

Ann Yeoman betont, dass der Begriff *enchantment* den Gebrauch von Magie impliziert.[1436] Die Verbindung zwischen Noman und Magie wurde erwähnt, Noman ist „[the] magician as Kanadian"[1437]. Kalis Aussage „*Wherever you are* [...] *the landscape is revised*" kann neben seiner Entdecker-Tätigkeit auch als Bestätigung von Nomans Verzaubern angesehen werden.[1438] Interessant ist, dass Yeoman im Bezug auf *enchantment* die Notwendigkeit des „re-storying" erwähnt: „[One needs] the ego strength to 're'-story and 're'-create oneself repeatedly. [...] Such a perspective holds the promise of (re-)enchantment, makes compassion and relatedness possible, links inner and outer, [...] self and other."[1439] Dieses Rezept zum permanenten *enchantment* korrespondiert einmal mehr mit der Erkenntnis, die Noman am Ende seiner Quest erhält: Die Suche ist endlos. Die Fokussierung auf *enchantment* gibt der Widmung eine erweiterte Bedeutung: Es gilt, die Fremden/Entfremdeten zu verzaubern.[1440]

Nomans verzaubernde Wirkung muss vor dem Hintergrund der Stellung Torontos in Kanada betrachtet werden, die Micallef plakativ als „down-on-Toronto spiel"[1441] bezeichnet. Die Meinungen der Nation über die Stadt an Lake Ontario scheinen in diesem Punkt nicht auseinander zu gehen, die Liste erwähnenswerter Zitate ist groß. „Harbouring enmity toward Toronto is a long-standing Canadian

---

1434 Grace, „Gwendolyn MacEwen" 280.

1435 Batia Boe Stolar, „Building and Living the Immigrant City: Michael Ondaatje's and Austin Clarke's Toronto", *Downtown Canada. Writing Canadian Cities*, Hg. Justin D. Edwards (Toronto: University of Toronto Press, 2005) 122-141, siehe 122.

1436 Ann Yeoman, „Story: an Activity of Soul-Making and (Re-)Enchantment?", *Enchantment and Disenchantment: The Psyche in Transformation*, Regional Conference of the International Association for Jungian Studies, University of London, 15.07.2011.

1437 Atwood, „Canadian Monsters" 111.

1438 Im Bezug auf die von ihrer Umwelt entfremdeten Stadtbewohner wirkt Noman so als „mythmaker"; vgl. Hurm 89: „Myth, as collective unconscious, creates a new community among the dissociated urban monads in and through intense subjectiviy."

1439 Ann Yeoman, „Story: an Activity of Soul-Making and (Re-)Enchantment?", *Abstracts. Enchantment and Disenchantment: The Psyche in Transformation*, The International Association for Jungian Studies: 33 [Regional Conference of the International Association for Jungian Studies, University of London, 15. und 16.07.2011].

1440 Ein Werk wie Cary Fagans *City Hall and Mrs. God* ist in die Kategorie *disenchantment* einzuordnen: Es deckt Missstände der Stadt Toronto auf, dekonstruiert ihren Zauber und wirkt der Mythenbildung entgegen.

1441 Micallef 11.

tradition"[1442], schreibt Harris, „Toronto has a long history of being loathed"[1443], erklärt Margaret Atwood. „It has been said that one of the few unifying factors in this very divided land is that all Canadians [...] abhor Toronto"[1444], schließt Glenn Gould. Aus literarischer Perspektive erwähnt Harris: „[H]ating Toronto is a recognizable trope in the city's own literature."[1445] Als Grund für die Toronto-Abneigung nennt Atwood „general lack of charm"[1446]. Harris formuliert als Resultat der kulturellen Amnesie und Grund: „Toronto is a city that doesn't know itself."[1447]

MacEwens Leistung in diesem Zusammenhang ist dreierlei: Nicht nur wählt sie ihre „vernachlässigte" Heimatstadt als Schauplatz für Nomans Quest. Parallel zu Noman lernt Toronto ebenso sich selbst kennen und schätzen, und der „neurotische Teufelskreis" wird aufgebrochen. Letztlich liefert Noman durch seine Verzauberung der Stadt ein „Gegenmittel" zur Selbstverachtung. Nomans

---

1442 Harris 17.

1443 Margaret Atwood, „The City Rediscovered", *The New York Times* 08.08.1982, 04.07.2011 <http://www.nytimes.com/ 1982/08/08/travel/the-city-rediscovered. html>.

1444 „Glenn Gould's Toronto", *Cities*, CBC, Toronto, 19.02.2012 <http://popupcity.net/ 2010/12/celebrity-city-tours-2-glenn-goulds-toronto/>; vgl. Ferguson 54.

1445 Harris 17. Harris nennt eine lange Liste entsprechender Literatur. Ein Beispiel liefert Margaret Atwood, die über ihren ersten Roman *The Edible Woman* sagt: „I set my first published novel in Toronto [...] but was so embarrassed by the location that I never actually named the city and disguised the street names as best I could. Everyone knew that real novels were not set in Toronto" („The City Rediscovered"). Gerade in dieser kontroversen Stellung Torontos sieht Rosenthal den repräsentativen Charakter der Stadt: „Although Toronto has been the economic heart of the country, it has not yet become the country's soul [...]. Toronto is quintessentially Canadian, precisely because it is not regarded as standing for Canada as a whole" (32).

1446 Atwood, „The City Rediscovered". Weitere Gründe für die Abneigung der Nation gegenüber Toronto sind die Lage Ontarios im Zentrum der Nation, die Tendenz der Provinz, sich auch als solches zu verstehen, sowie das Beharren Torontos auf dem Status der größten kanadischen Stadt. Die Abneigung der Bevölkerung Torontos gegenüber der eigenen Stadt wird oft durch die geschichtliche Entwicklung begründet. Teilweise bis in die 1960er Jahre versucht die Stadt das Image „Toronto the Good" zu verkörpern und „Temperance, Prohibition and Moral Reform" gerecht zu werden, vgl. Lawrence Solomon, *Toronto Sprawls. A History* (Toronto: University of Toronto Press, 2007) 25. Als „[o]rderly and peacable" (Callaghan 9) wird die Stadt folglich einerseits wahrgenommen, als konservatives „cultural wasteland" (Cullen 16) andererseits. Phyllis Brett Young gibt in *The Torontonians* ihren Eindruck dieser Epoche Torontos wider. Die Dokumentation *Let's All Hate Toronto* versucht, der Abneigung gegenüber Toronto auf den Grund zu gehen (Reg. Robert Spence und Albert Nerenberg, DVD, Elevator Films & CBC, 2007).

1447 Harris 20.

Verzauberung und Eigenschaft als Magier in der Stadt stehen hierbei im Gegensatz zu Atwoods Vorwurf „lack of charm". Die Tatsache, dass Toronto eine kontroverse Stellung im kanadischen Kontext einnimmt, verstärkt somit die Leistung von *Noman* und *Noman's Land.*[1448]

Nomans Bedeutung für die Stadt Toronto ist übertragbar auf das Land Kanada. „By our very presence in the city – by inhabiting, building, navigating and narrating it – we appropriate and transform it, and are in turn appropriated and transformed ourselves. And what emerges is not only the city (or the self) that we wish to project, but all the other cities and all the other selves [...] that exist alongside"[1449], schreibt Harris über die Relation Stadt-Nation. Schauplatz in Nomans Quest ist zwar eindeutig Toronto; bemerkenswert ist aber, dass der Name der Stadt nur ein einziges Mal genannt wird. Insgesamt spricht der Text lediglich von „the city". Parallel dazu erscheinen Lake Ontario als „the lake" und der CN Tower als „the tower". Die Verwendung dieser Platzhalter verleiht der Stadt einerseits ein Moment des verzauberten, unbekannten Areals. Der unspezifische Eindruck, der durch die Verwendung der Nomina entsteht, erweckt aber auch den Eindruck, dass jede andere Stadt an Stelle Torontos stehen kann. Eine weitere Übertragbarkeit bieten die kanadischen Persönlichkeiten, die MacEwen als Archetypen auftreten lässt: Grey Owl hat keine explizite Verbindung zur Stadt Toronto, sondern ist eine kanadische Ikone. Viel deutlicher wird die Übertragbarkeit im Falle Mackenzie Kings, der in seinem ehemaligen Amt als Premierminister sozusagen für das ganze Land zuständig ist.

Die Übertragbarkeit von Nomans Aktivitäten auf das Land Kanada wird vor allem deutlich, wenn er Spiros Ikaris' Vorwurf „no magic" widerlegt. Der Grieche beschwert sich an dieser Stelle über die Magielosigkeit Kanadas, nicht über den „lack of charm" der Stadt Toronto. Noman als Magier fungiert folglich als

---

1448 Zu erwähnen ist an dieser Stelle, dass Toronto heute zwar eine Metropole von Weltrang ist, in der Zeit, in der MacEwen ihre Geschichten um Noman verfasst, allerdings keinesfalls dieser Kategorie entspricht. Atwood schreibt über diese Zeit: „Toronto was not exactly a centre of cosmopolitan artistic energy at the time. [...] [It] was thought of as a puritanical provincial backwater, a boring, constipated place where you couldn't get wine with dinner. Persons of taste sneered at it, even and especially those who lived there. Colonialism lingered on, and it was assumed that first-rate cultural products were imported from abroad – from Europe if you were old-fashioned, from New York if you thought of yourself as the cutting edge" („Introduction: The Early Years" viii; vgl. auch Rosenthal 32). Dies verstärkt nochmals die Funktion des *enchantment* und die Bedeutung der Auswahl Torontos als Schauplatz.

1449 Harris 205. Auch Rosenthal sieht in ihrer Studie Toronto als „exemplary textual cit[y]" für Kanada bzw. als „important urban space [...] for the definition of the respective nation" (6ff).

Repräsentant Kanadas, und seine Rolle als Verzauberer des Landes könnte nicht deutlicher sein (vgl. „Torontos multikultureller Charakter“, S. 254).

Ein weiterer Beleg für diese Rolle Nomans findet sich in den Manuskripten zu *Noman's Land.* Als alternative Überschrift für das letzte Kapitel der Kurzgeschichtensammlung („The Other Country“) ist hier „A thing which Noman can provide“ vermerkt. Ein Zitat aus dem Film *Lawrence of Arabia* als vorgesehenes Epigraph für den Anfang des Werkes erklärt die Bedeutung des Titels.

> Feisal to Lawrence: „The desert is empty. No man needs emptiness.”
> Lawrence to Feisal: „What do you need?”
> Feisal to Lawrene: „A thing which no man can provide.
> We need a miracle [...].”[1450]

In *Noman's Land* ist Noman derjenige, der das Wunder bewirken und die Verzauberung des Landes herstellen, „oneness“ zwischen Volk und Land einleiten und damit der neurotischen Leere entgegenwirken kann.

Die Anmerkungen zu der Verbindung zwischen Noman, *Noman's Land* und Magie in der kritischen Literatur sind reichhaltig. Ketterer kommt in seinem Kapitel „Gwendolyn MacEwen: A Magical Kanada” im Bezug auf Nomans Quest zu dem Schluss: „It is that magical reality, Kanada.”[1451] Dorothy Shostak schließt, dass *Noman's Land* „the mundane and the magical“ vermischt und dabei ein mythologisches Kanada kreiert.[1452] Margaret Atwoods erste Reaktion nach der Lektüre des Werkes lautet wie folgt: „I've just read NOMAN. [...] It's fascinating...the thing that holds it together, for me, is the attempt to find a place for the mythical, the magical, in [....] the eggs&bacon present of Kanada...”[1453] All diese Aussagen sind Beweise dafür, dass Noman seine Rolle als Verzauberer überzeugend meistert. „There is more to Kanada than meets the eye...”[1454], schließt Atwood passenderweise.

i) „Canadian [...] universals“ – Weltanbindung durch Archetypen

Eines der ersten Attribute, das der Leser in *Noman's Land* über Kanada erfährt ist seine Eigenschaft als „the lonliest country in the world” (s.o.). Die Arbeit mit dem Material der Psyche in Form von Archetypen kann – nach Jung – einen *enchantment*-Effekt erzeugen: „[Das Material] der eigenen Psyche zu erschließen, es zu neuem Leben zu erwecken und dem Bewusstsein zu integrieren, heißt darum nicht weniger, als die Einsamkeit des Individuums aufzuheben und es

---

1450 MacEwen, *Papers, 1955-1988*, Box 19, Folder 19:2.

1451 Ketterer 59.

1452 Shostak 178.

1453 Brief von Atwood an MacEwen. MacEwen, *Papers, 1955-1988*, Box 24, Folder 12.

1454 Atwood, „Canadian Monsters” 122.

einzugliedern in den Ablauf ewigen Geschehens.“[1455] Für die Neurose Kanadas ist dieses Zitat von besonderer Bedeutung. Es wurde erwähnt, dass die kanadische Identitätskrise ihren Ursprung nicht zuletzt in der kolonialen Historie des Landes einerseits und in seiner Nachbarschaft zu den kulturell einflussreichen USA andererseits findet. Das Problem der Abgrenzung von Großbritannien und den USA prägt die Diskussion um die kanadische Identität. Rosenthal beschreibt die kanadische Eigenheit des „defining oneself as Canadian by not being American“ als Element der kanadischen Identität.[1456] Über den Weg der Archetypen, deren Bewusstmachung, Analyse und Deutung Kanada die Möglichkeit zur Selbstfindung bietet, wählt MacEwen einen anderen Weg zur kanadischen Identitätskonstruktion.

Wie gezeigt sind Archetypen charakterisiert durch ein „Archetypisch-Transpersonale[s]“[1457]. Der eigentliche Archetyp ist menschheitsübergreifend gleich. Das archetypische Bild, d.h. die Verwirklichung des Archetyps, variiert jedoch in verschiedenen Kulturen bzw. Individuen. Über diesen Mechanismus verortet MacEwen Kanada in der Welt. Die überpersönlichen Archetypen sind in *Noman's Land* mit spezifisch kanadischem Inhalt gefüllt. Dies ermöglicht Noman (kanadische) Individuation und *enchantment* von Stadt und Nation, integriert Kanada aber ebenso auf höherer Ebene, denn die kanadisch gefüllten Archetypen werden Teil des Fundus der Variationen archetypischer Bilder. Am Ende von Nomans Quest ist Kanada somit nicht mehr „the lonliest country in the world“, sondern hat einen Platz in der Galerie der Archetypen. MacEwen definiert somit die kanadische Persönlichkeit nicht durch Abgrenzung von anderen und Betonung der Unterschiede, sondern durch Eingliedern des spezifisch Kanadischen in einen größeren Kontext. Ihre „Therapie“ Kanadas dreht damit Jungs Vorgehensweise um: Während in der Analytischen Psychologie nach dem Überpersönlichen in Traumbildern gesucht wird, füllt MacEwen dieses Überpersönliche mit persönlichem bzw. nationalem Inhalt. Dies sieht auch Marshall als Essenz der Geschichte um Noman, wenn er sagt: „Canadians will re-create eternal and archetypal patterns in their own way, or so MacEwen's book of stories *Noman* would seem to suggest.”[1458] Auch Margaret Atwood betont: „Canadian literature does not exclude the universals, it just handles them in a characteristic way.“[1459] MacEwens Vorgehensweise entspricht so einer Forderung, die D.G.

1455 Jacobi, *Die Psychologie von C.G. Jung* 54.

1456 Rosenthal 18.

1457 Neumann 43.

1458 Marshall, *Harsh and Lovely Land* 152.

1459 Atwood, *Survival* 237. „[S]he did not narrow her lens; she did the opposite and asserted Canadian literature is a global literature. There is a proliferation of similar ex-

Jones an die kanadische Literatur stellt: Literarische Inhalte sollen auf „the actual experience of many Canadians“[1460] beruhen, da ansonsten kulturelle Schizophrenie bzw. Neurose das Resultat ist. Durch diese Vorgehensweise wird das „here“ mit Inhalten gefüllt sowie in die kollektive Wahrnehmung gehoben und definiert.[1461]

Große Bedeutung kommt in diesem Zusammenhang Henry Moores „Archer“ zu. Die Skulptur erscheint zwar nicht als Archetyp in *Noman's* Moores Kunstwerke stehen aber – wie erläutert – in besonderem Zusammenhang mit der Jung'schen Theorie:

> Moore hat [...] durchschaut, daß in der Kunst [...] ein Einheitlich-Menschliches bemerkbar wird und sich durchsetzt, dessen Erfahrung die Grundlage für die Bewußtwerdung einer einheitlichen allgemein menschlichen Kultur – jenseits der Rassen, Völker und Zeiten – darstellt. [...] Mit diesem Durchstoßen zu einem Standpunkt, welcher die gesamte Menschheitskultur umfaßt, ist es Moore gelungen, das zivilisations- und kulturbedingte Gefühl des Eingekerkertseins und der Isolierung [...] aufzulösen.[1462]

Moore selbst bestätigt im Bezug auf seine Skulpturen diesen intendierten Effekt:

> [U]nterhalb [der] individuellen Verschiedenheiten...wird in ihnen allen eine gemeinsame Welt-Sprache von Formen sichtbar. An ganz verschiedenen Orten und in ganz verschiedenen Geschichtsperioden werden von der instinktiven skulpturellen Sensibilität die selben Formbeziehungen benutzt, um ähnliche Ideen auszudrücken.[1463]

Für die Verbindung zwischen Skulptur und Ausstellungsort hat dies eine Folge, die ein Kritiker Moores wie folgt beschreibt: „His monuments are ... 'hollow, rolling sculpture.' That is to say, they can be rolled anywhere in the wake of international conferences and congresses and do not belong to the individual sites."[1464] Diese Charaktereigenschaft ist nicht zuletzt eines der Argumente, die die Gegner der Installation von „The Archer“ vor Torontos New City Hall an-

---

amples since. In her time, MacEwen was a true pioneer", sagt Claudia Dey im Zusammenhang hiermit (Email, 23.07.2010).

1460 Jones 5; vgl. auch 28.

1461 Jones 14; vgl. auch Atwood, *Survival* 246: „[The] things we look at demand our participation, and our commitment: if this participation and commitment are given, what can result is ‚jail-break,' an escape from our old habits of looking at things, and a ‚re-creation,' a new way of seeing, experiencing and imaging – or imagining – which we ourselves have helped to shape."

1462 Neumann 99.

1463 Zitiert in Neumann 88. Gerade in der Abstraktheit seiner Skulpturen sieht Moore „[a] way [...] [to] present the human psychological content of my work with the greatest directness and intensity“, zitiert in Jeremy Lewiston, *Moore* (Köln: Taschen, 2007) 48.

1464 Zitiert in Lewiston 88.

führen (vgl. „Henry Moores ‚The Archer'", S. 260ff). Interessant ist im Zusammenhang mit *Noman's Land* allerdings Bürgermeister Givens' Verteidigung der Moore-Skulptur:

> Toronto can attempt to break through to greatness because Henry Moore provides us with a standard of excellence [...] from which we can all make a start into the future. If we acquire the work of the world's most famous living sculptor, we are on the way to making our contributions towards *our* time in *our* way... Do we have the curiosity and the courage to face our own time? Can we learn to live with something new, something that is not a copy from the past?[1465]

Zu einem späteren Zeitpunkt erklärt Givens weiter: „I felt that it was important for Toronto as a big cosmopolitan city to acknowledge the existence of this master sculpture which the whole bloody world was recognising but Toronto wasn't prepared to acknowledge."[1466] Für Givens ist „The Archer" somit einerseits der Weg in die Zukunft, andererseits der Weg zur Weltanbindung Torontos – was Moores künstlerischem Ansatz entspricht. Den Erfolg dieses Vorhabens bestätigt Fulford in seinem Werk *Accidental City*, in dem er die Eröffnung von New City Hall und Nathan Philipps Square sowie die Installation des „Archer" als wegweisend für die Stadt darstellt: „This was a break with the past, something new for Toronto."[1467]

Die Parallelen zwischen Givens' Worten und Nomans Überlegungen zu Vergangenheit, Zukunft und Identität sind bemerkenswert. Durch seine Geschichte und seine symbolische Bedeutung kommt „The Archer" in Bezug auf Toronto und Kanada in *Noman's Land* ein großer Stellenwert zu.

1465 *Toronto Daily Star* 07.05.1966, siehe Gallerie 250 der AGO.

1466 Siehe Gallerie 250 der AGO.

1467 Fulford, *Accidental City* 3. Fulford betont in seinem Buch *Accidental City* die zentrale Bedeutung der New City Hall, des Nathan Philipps Square und Moores „Archer" für die Entwicklung Torontos: Nicht nur läuten sie die Ära der modernen Architektur ein, sie liefern der Stadt erstmals auch „civic space, open to an infinitiy of uses" (3), was Fulford zufolge eine zentrale Rolle im Prozess von Torontos „Going public" darstellt. Diesem „Going public" schreibt Fulford in der Selbstfindung Torontos eine große Rolle zu, ist es doch der erste Schritt der Entwicklung hin zu der modernen Weltstadt, die er „new Toronto" nennt: „The significant moment of change can be precisely dated: Monday, September 13, 1965, opening day at the New City Hall and Nathan Philipps Square" (2). Neben der Zukunftsorientierung ist auch die Weltanbindung durch „The Archer" erreicht. Moores charakteristische Bronze-Skulpturen finden sich weltweit vor Gebäuden, auf Plätzen und in Parks (vgl. The Henry Moore Foundation, „Henry Moore. Works in Public", 09.02.2012 <http://www.henry-moore.org/works-in-public/world>). Torontos Nathan Philipps Square reiht sich in diese Riege ein.

Zusammenfassend liefern die Geschichten um Noman auf verschiedene Arten einen Weg aus der kanadischen Neurose: Noman als Verkörperung der kanadischen Identitätsproblematik macht die Neurose zunächst bewusst. Das Werk trägt durch *enchantment* Torontos zur Aufhebung der neurotischen Entzweiung zwischen Stadtbewohnern und Stadt bei und schafft durch die Verwendung authentisch kanadischer Inhalte einen Referenzpunkt, der in der Kultur des Landes verankert ist. Das „lonely country" Kanada wird durch diese Ausgestaltung archetypischer Bilder mit eigenen Inhalten an den archetypischen Fundus und die Welt angeschlossen. MacEwen erfüllt damit, was von mehreren Autoren als notwendige Heilung der kanadischen Neurose erachtet wird. Anstatt Kanadas Minderwertigkeitskomplex zu betonen und es als introvertiert darzustellen, fordert beispielsweise Foley: „Canadian literature [...] has another task, that of awakening the reader to a realization of his potential."[1468] Der Eindruck Kanadas als „kulturelles Niemandsland"[1469] wird durch Nomans Quest und durch seine Schaffung von „distinct places" widerlegt. Durch die Doppeldeutigkeit seines Namens erschafft Noman somit eigentliches „cultural Noman's Land". Kali, die so oft als die Vorausschauende in der Geschichte um Noman auftritt, sieht auch hier schon zu Beginn von Nomans Quest die Lösung. Auf Nomans Frage, ob sie ihm irgendetwas über das Land sagen könne, da es ihm nicht real erscheine, antwortet Kali: „Nor to anyone! [...] Nor will it ever, until we look inside of what's real to discover what's real. [...] And it won't settle into time, into history, until we know it well enough to make fiction of it, to play with it."[1470]

Noman's Land ist allerdings nicht nur ein Versuch, dass „kulturelle Niemandsland" zu definieren und Frye's Frage „Where is here?" durch Verweis auf „the country inside" zu bedienen. Durch die Kombination von Nomans Individuation und der Erkundung des Landes stellt MacEwen ebenso die Frage „Who am I?". Der Term „strangers" der Widmung kann geographisch wie psychologisch gefüllt werden. Dass dieser Fokus auf das „who" notwendig ist, betont Harris:

> For nearly half a century literary critics have remained preoccupied with Northrop Frye's claim that the principal riddle of cultural identity in Canada is not 'Who am I?' but rather 'Where is here?' But in what even Frye predicted would be a post-national age, it seems more urgent than ever to ask 'Who are we?'[1471]

1468 Foley 1. Diese Meinung findet sich auch bei anderen Autoren, siehe Iyer 163, Harris 299 sowie Hutchison, „The Canadian Personality" 9.

1469 Groß, Klooß und Nischik 233.

1470 MacEwen, *Noman's Land* 16.

1471 Harris 298.

Einmal mehr wird Gwendolyn MacEwens zukunftsgerichtetes Denken durch die Tatsache gezeigt, dass Harris ihre Suche nach dieser Identität mit MacEwens Wegbeschreibung zum „country within" bestreitet.

Auf Nomans Frage „Kanada […]. Like a great blank sheet in the world's diary. Who'll make the first entry?"[1472] kann man somit sagen: Noman selbst beschreibt das erste Blatt.

j) „I want to create a myth"? – Nomans Quest als „Massentraum"

Eine immer wieder zitierte Aussage MacEwens ist ihre Prämisse „I want to create a myth."[1473] Im Bezug auf die Geschichten um Noman wiederholt sie dieses Ziel. „My present concerns are with the Canadian myth, if there is such a thing, or the shaping of one"[1474], beschreibt MacEwen *Noman's Land* während der Schaffensphase. An anderer Stelle konkretisiert sie den Begriff des Mythos in direkter Verbindung mit dem Konzept „noman's land":

> I am concerned with finding relationships between what we call the 'real' world and that other world which consists of dream, fantasy and myth. I've never felt that these 'two worlds' are as separate as one might think, and in fact my poetry as well as my life seems to occupy a place – you might call it a kind of no-man's land – between the two.[1475]

Den Begriff Mythos definiert sie an anderer Stelle als „bridge between the so-called 'real' world and the world of the psyche"[1476], den Begriff „noman's land" als „the real, unexplored country which lies *within* the country we think we have conquered."[1477]

Dass Noman seine Quest in diesem mythischen Land „within" absolviert, dass sein Labyrinth eigentlich nicht das reale Toronto bzw. Kanada, sondern MacEwens „noman's land" ist, wird durchweg durch die unübliche Schreibweise gezeigt, die Nomans Meinungsverschiedenheit mit einer Reporterin auslöst:

> 'There is no such country as Kanada,' said the lady reporter. 'Yes there is,' he told her. 'Right across the lake.' 'You know what I mean. I mean no such country as Canada spelled with a *K*, like you just told me. Just Canada with a *C*.' 'Well maybe I'm looking for the other country,' he said cryptically, turning away.[1478]

1472 MacEwen, „Noman" 87.

1473 Siehe z.B. Dey, *The Gwendolyn Poems* 16.

1474 Daurio und Zizis, 1.

1475 zitiert in Colombo, *Rhymes and Reasons* 65.

1476 zitiert in Sullivan, „Introduction: The Later Years" ix.

1477 zitiert in Colombo, *Rhymes and Reasons* 65; siehe auch Potvin 18.

1478 MacEwen, *Noman's Land* 129.

Wenn auch die Reporterin dieses Land nicht kennt, so bewegen sich Noman und der Leser dennoch in „the other country" – „Kanada". Nach der Seedurchschwimmung ist dieselbe Reporterin die erste, die Noman antrifft. Auf seine Frage „What country is this?" ist ihre Antwort: „This is Canada [...]. Spelled with a C." Nomans Reaktion hierauf zeigt, dass er das Land „between the two" gefunden hat: „'Oh. Kanada,' he said. He pronounced it his way."[1479] Handschriftlich vermerkt MacEwen an dieser Stelle im Manuskript: „N. says the other country which is inside this one – the one you spell with a K."[1480]

MacEwens Vorsatz, einen Mythos zu kreieren, bestätigen ihr eine Reihe von Kritikern und Autoren als erreicht. Von MacEwens „mythologischem Kanada" redet Shostak. [1481] Atwood sieht Nomans Quest als „attempt to find a place for the mythical."[1482] French warnt: „[T]his is a mythological novel, and literalists are hereby advised to take their tidy minds elsewhere."[1483] Vor allem Grace attestiert die Verbindung zwischen Realität und Mythos: „What MacEwen is attempting to mythologize is the dynamic between the repressed arcana of the human psyche and the cold, prosaic mechanical surfaces of contemporary urban experience."[1484] Letztlich schreibt auch Davey über MacEwens Verständnis von Mythos: „She has demonstrated that it need not be merely a system by which one escapes worldly events, but in fact can be found emanating from those events and providing understanding of our very real sensual [...] world."[1485]

Einer wissenschaftlich-historischen Definition hält MacEwens Verständnis des Begriffs Mythos nicht stand. Coupes Ausführungen zur Entstehung eines Mythos vernichten jegliche Tendenz in diese Richtung: „In order to be accepted as living myth, however, images must cohere into a story that seems 'true' to significant numbers of people. It is not possible for a single individual in a

---

1479 MacEwen, *Noman's Land* 137. Nomans „Oh. Kanada" spielt hier nicht nur auf die kanadische Nationalhymne an, sondern spiegelt auch Nomans erste Reaktion auf das Land seiner Quest (*Noman's Land* 12). Die Konnotation ist allerdings eine andere: Während das erste „Oh. Kanada" Verwirrung, Unwissenheit und Entfremdung ausdrückt, schwingen am Ende der Quest Wiedererkennung, Überzeugung und Bewunderung mit. Die Wiederholung der Phrase verbildlicht Sharps Konzept der „circular odyssey": Die Quest endet dort, wo sie angefangen hat, der Held hat auf dem Weg aber Erkenntnis gefunden, siehe S. 184.

1480 MacEwen, *Papers, 1955-1988*, Box 20, Folder 20:4. Die Unterstreichungen sind aus dem Original übernommen.

1481 Shostak 178.

1482 MacEwen, *Papers, 1955-1988*, Box 24, Folder 12: Brief von Atwood an MacEwen.

1483 French.

1484 Grace, „Gwendolyn MacEwen" 280.

1485 Davey, *From There to Here* 178f.

complex modern culture to *create* a myth."[1486] „Myth is a collective agreement"[1487], schreibt auch Lauter. Zieht man jedoch ein Jung'sches Verständnis von Mythos zu Rate, sieht der Sachverhalt anders aus. Andrew Samuels, Bani Shorter und Fred Plaut stellen die Entstehung eines Mythos wie folgt dar: „Like his an-cestors […] modern man is a mythmaker; he reenacts age-old dramas based upon archetypal themes and, through his capacity for consciousness, can release himself from their compulsive hold." Mythen sind demzufolge „stories of archetypal encounters", woraus wiederum resultiert: „We do not invent myths; we experience them."[1488] Das Resultat dieser Erfahrung beschreibt Belmonte wie folgt:

> Archetypal tales make sense; that is, they communicate information […]. Myth, in this view, is an instruction for doing that heals. [….] The archetype is a link or rebinding […] of the present with the past. It exists outside of history precisely because human beings are historical, because they are creatures capable of alienation.[1489]

Mythen können daher als Ausdruck von Existenzkrisen gesehen werden und Mythenentwicklung als Selbstdefinition. Die Verbindung zwischen Archetypen, Mythos, *enchantment* und Selbstfindung ist deutlich.[1490]

Nach Jung'scher Ansicht finden sich demnach Parallelen zwischen dem Begriff des Mythos und Nomans Quest. Der heilende, Zukunft und Vergangenheit vereinende, auf Erfahrung basierende Begriff des Mythos wird mit kanadi-

---

1486 Coupe 172.

1487 Lauter, *Women as Mythmakers* 6. Der Begriff „Mythos" kann an dieser Stelle nicht erschöpfend definiert werden. Für eine detaillierte Analyse siehe Lauter, *Women as Mythmakers* 1ff und Coupe 1ff.

1488 Samuel, Shorter und Plaut 190. Dies entspricht dem Begriff „kinetic myth", den Frank Davey auf Noman anwendet: Als „myth alive and re-enacted in the spontaneous actions of real people" definiert er „kinetic myth" im Gegensatz zum oberflächlichen „ornamental myth" („The Secret of Alchemy" 57). „The power of MacEwen's fiction rested not in the halting attempts of its characters to announce arcane truth, but in the convincing vividness with which she made these characters seem to be living lives of mythic preoccupation", erläutert er. Und: „The unspeakable myths were 'spoken' by MacEwen by making them live in the pages of those novels and stories. There in the drama and concrete settings of her art the mythic penetrated, took residence in, the actual" („The Secret of Alchemy" 63).

1489 Belmonte 49.

1490 Lauter, *Women as Mythmakers* 3ff; vgl hierzu Rowlands Kapitel „Jung, Art, and Creation Myths: Art Transforming Consciousness in History" über die Verbindung zwischen Bewusstwerdung, Geschichte und Mythos (*Jung in the Humanities* 59ff).

schem Inhalt gefüllt. Passenderweise bezeichnet Jung wie erwähnt Mythos als „‚Massentraum' des Volkes"[1491] – ein Konzept, das Campbell weiter definiert:

> The archetypes to be discovered and assimilated are precisely those that have inspired, throughout the annals of human culture, the basic images of ritual, mythology, and vision. These 'Eternal Ones of the Dream' are not to be confused with the personally modified symbolic figures that appear in nightmare and madness to the still tormented individual. Dream is the personalized myth, myth the depersonalized dream.[1492]

In diesem Zusammenhang fungiert der Heldenmythos in Jungs Analytischer Psychologie als unbewusstes Drama, das in Projektion erscheint. In der Traumanalyse wird der Held als Archetypus des Selbst gesehen und kompensiert, was in der Bewusstseinslage fehlt:

> Der Held [...] handelt stellvertretend für das bewußte Individuum, das heißt er tut das, was das Subjekt tun müßte, könnte oder möchte, aber zu tun unterläßt. Was im bewußten Leben geschehen könnte, aber nicht geschieht, das spielt sich im Unbewußten ab und erscheint infolgedessen an projizierten Gestalten.[1493]

Gerade die Idee des „Massentraumes" und die Stellung des Helden in der Traumanalyse leiten zur Bedeutung von *Noman's Land* in Verbindung zu Jungs Kunstbegriff über.

6. *Noman* und *Noman's Land* als visionäres Kunstwerk ohne explizite Botschaft

Während *The Shadow-Maker* schwerpunktmäßig als Werk des persönlichen Unbewussten mit visionärer Ausrichtung verortet werden kann und sich auf die Erfahrung und Leidenschaft der Sprecherin konzentriert, erheben sich die Geschichten um Noman aus diesem persönlichen Bereich heraus. Campbells Überlegungen zum Unterschied zwischen Traum und Mythos belegen den Unterschied zwischen *The Shadow-Maker* und den Geschichten um Noman – vor allem vor dem Hintergrund der „dreamlike atmosphere", die dem Gedichtband immer wieder zugeschrieben wird:

> Both myth and dream are symbolic in the same general way of the dynamics of the psyche. But in the dream the forms are quirked by the peculiar troubles of the dreamer, whereas in myth the problems and solutions shown are directly valid for all

1491 Jung, *Symbole der Wandlung* 45; vgl. auch Samuels, Shorter und Plaut 190.

1492 Campbell 17ff.

1493 Jung, *Symbole der Wandlung* 397; vgl. auch 498.

> mankind. The hero, therefore, is the man or woman who has been able to battle past his personal.[1494]

Anders als *The Shadow-Maker* beschäftigen sich *Noman* und *Noman's Land* nicht in erster Linie mit den Individuationsproblemen eines Individuums, dessen Traummotiven und dessen Auseinandersetzung mit dem gegengeschlechtlichen Archetypen. Das Werk um Noman ist nicht in der „Beengung[...] und Sackgasse[...]"[1495] des Persönlichen zu verorten. Vielmehr bezieht es sich auf die Außenwelt und entspricht somit der fünften Stufe in Dawsons Kategorisierung (vgl. „*The Shadow-Maker* als Kunstwerk des persönlichen Unbewussten mit visionärem Anteil", S. 137ff): Noman begibt sich in den Selbstfindungsprozess mit dem Ziel „to know oneself not as a rebel or outsider, but as the *specific* human being that one is within one's own society". Er erfährt Bewusstheit bezüglich seiner individuellen Natur und neue Integration in die Gesellschaft.[1496] *Noman* und *Noman's Land* zeigen somit deutlich Extravertiertheit nach Jung.

Das Resultat von Nomans Individuation ist zudem bedeutsam in kulturwissenschaftlicher Hinsicht. Seine Quest zeigt Wege aus der kanadischen Neurose der Identitätskonstruktion auf. So betont auch Marshall: „[T]he re-living of archetypal experiences in Canadian terms seems to be the unifying theme and underlying psychic necessity for writer and reader alike."[1497]

Marshalls Zusammenfassung der Kurzgeschichten ermöglicht die Interpretation der Quest Nomans als Kunstwerk des kollektiven Unbewussten: „Wenn ein Anpassungsproblem mit den Mitteln des Bewusstseins nicht zu bewältigen ist, wird immer der Abstieg ins Unbewusste notwendig", betont Schmitt im Hinblick auf die tiefenpsychologische Wirkung von Literatur.[1498] Als Charakteristikum der visionären Kunst hebt Stephen A. Martin hervor: „[A visionary work] heals or balances the one-sidedness of a culture by bringing to it those psychological values and meanings that have been excluded because of natural cultural development."[1499] Die Rolle eines visionären Werkes besteht darin, „die kompensatorisch für seine Zeit bedeutsamen, aber ihr unbewussten Werte und Inhalte zu gestalten."[1500] Somit erfüllt ein visionäres Kunstwerk denselben Zweck für eine Gesellschaft wie eine symbolische Erfahrung für den Patienten in Psycho-

---

1494 Campbell 17ff.

1495 Jung, „Über die Beziehungen der analytischen Psychologie zum dichterischen Kunstwerk" 82f.

1496 Dawson 276.

1497 Marshall, *Harsh and Lovely Land* 152.

1498 Schmitt 287.

1499 Martin 178.

1500 Neumann 5.

therapie.[1501] Diese Rolle erfüllen *Noman* und *Noman's Land*, wie unter „Nomans Quest als Spiegel der kanadischen Psyche" (S. 270ff) gezeigt. Insbesondere Jungs eigene Gedanken zur Rolle eines Kunstwerkes des kollektiven Unbewussten unterstreichen die Funktion von Nomans Quest für Kanada:

> Die große Dichtung, die aus der Seele der Menschheit schöpft, ist vollkommen daneben erklärt, wenn man sie auf Persönliches zurückzuführen versucht. Wo immer nämlich das kollektive Unbewußte sich ins Erlebnis drängt und sich dem Zeitbewußtsein vermählt, da ist ein Schöpfungsakt geschehen, der die ganze zeitgenössische Epoche angeht. Das daraus hervorgehende Werk ist im tiefsten Sinne eine Botschaft an die Zeitgenossen...Jede Zeit hat ihre Einseitigkeit, ihre Voreingenommenheit und ihr seelisches Leiden. Eine Zeitepoche ist wie die Seele eines Einzelnen, sie hat ihre besondere, spezifisch beschränkte Bewußtseinslage und bedarf daher einer Kompensation, die dann eben durch das kollektive Unbewußte dermaßen geleistet wird, daß ein Dichter oder Seher oder Führer dem Unausgesprochenen der Zeitlage sich leiht und in Bild oder Tat das heraufführt, was das unverstandene Bedürfnis aller erwartet...[1502]

Ein solches Werk spricht „aus dem Geist und dem Herzen und für den Geist und das Herz der Menschheit"[1503].

Die Leistung des Künstlers beschreibt Jung als therapeutisch: Der Künstler spricht nicht nur „das unverstandene Bedürfnis aller" aus. Die literarische Ausgestaltung archetypischer Bilder ist auch „eine Übersetzung in die Sprache der Gegenwart, wodurch es sozusagen jedem ermöglicht wird, wieder den Zugang zu den tiefsten Quellen des Lebens zu finden, die ihm sonst verschüttet wären." Die Auswahl des archetypischen Bildes ist hierbei von großer Bedeutung, muss es doch

> einerseits der bestmögliche und für die gegebene Epoche nicht zu übertreffende Ausdruck für das noch Unbekannte [...] [sein], andererseits aber das Verwandte einer größeren Menschengruppe in sich schließen [...] [;] um überhaupt auf eine solche wirken zu können, so muß es gerade das erfassen, was einer größeren Menschengruppe gemeinsam sein kann.[1504]

Mackenzie King, Grey Owl und das kanadische Kind als archetypische Bilder in Nomans Quest erfüllen diese Anforderungen und spiegeln die „soziale Bedeut-

---

1501 Snider 2. Snider zufolge liegt gerade hierin die Chance der Jung'schen Literaturkritik: „Literary criticism based on Jungian analytical psychology can add a new dimension to literary art. It can show [...] how literature contributes to the psychic balance of a community" (3).

1502 Jung zitiert in Balmer 17f.

1503 Jung, „Psychologie und Dichtung" 115.

1504 Jung zitiert in Schmitt 146.

samkeit der Kunst". Sie sind die Gestalten, „die dem Zeitgeist am meisten mangelten", und Nomans Wirkung ist somit „Erziehung des Zeitgeistes".[1505]

Noman ist demnach ein „echte[s] Kunstwerk"[1506], das wortwörtlich jenseits der Grenzen des Bewusstseins steht: Noman gelangt in der Geschichte erst zu (kanadischem) Bewusstsein sowie Wertschätzung seiner Identität und erfährt somit „ein echtes Urerlebnis"[1507]. Dass das Werk geradezu das Gegenteil von „Vergänglichkeit und Kurzatmigkeit des Nur-Persönlichen"[1508] darstellt, zeigt vor allem Amy Lavender Harris' durch Nomans Quest inspirierte Reise zur „city within the city". Sie bestätigt das Werk und Nomans Erkenntnis als zeitlos. Auch 2010, mehr als 20 Jahre nach Veröffentlichung von *Noman's Land*, ist es angebracht, Nomans Beispiel zu folgen und die Bedeutung der Stadt, der Nation und der (kanadischen) Persönlichkeit zu finden: „We need to pay attention to the city's stories because we, too, are part of the narrative. We engage actively in imagining Toronto whenever we move through its streets and experience how boring, bigoted, violent, ugly, peaceful, powerful, glittering, and beautiful it is."[1509]

1505 Jung zitiert in Frietsch 23.

1506 Jung, „Über die Beziehungen der analytischen Psychologie zum dichterischen Kunstwerk" 82.

1507 Jung, „Psychologie und Dichtung" 108.

1508 Jung, „Über die Beziehungen der analytischen Psychologie zum dichterischen Kunstwerk" 82.

1509 Harris 299. Besonders deutlich wird der Unterschied zwischen *The Shadow-Maker* und Nomans Quest, wenn man die Rolle Kanadas betrachtet. Das Thema Kanada als überpersönliche Komponente, das in Noman einen großen Stellenwert einnimmt, erscheint in *The Shadow-Maker* nur am Rande. So schreibt Bartley über *The Shadow-Maker*: „[T]he MacEwen myth was, uncomfortably, not in the least recognizable as Canadian in any obvious political or cultural sense. [...] The closest she comes to a thematic statement of Canadian identity [...] lies in her voice as explorer in several poems in *The Shadow-Maker*" („Gwendolyn MacEwen" 232). Marshall betont im Bezug auf den Gedichtband ebenso: „MacEwen could be accused of evading [...] the more immediate realities of life in Canada, were it not for certain poems", die „an attempt to come to terms with Canada" darstellen (*Harsh and Lovely Land* 151f). Explizit nennt Marshall in diesem Zusammenhang „Dark Pines Under Water" sowie „The Discovery" und führt über deren Effekt weiter aus: „[S]he attempts to remedy this situation by addressing Canada itself as an exotic mystery" (152). Die Botschaft von *The Shadow-Maker* fällt hinsichlich Kanada so einerseits sehr gering aus. Andererseits spielt gerade das Gedicht „The Discovery" eine tragende Rolle in Noman, da seine Essenz als Leitmotiv in Nomans Quest fungiert. Marshalls Beschreibung von „Dark Pines Under Water" als kanadisches exotisch-mysteriöses Werk unterstützt David Vainsbords Dokumentation *Dark Pines* (Moving Images, 2005), die den ebenso myste-

Über die (Weiter-) Entwicklung einer Gesellschaft sagt Jung:

> Ein Fortschritt beginnt […] immer mit Individuation, das heißt damit, daß ein Einzelner, seiner Vereinzelung bewußt, einen neuen Weg durchs bisher Unbetretene bahnt […]. Insofern es ihm gelingt, seine erweiterte Bewußtheit zu kollektiver Geltung zu bringen, gibt er durch Gegensatzspannung jene Anregung, welcher die Kultur zu ihrem weiteren Fortschritt bedarf.[1510]

Der Held ist somit – wie das archetypische Kind – „Verkünder oder Erstling einer neuen Generation“[1511]. Durch diesen gemeinsam erschafften Fortschritt entwickelt die Gesellschaft „Kollektivzusammenhang“[1512] und Identität. Campbell definiert in diesem Zusammenhang zwei Aufgaben des Helden:

> [T]he first work of the hero is to retreat from the world scene of secondary effects to those causal zones of the psyche where the difficulties really reside, […] there to clarify the difficulties, eradicate them in his own case […] and break through to the undistorted, direct experience and assimilation of what C.G. Jung has called 'the archetypal images.' […] His second solemn task and deed […] is to return then to us, transfigured, and teach the lesson he has learned of life renewed.[1513]

„[G]ive something back to his culture“[1514] nennt Sharp die Verpflichtung des Helden. Auffällig ist, dass die „second solemn task“ nach Campbells Muster in Nomans Quest fehlt: Noman teilt seinem Volk bzw. seinen Lesern nicht explizit mit, welche Erkenntnis er gewonnen hat bzw. was zu tun ist, um die erweiterte Bewusstseinsstufe zu erlangen. Seine Quest endet mit seinem Gespräch mit der Reporterin, der er zwar bestätigt, dass er „the other country“ gefunden habe, die auf ihre Nachfrage „What was it like? Where is it?“ allerdings lediglich eine verschlüsselte Nachricht erhält: „There is another country, you know, and it's inside this one. […] God, the world is beautiful.“[1515] Bemerkenswert ist, dass es sich um eine Reporterin handelt, die prinzipiell die Möglichkeit bietet, Nomans Erkenntnis an sein Volk zu kommunizieren und die „second solemn task“ abzudecken. „[The] lesson he has learned of life renewed“ erfolgt dennoch nicht.

Zu bedenken ist an dieser Stelle Campbells Aussage, dass das Auslassen einer Station relevant für die Interpretation des Beispiels ist.[1516] In MacEwens kanadischer Quest scheint der Leser dazu aufgefordert, die Erkenntnis selbst zu

---

riösen Tod der kanadischen Ikone Tom Thomson untersucht und MacEwens Gedicht als Leitmotiv verwendet.

1510 Jung zitiert in Schmitt 255.

1511 Schmitt 242.

1512 Jung zitiert in Schmitt 255.

1513 Campbell 17f.

1514 Sharp, *Digesting Jung* 72.

1515 MacEwen, *Noman's Land* 137f.

1516 Campbell 38.

formulieren. MacEwen lässt den Leser Nomans Quest und seine Erfahrungen zwar durchlaufen, die Essenz und Handlungsanweisung muss der Leser bzw. die Gruppe derer, die von dem Helden zu lernen bestimmt sind, selbst erkennen. Die Quest selbst wird somit zur Botschaft und „[the] country […] inside this one“ zum Suchauftrag. Damit stellt MacEwen ihren Leser vor eine wesentlich größere Herausforderung als den Leser einer idealtypischen literarischen Heldenfahrt. Noman's Quest ist nicht nur Nomans Individuation sondern auch der Weg zur kanadischen Selbstfindung der Leserschaft, und das Werk liegt somit jenseits der Grenzen des Bewusstseins derselben. Die Widmung „To all the strangers“ wirkt somit in einer weiteren Facette als Auftrag, den Spuren Nomans zu folgen.[1517] „Noman's Land, obviously, won't be to everyone's taste"[1518], schließt French, auf MacEwens „exoticism“ anspielend und die Eigenleistung implizierend, die der Leser erbringen muss, um hinter die verwirrend-komplexe Fassade zu schauen.

Die besondere Stellung Nomans im kanadischen Kontext findet sich gelegentlich in der kritischen Literatur wieder. Gillam sieht Noman als „catalytic, rather abstract figure who stands for MacEwen's project for the spiritual renewal of Canadian society."[1519] „Noman […] is the first to pass through the archway", schreibt auch Bartley, „[i]n so doing, he calls […] for all those who are courageous enough to follow him."[1520] Im Hinblick auf die Aufgabe des Lesers fragt French Nomans Seedurchschwimmung betrachend: „That kind of catharsis may be OK for Noman, but what about the rest of us, who can barely make it to the end of the pool?“[1521]

7. Gwendolyn MacEwen: Biographische Momente II

Betrachtet man nach Frietschs Schema MacEwens Biographie als Ergänzung der Jung'schen Analyse von *Noman* und *Noman's Land*, so lässt sich eine wichtige Parallele feststellen. Zu Beginn ihrer Karriere ist Merkmal MacEwens und ihres

1517 Die kollektive Funktion von Nomans Quest wird durch die Tatsache verstärkt, dass es in Nomans Quest weder eine Schattenfigur gibt, die der Held besiegen muss, noch eine Anima, mit der er sich am Ende verbindet (vgl. Schmitt 278 sowie Pratt, „Spinning Among Fields“ 101). Diese Abweichungen vom Quest-Schema suggerieren, dass der Fokus nicht auf Nomans persönlicher Individuation liegt, sondern im Überpersönlichen.

1518 French.

1519 Gillam 12.

1520 Bartley 103.

1521 French.

Werkes ihr Interesse für die östlich-mediterrane Kultur: Sie schreibt über Ägypten, Israel und Griechenland, nicht über die kanadische Realität.[1522] Leon Slonim definiert den stereotypen „exoticist“ in seinem 1974 verfassten Essay „Exoticism in Canada“ als „the writer who escapes into an alien, strange, enchanting world” und bezeichnet ihn als “a rarer bird in our land“[1523]. MacEwen ordnet er folgerichtig in diese Kategorie ein: „In Gwendolyn MacEwen’s work the exotic plays a […] central role. […] It is chiefly the world of the eastern Mediterranean which arrests her imagination […]. Canada is explicitly left out.”[1524] Über Ursachen hierfür sagt MacEwen in einem Interview aus derselben Zeit zum Thema kanadische Identität:

> I'm so rarely thought to be aware of it at all! I'm usually considered to be too exotic in my search for ‘identity’, because I've written about Egypt and Greece, and a lot of my early poetry is steeped in Middle Eastern myth and history. But I think that all this travelling and searching might, in itself, be very Canadian! […] [A]s a citizen of a country with no ancient history containing my ancestors, I can trace a ‘lineage’ back as far as I like through other lands and cultures. This makes me aware that I am first of all a citizen of the world; I think that the great white silence which is Canada allows the mind space for such reflections.[1525]

MacEwen verortet hier ihre Individuation außerhalb Kanadas: Um sich selbst zu finden, ist das Reisen und das Kennenlernen anderer Kulturen unerlässlich. Weitere Äußerungen über Kanada aus dieser Zeit unterstreichen ihren Drang zur Selbstsuche durch Reisen. In einem Brief an Margaret Atwood unmittelbar nach Rückkehr von einer Reise zeigt sich MacEwen auch sehr kritisch gegenüber ihrer Heimatstadt Toronto: „Dear Peggy, back in Toronto, looks as good as it ever will, which is not saying much. Canada is so quaint, so naïve, so hopeless. I think I'll take off again for the Middle East. […] [C]an't resist it.”[1526] Atwood selbst beschreibt MacEwens Einstellung zu ihrem Heimatland – die MacEwen'sche Schriftweise aufgreifend – wie folgt:

> In her earlier works these two places were always kept separate and opposed; the magic world was ancient Egypt, or the Arabian Middle East, or Greece; it contained miracles. Kanada was the place of bacon and eggs, of nonrevelations, and it had to

1522 Vgl. S. 80 zur Darstellung von MacEwens Reisen in *The Shadow-Maker*.

1523 Slonim 22.

1524 Slonim 24f.

1525 „PCR Interview with Gwendolyn MacEwen” 8.

1526 Zitiert in Longfellow. Diese Einstellung MacEwens findet sich auch in Linda Griffiths' Drama *Alien Creature*, in dem die Protagonistin verkündet: „I hated this city because it was unmagical, it tried to kill the surreal“ (17).

> be escaped from, either mentally or physically, if you wanted any vision other than the mundane.[1527]

MacEwen bestätigt diesen Gedanken Atwoods unter Verwendung der von Northrop Frye geprägten Begriffe „here" und „there": „I'm drawn to countries that [have ancient history]. That in itself is very Canadian. It is the opposite of *here*. *There*, there is so much energy crowded into a small space, whereas here it is spread out over great distances."[1528] Tom Marshall umschreibt das Reisen und Suchen MacEwens in anderen Kulturen als ihre Strategie des *enchantment*: „What she wanted was for these other worlds and other times to inform her daily life in Toronto."[1529]

Spätestens mit den Geschichten um Noman ändert sich der Ansatz des „travelling and searching" jedoch. In einem Interview aus der Entstehungszeit von Nomans Quest bestätigt MacEwen, dass ihr Fokus nun auf dem eigenen Land liegt:

Interviewer:	„In the organizing principles of writing your mythopoetic themes, you have tended toward the southern Mediterranean countries. Are you still very much involved with writing on those themes?"

1527 Atwood, „Canadian Monsters" 110f. Dies spiegelt sich in *The Shadow-Maker* durch die Reise ins Unbewusste als magische Welt.

1528 Meyer und O'Riordan 100.

1529 Marshall „Several Takes on Gwendolyn MacEwen" 79. Gilliam sieht die Orientierung MacEwens an fremden Kulturen als Teil ihrer Persona: „Ancient Egypt continued to influence the construction of her public persona up until her death. From the early sixties onwards, MacEwen always appeared with her eyes made up to show the cosmetic line extending from the outer corner of the eye, as it is found in Egyptian art and where it was originally reserved for gods and kings." Dieses „hieratic eye" sieht Gillam nicht als Mittel zur Erlangung von Aufmerksamkeit, sondern „as a part of a carefully constructed worldview amplified in her writing" (10f). Gillams Artikel über MacEwen lautet daher „The Gaze of a Stranger: Gwendolyn MacEwen's Hieratic Eye". „The kohl eyes and all of this is not accidental", bestätigt auch Linda Griffiths. Dass MacEwens Kleidungsstil und Äußeres stark durch ihr Interesse an mediterranen-östlichen Kulturen geprägt sind, wird immer wieder als ihr Merkmal genannt und ist offensichtlich in nahezu allen Photographien ihrer Person – insbesondere in John McCombe Reynolds Serie aus dem Jahre 1973, die MacEwen als exotisch-mysteriöse Schönheit abbildet. „Her photograph, her image is very physically connected to her work", beschreibt Linda Griffiths den Einfluss dieser ikonischen Bilder, die *Noman*, *The Poetry of Gwendolyn MacEwen*, *The Selected Gwendolyn MacEwen* sowie Sullivans *Shadow Maker* schmücken (Persönliches Interview, 12.08.2009).

MacEwen:	„Not so much as before. In my current concerns in fact, I'm working on a novel which has a Canadian setting, which is an extension of my story *Noman*."[1530]

Interessant ist, wie MacEwen die Änderung dieses Schwerpunktes begründet. So sagt sie in einem Interview aus dem Jahre 1980: „[S]pending time in countries like Egypt or Israel or Greece has sharpened my perception of Kanada (read 'Canada')."[1531]

Gerade die Erfahrung des intensiven Kontakts mit anderen Kulturen, die letztendlich in einer Wertschätzung des Eigenen resultiert, ermöglicht MacEwen einen besonderen Blick auf die kanadische Kultur. Potvin beschreibt diese Perspektive als „[w]riting from the inside looking out, about being on the outside of culture looking in."[1532] Diese Position bestätigt MacEwen in einem Interview mit Morley Callaghan: „I feel myself like a foreigner who has come from outside."[1533]

1530 Daurio und Zizis 1.

1531 Jon Pearce 71. Das Beharren auf der MacEwen'schen und Noman'schen Schreibweise „Kanada" deutet bereits auf den Sinneswandel hin, den MacEwen in einem weiteren Interview bestätigt:

Interviewer:	„You seem to spend a lot of your time in exotic places, and I was wondering if Canada had the same sort of exoticism for you?
MacEwen:	„That's a very powerfully loaded question for me. It's only in the last few years that I've come to understand that the country that I live in, this city, this place I inhabit, is every bit as lush and mystical and mysterious as an island in Greece or whatever. But that realization has taken me quite some time. [...]. I have a great sense of awe about this country and I find it a very mysterious and wonderful place. [...] So I would say yes, definitely. [...]"
Interviewer:	„Also, a lot of people seem to think that this is a very cold and dull place. Why is it they don't share your view of Canada as exotic? Is it due to familiarity?"
MacEwen:	„Yes, I think it is just as simple as that [...]. One doesn't appreciate or understand what is nearest to one. I think it takes a lot of years and varied experiences to make one realize what is closest at hand is every bit as fascinating as what is halfway around the world" (Daurio und Zizis 1).

In ihrem Gedichtband *The T.E. Lawrence Poems* legt MacEwen dieselbe Erkenntnis in den Mund ihres „chosen twin": „What is exotic? Home is more exotic than anywhere" („Cloud Hills", 63).

1532 Potvin 37.

1533 Zitiert in Longfellow. Erinnert sei an dieser Stelle daran, dass MacEwen mit einem griechischen Einwanderer verheiratet und mit mehreren anderen Einwanderern „fremder Kulturen" liiert ist. Ihre Erfahrung mit fremden Kulturen stammt daher nicht nur aus dem Reisen, sondern auch aus dem Beziehungsleben. Folgende Worte Kalis haben

Zusammenfassend kann man sagen, dass MacEwen eine Entwicklung durchläuft, die der Nomans nicht unähnlich ist. Nach der Suche der eigenen Identität im Exotischen kommt sie zu der Erkenntnis, dass ihre Herkunft in sich bereits exotisch ist, und Kanada wird zur „alien, strange, enchanting world“[1534]. Somit kann MacEwen selbst als die Heldin am Ende ihrer Quest gesehen werden und ihr Werk um Noman als „solemn second task“, in der sie ihrer Gemeinschaft ihre Erkenntnis übermittelt. Einmal mehr wird so *Noman's Land* zum kollektiven Kunstwerk.[1535]

Eine weitere Parallele zwischen *Noman's Land* und der Definition des kollektiven Kunstwerks findet sich in MacEwens Anmerkungen zu ihrem Schreibprozess. Jung hält fest, dass es sich bei der Erschaffung eines kollektiven Kunstwerkes nicht um einen bewussten, gerichteten Schaffensprozess handelt, der Absichten und Entschlüsse des Dichters widerspiegelt. Das visionäre Werk „dräng[t] sich dem Autor förmlich auf“[1536]. Auf die Frage eines Interviewers nach ihrem neuen Projekt *Noman's Land* sagt MacEwen während der Entstehungsphase des Werkes: „[A]ctually I find that I can't talk that much about current work. I find I am not very articulate. I just write and then later I will consider what is a metaphor for what. If I concentrated too deeply on that at this point, when I'm actually doing it, the writing would become self-conscious.”[1537] Besonders interessant ist in diesem Zusammenhang die Verwendung des Begriffes „self-conscious”, der – wenn wörtlich genommen – direkt Bezug auf die Parameter von psychologischem und visionärem Kunstwerk nimmt: Das „selbstbewusste“ Kunstwerk ist dasjenige, das dem Bewusstsein des Künstlers entspricht. Für die Geschichten um Noman scheint dies nicht der Fall zu sein. Das Werk scheint für MacEwen eine unabhängige Einheit zu sein, die erst nach

somit biographischen Wert: „Strange, or not so strange, that all my early lovers were foreigners, that I went with them partly so I could see this country through the eyes of immigrants. […] me the native leading them back to their lands while they revealed to me the many Kanadas mirrored in their eyes” (*Noman's Land* 99).

1534 Slonim 22.

1535 Vgl. Neumanns Erläuterung zur Erschaffung kollektiver Kunst: „In der dauernden Identitätsbeziehung zwischen dem zu Gestaltenden und dem Gestalter kommt es zu einer Geburt des Werkes, in der […] das Ungestaltete den Gestalter ebenso befruchtet, wie der Gestalter das zu Gestaltende austrägt, formt und gebiert“ (20).

1536 Jung, „Über die Beziehungen der analytischen Psychologie zum dichterischen Kunstwerk“ 84.

1537 Daurio und Zizis 1.

Vollendung des Schreibprozesses interpretiert werden kann: Ein visionäres Kunstwerk.[1538]

8. *Noman* und *Noman's Land*: Fazit

Auch in *Noman* und *Noman's Land* fungiert Jungs Individuations- und Archetypenlehre als Ordnungsprinzip, das die Kurzgeschichtensammlungen auf verschiedenen Ebenen strukturiert. Dabei lassen sich vier Deutungslinien unterscheiden, die eine ästhetische, inhaltliche, biographische und kulturwissenschaftliche Leistung der Individuations- und Archetypenlehre beschreiben.

Im Rahmen des Quest-Musters bestimmt die Individuations- und Archetypenlehre in formal-ästhetischer Hinsicht zunächst den Handlungsverlauf, die Anzahl, Funktion und Ausgestaltung der Charaktere sowie die Konstellation der Beziehungen zwischen den Charakteren. Sie wirkt vor allem in *Noman* als Bindeglied zwischen den einzelnen Kurzgeschichten, überschreitet aber auch die Werkgrenze und verzahnt *Noman* mit dem Folgeband *Noman's Land*.

Die Individuations- und Archetypenlehre stellt ebenso die Grundlage für den Inhalt der Kurzgeschichtensammlungen dar: Nomans Selbstfindungsprozess, seine Begegnungen mit Archetypen sowie seine Bewältigung der einzelnen Stationen seiner Quest werden geschildert. Die Entwicklung seiner Individuation sowie ihre Auswirkung auf die anderen Charaktere bestimmen einen Großteil der Handlung. Nomans Weg aus seiner kanadischen Amnesie wird dargestellt und dabei die Aussöhnung mit seiner kanadischen Identität als Lösungsweg aufgezeigt.

Weiterhin spiegelt Nomans Quest MacEwens eigene Individuation als Kanadierin wider, erlaubt also eine Verarbeitung biographischer Ereignissen in mythopoetischer Form. Nomans Erfahrungen und seine Einstellungen gegenüber kanadischer Kultur finden demnach ihr Vorbild in denen MacEwens. Seine Beurteilung Kanadas als Heimat und Ort des Exotischen am Ende seiner Quest verläuft analog zu dem Erkenntnisprozess, den MacEwen selbst hinsichtlich ihrer Herkunft durchläuft. *Noman* und *Noman's Land* können so als das Ergebnis ei-

---

1538 In *The Shadow-Maker* ist die bestimmende biographische Parallele das Liebesleben MacEwens sowie die Vereinigungsproblematik. In Anknüpfung an *The Shadow-Maker* lässt sich feststellen, dass die Animus-Problematik in Form der Beziehung Noman-Kali noch immer vorhanden ist. Es lässt sich allerdings ebenso bemerken, dass Kali in ihrer Animusbewältigung weiter fortgeschritten ist als die Sprecherin von *The Shadow-Maker*: An verschiedenen Stelllen in *Noman's Land* belegt Kali, dass sie sich mit der Vereinigung ihres Animus Noman bewusst auseinandersetzt. Auf dieser Ebene betrachtet ist *Noman's Land* sozusagen eine Weiterentwicklung von *The Shadow-Maker*.

ner Identitätsfindung betrachtet werden, an deren Endpunkt Gwendolyn MacEwen sich als Kanadierin definiert.

In kulturwissenschaftlicher Hinsicht stellt Nomans Quest schließlich ein Modell zur kanadischen Selbstfindung bereit. Der Text ruft dazu auf, nach Nomans Vorbild die Magie, den Mythos und die Geschichten Kanadas zu finden und zur Konstruktion einer kulturellen Identität zu nutzen. Durch Nomans erneute Betrachtung der kanadischen Kultur, der Stadt Toronto und der kanadischen Identität, durch seine Leistung als Held der Quest sowie durch die Inszenierung kanadischer Archetypen kommt dem Werk eine identitätsstiftende und Mythen bildende Funktion zu. Nomans Quest kann somit als Reaktion auf die neurotische Züge tragende kanadische Suche nach nationaler kultureller Identität gesehen werden und bietet als visionäres Kunstwerk im Jung'schen Sinne eine Lösung für die kanadische Amnesie. Jungs Individuations- und Archetypenlehre wird so auch auf kulturwissenschaftlicher Ebene zum Ordnungsprinzip.

V. Schlussbetrachtung

Ziel der vorliegenden Studie war es, C.G. Jungs Einfluss im Werk Gwendolyn MacEwens zu analysieren. Dieser Einfluss wurde im Hinblick auf zwei zentrale Konzepte Jungs nachgewiesen.

Zunächst wurde die Individuations- und Archetypenlehre erläutert und als Bezugsrahmen diskutiert, der Struktur, Handlung und Sprache der untersuchten Werke bis ins Detail beeinflusst. Jungs Theorie, so wurde gezeigt, ist essentiell für eine angemessene und tiefgehende Analyse der Texte Gwendolyn MacEwens und vermag den in der Sekundärliteratur vielfach geäußerten Vorwurf der Unverständlichkeit zu entkräften. Am Beispiel von *The Shadow-Maker*, *Noman* und *Noman's Land* wurde herausgearbeitet, dass die Texte MacEwens nur auf den ersten Blick obskur erscheinen, mit Hilfe eines an der Lehre Jungs geschulten Blicks aber faszinierende Deutungshorizonte eröffnen.

Konkret erlaubte die Individuations- und Archetypenlehre ein „Unravelling" der komplexen Textur der Werke MacEwens. Die Untersuchung der MacEwen'schen Textgewebe erbrachte, dass Jungs Individuations- und Archetypenlehre in den ausgewählten Werken als Ordnungsprinzip fungiert und in formal-struktureller, inhaltlicher, biographischer und kulturwissenschaftlicher Hinsicht bedeutungsvoll ist.

In ästhetischer Hinsicht beeinflusst Jung sowohl die Sprache und die verwendeten Bilder als auch die Progression und Zusammenhänge der ausgewählten Werke. Ebenso Struktur, Charaktere und Figurenkonstellation können als kreative Umsetzung Jung'scher Theorie gelten. Dies wurde einerseits anhand der Konstruktion und Wechselwirkung der Kapitel und der Einzelgedichte in *The Shadow-Maker* gezeigt, in denen die fortschreitende Auseinandersetzung der Sprecherin mit den Inhalten ihres persönlichen Unbewussten und mit ihrem Schatten dargestellt wird. Andererseits wurde der Einfluss Jung'scher Theorie in der Gestaltung der Individuation Nomans als Heldenfahrt dargelegt, die die Handlung und die Beziehungen des Protagonisten zu den anderen Charakteren bestimmt. Die Ansicht des Jung-Analytikers Daryl Sharp, dass MacEwens Werk lediglich „traces of [Jung], but nothing definitive" zeige, kann somit für *The Shadow-Maker*, *Noman* und *Noman's Land* widerlegt werden.[1539]

In biographischer Hinsicht spiegeln *The Shadow-Maker*, *Noman* und *Noman's Land* die Individuation MacEwens wider. Während ihre Anmerkungen zur Erschaffung von *The Shadow-Maker* von einer therapeutischen Funktion des Schreibens zeugen, die es der Autorin ermöglicht, die Inhalte ihres Unbewussten zu ordnen und zu verarbeiten, zeigen MacEwens Äußerungen über ihr Selbst-

---

1539 Sharp, *Trampled to Death by Geese* (Toronto: Inner City Books, 2011) 99.

verständnis als Kanadierin Parallelen zu den Erfahrungen des Protagonisten Noman. Die Progression von *The Shadow-Maker* als Werk, das die Bewältigung des Schattens sowie des persönlichen Unbewussten behandelt und in der Selbstfindung des Individuums endet, hin zu Nomans Quest, die über-persönliche Inhalte verarbeitet und kanadische Identität thematisiert, ist demnach als Analogie zu der psychologischen Entwicklung der Autorin zu sehen. Die Werke können als Ergebnisse der fortschreitenden Selbstfindung MacEwens verstanden werden.

Im Hinblick auf kanadische Identitätsfindung wird das Potential von MacEwens Werk von einigen Kritikern erkannt. D.G. Jones bezeichnet sie als Prophetin[1540]; Sullivan beschreibt sie als „vor ihrer Zeit" und deutet die Ursache für die Vernachlässigung ihres Werks an, indem sie zufügt: „[I]n many ways one could say that the culture to which she spoke wasn't ready for her."[1541] Ersichtlich wird dies – wie gezeigt – im Hinblick auf die Rolle der Stadt Toronto in der Sekundärliteratur. „[O]nly now is [Toronto's *urban fiction*] being discussed as a significant corpus of literature and as a way of symbolically building the city"[1542], schreibt Rosenthal. Durch seine Betonung der Rolle der Stadt in der kanadischen Identitätsfindung und das Bewusstmachen der Charakteristika Torontos in der Leserschaft kann Nomans Quest vor diesem Hintergrund als Vision gesehen werden. Unterstrichen wird dieser Stellenwert durch Harris, die in ihrer literarischen Identitätssuche Torontos Nomans Weg zur „city within the city"[1543] folgt.

Neben der Individuations- und Archetypenlehre fand vor allem Jungs Kunsttheorie in vorliegender Arbeit Anwendung und hier insbesondere die Unterscheidung in psychologische bzw. introvertierte Kunstwerke, die sich auf die Erfahrungswelt des Autors richten, und visionäre bzw. extravertierte Kunstwerke, die kollektive, allgemeingültige Inhalte thematisieren.

Gezeigt wurde, dass der Fokus in *The Shadow-Maker* auf der Individuation sowie dem Schattenarchetypen der Sprecherin liegt und sich das Werk damit im Spektrum des persönlichen Unbewussten nach Jung bewegt, durch die „universale Konstante" des indirekten Aufrufs zum Selbstfindungsprozess aber dennoch

---

1540 Jones 31f. In diesem Zusammenhang ist erwähnenswert, dass Auszüge aus MacEwens Werk sowohl in Jones' *Butterfly on Rock* als auch in Foleys *The Search for Identity* das Schlusswort bilden und einen Ausblick auf die Zukunft der kanadischen Identität ermöglichen sollen. Foley zitiert auf der letzten Seite wie erwähnt „The Discovery", Jones zitiert „Finally left in the landscape" aus *A Breakfast for Barbarians*.

1541 Sullivan, Persönliches Interview, 13.08.2009; Sullivan, „Introduction: The Later Years" viii.

1542 Rosenthal 33.

1543 Harris 13.

einen visionären Anteil aufweist. Während in *The Shadow-Maker* Individuation und Schatten der Sprecherin im Vordergrund stehen, gehen die Geschichten um Noman – wie gezeigt – über die Selbstfindung des Helden hinaus. Sie beinhalten durch den Fokus auf Gesellschaft und Kultur Kanadas eine deutlich kollektive, über-persönliche Komponente und fallen in die Kategorie des visionären Kunstwerks.

Neben diesen visionären Zügen in MacEwens Werk ist auf persönlicher Ebene allerdings zu bemerken, dass der Problemkomplex der Syzygie, der sowohl in *The Shadow-Maker* als auch in Nomans Quest einen großen Stellenwert einnimmt, nicht aufgelöst wird. Kali als Fortsetzung der Sprecherin des Gedichtbandes entwickelt zwar Strategien, die den Umgang mit ihrem Animus Noman vereinfachen, was als Fortschritt interpretiert werden kann. Auffällig ist jedoch, dass dieser Erzählstrang in *Noman's Land* nicht zu Ende geführt wird. Kalis Vereinigungsproblem erfährt keine Lösung und der Eindruck entsteht, dass die Partnerin Nomans weiterhin kämpfend und sich selbst überredend in unerfülltem Zustand verbleibt. Genau diese Tatsache stellt allerdings eine Parallele zu MacEwens Biographie dar: Bis an ihr Lebensende scheitern die Beziehungen der Dichterin, sie selbst kann die Vereinigungsproblematik in ihrem Leben nicht meistern und stirbt einen einsamen Tod. Gerade dies führt dazu, dass sie heute als tragische Figur wahrgenommen wird. Zur Tragik ihres Lebens führt van Born weiterhin an, dass MacEwen selbst als „a stranger in […] her own country" gesehen werden kann, da sie als bekannte Autorin nicht in der Lage ist, in ihrem Land würdig zu leben und verarmt stirbt.[1544] Beide Aspekte sorgen dafür, dass MacEwen im Hinblick auf ihr Privat- und Berufsleben als Symbol, Ikone, Mythos, sogar als Archetyp gesehen wird.[1545]

1544 Heidi von Born, „No Name – No Man's Land or Finding the Way to Kanada/Canada. Gwendolyn MacEwen's Inner Landscape", *Literary Environments. Canada and the Old World*, Hg. Britta Olinder (Brüssel: Peter Lang, 2006) 193-198, siehe 193. „[S]he is the doomed ultimate poetess", sagt Linda Griffiths, beide Gesichtspunkte zusammenführend (Persönliches Interview, 12.08.2009).

1545 von Born 193, Sullivan, *Shadow Maker* 337 und „Introduction: The Later Years" xi. All diese Bezeichnungen spielen zusätzlich zur tragischen Biographie auf MacEwens legendäres Äußeres und Auftreten an: MacEwens am Mediterran-Östlichen orientierte Persona sowie die Rolle von John McCombe Reynolds Photographien wurden in diesem Zusammenhang bereits erwähnt. Linda Griffiths erklärt MacEwens archetypische Wirkung wie folgt: „There is now a pathway that she carved for herself which is partly what the creation of an archetype is. Now you can say: Oh, she's like Gwendolyn MacEwen. […] [S]he's the forerunner of a certain kind of female artist" (Persönliches Interview, 12.08.2009). Insgesamt kann MacEwen als kanadische Ikone nach Sherill Graces Definition betrachtet werden (vgl. *The Art of Being Canadian* 106ff).

Die literarische Verarbeitung von MacEwens tragischem Leben ist beachtlich: Neben Sullivans und Longfellows biographischen Werken inszeniert Timothy Findley sie als entwurzelten Charakter in *Headhunter*[1546] und Margaret Atwood lässt in der Kurzgeschichte „Isis in Darkness“[1547] die tragischen Erfahrungen ihres Lebens Revue passieren. Mit Linda Griffiths' *Alien Creature* und Claudia Deys *The Gwendolyn Poems* werden zwei Dramen über MacEwens Leben als kreative Reaktion auf Sullivans Biographie inszeniert.[1548] Diverse Gedichte und Vignetten schließen sich an.[1549] Dass Sullivan es geschafft hat, durch *Shadow Maker* MacEwen „in the public mind as an important writer“[1550] zu verankern, scheint offensichtlich. Bedauerlich ist allerdings, dass sich das literarische Nachleben auf MacEwens Biographie beschränkt.[1551] Eine intensive Rezeption ihres Werkes ist bisher nicht erfolgt und MacEwen bleibt ein „undeservedly neglected […] poet“[1552], was sie einmal mehr als „a stranger in […] her own country“ erscheinen lässt.

Die vorliegende Studie hat gezeigt, dass das Werk MacEwens für die zeitgenössische Diskussion um kanadische Kultur und kanadisches Selbstverständnis durchaus Relevanz hat. Das Bemühen um eine spezifisch kanadische Individuation im Werk MacEwens ist deutlich geworden. Die damit einhergehende Wiederverzauberung Kanadas, die kreative Verarbeitung der kanadischen Vergangenheit und die Ausgestaltung kanadischer Archetypen sowie die Bewusstmachung eines kanadischen Mythos sind Aspekte, die einen Beitrag zur Konstruktion einer kanadischen Identität leisten können. Die Individuations- und

---

1546 Vgl. Sullivan, *Shadow Maker* 337 sowie *Memory Making* 15. MacEwen ist die Vorlage für den Character Amy Wylie – „the embodiment of the truly civilized human being”, laut Sullivan (*Memory Making* 15).

1547 Margaret Atwood, *Wilderness Tips* (Toronto: McClelland & Steward, 1992) 49-76.

1548 Dey (1) und Griffiths (1) nennen Sullivans *Shadow Maker* explizit als Basiswerk für ihre Versionen von MacEwens Leben.

1549 Siehe Douglas Fetherlings „The Sixties. Gwendolyn of the Spirits”, *The Globe and Mail* 07.05.1994: D5 sowie *Travels by Night* 182-196, Raymond Sousters „Gwendolyn” in *To Live and Die in Old T.O.* (Flesherton, ON: George A. Vanderburgh, 2008) 57, Desi DiNardos „An Ancient Tongue” und „Crouched on the Sill” in *The Plural of Some Things* (Toronto: Guernica, 2008) 43 und 47 sowie Cullen 31-32 und Sharp, *Trampled to Death by Geese* 99ff.

1550 Sullivan, Persönliches Interview, 12.08.2009.

1551 Vor allem Deys and Griffiths' Dramen betonen die Tragik von MacEwens Leben. Dey stellt sie beispielsweise als „martyr for poetry“ dar (71). „I want you to know I was brave. I want you to know I fought hard”, gehören zu den letzten Zeilen, die Griffiths' MacEwen den Zuschauern mitteilt (49).

1552 Harris 21.

Archetypenlehre ermöglicht den Anschluss der ausgewählten Werke an die kulturwissenschaftliche Debatte um die Identität Kanadas.

Ziel der vorliegenden Studie war es, aus der Vielzahl von MacEwens Werken eine Auswahl zu diskutieren und die vielfältigen Bezüge zwischen Werk und tiefenpsychologischer Theorie zu identifizieren und zu deuten. Im Bezug auf die verbleibenden Veröffentlichungen MacEwens kann abschließend nur Rosenblatt zugestimmt werden: „[A] lot more detective work will have to be done“[1553], um auch in MacEwens übrigen Werken zu zeigen, dass die Rolle von Jungs Theorien weit über „traces [...] but nothing definitive“[1554] hinaus geht. Vorliegende Arbeit versucht hierzu einen Anstoß zu geben und darauf hinzuweisen, dass sich die Beschäftigung mit den Texten Gwendolyn MacEwens lohnt.

1553 Rosenblatt, *The Lunatic Muse* 113.

1554 Sharp, *Trampled to Death by Geese* 99.

Literaturverzeichnis

„20 Things You Didn't Know about Victoria Day." *City News Toronto*. 19.05.2008. 25.05.2011 <http://www.citytv.com/toronto/citynews/news/local/article/1843--20-things-you-didn-t-know-about-victoria-day>.

„Glenn Gould's Toronto." *Cities*. CBC, Toronto. 19.02.2012 <http://popupcity.net/ 2010/12/celebrity-city-tours-2-glenn-goulds-toronto/>.

„Grey Owl: Trapper, Conservationist, Author, Fraud". 11.12.1972. *CBC Digital Archives*. 12.04. 2011 <http://archives.cbc.ca/environment/ environmental_protection/clips/12551/>.

„MacEwen, Gwendolyn". *WorldCat Identities*. 14.11.2012 <http://www.world cat.org/identities/lccn-n50-53367>.

„Mackenzie King: Public Life, Private Man." *CBC Digital Archives*. 12.05.2011 <http://archives.cbc.ca/politics/prime_ministers/topics/1276/>.

„National Parks Project" [„About NPP"]. *National Parks Project*. 16.04.2011 http://www.nationalparksproject.ca/#/about>.

„Open Secret." *Anthology*. CBC, Toronto. 18.09.1971 (English Radio Archives).

„P.C. Stacey explores King's fascinating diaries." 30.11.1976. *CBC Digital Archives*. 10.05.2011 <http://archives.cbc.ca/politics/prime_ministers/clips/ 7255/>.

„PCR Interview with Gwendolyn MacEwen." *Poetry Canada Review* 4:3 (Spring 1983): 8.

„The Shadow-Maker." *Anthology*. CBC, Toronto. 11.01.1969 (English Radio Archives).

Anahareo. *Devil in Deerskins. My Life with Grey Owl*. Don Mills: PaperJacks, 1972.

Art Gallery of Ontario. „Henry Moore Sculpture Centre." *Exhibitions*. 22.07.10 <http://www.ago.net/henry-moore-sculpture-centre>.

Atwood, Margaret (Hg.). *The New Oxford Book of Canadian Verse in English*. Don Mills: Oxford University Press, 1982.

Atwood, Margaret und Barry Callaghan (Hg.). *The Poetry of Gwendolyn MacEwen. The Early Years (Volume One)*. Toronto: Exile Editions, 1993.

Atwood, Margaret und Barry Callaghan (Hg.). *The Poetry of Gwendolyn MacEwen. The Later Years (Volume Two)*. Toronto: Exile Editions, 1993.

Atwood, Margaret. „Canadian Monsters. Some Aspects of the Supernatural in Canadian Fiction." *The Canadian Imagination. Dimensions of a Literary Culture*. Hg. David Staines. Cambridge & London: Harvard University Press, 1977. 97-122.

Atwood, Margaret. „From *The Rising Fire*." *The Poetry of Gwendolyn MacEwen. The Early Years (Volume One)*. Hg. Margaret Atwood und Barry Callaghan. Toronto: Exile Editions, 1993. 37.

Atwood, Margaret. „Introduction: The Early Years." *The Poetry of Gwendolyn MacEwen. The Early Years (Volume One)*. Hg. Margaret Atwood und Barry Callaghan. Toronto: Exile Editions, 1993. vii-xii.

Atwood, Margaret. „MacEwen's Muse." *Canadian* Literature 45 (1970): 24-32.

Atwood, Margaret. „The City Rediscovered." *The New York Times* 08.08.1982. 04.07.2011<http://www.nytimes.com/1982/08/08/travel/the-city-rediscovered. html>.

Atwood, Margaret. *Strange Things. The Malevolent North in Canadian Literature*. Oxford: Clarendon Press, 1995.

Atwood, Margaret. *Surfacing*. Toronto: McClelland & Stewart, 1972.

Atwood, Margaret. *Survival. A Thematic Guide to Canadian Literature*. Toronto: House of Anansi Press, 1972.

Atwood, Margaret. *The Penelopiad*. Edinburgh: Canongate Books Ltd., 2005.

Atwood, Margaret. *Wilderness Tips*. Toronto: McClelland & Steward, 1992.

Babcock-Abrahams, Barbara. „'A Tolerated Margin of Mess': The Trickster and His Tales Reconsidered." *Journal of the Folkore Institute* 11.3 (1975): 147-186.

Bair, Deirdre. *C.G. Jung. Eine Biographie*. München: btb-Verlag, 2007.

Balmer, Heinrich H. *Die Archetypentheorie von C.G. Jung. Eine Kritik*. Berlin: Springer-Verlag, 1972.

Barnaby, Karin und Pellegrino D'Acierno (Hg.). *C.G. Jung and the Humanities*. Princeton, NJ: Princeton University Press, 1990.

Bartley, Jan. „Gwendolyn MacEwen." *Canadian Writers and Their Works*. Hg. Robert Lecker, Jack David und Ellen Quigley. Toronto: ECW Press, 1985. 231-272.

Bartley, Jan. *Gwendolyn MacEwen and Her Works*. Toronto: ECW Press, 1985.

Bartley, Jan. *Invocations. The Poetry and Prose of Gwendolyn MacEwen*. Vancouver: University of British Columbia Press, 1983.

Beebe, John. „The Trickster in the Arts." *Jungian Literary Criticism*. Hg. Richard P. Sugg. Evanston, Illinois: Northwestern University Press, 1992. 302-312.

Behind the Bohemian Embassy. Reg. Christopher Valley Ban. Moose Creek Productions, 2010.

Belmonte, Thomas. „The Trickster and the Sacred Clown: Revealing the Logic of the Unspeakable." *C.G. Jung and the Humanities*. Hg. Karin Barnaby und Pellegrino D'Acierno. Princeton, New Jersey: Princeton University Press, 1990. 45-66.

Bemrose, John. „Obsessions and Enchantment. Deserts and Darkness." *The Globe and Mail* 24.07.1982: E10.

Berger, Verena, Fritz Peter Kirsch und Daniel Winkler. *Montreal – Toronto. Stadtkultur und Migration in Literatur, Film und Musik.* Berlin: Weidler Buchverlag, 2007.

Bethune, Brian. „Grey Owl." *Maclean's*. 04.10.1999. The Canadian Encyclopedia. 12.04.2011 <http://www.thecanadianencyclopedia.com/index.cfm ?PgNm=TCE&Params=M1ARTM0012020>.

Billinghurst, Jane. *Grey Owl. The Many Faces of Archie Belaney*. New York: Kodansha International, 1999.

Braun, Hans und Wolfgang Klooß. *Kanada. Eine inderdisziplinäre Einführung*. Trier: Wissenschaftlicher Verlag Trier, 1992.

Brown, Craig. *The Illustrated History of Canada*. Toronto: Key Porter Books, 2007.

Brown, Russel M. und Donna A. Bennett. „Magnus Eisengrim: The Shadow of the Trickster in the Novels of Robertson Davies." *Jungian Literary Criticism*. Hg. Richard P. Sugg. Evanston, Illinois: Northwestern University Press, 1992. 285-301.

Brumlik, Micha. *C.G. Jung zur Einführung*. Hamburg: Junius Verlag, 1993.

Buß, Johanna. *Hinduismus*. Weinheim: Wiley-Vch Verlag, 2009.

Callaghan, Barry (Hg.). *This Ain't No Healing Town. Toronto Stories*. Toronto: Exile Editions, 1995.

Campbell, Joseph. *The Hero with a Thousand Faces*. 2. Auflage. Princeton, N.J.: Princeton University Press, 1973.

Christoffel, Judith. *Neue Strömungen in der Psychologie von Freud und Jung. Impulse von Frauen.* Olten und Freiburg im Breisgau: Walter-Verlag, 1989.

City of Toronto. „The Archer by Henry Moore." *Toronto City Hall Tour*. 21.07.2010 <http://www.toronto.ca/city_hall_tour/archer.htm>.

Colombo, John Robert. *Canadian Literary Landmarks*. Willowdale, ON: Hounslow Press, 1984.

Colombo, John Robert. *Mackenzie King's Ghost*. Willowdale, ON: Hounslow Press, 1991.

Colombo, John Robert. *Rhymes and Reasons*. Toronto & Montreal: Holt, Rinehart and Winston of Canada, 1971.

Conway, Rosalind. „Gwendolyn MacEwen." *Profiles in Canadian Literature 6*. Hg. Jeffrey M. Heath. Toronto & Reading: Dundurn Press, 1986. 57-64.

Coupe, Lawrence. *Myth*. London: Routledge, 1997.

Cullen, Don. *The Bohemian Embassy. Memories and Poems*. Hamilton, ON: Wolsak and Wynn, 2007.

Dark Pines. Reg. David Vaisbord. DVD. Moving Images: 2005.

Daurio, Bev und Mike Zizis. „An Inner View of Gwendolyn MacEwen" [Interview]. *Intrinsic* 5-6 (1978): 56-65.

Davey, Frank. *From There to Here. A Guide to English-Canadian Literature Since 1960*. Erin, ON: Press Porcepic, 1974.

Davey, Frank. *Surviving the Paraphrase. Eleven Essays on Canadian Literature.* Winnipeg: Turnstone Press, 1983.

Davies, Robertson. *The Deptford Trilogy*. Markham, ON: Penguin Books, 1983.

Dawson, Terence. „Jung, literature, and literary criticism." *The Cambridge Companion to Jung*. Hg. Polly Eisendrath-Young und Terence Dawson. Cambridge: Cambridge University Press, 1997. 255-280.

Dey, Claudia. Email. 23.07.2010.

Dey, Claudia. *The Gwendolyn Poems*. Toronto: Playwrights Canada Press, 2002.

DiNardo, Desi. Persönliches Interview. 09.08.2009.

DiNardo, Desi. *The Plural of Some Things*. Toronto: Guernica, 2008.

Döring, Tobias. „Die Geister deiner Vorfahren." *Frankfurter Allgemeine Zeitung* 26.08.2010: 28.

Doucet, Michael J. „The Anatomy of an Urban Legend: Toronto's Multicultural Reputation." *Ceris. The Ontario Metropolis Centre.* 10.01.2012 <http://ceris.metropolis.net/virtual%20library/other/doucet3.html>.

Edinger, Edward F. *The Mystery of the Coniunctio. Alchemical Image of Individuation.* Hg. Joan Dexter Blackmer. Toronto: Inner City Books, 1994.

Edwards, Justin D. (Hg.). *Downtown Canada. Writing Canadian Cities*. Toronto: University of Toronto Press, 2005.

Edwardson, Ryan. *Canadian Content. Culture and the Quest for Nationhood.* Toronto: University of Toronto Press, 2008.

Elias-Button, Karen. „Journey into an Archetype: The Dark Mother in Contemporary Women's Poetry." Hg. Richard P. Sugg. Evanston, Illinois: Northwestern University Press, 1992. 355-367.

Elton, Sarah (Hg.). *City of Words. Toronto through her Writers' Eyes*. Toronto: Cormorant Books, 2009.

Everitt, Thomas R. „The Helpful Fraud." *January Magazine.* 12.04.2011 <http://januarymagazine.com/nonfiction/greyowl.html>.

Fagan, Cary. *City Hall and Mrs. God: A Passionate Journey Through a Changing Toronto*. Stratford, ON: Mercury Press/Aya Press, 1990.

Ferguson, Will und Ian Ferguson. *How to be a Canadian*. Vancouver: Douglas & MacIntyre, 2001.

Ferguson, Will. *Canadian History*. Mississauga: John Wiley & Sons Canada, 2005.

Fetherling, Douglas. „The Sixties. Gwendolyn of the Spirits." *The Globe and Mail* 07.05.1994: D5.

Fetherling, Douglas. *Travels by Nights*. Toronto: MacArthur & Company, 1994.

Findley, Timothy. *Headhunter*. Toronto: HarperCollins, 1993.

Flack, Derek. „Honest Ed's Is Quirky Kitsch and Odd Beauty in a Toronto Landmark." *BlogTO*. 24.11.2009. 31.05.2011 <http://www.blogto.com/city/2009/11/honest_eds_is_quirky_kitsch_and_odd_beauty_in_a_toronto_landmark>.

Foley, James (Hg.). *The Search for Identity*. Toronto: Macmillan, 1976.

Fox, Gail, „The Shadow-Maker" [Rezension]. *Quarry* XIX (Winter 1970): 57-59.

French, William. „Return of Noman." *The Globe and Mail* 22.02.1986: D17.

Frietsch, Wolfram. *Peter Handke – C.G. Jung. Selbstsuche – Selbstfindung – Selbstwerdung. Der Individuationsprozess in der modernen Literatur am Beispiel von Peter Handkes Texten.* Gaggenau: Verlag Neue Wissenschaft, 2002.

Frye, Northrop. *Anatomy of Criticism. Four Essays*. Princeton, N.J.: Princeton University Press, 1957.

Frye, Northrop. *The Bush Garden. Essays on the Canadian Imagination*. Toronto: House of Anansi Press, 1971.

Fulford, Robert. „Caravan's Meltdown." *The National Post.* 25.06.2005. 15.06.2011 <http://www.robertfulford.com/2005-06-25-caravan.html>.

Fulford, Robert. *Accidental City. The Transformation of Toronto*. New York: Houghton Mifflin Company, 1995.

Gardellini, Giuliana. „Riddle and Hermeneutical Quest in *Noman's Land* by Gwendolyn MacEwen." *Open Letter* 13.2 (2007): 87-93.

Gerry, Thomas M.F. „'Green Yet Free of Seasons': Gwendolyn MacEwen and the Mystical Tradition of Canadian Poetry." *University of New Brunswick Libraries*. 05.07.2008 <http://www.lib.unb.ca/Texts/SCL/bin/get.cgi?directory=vol16_2/ &filename=Gerry.htm>.

Giegerich, Wolfgang. „The Disenchantment Complex: C.G. Jung and the modern world." *Enchantment and Disenchantment: The Psyche in Transformation.* Regional Conference of the International Association for Jungian Studies. University of London. 15.07.2011.

Gillam, Robyn. „The Gaze of a Stranger: Gwendolyn MacEwen's Hieratic Eye." *Paragraph* 13.2 (1991): 10-13.

Gose, E.B. „They Shall Have Arcana." *Canadian Literature* 21 (1964): 36-45.

Grace, Sherrill E. „Gwendolyn MacEwen." *Canadian Writers Since 1960. First Series (DLB 53).* Hg. W.H. New. Detroit: Gale Research Company, 1986. 279-282.

Grace, Sherrill. *On the Art of Being Canadian*. Vancouver: University of British Columbia Press, 2009.

Granatstein, J. L. und Norman Hillmer. *Prime Ministers. Ranking Canada's Leaders*. Toronto: HarperCollins, 1999.

Graves, Robert. *The White Goddess*. Hg. Grevel Lindop. 4. Auflage. London: Faber and Faber, 1999.

Great Lake Swimmers. *The Legion Sessions*. Audio CD. Vancouver: Nettwerk Records, 2010

Griffiths, Linda. *Alien Creature. A Visitation from Gwendolyn MacEwen*. Toronto: Playwrights Canada Press, 2000.

Griffiths, Linda. Persönliches Interview. 12.08.2009.

Groß, Konrad, Wolfgang Klooß und Reingard M. Nischik. *Kanadische Literaturgeschichte*. Stuttgart: Metzler Verlag, 2005.

Gustafson, Ralph. „Circumventing Dragons“ [Rezension *The Armies of the Moon*]. *Canadian Literature* 55 (Winter 1973): 105-108.

Harding, Esther. *Der Weg der Frau*. Zürich: Rhein-Verlag, 1962.

Harding-Russell, Gillian R.F. „Gwendolyn MacEwen's 'The Nine Arcana of the Kings' as Creative Myth and Paradigm." *English Studies in Canada* XIV, 2 (1988): 204-217.

Harding-Russell, Gillian. „Chinese Boxes of Reality – Structures and Amalgams." *Event*, 17.1 (1988): 95-99.

Harris, Amy Lavender. *Imagining Toronto*. 26.08.2011 <http://imagining-toronto.com/>.

Harris, Amy Lavender. *Imagining Toronto*. Toronto: Mansfield Press, 2010.

Hartmann, P.W. „Omphalos." *Das große Kunstlexikon*. 01.02.2011 <http://www.beyars.com/kunstlexikon/lexikon_6504.html>.

Hassan, Ihab. „Cities of the Mind, Urban Words: The Dematerialization of Metropolis in Contemporary American Fiction." *Literature and the Urban Experience. Essays on the City and Literature.* Hg. Michael C. Jaye und Ann Chalmers Watts. New Brunswick, NJ: Rutgers University Press, 1981. 93-112.

Haule, John R. *Divine Madness. Archetypes of Romantic Love*. Fisher King Press [o.O.], 2010.

Henderson, Joseph L. „Der moderne Mensch und die Mythen.“ *Der Mensch und seine Symbole*. Hg. C.G. Jung und Marie-Louise von Franz. 16. Auflage. Düsseldorf & Zürich: Patmos Verlag, 2003. 106-159.

Henighan, Stephen. *When Words Deny the World. The Reshaping of Canadian Writing.* Erin: The Porcupine's Quill, 2002.

Howartson, M.C. (Hg.). *Reclams Lexikon der Antike*. Stuttgart: Reclam, 1996.

Howells, Coral Ann und Eva-Marie Kröller. *The Cambridge History of Canadian Literature*. Cambridge: Cambridge University Press, 2009.

Hurm, Gerd. *Fragmented Urban Images*. Frankfurt: Peter Lang, 1991.

Hutcheon, Linda. *The Canadian Postmodern*. Don Mills: Oxford University Press, 1988.

Hutchison, Bruce. „The Canadian Personality." *The Search for Identity*. Hg. James Foley. Toronto: Macmillan, 1976. 3-10.

Hutchison, Bruce. *The Incredible Canadian*. Don Mills: Oxford University Press, 2011.

Hyde, Lewis. *Trickster Makes This World. Mischief, Myth, and Art*. New York: Farrar, Straus and Giroux, 1998.

Hynes, William J. und William G. Doty. „Introducing the Fascinating and Persplexing Trickster Figure.“ *Mythical Trickster Figures*. Hg. William J. Hynes und William G. Doty. The University of Alabama Press [o.O], 1993. 1-12.

Ickstadt, Heinz. „The City in English Canadian and US-American Literature." *Zeitschrift der Gesellschaft für Kanadastudien* 11 (1991): 163-173.

Ivison, Douglas und Justin D. Edwards. „Introduction: Writing Canadian Cities." *Downtown Canada. Writing Canadian Cities*. Hg. Justin D. Edwards. Toronto: University of Toronto Press, 2005. 3-13.

Iyer, Pico. *The Global Soul. Jet-lag, Shopping Malls and the Search for Home*. London: Bloomsbury, 2000.

Jacobi, Jolande. „Symbole auf dem Weg der Reifung.“ *Der Mensch und seine Symbole*. Hg. C.G. Jung und Marie-Louise von Franz. 16. Auflage. Düsseldorf & Zürich: Patmos Verlag, 2003. 274-303.

Jacobi, Jolande. *Die Psychologie von C.G. Jung*. 21. Auflage. Frankfurt: Fischer Taschenbuch Verlag, 2006.

Jacoby, Mario. „The Analytical Psychology of C.G. Jung and the Problem of Literary Evaluation." *Jungian Literary Criticism*. Hg. Richard P. Sugg. Evanston, Illinois: Northwestern University Press, 1992. 59-74.

Jansen, Eva Rudy. *Die Bildersprache des Hinduismus*. Havelte: Binkey Kok Publications, 2004.

Jones, D.G. *Butterfly on Rock. A Study of Themes and Images in Canadian Literature.* Toronto: University of Toronto Press, 1970.

Jung, C.G. *Archetypen*. Hg. Lorenz Jung. 14. Auflage. München: Deutscher Taschenbuch Verlag, 2001.

Jung, C.G. *Briefe. Band 3*. Hg. Aniela Jaffé. Olten und Freiburg im Breisgau: Walter-Verlag, 1980.

Jung, C.G. *Erinnerungen Träume Gedanken*. Hg. Aniela Jaffé. New York: Random House, 1961.

Jung, C.G. *Gesammelte Werke*. Hg. Marianne Niehus-Jung, Lena Hurwitz-Eisner und Franz Riklin. 2. Auflage. Olten und Freiburg im Breisgau: Walter-Verlag, 1974.

Jung, C.G. *Symbole der Wandlung*. Hg. Lilly Jung-Merker und Elisabeth Rüf. 2. Auflage. Olten und Freiburg im Breisgau: Walter-Verlag, 1977.

Jung, C.G. *Traumanalyse*. Hg. William McGuire. Olten und Freiburg im Breisgau: Walter-Verlag, 1991.

Jung, C.G. und Marie-Louise von Franz. *Der Mensch und seine Symbole*. 16. Auflage. Düsseldorf & Zürich: Patmos Verlag, 2003.

Jung, Emma. „Ein Beitrag zum Problem des Animus." *Wirklichkeit der Seele*. Hg. C.G. Jung. Zürich: Rascher & Cie., 1934. 296-354.

Karsh, Yousuf. *Canadians*. Toronto: University of Toronto Press, 1978.

Kazantzakis, Nikos. *The Last Temptation of Christ*. New York: Simon & Schuster, 1960.

Ketterer, David. *Canadian Science Fiction and Fantasy*. Bloomington & Indianapolis: Indiana University Press, 1992.

Kingwell, Mark. *Concrete Reveries. Consciousness and the City*. Toronto: Penguin, 2008.

Kirsch, Thomas. „Foreword." *Psyche and the City*. Hg. Thomas Singer. New Orleans: Spring Journal, 2010. ix-x.

Klooß, Wolfgang. „Die englischsprachige Literatur." *Kanada. Eine inderdisziplinäre Einführung*. Hg. Hans Braun und Wolfgang Klooß. Trier: Wissenschaftlicher Verlag Trier, 1992. 169-192.

Knapp, Bettina L. *A Jungian Approach to Literature*. Carbondale und Edwardsville: Southern Illinois University Press, 1984.

Knapp, Bettina L. *Women in Twentieth-Century Literature: A Jungian View*. University Park and London: Pennsylvania State University Press, 1987.

Kroetsch, Robert. *The Lovely Treachery of Words. Essays Selected and New*. Don Mills: Oxford University Press, 1989.

Kröller, Eva-Marie (Hg.). *The Cambridge Companion to Canadian Literature*. Cambridge: Cambridge University Press, 2004.

Kröller, Eva-Marie. „The City as Anthology." *Canadian Literature* 169 (2001): 5-10.

Lauter, Estella und Carol Schreier Rupprecht (Hg.). *Feminist Archetypal Theory. Interdisciplinary Re-Visions of Jungian Thought*. Knoxville: University of Tennessee Press, 1985.

Lauter, Estella und Carol Schreier Rupprecht. „Introduction". *Feminist Archetypal Theory. Interdisciplinary Re-Visions of Jungian Thought*. Hg. Estella Lauter und Carol Schreier Rupprecht. Knoxville: University of Tennessee Press, 1985. 3-22.

Lauter, Estella. *Women as Mythmakers. Poetry and Visual Art by Twentieth-Century Women*. Bloomington: Indiana University Press, 1984.

Let's All Hate Toronto. Reg. Robert Spence und Albert Nerenberg. DVD. Elevator Films & CBC, 2007.

Lewiston, Jeremy. *Moore*. Köln: Taschen, 2007.

Löschnigg, Maria und Martin Löschnigg. *Kurze Geschichte der kanadischen Literatur*. Stuttgart: Klett, 2001.

MacEwan, Grant. „Foreword." *Devil in Deerskins. My Life with Grey Owl*. Anahareo. Don Mills: PaperJacks, 1972. v-vi.

MacEwen, Gwendolyn. *A Breakfast for Barbarians*. Toronto: Ryerson Press, 1966.

MacEwen, Gwendolyn. *Afterworlds*. Toronto: McClelland and Stewart, 1987.

MacEwen, Gwendolyn. *Die T. E. Lawrence Gedichte*. Übersetzung Christine Koschel. Hörnby: Edition Rugerup, 2010.

MacEwen, Gwendolyn. *King of Egypt, King of Dreams*. Toronto: Macmillan, 1971.

MacEwen, Gwendolyn. *Noman*. Ottawa: Oberon Press, 1972.

MacEwen, Gwendolyn. *Noman's Land*. Toronto: The Coach House Press, 1985.

MacEwen, Gwendolyn. *Papers, 1955-1988* (Manuscript Collection 121). Thomas Fisher Rare Book Library/University of Toronto.

MacEwen, Gwendolyn. *The Armies of the Moon*. Toronto: Macmillan, 1972.

MacEwen, Gwendolyn. *The Fire-Eaters*. Ottawa: Oberon Press, 1982.

MacEwen, Gwendolyn. *The Selected Gwendolyn MacEwen*. Hg. Meaghan Strimas. Holstein, ON: Exile Editions, 2007.

MacEwen, Gwendolyn. *The Shadow-Maker*. Toronto: Macmillan, 1969.

MacEwen, Gwendolyn. *The T. E. Lawrence Poems*. Oakville: Mosaic Press, 1982.

MacGregor, Roy. *Canadians. A Portrait of a Country and its People*. Toronto: Penguin Canada, 2007.

Maduro, Renaldo J. und Joseph B. Wheelwright. „Archetype and Archetypal Image." *Jungian Literary Criticism*. Hg. Richard P. Sugg. Evanston, Illinois: Northwestern University Press, 1992. 181-186.

Marshall, Joyce. „Remembering Gwendolyn MacEwen." *Brick* 45 (1993): 61-65.

Marshall, Tom. „Several Takes on Gwendolyn MacEwen." *Quarry* 38.1 (1989): 76-83.

Marshall, Tom. „The Mythmakers." *Canadian Literature* 73 (1977): 100-103

Marshall, Tom. *Harsh and Lovely Land. The Major Canadian Poets and the Making of a Canadian Tradition*. Vancouver: University of British Columbia Press, 1979.

Martin, Stephen A. „Meaning in Art." *C.G. Jung and the Humanities.* Hg. Karin Barnaby und Pellegrino D'Acierno. Princeton, New Jersey: Princeton University Press, 1990. 174-184.

Mays, John Bentley. *Emerald City.* Toronto: Penguin, 1994.

Meyer, Bruce und Brian O'Riordan. „Gwendolyn MacEwen. The Magic of Language" [Interview]. *In Their Words. Interviews with Fourteen Canadian Writers.* Bruce Meyer und Brian O'Riordan. Toronto: House of Anansi Press Limited, 1984. 96-105.

Micallef, Shawn. *Stroll. Psychogeographic Tours of Toronto.* Toronto: Coach House Books, 2010.

Müller, Markus M. „Die Lyrik von Mitte der 1960er bis Mitte der 1970er Jahre." *Kanadische Literaturgeschichte.* Hg. Konrad Groß, Wolfgang Klooß, Reingard M. Nischik. Stuttgart: Metzler, 2005. 295-310.

Nachtmeerfahrten. Eine Reise in die Psychologie von C.G. Jung. Reg. Rüdiger Sünner. DVD. Atalante Film, 2011.

National Capital Commission. „Kingsmere." *Discover the Capital.* 16.06.2011 <http://www.canadascapital.gc.ca/bins/ncc_web_content_page.asp?cid=16297-16299-10170-49685-49721-49723&lang=1m>.

Neatby, H. Blair. „William Lyon Mackenzie King." *The Canadian Encyclopedia.* 10.05.2011 <http://www.thecanadianencyclopedia.com/articles/william-lyon-mackenzie-king>.

Neumann, Erich. *Die archetypische Welt Henry Moores.* Zürich und Stuttgart: Rascher Verlag, 1961.

New, W.H. *A History of Canadian Literature.* Montreal & Kingston: McGill-Queen's University Press: 2003.

Nischik, Reingard M. (Hg.). *History of Literature in Canada.* Rochester, NY: Camden House, 2008.

Oliver, Michael Brian, „The Fire Eaters" [Rezension]. *Fiddlehead* 111 (1976): 124-126.

Ondaatje, Michael. *In the Skin of a Lion.* New York: Vintage International, 1997.

Pache, Walter. „Urban Writing." *Encyclopedia of Literature in Canada.* Hg. William H. New. Toronto: University of Toronto Press, 2002. 1148-1156.

Parks Canada. „The History of Canada's National Parks: Their Evolution and Contribution towards Canadian Identity". *Teacher Resource Centre.* 12.04.2011 <http://www.pc.gc.ca/apprendre-learn/prof/itm2-crp-trc/pdf/evolution_e.pdf>.

Pearce, Jon. *Twelve Voices. Interviews with Canadian Poets.* Ottawa: Borealis Press, 1980.

Philipson, Morris. *Outline of a Jungian Aesthetics*. Northwestern University Press [o.O.], 1963.

Pike, Burton. *The Image of the City in Modern Literature*. Princeton, NJ: Princeton University Press, 1981.

Potvin, Liza. „Gwendolyn MacEwen and Female Spiritual Desire." *Canadian Poetry* 28 (1991): 18-39.

Pratt, Annis V. „Archetypal Patterns in Women's Fiction." *Jungian Literary Criticism*. Hg. Richard P. Sugg. Evanston, Illinois: Northwestern University Press, 1992. 367-375.

Pratt, Annis V. „Spinning Among Fields: Jung, Frye, Lévi-Strauss and Feminist Archetypal Theory." *Feminist Archetypal Theory. Interdisciplinary Re-Visions of Jungian Thought*. Hg. Estella Lauter und Carol Schreier Rupprecht. Knoxville: University of Tennessee Press, 1985. 93-136.

Pratt, Annis. *Archetypal Patterns in Women's Fiction*. Brighton: The Harvester Press, 1981.

Pratt, Annis. *Dancing with Goddesses. Archetypes, Poetry, and Empowerment*. Bloomington & Indianapolis: Indiana University Press, 1994.

Rawlings-Way, Charles und Natalie Karneef. *Toronto*. 3. Auflage. London: Lonely Planet Publications, 2007.

Reid, Mary. „'This is the World as We Have Made It': Gwendolyn MacEwen's Poetics of History." *Canadian Poetry* 58 (2006): 36-54.

Rosenblatt, Joe. „Lunacy and Canadian Poetry: Gwendolyn MacEwen. Dining Out, a Fabulous Smorgasboard." *The Alsop Review*. 05.07.2008 <http://www.alsopreview.com/thecollections/macewen/essays/rosenblatt2.htm>.

Rosenblatt, Joe. „*Shadow Maker. The Life of Gwendolyn MacEwen* by Rosemary Sullivan" [Rezension]. *The Alsop Review*. 05.07.2008 <http://www.alsopreview.com/thecollections/macewen/essays/rosenblatt.htm>

Rosenblatt, Joe. *The Lunatic Muse*. Toronto: Exile Editions, 2007.

Rosenthal, Caroline. *New York and Toronto Novels after Postmodernism. Explorations of the Urban*. Rochester, NY: Camden House, 2011.

Ross, Val. „Canada as Myth and Magic in Person." *The Globe and Mail* 10.10.1995: D1.

Rowland, Susan (Hg.). *Psyche and the Arts*. London: Routledge, 2008.

Rowland, Susan. *C.G. Jung and Literary Theory. The Challenge from Fiction*. London: Macmillan, 1999.

Rowland, Susan. *C.G. Jung in the Humanities. Taking the Soul's Path*. New Orleans: Spring Journal Books, 2010.

Rowland, Susan. *Jung. A Feminist Revision*. Cambridge: Polity Press, 2002.

Ruffo, Armand Garnet. *Grey Owl. The Mystery of Archie Belaney*. Regina: Coteau Books, 1996.

Samuels, Andrew, Bani Shorter und Fred Plaut. „Trickster." *Jungian Literary Criticism*. Hg. Richard P. Sugg. Evanston, Illinois: Northwestern University Press, 1992. 273-274.

Samuels, Andrew. „New developments in the post-Jungian field." *The Cambridge Companion to Jung*. Hg. Polly Eisendrath-Young und Terence Dawson. Cambridge: Cambridge University Press, 1997. 1-18.

Sandler, Linda. „Gwendolyn MacEwen: The Poet as Healer." *Quill and Quire* 5th series 41 (1975): 28.

Schmitt, Gerhard. *Text als Psyche. Eine Einführung in die analytische Psychologie C.G. Jungs für Literaturwissenschaftler*. Aachen: Shaker Verlag, 1999.

Schreier Rupprecht, Carol. „Enlightening Shadows: Between Feminism and Archetypalism, Literature and Analysis." *C.G. Jung and the Humanities*. Hg. Karin Barnaby und Pellegrino D'Acierno. Princeton, New Jersey: Princeton University Press, 1990. 279-293.

Schumann, Hans Wolfgang. *Die großen Götter Indiens*. München: Heinrich Hugendubel Verlag, 2004.

Shadow Maker. Gwendolyn MacEwen, Poet. Reg. Brenda Longfellow. Toronto: Brenda Longfellow, 1998.

Sharp, Daryl. *Digesting Jung. Food for the Journey*. Toronto: Inner City Books, 2001.

Sharp, Daryl. *Trampled to Death by Geese*. Toronto: Inner City Books, 2011.

Sherman, Joseph. „The Armies of the Moon" [Rezension]. *Fiddlehead* 94 (Sommer 1972): 118-120.

Shostak, Dorothy. „Gwendolyn MacEwen." *Canadian Fantasy and Science Fiction Writers (DLB 251)*. Douglas Ivison (Hg.). Detroit: Gale Research Company, 2001. 175-179.

Singer, Thomas (Hg.). *Psyche and the City*. New Orleans: Spring Journal, Inc., 2010.

Slonim, Leon. „Exoticism in Modern Canadian Poetry." *Essay on Canadian Writing* 1 (1974): 21-26.

Smith, Donald B. „Foreword." *Grey Owl. The Many Faces of Archie Belaney*. Jane Billinghurst. New York: Kodansha International, 1999. viii-ix.

Snider, Clifton. *The Stuff that Dreams Are Made On. A Jungian Interpretation of Literature*. Wilmette, IL: Chiron Publications, 1991.

Solomon, Lawrence. *Toronto Sprawls. A History*. Toronto: University of Toronto Press, 2007.

Souster, Raymond. *To Live and Die in Old T.O.* Flesherton, ON: George A. Vanderburgh, 2008.

Speaking of Books. CBC, Toronto. 04.10.1966 (English Radio Archives).

Stacey, P.C. *A Very Double Life*. Toronto: Macmillan, 1976.

Staines, David. „Foreword." *The Journals of Susanna Moodie*. Margaret Atwood und Charles Pachter. Toronto: Macfarlane Walter & Ross, 1997. ix-xv.

Stiles, Diane. „A Hunger Not For Food" [Rezension]. *Canadian Literature* 152/153 (1997): 244-247.

Stolar, Batia Boe. „Building and Living the Immigrant City: Michael Ondaatje's and Austin Clarke's Toronto." *Downtown Canada. Writing Canadian Cities*. Hg. Justin D. Edwards. Toronto: University of Toronto Press, 2005. 122-141.

Sugars, Cynthia (Hg.). *Unhomely States. Theorizing English-Canadian Post-colonialism.* Toronto: Broadview Press, 2004.

Sugars, Cynthia. „Phantom Nation: English-Canadian Literature and the Desire for Ghosts." *Zeitschrift für Kanada-Studien* 31. Jahrgang 2011 / Heft 2: 58-77.

Sugg, Richard P. (Hg.). *Jungian Literary Criticism*. Evanston, Illinois: Northwestern University Press, 1992.

Sullivan, Rosemary. „Introduction: The Later Years." *The Poetry of Gwendolyn MacEwen. Volume Two: The Later Years*. Hg. Margaret Atwood und Barry Callaghan. Toronto: Exile Editions Limited, 1994. vii-xi.

Sullivan, Rosemary. *Labyrinth of Desire. Women, Passion, and Romantic Obsession*. Washington, D.C.: Counterpoint, 2001.

Sullivan, Rosemary. *Memory-Making. Selected Essays*. Windsor: Black Moss Press, 2001.

Sullivan, Rosemary. Persönliches Interview. 12.08.2009.

Sullivan, Rosemary. *Shadow Maker. The Life of Gwendolyn MacEwen*. Toronto: HarperCollins, 1995.

Sullivan, Rosemary. *The Red Shoes. Margaret Atwood Starting Out*. Toronto: HarperCollins, 1998.

Sward Robert. „Creators and their Source" [Interview]. *The Alsop Review*. 07.05.2008 <http://www.alsopreview.com/thecollections/macewen/ essays/interview.htm>.

Taras, David und Beverly Rasporich. *A Passion for Identity. Canadian Studies for the 21st Century*. Scarborough, ON: Nelson Thomas Learning, 2001.

Taylor, Kate. „Gwendolyn's Unpredictable Ghosts." *The Globe and Mail* 17.05.2002: R2.

The Henry Moore Foundation. „Henry Moore. Works in Public.“ 09.02.2012 <http://www.henry-moore.org/works-in-public/world>.

The Historica-Dominion Institute. „Grey Owl.“ *Heritage Minutes*. 17.04.2011 <http://www.historica-dominion.ca/content/heritage-minutes/grey-owl>.

The Time Traveler's Wife. Reg. Robert Schwentke. DVD. Warner Home Video, 2010.

The World Within: C.G. Jung in His Own Words. Reg. Suzanne Wagner. DVD. Kino International, 2008.

Thomson, Jane. „An Interview with Gwendolyn MacEwen." *The Varsity* [Toronto] 21.11.1975: 12-13.

Toye, William (Hg). *The Concise Oxford Companion to Canadian Literature*. Oxford: Oxford University Press, 2001.

Turner, Kiley. „Calling All Readers: Where Are Canada's Literary Landmarks?“ 03.11.2010. *Canadian Bookshelf*. 08.01.2012 <http://canadianbookshelf.com/Blog/2010/11/03/Calling-All-Readers-Where-Are-Canada-s-Literary-Landmarks>.

Tyson, Lois. *Critical Theory Today*. New York: Routledge, 2006.

van der Post, Laurens. *Jung and the Story of Our Time*. Harmondsworth: Penguin, 1976.

van Meurs, Jos. „A Survey of Jungian Literary Criticism in English." *C.G. Jung and the Humanities*. Hg. Karin Barnaby und Pellegrino D'Acierno. Princeton, New Jersey: Princeton University Press, 1990. 238-250.

von Born, Heidi. „No Name – No Man's Land or Finding the Way to Kanada/Canada. Gwendolyn MacEwen's Inner Landscape." *Literary Environments. Canada and the Old World*. Hg. Britta Olinder. Brüssel: Peter Lang, 2006. 193-198.

von Franz, Marie-Louise. „Der Individuationsprozess." *Der Mensch und seine Symbole*. Hg. C.G. Jung und Marie-Louise von Franz. 16. Auflage. Düsseldorf & Zürich: Patmos Verlag, 2003. 160-231.

von Franz, Marie-Louise. *C.G. Jung. Sein Mythos in unserer Zeit*. Küsnacht: Verlag Stiftung für Jung'sche Psychologie, 2007.

Warwick, Ellen D. „To Seek a Single Symmetry." *Canadian Literature* 71 (1976): 21-34.

Wehr, Gerhard. *C.G. Jung*. 21. Auflage. Reinbek: Rowohlt, 2006.

Wood, Brent. „From *The Rising Fire* to *Afterworlds*: the Visionary Circle in the Poetry of Gwendolyn MacEwen." *Canadian Poetry* 47 (2000): 40-69.

Wright, Robert. *Nationalism, Culture and the Canadian Question*. Toronto: Canadian Scholars' Press, 2004.

Yeoman, Ann. „Story: an Activity of Soul-Making and (Re-)Enchantment?“ *Enchantment and Disenchantment: The Psyche in Transformation*.

Regional Conference of the International Association for Jungian Studies. University of London. 15.07.2011.

Yeoman, Ann. „Story: an Activity of Soul-Making and (Re-)Enchantment?“ *Abstracts. Enchantment and Disenchantment: The Psyche in Transformation*. The International Association for Jungian Studies: 33 [Regional Conference of the International Association for Jungian Studies, University of London, 15. und 16.07.2011].

Young, Phyllis Brett. *The Torontonians*. Montreal & Kingston: McGill-Queen's University Press, 2007.

Zabriskie, Beverley D. „The Feminine: Pre- and Post-Jungian." *C.G. Jung and the Humanities*. Hg. Karin Barnaby und Pellegrino D'Acierno. Princeton, New Jersey: Princeton University Press, 1990. 267-278.

Zoja, Luigi. „The Remorse of the Sedentary." *Psyche and the City*. Hg. Thomas Singer. New Orleans: Spring Journal, 2010. 395-402.

Canadiana
Literaturen / Kulturen, Literatures / Cultures, Littératures / Cultures

Herausgegeben von: Klaus-Dieter Ertler und Wolfgang Klooß

Band 1 Klaus-Dieter Ertler / Martin Löschnigg (eds.): Canada in the Sign of Migration and Trans-Culturalism. Le Canada sous le signe de la migration et du transculturalisme. From Multi- to Trans-Culturalism. Du multiculturalisme au transculturalisme. 2004.

Band 2 Klaus-Dieter Ertler / Andrea Maria Humpl / Daniela Maly: *Ave Maris Stella*. Eine kulturwissenschaftliche Einführung in die Acadie. 2005.

Band 3 Iris Gruber: Konstruktion und Dekonstruktion narrativer Identität in zeitgenössischen Romanen aus Québec und Österreich. 2006.

Band 4 Gudrun Föttinger: Das Bild Frankreichs und der Franzosen in der neueren québecer Literatur (1941–1982) und seine identitätsbildende Funktion. 2006.

Band 5 Adriana Kolar: La dimension politique de l'histoire. L. Groulx (Québec) et N. Iorga (Roumanie) entre les deux guerres mondiales. 2008.

Band 6 Klaus-Dieter Ertler / Martin Löschnigg (eds. / éd.): Inventing Canada – Inventer le Canada. 2008.

Band 7 Klaus-Dieter Ertler / Hartmut Lutz (eds. / éds): Canada in Grainau / Le Canada à Grainau. A Multidisciplinary Survey of Canadian Studies after 30 Years. Tour d'horizon multisciplinaire d'Études canadiennes, 30 ans après. 2009.

Band 8 Eugen Banauch / Elisabeth Damböck / Anca-Raluca Radu / Nora Tunkel / Daniel Winkler (Hrsg. / eds.): Apropos Canada / À propos du Canada. Fünf Jahre Graduiertentagung der Kanada-Studien. 2010.

Band 9 Klaus-Dieter Ertler / Martin Löschnigg / Yvonne Völkl (eds. / ed.): Cultural Constructions of Migration in Canada / Constructions culturelles de la migration au Canada. 2011.

Band 10 Klaus-Dieter Ertler / Stewart Gill / Susan Hodgett / Patrick James (eds. / éds.): Canadian Studies: The State of the Art. Études canadiennes: Questions de recherche. 1981-2011: International Council for Canadian Studies (ICCS). 1981-2011: Conseil international d'études canadiennes (CIEC). 2011.

Band 11 Christian J. Krampe: The Past is Present. The African-Canadian Experience in Lawrence Hill´s Fiction. 2012.

Band 12 Klaus-Dieter Ertler / Patrick Imbert (eds. / éds.): Cultural Challenges of Migration in Canada / Les défis culturels de la migration au Canada. 2013.

Band 13 Linda Weiland: "Unravelling" – C.G. Jungs Individuations- und Archetypenlehre im Werk Gwendolyn MacEwens. 2013.

www.peterlang.de